프롭테크 AI 부동산 금융투자론

이미지 해설(의미)

1. 우물: 부동의 기초 자산
과거의 정보 비대칭성을 넘어, 모든 투자의 근원이자 생명수(자본)가 솟아나는 부동산 자산의 본질적 가치를 상징한다.

2. DNA & 스크린: 데이터 사이언스
감에 의존하던 투자는 끝났습니다. AI가 유전자 지도를 그리듯 복잡한 변수를 정밀 분석하여 과학적 투자 해법을 제시한다.

3. 보라색 양동이: 밸류애드 금융
단순 수익 회수를 넘어 데이터 분석으로 자산 가치를 극대화(Value-add)하는 고도화된 현대 부동산 금융의 정수를 담았다.

4. 서킷 보드: 디지털 트랜스포메이션
아날로그 부동산과 IT 기술의 완벽한 융합이며, 디지털 회로처럼 투명하고 효율적인 프롭테크의 미래를 시각화한다.

5. 버드나무 숲: 지속 가능한 ESG
부동산은 환경과 공존하는 생태계이다. 기술과 자본의 결합이 결국 지속 가능한 발전과 사회적 가치로 귀결됨을 의미한다.

프롭테크 AI 부동산 금융투자론

PropTech AI Real Estate Finance Investment Theory

ESG공간자산 전략가 박운선 저자

좋은땅

저자 소개

박운선의 공명(共鳴)

- Analysis: AI 빅데이터 (이성)로 근거를 찾고,
- Insight: 주역(통찰)으로 기회를 잡으며,
- Value: 영혼(감성)으로 가치를 완성한다.

박운선 저자는 30여 년간 경제학, 부동산경제학, 금융학, 미래 경영학을 관통하며 공간 불평등 해소를 시대적 소명으로 삼아온 독보적인 전문가로서 기존의 낡은 공간 가치 평가 패러다임에 근본적인 도전을 던지고, 미래를 위한 새로운 모델을 정립하였다.

핵심 성과와 독보성

AI · ESG 융합 모델 개척: 한국 최초로 AI와 ESG를 부동산에 융합한 연구를 선보이며, 데이터와 통찰력을 기반으로 부동산의 가치를 재정의했다.

'프롭테크 AI 부동산 금융 투자론' 창시

이 책은 수십 년간의 학문적 깊이와 실천을 집대성한 결과물로, 그의 대표적인 이론 방법론이다. 독자와 청중에게 '지혜'라는 새로운 관점을 제시하며, 기존 시장의 구조적 한계를 돌파하는 지침서가 되었다.

FCG(Finance Contribution Growth) 모델 개발

'영혼이 만드는 공간자산' 개념을 정립하고, 공간 자산이 사회에 기여하는 바(공간 불균형 및 불평등 해소)를 금융적으로 측정하는 독창적인 모델을 제시했다.

저자는 국내1호 부동산경제학 박사로 현재 캐롤라인대학교(미국) 미래자산경영 교수, 한성대 부동산대학원 겸임교수 등 이론과 실무, 정책을 잇는 가교역할을 하고 있다.

저자는 단순히 부를 축적하는 수단을 넘어, 공간을 통해 모두의 가치를 재창조하는 미래 자산 경영의 길을 연 진정한 개척자이다.

1. 주요 저서

《프롭테크 AI 부동산 금융투자론》,《ESG 부동산경제학》,《디지털자산과 부동산금융론》,《프롭테크 AI 주역 부동산 투자론》,《ESG 공간자산 경제학》,《부동산 자산관리론》,《자산가격 변동과 한국경제》,《영혼 이중나선 모델(SDHM)》,《FCG 공간자산 가지(枝) 모델》등

2. 학위논문

- 주택하위시장별 특성가격 모형 추정에 관한 연구, 한성대학교(박사학위논문)
- 수도권 자연보전권역 자연휴양림의 비사용 가치에 대한 연구, 청주대학교(박사학위논문)
- 有望中小企業의 資金管理 行態에 관한 研究, 건국대학교(석사학위논문)
- 직업체험활동의 효과성 및 만족도에 관한 연구, 중앙대학교(석사학위논문)

3. 학술논문 외 다수

- K-리더십의 원형, 유일한 박사 연구: ESG와 CSV 관점을 중심으로
- 성수동 수제화 산업의 ESG 실천과 공간문화자산 불평등 해소에 관한 연구
- ESG기반 지속 가능한 문화자산 도플러 효과 연구
- 공공개발택지정책에 관한 연구: 안양 연현지구를 중심으로
- 한국기업의 해외부동산직접투자 진출에 대한연구

• 국유재산관리실태 조사의 효율적 개선에 대한 연구

4. 관공서 프로젝트(보고서)

• 의왕 장안지구 A1 A2 BL 공동주택 건설사업 전환 타당성 검토

• 아주 특별한 공연장 건립 기본계획 및 타당성 조사 용역

• 김해 율하도시개발사업 특수목적법인 착수 보고(안)

• 안양9동 지역 역량 강화(도심 재생) 사업 교육 용역

외 다수의 학술 논문과 실무를 통해 끊임없이 AI시대의 새로운 학문의 지평을 열어 가고 있다.

새로운 자본시장의 서막

인공지능(AI)의 시대, 우리는 자본시장의 역사적 전환점 앞에 서 있다. 데이터 과학의 초합리성은 금융 시장에 전례 없는 효율성을 가져왔지만, 세계 최대 자산군인 부동산은 여전히 완고하게 불투명하고 비유동적인 자산으로 남아 있었다. 이 책은 AI와 프롭테크(PropTech)의 융합이 마침내 이 장벽을 허물고 있음을 논증한다. 그러나 원시 데이터만으로는 충분하지 않다. 이 새로운 지형을 항해하기 위해, 우리는 양적 분석을 가치, 리스크, 그리고 인간 행동에 대한 깊은 이해와 통합해야 한다. 이는 수 세기 동안 시장을 지배해 온 원리들이다.

지난 수 세기 동안 서구 금융 이론은 분석과 분리의 길을 걸어왔다. 자산은 재무제표로, 리스크는 표준편차로, 가치는 현금흐름 할인 모델로 환원되었다. 이 위대한 분업은 인류에게 눈부신 금융 공학의 발전을 선물했지만, 동시에 우리는 세상의 모든 것이 연결되어 있다는 근원적인 진실을 잊어버렸다. 이제, AI라는 거울은 우리에게 그 분리의 한계를 명확히 보여 주고 있다.

본서는 단순한 기술 해설서가 아니다. 불확실성의 시대를 항해하며 부동산 금융의 미래를 설계하고자 하는 모든 리더, 전문가, 그리고 학생들을 위한 전략적 사고의 운영체제(OS)다. 우리는 AI라는 가장 강력한 도구를 사용하여 부동산 자산의 가치를 재정의하고, 새로운 투자 전략을 수립하며, 더 공정하고 효율적인 자본시장을 구축하는 구체적인 청사진을 제시하고자 한다. 이것은 과거로의 회귀가 아니다. 이것은 우리가 잃어버렸던 반쪽의 지혜를 되찾아, 기술과 온전한 하나가 되는 미래를 향한 가장 급진적인 통합의 시작이다.

미래 금융 전문가를 위한 항해 지도

본서는 단순한 지식의 전달을 넘어, 미래 부동산 금융 시장을 주도하고자 하는 연구자 및 전문가들을 위한 전략적 사고의 틀을 제공한다. AI가 모든 것을 계산하고 예측하는 시대에, 진정한 경쟁 우위는 데이터 너머의 의미와 패턴을 읽어 내는 통합적 지혜에서 비롯된다. 이 책은 당신이 바로 그 미래 설계자가 될 수 있도록 돕는 학술적 항해 지도이다.

첫째, **다학제적 렌즈로 비판적으로 읽어야 한다.** 본서는 금융투자론, 데이터 과학, 부동산 경제학, 도시 계획, 그리고 행동 경제학이라는 서로 다른 렌즈를 통해 세계를 조망한다. 각 부를 읽을 때마다 의식적으로 렌즈를 교체하며, 각 이론의 전제와 한계를 비판적으로 고찰해야 한다. 이 훈련은 다각적이고 입체적인 사고 능력을 길러줄 것이다.

둘째, **사례 연구를 통해 이론을 현실에 적용해야 한다.** 각 장에는 이론적 논의를 뒷받침하는 구체적이고 상세한 사례 연구가 포함되어 있다. 질로우(Zillow)의 알고리즘 실패부터 캐드레(Cadre)의 성공적인 자본 조달까지, 이 사례들을 통해 추상적인 개념이 현실 세계에서 어떻게 작동하는지 심층적으로 이해하고, 자신의 연구나 실무에 적용할 수 있는 시사점을 도출해야 한다.

셋째, **단절이 아닌 연결과 융합에 주목해야 한다.** 본서의 가장 중요한 학술적 기여는 통합에 있다. 각 장의 내용을 독립된 지식으로 받아들이지 말고, "1장의 현대 포트폴리오 이론이 3장의 AI 리스크 관리와 어떻게 연결되는가?", "5장의 크라우드펀딩 모델이 8

장의 도시 공간 재편과 어떻게 이어지는가?"처럼 끊임없이 연결고리를 찾으려 노력해야 한다. 이 연결점들이 바로 새로운 연구 주제와 혁신의 기회가 숨어 있는 지점이다.

넷째, **각 장의 요약과 질문을 성찰의 도구로 삼아야 한다.** 각 절의 끝에는 '이것만은 꼭!' 실천, 각 장의 끝에는 전체 내용을 한눈에 파악할 수 있는 요약표가 제시된다. 이를 통해 학습한 내용을 구조화하고, 제시된 질문들에 답하며 자신만의 학문적 청사진을 그려나가야 한다. 이 과정은 수동적인 독자를 능동적인 연구자로 바꾸는 지적 연금술이 될 것이다.

다섯째, 부동산, 금융투자는 단순히 자산을 증식하는 것을 넘어 자신만의 부의 지도를 새로 그리는 강력한 도구로서 성공적인 부동산금융투자 사례들을 심층 분석하여 독자 여러분의 투자 통찰력을 극대화하고 가장 임펙트 있는 투자 전략을 실질적으로 갖추게 될 것이다.

마지막으로, **부록을 확장된 연구의 발판으로 활용해야 한다.** 책의 마지막에 수록된 부록들은 탐구를 더 깊고 넓게 확장시켜 줄 것이다. 핵심 용어 해설은 새로운 개념을 명확히 하고, 참고 문헌과 논문 목록은 더 깊은 지식의 바다로 안내할 것이다. 본서는 당신을 특정한 목적지로 인도하지 않는다. 대신, 어떤 미지의 바다에서도 스스로 길을 찾고 새로운 항로를 개척할 수 있는 항해술 그 자체를 제공할 것이다.

목차

제1부 새로운 패러다임의 도래

제2부 AI 투자 전략과 새로운 비즈니스 모델

제3부   자본의 민주화와 블록체인 혁명

제4부 진화하는 글로벌 지형과 상업용 부동산의 미래

제6부 **연구논문 개발**

새로운 패러다임의 도래

제1장

프롭테크 혁명의 서막: 정보의 성벽에서 알고리즘 자산으로

프롭테크 시대별 발전 구조
(Proptech Development Structure by Era)

1.1 정보의 성벽: 성 안의 중개인과 성 밖의 소비자

수백 년간 부동산 시장의 본질은 정보의 비대칭성(Information Asymmetry)이었습니다. 이것은 단순한 정보의 격차가 아닌, 의도적으로 설계된 견고한 성벽이었습니다. 성 안에는 중개인, 감정평가사, 개발업자 등 소수의 전문가 집단이 독점적인 정보를 무기 삼아 견고한 기득권을 유지했습니다. 그들은 과거의 실거래가, 현재 시장에 나온 매물 정보(MLS), 그리고 미래의 개발 계획까지 모든 핵심 정보를 통제했습니다.

성 밖의 소비자(구매자, 판매자, 임차인)는 완벽한 정보의 암흑 속에 있었습니다. 내가 사려는 집의 적정 가격이 얼마인지, 내가 팔려는 집을 얼마에 내놓아야 하는지 알 수 있는 유일한 창구는 성 안의 중개인을 통하는 것뿐이었습니다. 소비자는 중개인의 말을 전적으로 신뢰할 수밖에 없었고, 이 불균형한 관계 속에서 막대한 거래 비용(높은 중개 수수료)과 탐색 비용(발품)을 지불해야 했습니다.

이 견고한 성벽에 처음으로 균열을 낸 것은 무기가 아닌 기술, 바로 인터넷이었습니다. 1990년대 후반과 2000년대 초반, 인터넷의 대중화는 정보의 독점을 무너뜨릴 수 있다는 가능성을 열었습니다. 소비자가 중개인을 거치지 않고 직접 매물 정보를 검색할 수 있는 플랫폼이 등장하기 시작했습니다. 이것이 바로 프롭테크(PropTech) 1.0, 즉 디지털 리스팅(Digital Listing) 시대의 개막입니다.

[사례 연구 1-1] 리얼터닷컴(Realtor.com)과 MLS의 디지털화 미국 부동산 시장의 핵심은 지역 중개인 협회(NAR)가 독점 관리하는 매물 정보 시스템, MLS(Multiple Listing Service)였습니다. 1996년 등장한 리얼터닷컴(Realtor.com)은 역사상 처음으로 이 폐쇄적인 MLS 데이터를 인터넷으로 가져와 대중에게 공개했습니다. 비록 여전히 중개인 집단의 통제 하에 있었지만, 소비자가 컴퓨터 앞에 앉아 매물 사진과 가격을 직접.비교할 수 있게 되었다는 사실만으로도 혁명이었습니다.

[사례 연구 1-2] 질로우(Zillow)의 탄생과 제스티메이트(Zestimate)의 충격 2006년, 마이크로소프트 출신 창업자들이 설립한 질로우(Zillow)는 한 걸음 더 나아갔습니다. 그들은 단순히 MLS 매물을 보여 주는 것을 넘어, 미국 내 거의 모든 주택에 대해 알고리즘으로 추정한 자동 가치평가(AVM) 금액, 즉 제스티메이트(Zestimate)를 무료로 공개했습니다. 이는 중개인의 고유 권한이었던 가격 책정(Pricing) 행위에 대한 정면 도전이었습니다. 비록 초기 정확도는 낮았지만, 소비자는 처음으로 중개인의 의견과 알고리즘의 의견을 비교할 수 있는 무기를 갖게 되었습니다.

[사례 연구 1-3] 한국의 네이버 부동산과 직방 이러한 흐름은 한국에서도 동일하게 나타났습니다. 과거 지역 부동산 중개소의 유리창에 붙어 있던 매물 정보는 네이버 부동

산과 같은 포털 사이트로 옮겨 왔습니다. 2012년 등장한 직방은 특히 원룸, 오피스텔 시장에서 스마트폰 앱을 통해 사용자가 직접 매물을 검색하고 중개인을 연결하는 모델을 정착시켰습니다. 프롭테크 1.0의 핵심은 이처럼 정보 접근의 비용을 0에 가깝게 만들고, 소비자의 탐색 비용을 획기적으로 낮춘 것입니다.

하지만 프롭테크 1.0은 절반의 혁명이었습니다. 정보는 공개되었지만, 그 정보를 해석하고 거래를 완결하는 힘은 여전히 중개인에게 있었습니다. 소비자는 질로우의 가격을 참고할 뿐, 여전히 거래를 위해서는 중개인을 고용해야 했습니다. 정보의 성벽은 허물어졌지만, 거래의 성벽은 여전했습니다.

프롭테크 1.0은 정보의 비대칭성을 해결했지만, 거래의 비효율성(느린 속도, 높은 비용, 불확실성)이라는 더 큰 문제는 해결하지 못했습니다. 이 지점에서 시장은 다음 단계의 혁신을 요구하기 시작했습니다. 정보를 아는 것을 넘어, 그 정보(데이터)를 활용해 거래 자체를 더 빠르고, 저렴하며, 확실하게 만들 수는 없을까? 이 질문이 바로 프롭테크 2.0 시대를 연 핵심 동력이 되었습니다.

이것만은 꼭! (This is a must)

정보는 곧 힘, 공유가 평등

- **정보의 성벽:** 전통 부동산 시장은 중개인 등 소수 전문가가 정보를 독점하여 높은 거래 비용을 소비자에게 전가하는 비대칭적 구조였다.
- **프롭테크 1.0(디지털 리스팅):** 인터넷 기술을 활용해 폐쇄적인 매물 정보(MLS)를 대중에게 공개(예: 리얼터닷컴)하고, 알고리즘 기반의 추정가(예: 질로우)를 제공함으로써 정보의 비대칭성을 해소했다.
- **절반의 혁명:** 정보 접근성은 획기적으로 개선되었으나(예: 네이버 부동산, 직방), 여전히 거래 과정 자체는 중개인에게 의존해야 하는 비효율성이 남아 있었다.

1.2 프롭테크 2.0: 플랫폼을 넘어 알고리즘 자본으로

프롭테크 1.0이 정보를 검색하는 단순한 웹사이트였다면, 프롭테크 2.0은 거래 자체를 실행하는 복잡한 금융 플랫폼입니다. 이 거대한 도약의 중심에는 두 가지 핵심 동력이 있습니다. 첫째는 빅데이터와 머신러닝(AI) 기술의 발전이며, 둘째는 2008년 금융위기 이후 시장에 풀린 막대한 유동성, 즉 자본(Capital)입니다. 프롭테크 2.0은 AI라는 두뇌와 자본이라는 근육이 결합한 새로운 종의 탄생입니다.

이 새로운 종은 더 이상 정보의 중개자 역할에 만족하지 않았습니다. 그들은 플랫폼을 넘어 시장의 플레이어(Player)가 되기로 결심했습니다. 즉, 소비자와 공급자를 연결만 시켜 주는 것이 아니라, 플랫폼이 직접 자본을 투입해 부동산을 매입하고, AI로 가치를 높여 되파는 적극적인 거래의 주체가 된 것입니다.

이 모델의 가장 급진적인 형태가 바로 아이바이어(iBuyer, Instant Buyer)입니다. 2014년 등장한 오픈도어(Opendoor)는 충격적인 비전을 제시했습니다. "당신이 집을 팔고 싶다면, 더 이상 중개인을 만나거나 집을 수리할 필요가 없습니다. 우리 웹사이트에 주소를 입력하면, 우리의 AVM(AI 가치평가 모델)이 48시간 내에 당신의 집을 현금으로 사줄 가격을 제안합니다."

[사례 연구 1-4] 오픈도어(Opendoor)의 아이바이어(iBuyer) 모델 오픈도어는 프롭테크 2.0의 시작을 알린 상징적 사례입니다. 그들은 AI(AVM)를 활용해 매입 가격을 산정하고, 막대한 자본을 투입해 주택을 즉시 매입했습니다. 그리고 매입한 주택을 플랫폼을 통해 수리하고 표준화하여, 약간의 마진을 붙여 다음 구매자에게 되팔았습니다. 이는 부동산 거래에서 가장 고통스러운 과정인 거래의 불확실성과 긴 시간을 자본과 기술로 해결하려는 시도였습니다. 부동산을 주식처럼 즉각적으로 거래할 수 있는 자산으로 만들려 한 것입니다.

프롭테크 2.0의 또 다른 축은 상업용 부동산(CRE) 시장에서 나타났습니다. 2012년 미국에서 통과된 JOBS Act는 소수의 기관 투자자만 참여할 수 있었던 사모펀드 시장의 빗장을 풀었습니다. 이 법안은 일정 자격(적격 투자자)을 갖춘 개인들도 인터넷 플랫폼을 통해 사모펀드 투자에 참여할 수 있도록 허용했습니다.

이 기회를 포착한 것이 바로 캐드레(Cadre)와 같은 크라우드펀딩 플랫폼입니다. 이들은 AI와 빅데이터를 활용해 수백, 수천억에 달하는 상업용 빌딩 투자의 위험과 수익을 분석하고(AI 큐레이션), 이 투자 기회를 잘게 쪼개어(자본의 민주화) 플랫폼에서 개인 투자자들에게 판매하기 시작했습니다.

[사례 연구 1-5] 캐드레(Cadre)의 기관급 딜(Deal) 중개 캐드레(Cadre)는 아무 딜이나 중개하지 않았습니다. 그들은 블랙스톤(Blackstone) 같은 거대 사모펀드가 발굴한 A급 딜에 개인들이 함께 투자할 수 있는 통로를 열었습니다. 이 과정에서 캐드레의 AI 엔진은 해당 딜의 시장성, 현금 흐름, 잠재 위험 등을 독자적으로 분석하여 투자자에게 제공했습니다. 이는 과거 기관 투자자의 전유물이었던 A급 상업용 부동산 투자가 기술 플랫폼을 통해 준(準)대중에게 확산되는 순간이었습니다.

이처럼 프롭테크 2.0의 핵심 키워드는 정보 공개(1.0)를 넘어선 자본의 투입과 거래의 실행입니다. 오픈도어가 AI와 자본을 결합해 주거용 부동산 거래의 속도를 혁신했다면, 캐드레는 AI와 자본을 결합해 상업용 부동산 투자의 장벽을 낮추었습니다.

이들은 더 이상 단순한 기술 기업(Tech company)이 아닙니다. 그들은 본질적으로 AI 알고리즘을 활용해 자본을 운용하는 금융 기업(Fin-tech company)입니다. 그들이 거래하는 것은 단순한 매물 정보가 아니라, AI가 가치를 분석하고 자본이 투입된 부동산 그 자체입니다.

이러한 프롭테크 2.0의 등장은 시장에 근본적인 질문을 던집니다. 부동산이라는 자산의 가치가 더 이상 물리적인 벽돌과 토지에만 있는 것이 아니라, 그 자산에 결합된 데이터와 알고리즘에 의해 좌우되는 시대가 온 것은 아닐까요?

AI 자본, 부동산 경계를 허물다

- **프롭테크 2.0(거래 실행):** AI 기술과 막대한 자본이 결합하여, 단순 정보 중개를 넘어 부동산 거래 자체를 직접 실행하는 금융 플랫폼으로 진화했다.
- **아이바이어(iBuyer) 모델:** AI(AVM)가 가격을 산정하고 플랫폼이 자본을 투입해 주택을 즉시 매입(Instant Buying)함으로써, 거래의 속도와 확실성을 혁신했다. (예: 오픈도어)
- **크라우드펀딩 플랫폼:** JOBS Act를 기반으로, AI가 분석하고 큐레이션한 기관급 상업용 부동산 딜을 개인 투자자들에게 판매하여 투자의 장벽을 낮췄다. (예: 캐드레)

1.3 알고리즘 자산: 벽돌에서 데이터로 가치의 이전

프롭테크 2.0의 등장은 부동산 자산의 본질에 대한 근본적인 재정의를 요구합니다. 전통적으로 부동산의 가치는 유형(Tantible)의 요소들, 즉 입지(Location), 면적(Size), 건물 품질(Quality)에 의해 결정되었습니다. 하지만 이제 부동산의 가치는 눈에 보이지 않는 무형(Intangible)의 요소, 즉 그 자산이 보유한 데이터와 그 데이터를 활용하는 알고리즘에 의해 결정되기 시작했습니다. 저는 이것을 벽돌과 데이터가 결합된 새로운 자산, 알고리즘 자산(Algorithmic Asset)이라고 부르고자 합니다.

알고리즘 자산의 가치는 물리적 가치와 데이터 가치의 합으로 이루어집니다. 예를 들어, 동일한 입지와 면적을 가진 두 개의 오피스 빌딩이 있다고 가정해 봅시다. A 빌딩은 전통적인 방식으로 운영됩니다. 임대료 수입, 공실률, 관리비용 등이 엑셀 시트에 기록

됩니다. 반면 B 빌딩은 프롭테크 2.0 방식으로 운영됩니다.

B 빌딩은 건물 전체가 IoT 센서로 연결되어 에너지 사용량, 엘리베이터 이동 패턴, 회의실 사용률, 실내 공기 질 등 모든 운영 데이터가 실시간으로 수집됩니다(디지털 트윈). AI 엔진은 이 데이터를 분석해 에너지 비용을 30% 절감하고, 임차인들이 가장 필요로 하는 편의시설(Amenity)을 정확히 파악해 배치합니다. 또한, AI는 임차인들의 만족도 데이터를 분석해 공실이 발생하기 6개월 전에 미리 예측하고 대응합니다.

[사례 연구 1-6] VTS와 데이터 기반 자산 운용 상업용 부동산 시장의 VTS(View The Space)는 이러한 변화를 주도하는 대표적인 플랫폼입니다. VTS는 건물주(자산운용사)에게 임대차 관리, 현금 흐름 예측, 시장 분석을 제공하는 클라우드 소프트웨어(SaaS)입니다. VTS를 사용하는 건물주는 자신의 빌딩 데이터뿐만 아니라, VTS 플랫폼 전체의 익명화된 시장 데이터(경쟁 빌딩의 임대료, 공실률 동향)까지 접근할 수 있습니다. 이 데이터를 보유한 B 빌딩은 데이터를 보유하지 못한 A 빌딩보다 항상 한발 앞서 시장에 대응할 수 있으며, 이는 더 높은 임대 수익과 자산 가치로 직결됩니다.

이제 A 빌딩과 B 빌딩의 가치는 같을 수 없습니다. B 빌딩은 물리적 가치 위에 AI와 데이터를 통해 창출되는 추가적인 가치, 즉 데이터 알파(Data-Alpha)를 보유하고 있기 때문입니다. 투자자들은 이제 B 빌딩에 A 빌딩보다 더 높은 가치(프리미엄)를 지불할 의향이 있습니다. 이 프리미엄이 바로 알고리즘 자산의 가치입니다.

이러한 가치의 이전은 투자 시장의 거인들에 의해 증명되고 있습니다. 세계 최대의 사모펀드 운용사이자 부동산 투자자인 블랙스톤(Blackstone)은 스스로를 더 이상 부동산 회사가 아닌 기술 회사라고 부릅니다.

[사례 연구 1-7] 블랙스톤(Blackstone)의 데이터 중심 투자 블랙스톤이 팬데믹 이전에 전 세계의 물류창고를 공격적으로 매입할 수 있었던 이유는, 그들이 전통적인 부

동산 분석가보다 뛰어난 감을 가졌기 때문이 아닙니다. 그들은 자회사와 포트폴리오 기업들로부터 수집한 방대한 데이터를 분석했습니다. 그들의 AI 엔진은 전자상거래 (E-commerce)의 폭발적인 성장세와 물류창고 수요 간의 명확한 인과관계를 발견했습니다. 그들은 데이터 분석을 통해 물류창고가 단순한 창고가 아니라, 미래 유통망의 핵심 노드(Node)가 될 것임을 알고 있었고, 이는 알고리즘 자산으로서의 가치를 확신한 베팅이었습니다.

알고리즘 자산의 시대에, 부동산 투자는 더 이상 입지 좋은 건물을 사서 기다리는 게임이 아닙니다. 그것은 데이터를 수집하고, AI로 분석하며, 기술을 통해 자산의 가치를 끊임없이 최적화(Optimization)하는 능동적인 기술-금융 게임이 되었습니다.

결국 프롭테크 혁명이란, 부동산이라는 가장 오래고 무거운 아날로그 자산이, 데이터와 AI를 만나 가장 역동적이고 스마트한 알고리즘 자산으로 재탄생하는 거대한 과정입니다. 이 책은 바로 이 새로운 자산을 이해하고, 투자하며, 관리하는 방법에 대한 탐구입니다.

에이터가 AI 가치 뿌리

- **알고리즘 자산:** 부동산의 가치가 물리적 요소(벽돌)뿐만 아니라, 그 자산에 결합된 데이터와 AI 알고리즘(무형)에 의해 결정되는 새로운 자산 패러다임.
- **데이터 알파(Data-Alpha):** AI와 데이터를 활용해 에너지 절감, 공실률 예측 등 운영을 최적화함으로써 창출되는 추가적인 무형의 가치. (예: VTS 플랫폼)
- **가치의 이전:** 미래의 부동산 투자는 좋은 입지를 선점하는 것을 넘어, 데이터를 분석하고 AI로 가치를 창출하는 기술-금융 경쟁으로 변화하고 있다. (예: 블랙스톤의 물류창고 투자)

1.4 부동산 금융 투자 사례 연구

핵심 개념	정의	시장에 미친 영향
프롭테크 1.0 (정보)	인터넷을 활용해 독점적 매물 정보(MLS)를 대중에게 공개하고, 알고리즘 추정가(AVM)를 제공한 단계. (예: 질로우, 네이버 부동산)	정보의 성벽을 허물어 정보 비대칭성을 해소했으나, 거래 자체의 비효율성은 해결하지 못한 절반의 혁명.
프롭테크 2.0 (거래)	AI 기술과 자본이 결합하여, 단순 정보 중개를 넘어 부동산 거래 자체를 직접 실행(iBuyer)하거나 투자를 중개(크라우드펀딩)하는 금융 플랫폼.	거래의 속도와 확실성을 혁신하고(오픈도어), 기관급 투자의 장벽을 낮추었음(캐드레).
알고리즘 자산	부동산의 가치가 물리적 요소(벽돌)뿐만 아니라, 그 자산에 결합된 데이터와 AI 알고리즘(무형)에 의해 결정되는 새로운 자산 패러다임.	데이터 알파(Data-Alpha)라는 추가 가치를 창출하며, 투자의 본질을 입지 선점에서 데이터-기술 경쟁으로 변화시킴. (예: 블랙스톤)

1) 부동산투자 실제 사례 연구: 오픈도어(Opendoor)의 아이바이어(iBuyer) 모델

오픈도어(Opendoor)의 등장은 프롭테크 2.0의 핵심인 거래 실행이 어떻게 부동산 투자 패러다임을 바꾸었는지 보여주는 대표적인 사례입니다. 전통적인 부동산 투자가 발품과 협상을 통해 개별 물건을 확보하는 방식이었다면, 오픈도어는 데이터와 자본을 통해 주택을 대량으로 매입하고 유통하는 제조업 방식으로 접근했습니다.

투자의 시작은 고도로 정교화된 AVM(자동 가치평가 모델)입니다. 오픈도어의 AI는 판매자가 온라인으로 입력한 주택 정보와 시장 데이터를 분석하여 수 분 내에 현금 매입 가격을 제안합니다. 이 가격이 바로 오픈도어의 투자 결정입니다. 이들은 이 AVM의 정확성을 기반으로 하루에도 수백, 수천 건의 부동산 투자(매입)를 자동화합니다.

투자의 중간 과정은 운영입니다. 오픈도어는 매입한 주택을 플리핑(Flipping)합니다. 하지만 전통적인 플리핑처럼 주관적인 인테리어를 하는 것이 아니라, 데이터를 기반으로 표준화된 수리를 진행합니다. (예: 특정 색상의 페인트, 특정 규격의 카펫) 이는 수리 비용을 최소화하고(규모의 경제), 주택을 시장에 다시 내놓는 시간(보유 기간)을 극단적으로 단축시켜 자본 회전율을 높이는 핵심 투자 전략입니다.

투자의 회수(Exit)는 자체 플랫폼을 통한 재판매입니다. 오픈도어는 매입-수리-판매의 전 과정을 수직 계열화함으로써, 거래에서 발생하는 모든 마찰 비용을 최소화합니다. 투자 수익은 판매자가 지불하는 서비스 수수료(거래의 확실성을 제공하는 대가)와, 매입가 대비 재판매가의 차익(플리핑 마진)에서 발생합니다.

이 모델은 AI 알고리즘이 부동산이라는 무거운 실물 자산을 즉시 매입하고, 표준화된 공정을 거쳐, 신속하게 현금화하는 새로운 투자 방식을 확립했습니다. 이는 부동산을 주식처럼 유동화하려는 시도였으며, 알고리즘이 자본을 만나 어떻게 실물 자산 시장의 마켓 메이커 역할을 할 수 있는지 증명한 사례입니다.

2) 금융투자 실제 사례 연구: 캐드레(Cadre)의 기관급 딜 크라우드펀딩

캐드레(Cadre)는 프롭테크 2.0이 어떻게 전통적인 금융 투자의 성벽을 낮추었는지 보여 주는 상징적인 사례입니다. 과거 수백, 수천억 원에 달하는 A급 상업용 부동산(오피스 빌딩, 호텔 등) 투자는 블랙스톤 같은 거대 기관 투자자들의 독점적인 영역이었습니다. 개인 투자자들은 이러한 투자 기회에 접근할 방법 자체가 없었습니다.

캐드레는 이 자본의 성벽을 기술로 공략했습니다. 2012년 JOBS Act(미국)는 적격 투자자(일정 소득/자산 이상을 보유한 개인)에 한해 사모펀드 투자를 광고하고 중개하는 것을 허용했습니다. 캐드레는 이 법적 기반 위에서, AI 기술을 활용하여 기관급 딜을 선별(Curation)하는 플랫폼을 구축했습니다.

캐드레의 투자 모델은 AI 큐레이션입니다. 캐드레의 전문가 팀(블랙스톤 등 기관 출신)이 A급 딜을 발굴(Sourcing)하면, 캐드레의 AI 엔진이 해당 딜을 독자적으로 재검증합니다. 이 AI는 해당 자산의 시장성(예측 분석), 미래 현금 흐름, 잠재적 리스크(임차인 구성, 지역 경제)를 분석하여 투자 적격성을 판단합니다. 캐드레는 이 AI 필터를 통과한 최상위 딜만을 플랫폼에 공개합니다.

금융 투자는 자본의 민주화 방식으로 이루어집니다. AI가 검증한 이 A급 딜은 캐드레 플랫폼을 통해 최소 투자 금액(예: $25,000)으로 잘게 쪼개져 적격 투자자들에게 판매됩니다. 투자자들은 과거에는 상상할 수 없었던 A급 빌딩의 부분 소유권을 AI의 분석 리포트와 함께 제공받으며 금융 투자를 실행합니다.

캐드레의 사례는 AI가 단순한 정보 제공자(1.0)를 넘어, 신뢰할 수 있는 수탁자(Fiduciary)이자 자산 운용사의 역할을 수행할 수 있음을 보여줍니다. AI는 기관과 개인 투자자 사이의 정보 비대칭성을 해소하고, 과거 독점적이었던 금융 투자 기회를 기술 기반의 신뢰를 통해 (제한적으로나마)민주화하는 핵심 도구로 작동했습니다.

제2장

AI 엔진: 부동산 금융의 재구성

머신러닝 (ML)

과거 데이터 학습, 미래 예측.
(예: AVM, 수요 예측, 대출 심사)

컴퓨터 비전 (CV)

이미지/위성 '시각' 분석.
(예: 자산 상태, 품질 정량화)

자연어 처리 (NLP)

텍스트 '독해' 분석.
(예: 계약서, 리뷰, 위험 신호)

AI 엔진의 핵심 기술
(Core technologies of AI engines)

2.1 프롭테크의 새로운 두뇌: AI의 역할

인공지능(AI)은 프롭테크 혁명의 명실상부한 핵심 동력이자, 부동산 금융의 복잡한 생태계를 근본적으로 재구성하는 새로운 두뇌입니다. 전통적인 부동산 금융 시장은 본질적으로 불투명하고(Opaque), 비유동적이며(Illiquid), 정보가 파편화된(Fragmented) 특성을 가졌습니다. 이 시장에서 의사결정은 소수의 전문가가 접근할 수 있는 제한된 과거 데이터와 그들의 직관, 그리고 경험에 크게 의존해왔습니다. 엑셀 스프레드시트와 전화 통화, 발품이 수십 년간 이 거대한 산업을 지탱해 온 주된 도구였습니다.

하지만 AI의 등장은 이러한 아날로그적 방식을 데이터 기반의 디지털 방식으로 전환시키고 있습니다. AI는 단순히 더 빠르고 정확한 계산기가 아닙니다. AI는 방대한 양의 정형 및 비정형 데이터를 실시간으로 수집, 처리, 분석하여 인간 전문가가 포착하지 못했던 미묘한 패턴과 복잡한 인과관계를 식별해냅니다. 이것은 부동산 금융의 패러다임이 과거에 무슨 일이 일어났는가를 분석하는 서술적 분석(Descriptive Analytics)에서, 미래에 무슨 일이 일어날 것인가를 예측하는 예측적 분석(Predictive Analytics)으로, 그리고 한 걸음 더 나아가 무엇을 해야 하는가라는 최적의 행동 방침을 제안하는 처방적 분석(Prescriptive Analytics)으로 근본적으로 전환되고 있음을 의미합니다.

이러한 패러다임의 전환은 가치의 중심축을 이동시킵니다. 프롭테크 1.0 시대(1장 참고)에는 정보의 접근성 자체가 가치였습니다. 남들이 모르는 매물 정보(MLS)나 과거 실거래가에 접근할 수 있는 것이 경쟁력이었습니다. 하지만 이제 정보가 홍수처럼 넘쳐나는 시대입니다. 문제는 정보의 부족이 아니라 정보의 과잉입니다. 따라서 가치의 중심은 단순한 데이터 접근에서, 그 데이터를 해석하고, 검증하며, 실행 가능한 통찰력(Actionable Insight)을 도출하는 지능(Intelligence)으로 이동하고 있습니다. AI는 바로 이 지능을 제공하는 핵심 엔진(Engine)입니다.

이 엔진이라는 비유는 매우 중요합니다. AI는 독립적으로 작동하는 하나의 부품이 아니라, AVM(4장), 리스크 관리(8장), 포트폴리오 최적화(9장), 디지털 트윈(6장) 등 이 책에서 다룰 모든 프롭테크 혁신의 구성 요소들을 구동하고 연결하는 심장부 역할을 합니다. AI 엔진이 얼마나 정교한가에 따라, 자산의 가치를 평가하는 정확도가 달라지고, 미래 시장의 변동성을 예측하는 능력이 결정되며, 궁극적으로 투자 수익률이 좌우됩니다.

글로벌 컨설팅 기업인 맥킨지(McKinsey)나 딜로이트(Deloitte)의 최근 보고서들은 AI가 향후 10년간 부동산 산업에서 수천억 달러의 새로운 가치를 창출할 것이라 예측합니다. 이 가치는 단순히 기존 업무를 자동화하여 비용을 절감하는 수준을 넘어섭니다. AI는 과거에는 불가능하다고 여겨졌던 새로운 비즈니스 모델(예: 아이바이어, 10장)을 가능하게 하고, 자본이 흐르는 방식(예: 크라우드펀딩, 13장)을 재정의하며, 심지어 도시 공간의 설계 방식(예: 스마트 시티)에도 영향을 미치고 있습니다.

이러한 변화의 흐름 속에서, AI 엔진을 보유하고 고도화하는 기업과 그렇지 못한 기업 간의 격차(Digital Divide)는 단순한 효율의 차이를 넘어, 생존의 문제로 직결될 것입니다. AI는 더 이상 미래의 선택지가 아닌, 현재의 필수적인 경쟁력입니다. 부동산 금융 전문가는 이제 금융 전문가인 동시에, 이 AI 엔진의 작동 원리를 이해하고 활용할 줄 아는 데이터 전문가가 되어야 합니다.

따라서 2장에서는 이 새로운 두뇌의 내부를 상세히 들여다보고자 합니다. 이 엔진을 구성하는 핵심 기술들, 즉 머신러닝(ML), 컴퓨터 비전(CV), 자연어 처리(NLP)가 각각 무엇이며, 이들이 어떻게 융합되어 부동산 금융 현장에서 구체적인 비즈니스 가치를 창출하는지 심층적으로 분석할 것입니다.

데이터 지배로 미래를 지휘하라

- **AI의 역할:** AI는 부동산 금융의 핵심 동력으로, 단순 분석을 넘어 예측과 의사결정을 지원하는 지능을 제공하는 새로운 두뇌입니다.
- **패러다임 전환:** 과거의 서술적 분석에서 미래를 예측하고(Predictive) 행동을 제안하는(Prescriptive) 처방적 분석으로 진화하고 있습니다.
- **가치의 이동:** 가치의 원천이 데이터 접근성(PropTech 1.0)에서, 넘쳐나는 데이터를 해석하여 실행 가능한 통찰력을 제공하는 데이터 기반 의사결정 지능(PropTech 2.0)으로 이동하고 있습니다.

2.2 핵심 AI 기술 (1): 머신러닝과 자동화

부동산 금융을 변화시키는 첫 번째 핵심 AI 기술은 단연 머신러닝(Machine Learning, ML) 모델입니다. 머신러닝은 AI의 하위 분야로, 기계가 명시적인 프로그래밍 없이 데이터로부터 스스로 학습할 수 있도록 하는 알고리즘의 총칭입니다. 부동산 금융 분야에서는 특히 지도 학습(Supervised Learning)이 광범위하게 활용됩니다. 지도 학습은 정답이 레이블링된 과거의 데이터를 학습하여, 데이터(Input)와 정답(Output) 간의 숨겨진 패턴(상관관계)을 찾아내는 방식입니다.

예를 들어, 과거 10년간 거래된 100만 건의 주택 데이터를 AI에 학습시킬 수 있습니다. 여기서 Input은 면적, 층수, 건축연도, 학군, 지하철역까지의 거리 등이 되며, Output은 실제 거래 가격이 됩니다. AI는 이 100만 건의 데이터를 학습하며 "지하철역 거리가 100m 줄어들 때 가격이 평균 얼마큼 오르는가"와 같은 복잡한 패턴을 스스로 발견합니다. 이 학습이 완료된 모델에 새로운 매물의 Input(면적, 층수 등)을 입력하면, 모델은 학습한 패턴에 기반하여 예상 거래 가격(Output)을 높은 정확도로 추정해 냅니다.

이것이 바로 자동 가치평가 모델(AVM, Automated Valuation Model)의 기본 원리이며, 머신러닝이 어떻게 부동산 금융의 핵심 업무를 자동화하는지 보여 주는 대표적인 사례입니다(4장에서 자세히 다룸). AVM 외에도 머신러닝은 특정 지역의 미래 3개월 임대료나 주택 가격 변동률을 예측하는 수요 예측 모델에도 동일하게 적용됩니다. 과거의 임대료에 영향을 미쳤던 수백 개의 변수(금리, 인구 이동, 신규 공급, 검색 트렌드 등)를 학습하여 미래를 예측하는 것입니다.

머신러닝의 또 다른 중요 분야는 비지도 학습(Unsupervised Learning)입니다. 이는 정답이 없는 원시 데이터(Raw data)를 AI에게 주고, 이 안에서 의미 있는 패턴을 스스로 찾아보라고 하는 방식입니다. 예를 들어, 수만 명의 잠재 임차인 데이터를 비지도 학습의 클러스터링(Clustering, 군집화) 알고리즘으로 분석할 수 있습니다. AI는 이 데이터를 분석하여 1인 가구, 20대, IT 종사자, 반려동물 보유 그룹과 4인 가구, 40대, 학부모, 안정적 소득 그룹처럼, 기존에는 몰랐던 의미 있는 고객 세그먼트를 자동으로 분류해 줍니다. 개발업자는 이 결과를 바탕으로 특정 그룹을 타겟팅하는 맞춤형 주거 상품(예: 펫 프렌들리 오피스텔)을 기획할 수 있습니다.

이러한 머신러닝 기술은 과거 인간의 수동적인 업무를 자동화하고 그 정확성을 비약적으로 향상시킵니다. 가장 극적인 변화는 대출 심사(Underwriting) 영역에서 나타나고 있습니다. 전통적으로 상업용 부동산(CRE) 대출 심사는 고도로 숙련된 분석가가 임대차 계약서, 과거 3개년 현금 흐름표, 시장 보고서, 감정평가서 등을 수동으로 검토하고 엑셀 모델에 입력하는, 수 주(週)가 걸리는 지루하고 오류가 발생하기 쉬운 과정이었습니다.

[사례 연구 2-1]은 AI 기반 대출 심사 플랫폼(예: Bowery, GeoPhy, Cherre)이 이 과정을 어떻게 혁신하는지 보여줍니다. 이 플랫폼들은 머신러닝(및 NLP)을 활용해 수백 페이지의 문서에서 데이터를 자동으로 추출하고, AVM을 통해 담보 가치를 즉각적으로 평가하며, 시장 비교 데이터를 실시간으로 분석하여 해당 자산의 미래 현금 흐름과 리스크를 수 분 내로 평가합니다. 이는 대출 승인 시간을 90% 이상 단축시킬 수 있습니다.

이렇게 확보된 효율성은 단순히 인건비 절감만을 의미하지 않습니다. 이는 금융 기관의 비즈니스 모델 자체를 변화시킵니다. 대출 심사가 빨라진다는 것은 더 많은 딜을 검토하고 처리할 수 있다는 의미이며, 대출 담당자가 서류 작업이라는 단순 반복 업무에서 해방되어, 고객과의 관계 구축이나 새로운 금융 상품 개발과 같은 더 중요하고 전략적인 업무에 집중할 수 있게 됨을 의미합니다.

결론적으로, 머신러닝과 자동화는 부동산 금융의 운영 효율성을 극대화하는 기반 기술입니다. AI가 인간의 지루한 작업을 대신 처리해 줌으로써, 인간 전문가는 데이터에 기반하여 더 나은 의사결정을 내리는 본연의 고부가가치 업무에 집중할 수 있게 됩니다. 이는 기술이 인간을 대체하는 것이 아니라, 기술이 인간의 역량을 강화시키는 대표적인 사례입니다.

본질 찾고 가치 창출, 인간만이 할 일

- **머신러닝(ML):** 과거 데이터를 학습하여 패턴을 발견하고 미래를 예측하는 AI의 핵

심 기술입니다. (지도학습: AVM, 비지도학습: 고객 군집화)

- **업무 자동화:** AVM, 수요 예측, 대출 심사(Underwriting)와 같이 시간이 많이 소요되던 수동적 업무를 자동화하고 정확도를 높입니다.
- **효율성 증대:** AI 자동화를 통해 인적 자원을 단순 반복 작업에서 해방시켜, 고부가 가치 전략 업무(예: 고객 관리, 신상품 개발)로 재배치할 수 있습니다.

2.3 핵심 AI 기술 (2): 컴퓨터 비전과 자연어 처리

부동산 데이터의 약 80%는 재무제표나 엑셀 시트의 깔끔한 숫자(정형 데이터)가 아닙니다. 그것은 건물의 외관 사진, 드론으로 촬영한 위성 이미지, 수백 페이지의 PDF 계약서, 인터넷의 고객 리뷰, 중개인의 통화 녹취록 등 비정형 데이터(Unstructured Data)입니다. 전통적인 분석 방식으로는 이 방대한 데이터에 담긴 가치를 활용할 수 없었습니다. 머신러닝이 주로 정형 데이터를 다룬다면, 딥러닝(Deep Learning)을 기반으로 하는 컴퓨터 비전과 자연어 처리는 바로 이 비정형 데이터를 분석하는 AI의 핵심 기술입니다.

컴퓨터 비전(Computer Vision, CV)은 기계가 인간처럼 보고 이해하는 기술입니다. AI는 딥러닝(특히 CNN, Convolutional Neural Networks)을 통해 수백만 장의 이미지를 학습하여, 이미지 속의 객체(Object)를 인식하고, 그 상태(Condition)를 판단하며, 심지어 질적 가치(Quality)까지 정량화합니다. 이는 부동산의 물리적 측면을 평가하는 데 혁명적인 변화를 가져옵니다.

첫째, 자산 상태 평가입니다. 과거에는 감정평가사가 직접 현장을 방문하여 지붕 상태 양호, 외벽 마감재 우수라고 주관적으로 기술했습니다. 이제 AI는 위성 이미지나 드론 이미지를 분석하여 지붕의 균열 3개 발견, 예상 수리 비용 X원, 외벽의 특정 마감재 (예: 스투코) 사용 확인과 같이 객관적이고 정량적인 데이터를 추출합니다. 이는 AVM(4

장)의 정확도를 높이는 핵심 입력값이 됩니다.

둘째, 질적 가치 정량화입니다. [사례 연구 2-2]로, 프롭테크 기업 플라이홈즈(Flyhomes)나 질로우(Zillow)의 내부 AVM은 주택 실내 사진을 CV로 분석합니다. AI는 사진을 보고 "주방에 대리석 상판이 있는가?", "바닥이 원목인가 장판인가?", "최근 리모델링된 인테리어인가?"를 자동으로 판단하여 가치 평가에 반영합니다. 이는 동일한 면적이라도 인테리어 품질에 따라 달라지는 실제 시장 가치를 AI가 이해하기 시작했음을 의미합니다.

셋째, 대안 데이터 확보입니다. CV는 위성사진을 분석하여 특정 쇼핑몰의 주차장 차량 수를 세어 매출을 예측하거나, 특정 지역의 야간 조명 밝기를 분석하여 경제 활성화 수준을 추정합니다. 또한, 건설 현장 사진을 분석하여 공정 진행률을 자동으로 모니터링하고 안전 위험을 감지합니다(6장 디지털 트윈에서 확장).

자연어 처리(Natural Language Processing, NLP)는 기계가 인간의 언어(텍스트, 음성)를 읽고 이해하며 요약하는 기술입니다. 부동산 금융은 본질적으로 계약서와 보고서의 산업입니다. NLP는 이 방대한 텍스트 데이터를 처리하여 숨겨진 리스크와 기회를 발견합니다.

첫째, 문서 분석 및 정보 추출입니다. [사례 연구 2-3]로, 부동산 M&A 과정에서 인수 대상 빌딩이 보유한 수천 개의 임대차 계약서를 검토하는 Due Diligence(실사) 작업은 변호사들의 막대한 시간과 비용을 요구했습니다. AI NLP 플랫폼(예: Leverton(MRI), Proda)은 이 작업을 자동화합니다. AI는 수백 페이지의 PDF 계약서를 스캔하여 임대료 인상률, 만기일, 조기 퇴거 조항, 공동 부담금 등 핵심적인 재무 조건과 독소 조항을 수 분 내에 자동으로 추출하여 데이터베이스로 만듭니다.

둘째, 이상 징후 및 정서 분석(Sentiment Analysis)입니다. AI는 감정평가서, 시장 보고서, 뉴스 기사, SNS 리뷰 등에서 특정 자산이나 지역에 대해 언급된 뉘앙스를 분석합니다. 예를 들어, "안정적인 현금 흐름을 보이고 있으나, 주요 임차인의 재계약 불확실성이 존재함"과 같은 부정적인 문구나, "XX동 맛집"과 같은 긍정적인 키워드의 빈도를 분석하여, 해당 자산의 잠재적 위험이나 시장의 정서(Sentiment)를 정량적인 점수로 환산합니다. 이는 투자자가 숫자에 드러나지 않는 질적 리스크를 사전에 감지하도록 돕습니다.

이처럼 컴퓨터 비전(CV)과 자연어 처리(NLP)는 부동산의 물리적 가치와 법적/시장적 가치를 숫자로 환산하는 강력한 도구입니다. 이 기술들은 정형 데이터를 다루는 머신러닝과 결합하여, 과거에는 불가능했던 총체적인(Holistic) 자산 분석을 가능하게 합니다. AI는 이제 건물의 재무제표(숫자)뿐만 아니라, 건물의 사진(이미지)과 계약서(텍스트)까지 모두 읽고 이해하는 통합적인 두뇌로 진화하고 있습니다.

못 보던 8할 비정형, AI로 깨달아라

- **비정형 데이터**: 부동산 데이터의 대부분(약 80%)은 사진, 텍스트 등 비정형 데이터이며, AI(CV, NLP)는 이를 분석하는 핵심 도구입니다.
- **컴퓨터 비전(CV)**: 기계가 보는 기술입니다. 위성/실내 이미지를 분석하여 자산의 물리적 상태(예: 지붕 균열), 품질(예: 인테리어 수준), 대안 데이터(예: 주차장 차량 수)를 정량화합니다.
- **자연어 처리(NLP)**: 기계가 읽는 기술입니다. 임대차 계약서, 법률 보고서, 시장 리뷰 등 방대한 텍스트를 자동으로 분석하여 핵심 정보를 추출(예: 임대료 조항)하고 위험 신호(예: 부정적 정서)를 감지합니다.

2.4 AI가 창출하는 비즈니스 가치: 자동화에서 예측까지

이러한 AI 핵심 기술들(ML, CV, NLP)의 융합은 부동산 금융 분야에서 막연한 기대가 아닌, 측정 가능하고 구체적인 비즈니스 가치(Business Value)를 창출합니다. 이 가치는 크게 4가지 차원으로 요약할 수 있으며, 이는 자동화라는 단순한 효율성에서 시작하여 전략적 의사결정이라는 고차원적 가치로 발전합니다.

첫째, 운영 효율성 극대화(자동화)입니다. 이는 AI 도입의 가장 즉각적이고 가시적인 가치입니다. 2.2절의 대출 심사 자동화, 2.3절의 계약서 분석 자동화, 그리고 4장의 AVM을 통한 가치 평가 자동화는, 과거 수일에서 수 주가 걸리던 반복적인 수작업을 수 분에서 수 시간 단위로 단축시킵니다. [사례 연구 2-4]로, 글로벌 부동산 서비스 기업 JLL이나 CBRE는 AI를 도입하여 단순 리포트 생성, 데이터 입력, 시장 조사 등의 백오피스 업무를 자동화함으로써 연간 수백만 달러의 운영 비용을 절감하고 있습니다. 이러한 비용 절감은 기업의 수익성을 직접적으로 개선합니다.

둘째, 정확성 및 객관성 향상(정밀도)입니다. 인간의 의사결정은 아무리 뛰어나도 경험에 기반한 직관이나 편향(Bias)에서 자유롭기 어렵습니다(물론 25장에서 다루겠지만, AI 역시 데이터 편향의 위험이 있습니다). 하지만 잘 설계된 AI 모델은 수백만 개의 데이터 포인트를 기반으로 객관적인 가치 평가와 리스크 분석을 제공합니다. 과거에는 신뢰할 수 없는 비교 데이터(Comps)나 소수의 주관적 리서치에 의존해야 했다면, 이제 AI는 더 광범위하고 깊이 있는 데이터를 분석하여 편차를 줄인 정확한 매물 가격과 정밀한 투자 추천을 생성할 수 있습니다.

셋째, 새로운 예측 역량 확보(예측)입니다. 이것이 AI가 창출하는 가장 강력하고 전략적인 가치입니다. AI는 과거 데이터를 설명하는 것을 넘어, 미래를 예측함으로써 자본 배분을 근본적으로 개선합니다. [사례 연구 2-5]로, 세계 최대의 부동산 투자사인 블랙스톤(Blackstone)은 AI와 데이터 분석을 핵심 경쟁력으로 삼고 있습니다. 그들이 팬데믹 이전에 물류창고 자산에 공격적으로 투자할 수 있었던 이유는, 그들의 AI 엔진이 전자상거래(E-commerce) 성장률, 공급망 데이터, 소비자 검색 트렌드 등 수천 개의 대안 데이터를 분석하여 물류창고 수요의 폭발적인 성장을 남들보다 한발 앞서 예측했기 때문입니다(1.3절 참고).

넷째, 우수한 고객 경험 창출(개인화)입니다. 부동산 금융은 전통적으로 공급자 중심의 복잡하고 느린 서비스를 제공했습니다. AI는 이 경험을 고객 중심으로 바꾸고 있습니다. 24시간 고객 문의에 응대하는 AI 챗봇은 가장 기본적인 수준입니다. 더 나아가, AI는 고객의 과거 행동 데이터와 재무 상태를 분석하여(2.2절 클러스터링), 해당 고객에게 고도로 개인화된 투자 상품이나 주택담보대출 금리를 선제적으로 추천합니다. 이는 고객 만족도를 높이고 이탈을 방지하는 핵심 전략(Lock-in)이 됩니다.

결국 이 4가지 가치(자동화, 정확성, 예측, 개인화)의 총합은, 부동산 금융의 의사결정 방식을 전통적인 후향적 분석(Backward-looking)에서, 실시간 신호와 예측 모델을 기반으로 하는 전향적 의사결정(Forward-looking)으로 근본적으로 변화시킵니다. 과거에는 "지난 분기 실적이 어떠했는가?"를 묻는 데 그쳤다면, 이제 AI 엔진은 "다음 분기 시장 변화에 대응하기 위해 지금 당장 어떤 자산을 매입/매도해야 하는가?"라는 처방(Prescription)을 요구받고 있습니다.

AI는 더 이상 IT 부서만의 도구가 아닙니다. 그것은 투자 위원회(Investment Committee)의 핵심 멤버이자, 자산 관리자의 가장 유능한 파트너이며, 비즈니스 전략의 중심에 자리 잡은 새로운 엔진입니다.

데이터(뿌리), 지혜(가지), 미래를 예측하라

- **핵심 가치:** AI는 (1) 자동화를 통한 비용 절감, (2) 데이터 기반의 정확성/객관성 향상, (3) 예측을 통한 선제적 자본 배분 개선, (4) 개인화를 통한 우수한 고객 경험 향상을 제공합니다.
- **전향적 의사결정:** AI는 과거 데이터에 의존하던 후향적 분석에서 벗어나, 실시간 데이터를 기반으로 미래를 예측하고 대응하는(Predictive & Prescriptive) 전향적 의사결정을 가능하게 합니다.

2.5 부동산 금융 투자 사례 연구

핵심 개념	정의	부동산 금융 적용
AI의 역할 (새로운 두뇌)	단순 분석(Descriptive)을 넘어 미래를 예측(Predictive)하고 최적의 행동을 처방(Prescriptive)하는 지능을 제공.	가치의 원천이 데이터 접근성에서 데이터 기반 의사결정 지능으로 이동함.
머신러닝 (ML)	과거 데이터를 학습하여 패턴을 발견하고 미래를 예측하는 기술. (지도학습: AVM, 비지도학습: 고객 군집화)	AVM, 수요 예측, 대출 심사(Underwriting) 등 반복적이고 시간이 많이 소요되는 업무를 자동화하고 효율화함.
컴퓨터 비전(CV) / NLP	비정형 데이터(이미지, 텍스트)를 분석하는 AI 기술.	CV는 이미지(위성, 실내 사진)를 보고 자산의 물리적 상태와 품질을 정량화. NLP는 텍스트(계약서, 리뷰)를 읽고 핵심 정보 추출 및 위험 신호를 감지.

1) 부동산투자 가상 사례 연구: 네오 코어 스마트시티의 AI 기반 복합개발

(TPO: 2028년 / 대한민국, 신도시 네오 코어 / 스마트시티 복합용도개발 투자)

2028년, H-Dev라는 가상의 미래형 개발사는 네오 코어 스마트시티 프로젝트의 핵심 상업지구(MXD) 개발 투자를 진행할 예정입니다. 과거의 개발 투자가 인구 유입과 교통 계획이라는 거시적 지표에 의존했다면, H-Dev의 투자는 제2장의 통합 AI 엔진을 기반으로 한 처방적 개발이 될 것입니다.

이들의 투자 모델은 살아 있는 도시 시뮬레이션입니다. H-Dev의 AI 엔진은 개발 시작 전부터 완공 후 10년까지의 도시 변화를 예측합니다. 이 AI 엔진은 세 가지 핵심 기술을 융합할 것입니다. 첫째, 머신러닝(ML)입니다. ML 모델은 네오 코어로 이전할 기업들의 예상 고용 데이터와 주변 도시의 인구 이동 패턴을 학습하여, 정확한 주거 수요(평형대별)와 상업시설 수요(업종별)를 예측할 것입니다. 이는 몇 평짜리 상가를 몇 개지을 것인가라는 투자의 기본 설계를 결정합니다.

둘째, 컴퓨터 비전(CV)입니다. H-Dev는 단순한 조감도를 넘어, 디지털 트윈(6장) 환경에서 가상의 보행자 흐름을 CV로 시뮬레이션합니다. CV는 A 블록 광장의 디자인이 B 블록보다 보행자의 체류 시간을 30% 늘린다는 것을 시각적으로 증명할 것입니다. 또한, 공사가 시작되면 CV는 드론과 CCTV를 통해 건설 현장의 공정 진행률과 안전 위험을 실시간 분석하여, 투자 리스크인 공사 지연과 예산 초과를 최소화할 것입니다.

셋째, 자연어 처리(NLP)입니다. AI 엔진은 네오 코어 입주 예정자들의 온라인 커뮤니티와 SNS를 실시간으로 분석합니다. NLP는 "상가에 대형 서점이 필요하다" 또는 "키즈 카페 공간이 부족하다"는 주민들의 정서(Sentiment)와 요구사항을 조기에 감지할 것입니다. H-Dev는 이 데이터를 기반으로 상업시설의 MD(임차인 구성) 계획을 동적으로 수정하여, 공실 리스크를 최소화하고 자산 가치를 극대화하는 투자 결정을 내릴 것입니다.

이 가상의 사례에서 AI 엔진은 단순한 분석 도구가 아닙니다. ML이 투자 규모를 처방하고, CV가 물리적 리스크를 관리하며, NLP가 시장(임차) 리스크를 관리하는, 부동산 개발 투자 전 과정을 지휘하는 중앙 통제 시스템(두뇌)으로 작동할 것입니다.

2) 금융투자 가상 사례: 퀀텀 AI 모기지 펀드의 자동화 언더라이팅(가상 사례)
(TPO: 2027년 / 미국, 월스트리트 / AI 기반 주택저당증권(MBS) 투자)

2027년, 가상의 자산운용사 퀀텀 캐피털은 퀀텀 AI 모기지 펀드라는 새로운 금융투자 상품을 출시할 계획입니다. 이 펀드의 목표는 AI 엔진을 활용하여 인간의 편견이 배제되고 숨겨진 리스크가 정량화된 우량 주택담보대출(모기지) 포트폴리오를 구축하고, 이를 증권화(MBS)하여 기관 투자자들에게 판매하는 것입니다. 이는 제2장의 AI 기술이 금융투자의 핵심인 대출 심사(Underwriting)를 혁신하는 사례가 될 것입니다.

퀀텀 펀드의 AI 엔진은 제2.2절의 머신러닝(ML)을 기반으로 대출 심사 과정을 90% 이상 자동화할 것입니다. AI는 차주의 전통적인 재무 데이터(소득, 신용점수)뿐만 아니라, 대안 데이터(예: 통신비 납부 이력, 온라인 결제 패턴)까지 학습하여, 기존 모델로는 거절되었을 우량 차주를 발굴해냅니다. 이는 펀드의 수익성과 시장 점유율을 높이는 전략입니다.

이 펀드의 핵심 경쟁력은 담보물(주택) 가치 평가에 있습니다. 2008년 금융 위기는 담보물 가치 평가의 실패에서 시작되었습니다. 퀀텀 펀드는 이를 극복하기 위해 제2.3절의 CV와 NLP를 금융투자 리스크 관리에 통합할 것입니다. 차주가 대출을 신청하며 제출한 주택 내부 사진을 AI(CV)가 분석하여, 인테리어 품질과 수리 필요 여부를 정량화합니다. CV가 지붕 누수 흔적을 감지하면, AI는 담보 가치를 자동으로 하향 조정하여 펀드의 물리적 리스크를 방어합니다.

또한, AI(NLP)는 해당 주택의 등기부등본, 감정평가서, 보험 서류 등 수백 페이지의 텍스트를 자동으로 스캔합니다. NLP는 특이 독소 조항이나 과거 침수 이력과 같은 법적/환경적 리스크를 자동으로 감지하여 심사역에게 경고합니다. 이는 금융투자 과정에서 발생할 수 있는 정보 비대칭성을 AI가 해소하는 것입니다.

이 가상의 사례에서 퀀텀 펀드는 AI 엔진을 통해 더 빠르고(자동화), 더 정확하며(ML/CV/NLP), 더 공정한(대안 데이터) 대출 심사를 실행합니다. 이는 AI가 금융투자 상품(MBS)의 기초자산(모기지) 품질 자체를 근본적으로 개선하고, 투자자에게 더 높은 신뢰를 제공하는 핵심 엔진으로 작동함을 보여줄 것입니다.

제3장

AI 시대의 현대 포트폴리오 이론 재해석

과거 데이터 의존

미래의 구조적 변화(위기) 예측 실패.

부동산 특성 미반영

비유동성, '평활화된' 감정평가 데이터로 위험 과소평가.

'블랙 스완' 간과

정규 분포 가정으로 극단적 리스크(Fat Tails)를 무시함.

전통적 MPT의 한계와 비현실적 가정
(Limitations and unrealistic assumptions of traditional MPT)

3.1 현대 포트폴리오 이론(MPT)의 한계

1952년 해리 마코위츠(Harry Markowitz)에 의해 제시된 현대 포트폴리오 이론 (Modern Portfolio Theory, MPT)은 금융 투자의 세계를 예술의 영역에서 과학의 영역으로 끌어올린 혁명적인 이론입니다. 노벨 경제학상의 영예를 안겨준 이 이론의 핵심은 달걀을 한 바구니에 담지 말라는 격언을 수학적으로 증명한 것입니다. MPT는 개별 자산의 위험(Risk)을 변동성(Standard Deviation)으로 정의하고, 서로 상관관계 (Correlation)가 낮은 자산들을 조합하여 동일한 위험 수준에서 최고의 수익을 내거나 동일한 수익 수준에서 최소의 위험을 감수하는 최적의 포트폴리오, 즉 효율적 투자선 (Efficient Frontier)을 구축하는 것을 목표로 합니다.

MPT는 지난 70년간 월스트리트를 지배해 왔으며, 주식, 채권 등 전통적인 금융 시장에서 자산 배분의 운영체제(OS) 역할을 해 왔습니다. 이 이론은 투자자들이 개별 자산의 수익률만 보는 것이 아니라, 자산 간의 관계(상관관계)를 보도록 만들었다는 점에서 엄청난 공헌을 했습니다. 투자자들은 MPT 덕분에 위험을 정량화하고 분산투자의 효과를 수학적으로 이해할 수 있게 되었습니다. 이 패러다임은 데이터가 비교적 표준화되어 있고, 거래가 빈번하며, 시장이 효율적이라는 가정 하에 눈부신 발전을 거듭했습니다.

하지만 이 견고한 이론은 오늘날, 특히 부동산과 같은 대체 자산 분야에서 세 가지 근본적인 한계에 부딪혔습니다. 첫 번째이자 가장 치명적인 한계는 MPT가 과거의 데이터(Historical Data)에 전적으로 의존한다는 점입니다. MPT는 과거 10년, 20년간의 수익률, 변동성, 상관관계를 기반으로 미래의 최적 포트폴리오를 구성합니다. 그러나 이 모델은 과거는 미래를 보장하지 않는다는 투자의 제1 격언을 간과합니다. 특히, MPT는 시장의 구조적 변화나 예측 불가능한 블랙 스완(Black Swan) 이벤트에 극도로 취약합니다.

2008년 글로벌 금융 위기는 MPT의 과거 데이터 의존성이 얼마나 위험한지 증명한 대표적인 사례입니다. 위기 직전까지, MPT 모델은 주택저당증권(MBS)과 다른 자산(주식, 채권) 간의 상관관계가 낮다고 계산했습니다. 모델상으로는 완벽한 분산 투자였습니다. 하지만 위기가 닥치자, 모든 자산의 상관관계는 1에 수렴하며 동시에 폭락했습니다. MPT가 기반으로 삼았던 과거의 안정적인 상관관계는 미래의 위기 앞에서는 완벽한 착각이었음이 드러났습니다.

두 번째 한계는 부동산 자산의 고유한 특성을 MPT가 제대로 반영하지 못한다는 점입니다. MPT는 주식처럼 유동성이 높고, 거래가 빈번하며, 가격이 투명하게 공개되는 시장을 전제로 합니다. 하지만 부동산은 정반대입니다. 부동산은 극도로 비유동적(Illiquid)이며, 거래가 드물고(Low-frequency), 가격이 불투명(Opaque)합니다. 우리는 옆집이 오늘 얼마에 팔렸는지 즉시 알 수 없습니다. 이로 인해 MPT에 필요한 정확한 수익률과 변동성 데이터를 확보하는 것 자체가 매우 어렵습니다.

이 문제를 해결하기 위해 전통적인 부동산 금융은 감정평가(Appraisal) 기반의 데이터를 사용해왔습니다. 그러나 감정평가 데이터는 실제 시장의 변동성을 반영하는 것이 아니라, 과거의 거래 사례를 참고하여 매끄럽게(Smoothed) 보정된 값입니다. 이렇게 인위적으로 변동성이 낮아진 데이터(Smoothed Data)를 MPT 모델에 입력하면, 부동산은 주식보다 위험이 현저히 낮고 분산 효과가 뛰어난 자산으로 왜곡되어 나타납니다. 이는 모델이 투자자에게 실제보다 더 많은 자본을 부동산에 배분하도록 유도하는 잘못된 처방(Mis-allocation)을 내리게 만듭니다.

세 번째 한계는 MPT가 자산의 수익률 분포가 정규 분포(Normal Distribution)를 따른다고 가정한다는 점입니다. 정규 분포(벨 커브)는 극단적인 사건(예: -50% 폭락 또는 +100% 폭등)이 발생할 확률을 거의 0으로 간주합니다. 하지만 현실의 금융 시장과 부동산 시장은 정규 분포보다 훨씬 두꺼운 꼬리(Fat Tails)를 가집니다. 즉, 모델이 불가능하다고 말하는 극단적인 리스크(Tail Risk)가 실제로는 생각보다 자주 발생합니다. MPT는 이러한 블랙 스완의 위험을 구조적으로 과소평가합니다.

MPT는 자산 배분의 기본 틀을 제공했지만, (1) 과거 데이터에 의존하여 미래 예측에 실패하고, (2) 부동산의 비유동성과 데이터 왜곡(Smoothing) 문제를 반영하지 못하며, (3) 극단적인 시장 위험(Fat Tails)을 간과하는 명확한 한계를 지니고 있습니다. 오늘날처럼 변동성이 크고, 데이터가 폭증하며, 위기가 상시화된 시대에, 70년 된 MPT 모델은 심각한 업그레이드를 요구하고 있습니다. 그 업그레이드의 핵심이 바로 AI입니다.

과거에 갇히면 블랙스완 못 본다

- **MPT 정의:** 마코위츠의 이론으로, 자산 간 상관관계를 활용해 위험(변동성) 대비 수익을 최적화(효율적 투자선)하는 자산 배분 모델입니다.
- **한계 1(과거 의존):** 과거의 수익률과 상관관계에 기반하므로, 2008년 금융 위기처

럼 미래의 구조적 변화나 위기 시 상관관계가 깨지면 작동 불능에 빠집니다.

- **한계 2(부동산 특성):** 부동산의 비유동성과 데이터 부족을 반영 못 합니다. 특히 감정평가 기반의 매끄러운(Smoothed) 데이터를 사용하면 위험을 과소평가하게 됩니다.
- **한계 3(정규 분포):** 자산 수익률이 정규 분포를 따른다고 가정하여, 두꺼운 꼬리(Fat Tails), 즉 블랙 스완과 같은 극단적 리스크를 간과합니다.

3.2 AI의 역할: 동적 리스크와 비정형 데이터

인공지능(AI)은 현대 포트폴리오 이론(MPT)을 폐기하는 것이 아니라, MPT가 가졌던 근본적인 한계들(부정확한 입력값, 정적인 모델)을 극복하도록 진화시키는 역할을 합니다. AI는 단순히 MPT 계산을 더 빨리하는 도구가 아닙니다. AI는 MPT의 입력값 (Input) 자체를 바꾸고, 모델(Model)의 작동 방식을 동적으로 변화시킵니다. AI는 MPT 가 불가능하다고 여겼던 영역, 즉 미래 예측과 비정형 데이터의 영역을 MPT의 세계로 통합시킵니다.

첫째, AI는 MPT의 가장 큰 약점인 과거 데이터 의존성(한계 1)을 미래 예측 데이터로 대체합니다. 전통적인 MPT가 과거 10년의 상관관계를 사용했다면, AI 기반 MPT는 미래 1년의 예측된(Predicted) 상관관계를 사용합니다. 제2장에서 다룬 머신러닝(ML)과 제7장에서 다룰 예측 분석(Predictive Analytics) 기술이 이를 가능하게 합니다. AI 모델은 과거의 수익률뿐만 아니라, 현재 시장의 선행 지표(Leading Indicators)를 실시간으로 학습하여 미래의 변동성과 자산 간의 관계를 예측합니다.

예를 들어, 서울 오피스와 미국 물류창고 간의 미래 상관관계를 예측하기 위해, AI는 금리 변동, GDP 성장률 같은 거시경제 지표뿐만 아니라, 양 지역의 채용 공고 수(NLP), 기업들의 IT 투자 계획(뉴스 분석), 공급망 관련 검색 트렌드(대안 데이터) 등 수천 개의 변수를 동시에 분석합니다. 이를 통해 특정 조건(예: 금리 급등) 하에서는 두 자산의 상관관계가 과거와 달리 높아질 것이라는 동적 상관관계 매트릭스(Dynamic Covariance Matrix)를 생성합니다. 이는 정적인 과거 데이터보다 훨씬 현실적인 리스크 관리를 가능하게 합니다.

둘째, AI는 부동산의 데이터 왜곡(한계 2) 문제를 해결합니다. AI는 감정평가 기반의 매끄러운(Smoothed) 데이터가 아닌, 시장 기반의 실거래 데이터를 생성하여 사용합니다. 제4장에서 다룰 AVM(자동 가치평가 모델)은 AI를 활용해 거래가 드문 상업용 부동산의 현재 시가(Mark-to-Market)를 거의 실시간으로 추정해냅니다. 이는 부동산의 진짜 변동성을 드러내며, MPT 모델이 위험을 과소평가하던 오류를 바로잡습니다.

더 나아가, AI는 MPT가 단 한 번도 입력값으로 고려하지 못했던 비정형 데이터(Unstructured Data)를 리스크 변수로 통합합니다. 제2.3절에서 본 컴퓨터 비전(CV)은 위성 이미지를 분석해 건물의 물리적 노후도나 기후 변화로 인한 침수 위험을 정량화합니다. 자연어 처리(NLP)는 수천 개의 임대차 계약서를 스캔하여 특정 임차인(예: 위워크)의 파산 시 포트폴리오 전체에 미칠 현금 흐름 충격을 시뮬레이션합니다. 이는 MPT의 변동성이라는 단일한 위험 척도를, 기후 리스크, 임차인 리스크 등 다차원적인 질적 리스크로 확장시킵니다.

셋째, AI는 MPT의 정규 분포(한계 3) 가정을 극복하고 극단적 리스크(Fat Tails)를 관리하게 해 줍니다. AI(특히 생성형 AI나 강화 학습)는 수천, 수만 개의 비정규적 미래 시나리오를 시뮬레이션하는 동적 모델링에 탁월합니다. MPT가 평균적인 미래에 대한 정적인(Static) 최적화에 그쳤다면, AI는 "만약 2008년 위기가 다시 오고, 동시에 팬데믹이 발생하며, 특정 지역에 지진이 발생한다면?"과 같은 극단적 시나리오 스트레스 테스트를 수행합니다.

[사례 연구 3-1]은 세계 최대 자산운용사 블랙록(BlackRock)의 알라딘(Aladdin) 플랫폼입니다. 알라딘은 MPT를 훨씬 뛰어넘는 AI 기반 리스크 관리 시스템의 대명사입니다. 알라딘은 전 세계 수백만 개의 자산 데이터를 실시간으로 수집하고, AI를 통해 포트

폴리오가 노출된 모든 미시적, 거시적 리스크(금리, 환율, 정치, 기후 등)를 분석하여 수천 개의 스트레스 테스트를 실행합니다. 프롭테크 기업들은 바로 이 알라딘의 부동산 버전, 즉 AI를 통해 부동산 포트폴리오의 모든 숨겨진 리스크를 투명하게 들여다보는 시스템을 구축하려 경쟁하고 있습니다.

결론적으로, AI는 MPT의 한계를 정면으로 돌파합니다. AI는 (1) 과거 데이터가 아닌 예측 데이터를, (2) 감정평가 데이터가 아닌 AVM 시가와 비정형 데이터(CV, NLP)를, (3) 정규 분포가 아닌 동적 시뮬레이션을 MPT의 새로운 엔진으로 제공합니다. AI는 MPT를 정적인 과거의 이론에서, 동적인 미래 대응 전략으로 재해석하고 있습니다.

낡은 틀 벗고, 진짜 변동성에 대비하라

- **미래 예측(한계 1 극복):** AI는 과거 상관관계가 아닌, 머신러닝(Ch 7)과 선행 지표를 학습한 미래 예측 상관관계를 MPT의 입력값으로 사용합니다.
- **데이터 왜곡 극복(한계 2 극복):** AI(AVM, Ch 4)는 감정평가의 매끄러운(Smoothed) 데이터가 아닌, 실시간 시가 데이터를 생성하여 진짜 변동성을 측정합니다.
- **비정형 데이터 통합(한계 2 극복):** MPT가 보지 못했던 질적 리스크(예: 건물 노후도(CV), 임차인 위험(NLP))를 AI가 정량화하여 리스크 변수에 포함시킵니다.
- **동적 시뮬레이션(한계 3 극복):** AI는 정규 분포 가정을 버리고, 극단적 시나리오(Fat Tails) 기반의 동적 스트레스 테스트를 수행하여 블랙 스완에 대비합니다. (예: 블랙록의 알라딘)

3.3 AI 기반 자산 배분: 알파와 베타의 재정의

현대 포트폴리오 이론(MPT)의 세계에서, 베타(Beta)는 시장 전체의 움직임(예: S&P 500)에 따라 얻는 체계적 수익(분산 불가능한 위험)을 의미합니다. 반면, 알파(Alpha)는 시장의 움직임과 무관하게, 펀드 매니저의 탁월한 기술(Skill)이나 독점적 정보를 통해 창출하는 초과 수익을 의미합니다. 전통적으로 모든 투자자의 목표는 낮은 비용으로 베타를 추종하거나 높은 비용을 지불하고 알파를 찾는 것이었습니다. AI는 이 알파와 베타의 경계를 근본적으로 허물고 있습니다.

AI의 등장은 과거에 알파로 여겨졌던 많은 것들을 새로운 베타, 즉 스마트 베타(Smart Beta) 또는 팩터(Factor)로 변화시키고 있습니다. 과거에는 특정 지역 전문가가 발품을 팔아 A 지역은 B 지역보다 학군이 좋아서 임대료가 더 오를 것이라고 판단하는 것이 그 전문가만의 알파(기술)였습니다. 하지만 이제 AI(머신러닝, AVM)는 학군 데이터, 인구 이동 데이터, 소득 데이터를 분석하여 우수 학군 지역이라는 팩터(Factor)가 시장 평균(베타)보다 높은 수익을 낸다는 것을 체계적으로(Systematically) 증명해 냅니다.

이 순간, 그 전문가의 알파는 더 이상 희소한 기술이 아닌, 누구나 AI 모델을 통해 복제할 수 있는 스마트 베타 팩터가 됩니다. 이는 부동산 투자 시장의 경쟁 구도를 완전히 바꿉니다. 이제 경쟁은 "누가 더 좋은 정보를 가졌는가?"(프롭테크 1.0)의 싸움이 아니라, "누가 더 정교한 AI 모델을 통해 남들이 모르는 새로운 팩터(알파)를 먼저 발견하고, 그것을 자동화된 베타로 만드느냐?"의 싸움(프롭테크 2.0)이 되었습니다.

이러한 팩터 투자는 주식 시장에서는 이미 보편화되었지만(예: 가치주, 성장주, 모멘텀 팩터), 부동산에서는 데이터의 부족(한계 2)으로 인해 불가능에 가까웠습니다. AI는 AVM(Ch 4)과 비정형 데이터 분석(Ch 2.3)을 통해 부동산의 팩터를 추출하는 것을 가능하게 했습니다. 예를 들어, AI는 다음과 같은 새로운 부동산 스마트 베타 팩터를 발굴할 수 있습니다.

- **기후 회복력 팩터:** AI(CV, NLP)가 기후 리스크(침수, 산불)에 가장 덜 노출된 자산

군을 식별.

- **기술 허브 팩터:** AI(NLP)가 테크 기업 채용 공고가 급증하는 지역의 오피스/주거 자산을 식별.
- **ESG 팩터:** AI(Ch 6, 29)가 에너지 효율이 높고 친환경 인증을 받은 자산군(그린 빌딩)을 식별.

AI 기반 자산 배분은 MPT처럼 단순히 오피스 40%, 리테일 30%, 물류 30%로 나누는 정적 자산군 배분(Static Asset Allocation)에서 벗어납니다. AI는 지금 시장 상황(예: 인플레이션 시기)에서는 인플레이션 헷지 팩터(예: 단기 임대 주택)의 비중을 높이고, 기술 허브 팩터의 비중을 줄여야 한다고 제안하는 동적 팩터 배분(Dynamic Factor Allocation)을 수행합니다. 이는 시장 상황에 따라 능동적으로 포트폴리오를 리밸런싱하는, 훨씬 더 지능화된 MPT의 구현입니다.

[사례 연구 3-2]는 제13장과 14장에서 다룰 캐드레(Cadre)와 펀드라이즈(Fundrise) 플랫폼입니다. 이들은 본질적으로 AI 기반 팩터 투자를 대중에게 제공하는 자산운용사입니다. 펀드라이즈의 AI 엔진이 미국 선벨트(Sun Belt) 지역의 단독주택 임대(SFR) 시장이 구조적으로 성장하고 있다는 팩터(투자 테마)를 발굴하면, 이 팩터에 집중적으로 투자하는 eREIT(Ch 14) 상품을 만들어 대중에게 판매합니다. 이는 AI가 발견한 스마트 베타를 상품화하는 과정입니다.

궁극적으로, AI 기반 MPT는 초개인화(Hyper-personalization) 포트폴리오를 가능하게 합니다(제9장에서 자세히 다룸). 전통적인 MPT는 모든 투자자에게 평균적인 하나의 효율적 투자선을 제시했습니다. 하지만 AI는 개별 투자자의 고유한 상황(나이, 소득, 부채, 위험 감수 성향)뿐만 아니라, 그들의 가치관(예: 나는 ESG 점수가 높은 건물에만 투자하고 싶다)까지 팩터로 입력받아, 수천 개의 시뮬레이션을 거쳐 오직 그 사람만을 위한 최적의 포트폴리오를 실시간으로 구축해 줄 수 있습니다.

결론적으로, AI는 MPT를 대체하는 것이 아니라, MPT의 꿈을 실현시키고 있습니다.

마코위츠가 이론(Theory)을 제시했지만, 그 이론을 현실에서 완벽하게 구현할 데이터와 컴퓨팅 파워가 부족했습니다. AI는 MPT에 데이터(정형+비정형)라는 연료와 컴퓨팅(ML, 시뮬레이션)이라는 엔진을 제공함으로써, 자산 배분을 과거의 정적인 예술에서, 동적이고 초개인화된 데이터 과학의 영역으로 이끌고 있습니다.

기술 →체계 →경쟁 →우월, 개인화 →가치

- **알파의 베타화:** AI는 과거 전문가의 기술(알파)이었던 것을(예: 학군 좋은 곳 찾기), 데이터로 분석 가능한 체계적 팩터(스마트 베타)로 전환시킵니다.
- **경쟁의 전환:** 이제 경쟁은 정보 자체가 아닌, 새로운 팩터(알파)를 발견하는 우월한 AI 모델을 소유하는 것입니다.
- **동적 팩터 투자:** AI는 자산군 배분(오피스, 리테일)을 넘어, 팩터 배분(예: 기후 회복력, 기술 허브)을 동적으로 수행하게 합니다. (예: 펀드라이즈의 테마형 eREIT)
- **초개인화(Ch 9):** AI는 투자자의 고유한 상황과 가치관(ESG 등)까지 팩터로 반영하여 개인 맞춤형 MPT 포트폴리오를 구축합니다.

3.4 부동산 금융 투자 사례 연구

핵심 개념	정의	AI 기반 재해석
MPT의 한계	마코위츠의 전통 MPT. (1) 과거 데이터 의존(미래 예측 실패), (2) 부동산 특성(비유동성, 평활화된 데이터) 미반영, (3) 정규 분포 가정(블랙 스완 간과).	AI는 MPT의 이 3가지 한계를 정면으로 극복함.
AI의 역할 (입력값 혁신)	AI는 MPT를 폐기하는 것이 아니라, 입력값을 혁신함. (1) 과거 → 미래 예측 데이터, (2) 평활화 → AVM 시가 및 비정형 리스크 데이터.	정적 이론을 동적 대응 전략으로 진화시킴. (예: 블랙록 알라딘)

팩터 투자 (알파의 베타화)	AI가 과거 전문가의 알파(기술)를 체계적 팩터(스마트 베타)로 전환함. (예: 기후 회복력 팩터, 기술 허브 팩터)	자산군 배분에서 팩터 배분으로 진화하며, 초개인화된 포트폴리오(예: ESG 맞춤) 구축을 가능하게 함.

1) 부동산투자 사례 연구: 테라 옵티마이즈 연기금의 AI-팩터 기반

(TPO: 2030년 / 글로벌 연기금 테라 옵티마이즈 / AI-MPT 기반 실물 부동산 포트폴리오 운용)

2030년, 가상의 글로벌 연기금 테라 옵티마이즈(Terra Optimize)는 전통적인 MPT 기반의 부동산 포트폴리오가 2020년대 중반의 기후 쇼크와 금리 변동성 앞에서 처참하게 실패(제3.1절 한계)한 경험을 바탕으로, 자사의 실물 부동산 포트폴리오 전체를 AI-MPT 모델로 전환할 것을 선언합니다.

이들의 새로운 투자 모델은 제3.2절과 제3.3절의 이론을 충실히 따를 것입니다. 첫째, 입력값의 혁신입니다. 테라는 더 이상 감정평가 기반의 평활화된 데이터를 사용하지 않습니다. 대신, AI(AVM 3.0)가 산출하는 실시간 시가 데이터를 기반으로 포트폴리오의 진짜 변동성을 측정합니다. 또한, AI가 분석한 비정형 데이터(예: 임차인 리스크, 건물 노후도)를 위험 변수에 정식으로 포함시킬 것입니다.

둘째, 정적 자산 배분의 폐기입니다. 과거 오피스 40%, 리테일 30%와 같은 배분은 무의미해집니다. 대신, 테라의 AI 엔진은 동적 팩터 배분을 실행합니다. AI는 시장의 선행 지표를 학습하여, 향후 12개월은 인플레이션 헷지 팩터와 기후 회복력 팩터가 유효할 것이라고 예측합니다.

셋째, 처방적 리밸런싱입니다. AI의 예측에 따라, 테라의 투자 위원회는 포트폴리오 리밸런싱을 승인합니다. AI는 제22장의 B급 오피스(기후 회복력 낮음) 비중을 축소하고, 제24장의 데이터센터(기술 허브 팩터)와 단독주택 임대(SFR)(인플레 헷지 팩터) 자산의 비중을 확대하라고 처방할 것입니다.

넷째, 강건한 최적화입니다. 테라의 AI는 평균적인 미래가 아닌, 제2의 팬데믹 또는 주요국 무역 전쟁과 같은 극단적 시나리오(제3.2절)를 수천 개 시뮬레이션합니다. 그리고 어떤 시나리오에서도 최악의 손실을 방어할 수 있는 강건한(Robust) 부동산 포트폴리오를 구축할 것입니다.

이 가상의 사례에서, AI는 MPT를 대체하는 것이 아니라, MPT의 한계(과거, 평활화, 정규 분포)를 극복하는 엔진으로 작동합니다. 이를 통해 테라 연기금은 감이나 과거가 아닌, 데이터와 미래 예측에 기반하여 수백조 원의 실물 부동산 포트폴리오를 동적으로 운용하게 될 것입니다.

2) 금융투자 실제 사례 연구 : 블랙록(BlackRock)의 알라딘(Aladdin) 플랫폼

블랙록의 알라딘(Aladdin) 플랫폼은 제3.2절에서 언급된 AI 기반 리스크 관리 시스템의 대명사이자, 전통 MPT의 한계를 극복한 금융투자 분야의 가장 대표적인 실제 사례입니다. 알라딘은 자산, 부채, 부채 및 투자 네트워크(Asset, Liability, Debt and Investment Network)의 약자로, 단순한 포트폴리오 이론을 넘어 수천조 달러의 자산을 실시간으로 분석하는 거대한 AI 두뇌입니다.

전통 MPT는 과거 데이터에 의존하여 2008년 금융 위기(제3.1절)를 예측하지 못했습니다. 알라딘은 이 한계를 극복하기 위해 설계되었습니다. 알라딘은 포트폴리오에 포함된 모든 개별 자산(주식, 채권, 부동산, 파생상품)의 데이터를 실시간으로 수집합니다. 그리고 이 자산들이 현재 시장의 수천 개 리스크 팩터(금리, 환율, 유가, 정치, 기후 등)에 얼마나 노출되어 있는지 분석합니다.

알라딘의 핵심은 제3.2절의 동적 시뮬레이션입니다. 알라딘은 MPT의 정규 분포 가정을 버리고, 극단적 리스크(Fat Tails)를 중심으로 수천 개의 스트레스 테스트를 매일 밤 실행합니다. 펀드 매니저는 "만약 내일 2008년 위기가 다시 오고, 동시에 유가가 50% 폭등한다면, 내 펀드의 손실은 정확히 얼마인가?"를 미리 알 수 있습니다.

또한, 알라딘은 동적 상관관계를 분석합니다. MPT는 자산 간의 상관관계가 안정적이라고 가정했지만, 알라딘은 위기 상황에서는 모든 자산의 상관관계가 1에 수렴하는 전염 효과를 모델링합니다. 이를 통해 펀드 매니저는 평상시에 분산되어 보였던 포트폴리오가 위기 시에 함께 붕괴할 위험(시스템 리스크)을 사전에 인지하고 헷지(Hedge)할 수 있습니다.

알라딘은 블랙록 내부에서 사용하는 것을 넘어, 다른 연기금, 보험사, 자산운용사에게 플랫폼 자체를 판매하는 금융투자 솔루션이 되었습니다. 이는 AI 엔진이 어떻게 전통 MPT의 한계를 극복하고, 과거가 아닌 미래의 극단적 리스크를 관리하는 새로운 금융투자 운영체제(OS)가 되었는지 보여 주는 가장 강력한 사례입니다.

제4장

AVM의 과학: 신경망과 다중 모드 데이터 통합

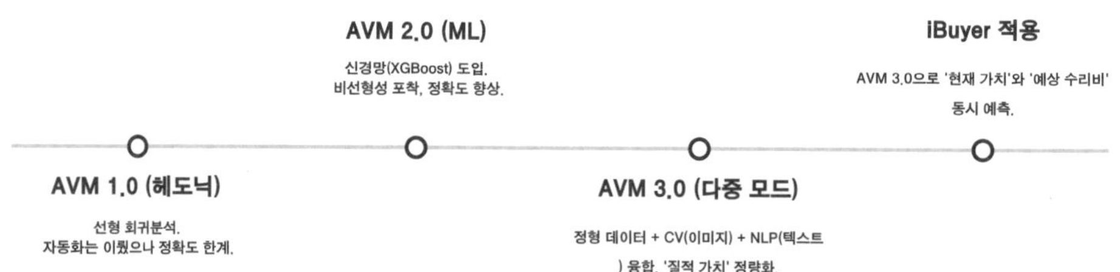

AVM 진화: ML 기반 가치 예측 시스템
(AVM Evolution: An ML-Based Value Prediction System)

4.1 전통적 가치평가(Valuation)의 딜레마

부동산의 가치를 결정하는 것은 부동산 금융의 알파(Alpha)이자 오메가(Omega)입니다. 모든 투자, 대출, 개발은 "이 부동산은 얼마인가?"라는 질문에서 시작됩니다. 전통적으로 이 질문에 답해 온 전문가가 바로 감정평가사(Appraiser)이며, 그들의 무기는 세 가지 고전적인 가치평가 방식이었습니다: (1) 거래사례 비교법(Sales Comparison Approach), (2) 수익 환원법(Income Approach), (3) 원가법(Cost Approach)입니다.

거래사례 비교법은 비슷한 물건이 얼마에 팔렸는가를 기준으로 가치를 산정합니다. 하지만 이 방식은 주관성(Subjectivity)이라는 치명적인 딜레마를 안고 있습니다. 무엇이 비슷한 물건인가? A 아파트 10층과 B 아파트 3층은 얼마나 차이가 나는가? 한강 조망의 가치는 1억 원인가, 2억 원인가? 감정평가사의 주관적 판단과 경험이 개입될 여지가 너무나 큽니다. 또한, 이 방식은 과거의 거래 사례에 의존하므로, 급변하는 시장(상승/하락)의 현재 가치를 즉각적으로 반영하지 못합니다.

수익 환원법은 "이 건물이 미래에 얼마를 벌어들일 것인가?"(순영업소득, NOI)를 시장의 기대 수익률(자본 환원율, Cap Rate)로 나누어 가치를 산정합니다. 이는 상업용 부동산(CRE) 평가의 핵심이지만, 가정(Assumption)의 딜레마에 빠집니다. "미래의 임대료 상승률을 몇 %로 가정할 것인가?", "적절한 공실률은 몇 %인가?", "시장의 적정 Cap Rate는 얼마인가?" 이 모든 가정은 분석가의 주관과 희망에 따라 달라질 수 있으며, 이 가정이 0.5%만 바뀌어도 수백억 원의 가치 차이가 발생합니다.

원가법은 이 건물을 지금 다시 짓는다면 얼마가 드는가를 계산하는 방식이지만, 토지 가치 산정의 어려움과 비용(Cost)이 곧 가치(Value)는 아니라는 현실적 문제 때문에 보조적인 수단으로만 사용됩니다. 결국 전통적 가치평가는 데이터의 부족(Data Scarcity)과 주관적 해석이라는 두 가지 큰 딜레마에 갇혀 있었습니다. 감정평가사의 서명이 들어간 보고서(Appraisal Report)는 공신력을 제공했지만, 이 과정은 수 주일이 걸리는 느린(Slow) 과정이었고, 비용(Expensive)이 많이 들었으며, 평가사마다 결과가 달라지는 비일관성(Inconsistent)의 문제를 안고 있었습니다.

이러한 가치평가의 딜레마는 부동산 시장 전체의 마찰(Friction)을 유발합니다. 은행은 대출(모기지)을 실행하기 위해 반드시 감정평가서가 필요한데, 이 과정이 느려 대출 승인이 지연됩니다. 투자자는 자신의 포트폴리오 가치를 분기별로만 알 수 있을 뿐, 실시간으로 알 수 없습니다. 시장의 투명성은 낮아지고 거래 비용은 높아집니다.

이 딜레마를 기술로 풀고자 한 첫 번째 시도가 바로 AVM 1.0, 즉 헤도닉 모델(Hedonic Model)입니다. 1990년대와 2000년대 초반, 질로우(Zillow)의 제스티메이트(Zestimate) 초기 버전이 이에 해당합니다. 헤도닉 모델은 본질적으로 선형 회귀분석(Linear Regression)입니다. 이 모델은 "가격(Price) = (β1 * 면적) + (β2 * 방 개수) + (β3 *

욕실 개수) + (β4 * 지역 더미) + ⋯"와 같은 단순한 공식을 사용합니다.

AVM 1.0은 감정평가사가 수동으로 하던 비교 작업을 통계로 자동화했다는 점에서 진일보했지만, 곧 명확한 한계에 부딪혔습니다. 부동산의 가치는 선형적(Linear)이지 않기 때문입니다(예: 방 1개의 가치와 방 5개의 가치는 다름). 또한, 헤도닉 모델은 위치의 미묘한 차이(예: 같은 동이라도 조용한 블록 vs 시끄러운 블록)를 반영하지 못했고, 결정적으로 건물의 물리적 상태(Condition)나 품질(Quality)을 전혀 고려하지 못했습니다. 이는 AVM 1.0의 정확도를 떨어뜨렸고, AI 가치평가는 믿을 수 없다는 시장의 불신을 초래했습니다.

주관적 판단이 시스템 비율을 낳는다

- **전통적 평가의 딜레마:** (1) 거래사례 비교법은 주관적 판단에 의존하고, (2) 수익 환원법은 주관적 가정에 의존하며, (3) 감정평가 과정 자체가 느리고, 비싸며, 비일관적입니다.
- **시장의 마찰:** 이러한 딜레마는 대출 지연, 포트폴리오 가치 산정의 어려움 등 시장 전체의 비효율(마찰)을 유발합니다.
- **AVM 1.0(헤도닉 모델):** 선형 회귀분석을 사용한 초기 자동 가치평가 모델입니다. 통계적 자동화를 이뤘으나, 부동산의 비선형성과 물리적 상태를 반영하지 못해 정확도에 한계가 있었습니다.

4.2 AVM 2.0: 머신러닝과 신경망의 도입

AVM 1.0(헤도닉 모델)이 직면한 정확도의 한계를 돌파하기 위해 등장한 것이 바로

AVM 2.0, 즉 제2.2절에서 다룬 머신러닝(ML) 기반의 비선형(Non-linear) 모델입니다. AVM 2.0의 등장은 부동산 가치평가가 단순 통계에서 복잡계 과학으로 진입했음을 의미합니다.

부동산 가치가 선형적이지 않다는 것은 이 분야의 핵심 난제입니다. 예를 들어, AVM 1.0(선형 회귀) 모델에서는 지하철역과의 거리 1m의 가치가 어디에서나 동일하다고 가정합니다. 하지만 현실은 다릅니다. 역에서 100m 떨어진 곳과 200m 떨어진 곳의 가치 차이(100m)는, 역에서 2000m 떨어진 곳과 2100m 떨어진 곳의 가치 차이(100m)보다 훨씬 큽니다. 즉, 가치는 비선형적으로 감소합니다. 또한, 방 개수의 가치도 마찬가지입니다. 방 1개에서 2개가 될 때의 가치 상승분은, 방 5개에서 6개가 될 때의 가치 상승분보다 훨씬 큽니다.

AVM 2.0은 이러한 복잡한 비선형 관계와 변수 간의 상호작용을 학습하는 데 탁월한 머신러닝 알고리즘을 사용합니다. AVM 2.0의 주력 엔진으로 사용되는 모델은 랜덤 포레스트(Random Forests)와 그래디언트 부스팅(Gradient Boosting, 예: XGBoost, LightGBM)입니다. 이 모델들은 수백, 수천 개의 의사결정 나무(Decision Tree)를 결합하는 앙상블(Ensemble) 기법을 사용합니다.

예를 들어, 랜덤 포레스트 모델은 수백 개의 나무를 만듭니다. 첫 번째 나무는 면적이 가장 중요한 변수라고 판단할 수 있습니다. 하지만 두 번째 나무는 강남구에서는 면적보다 학군이 더 중요하다고 판단할 수 있고, 세 번째 나무는 소형 평수에서는 지하철역 접근성이 가장 중요하다고 판단할 수 있습니다. AVM 2.0은 이 수백 개 나무의 집단 지성을 평균 내어, 하나의 선형 공식(AVM 1.0)으로는 절대 포착할 수 없는 지역별, 특성별 미묘한 가치 차이를 정밀하게 반영합니다.

여기서 한 단계 더 나아간 것이 바로 신경망(Neural Networks, 딥러닝)입니다. 신경망은 인간의 뇌가 작동하는 방식을 모방한 알고리즘으로, 수십, 수백 개의 층(Layer)을 두어 데이터의 위계적 패턴(Hierarchical Patterns)을 학습합니다. 이는 AVM이 공간(Location)과 맥락(Context)을 이해하는 방식에 혁명을 가져왔습니다.

신경망 기반 AVM은 위도/경도 좌표 자체를 학습하여, 지도 없이도 스스로 지역의 개념을 생성합니다. 예를 들어, 신경망은 데이터를 통해 A 블록과 B 블록은 물리적으로 가깝지만, C 고등학교라는 학군으로 나뉘어 가격대가 완전히 다르다는 것을 스스로 학습합니다. 또한, D 지역은 특정 공원에 대한 접근성이 가치에 매우 긍정적이지만, E 지역은 특정 공원에 대한 접근성이 오히려 부정적(예: 야간 소음, 치안 문제)이라는 맥락적 차이까지도 포착해 냅니다.

[사례 연구 4-1]은 질로우(Zillow)가 자사의 제스티메이트(Zestimate) 정확도를 높이기 위해 벌인 ZPRIZE 대회와 그 이후의 진화입니다. 2018년 ZPRIZE에서 우승한 팀은 XGBoost와 신경망을 결합한 정교한 앙상블 모델을 사용했습니다. 이후 질로우는 이 모델들을 흡수하여 자사의 AVM을 단순한 헤도닉 모델(AVM 1.0)에서 신경망 기반의 AVM 2.0으로 완전히 전환했습니다. 질로우가 신경망을 채택한 이유는, 이 모델이 AVM 1.0이 계속해서 틀렸던 오차(Residual Errors) 자체를 다시 학습하여, "왜 이 지역의 1970년대 주택 가격을 계속 틀리는가?"에 대한 답(예: 숨겨진 건축학적 가치)을 찾아내는 능력이 탁월했기 때문입니다.

결론적으로, AVM 2.0(머신러닝/신경망)은 부동산 가치평가의 정확도를 비약적으로 향상시켰습니다. 이는 부동산 가치를 결정하는 비선형성, 변수 간 상호작용, 공간적/맥락적 특수성을 AI가 비로소 이해하기 시작했음을 의미합니다. 하지만 AVM 2.0 역시 숫자(정형 데이터)에 의존한다는 한계를 가지고 있었습니다. "이 집이 수리가 잘 되었는가?"라는 질적 질문에는 여전히 답하지 못했습니다.

뿌리 깊은 통찰, 줄기를 넘어 가지로!

- **AVM 2.0(ML):** 선형 회귀분석(AVM 1.0)을 넘어, 랜덤 포레스트, XGBoost 등 머신러닝 알고리즘을 도입했습니다.

- **비선형성 포착:** ML 모델은 방 개수의 한계 효용, 지하철역 거리의 비선형적 가치 등 AVM 1.0이 놓쳤던 복잡한 비선형 관계를 정확하게 포착합니다.
- **신경망(Deep Learning):** AVM 2.0의 정점으로, 위도/경도 데이터만으로 지역과 학군의 경계를 스스로 학습하고, 공간적/맥락적 가치 차이(예: 특정 공원의 긍/부정 효과)를 이해합니다.
- **사례(Zillow):** 질로우는 ZPRIZE 대회를 통해 신경망을 도입, AVM의 정확도를 획기적으로 개선하며 AVM 2.0 시대를 열었습니다.

4.3 AVM 3.0: 다중 모드 데이터 통합(Multi-Modal AI)

AVM 2.0(신경망)이 아무리 정교해도, 그것은 숫자(정형 데이터)로 기록된 세계만을 분석할 수 있었습니다. AVM 2.0 모델은 방 3개, 욕실 2개, 면적 100㎡라는 정보는 알지만, 그 방의 벽지가 찢어져 있는지, 그 욕실이 최고급 대리석으로 마감되었는지 알 수 없었습니다. 즉, 부동산 가치에 결정적인 영향을 미치는 물리적 상태(Condition)와 품질(Quality)이라는 질적 영역을 완전히 놓치고 있었습니다. 이것이 바로 제5장에서 다룰 질로우 오퍼스 실패의 핵심 원인 중 하나입니다.

AVM 3.0은 이 마지막 퍼즐을 맞추기 위해 등장한 다중 모드 AI(Multi-Modal AI)입니다. 이는 AI 엔진(Ch 2)이 여러 종류의 데이터를 동시에 이해하고 융합하는 기술입니다. AVM 3.0은 AVM 2.0의 정형 데이터 엔진에, 제2.3절에서 다룬 컴퓨터 비전(CV)과 자연어 처리(NLP) 엔진을 결합시킨 완전체 모델입니다.

AVM 3.0은 세 가지 데이터를 동시에 입력받아 분석합니다.

1. **정형 데이터(Structured):** 면적, 층수, 건축연도, 방 개수, 위도/경도 등 (AVM 2.0의 영역)

2. **이미지 데이터(Image):** 매물 사진(내부/외부), 위성 이미지, 드론 샷.

3. **텍스트 데이터(Text):** 중개사의 매물 설명(최근 리모델링, TLC 필요), 감정평가서, 건축물대장, 고객 리뷰.

첫째, **컴퓨터 비전(CV) 엔진**은 매물 사진을 봅니다. 딥러닝(CNN)을 통해 학습된 CV 모델은 수백만 장의 인테리어 사진을 보고, 사진 속의 객체와 상태를 인식합니다. "주방 상판이 그래나이트인가 인조대리석인가?", "바닥재가 원목인가 라미네이트인가?", "가전제품이 스테인리스 스틸 신형인가 화이트 구형인가?", "벽에 곰팡이나 균열이 보이는가?" 등을 자동으로 식별합니다. AI는 이 질적 정보들이 과거 실거래가에 각각 얼마의 가치(프리미엄 또는 디스카운트)를 부여했는지 학습합니다.

둘째, **자연어 처리(NLP) 엔진**은 매물 설명을 읽습니다. NLP 모델(최근에는 BERT, GPT와 같은 거대 언어 모델(LLM) 기반)은 중개사가 작성한 텍스트의 의미와 뉘앙스를 이해합니다. 최고급 자재로 올수리라는 텍스트는 강력한 긍정 신호로, 즉시 입주 가능이나 TLC(Tender Loving Care, 수리 필요)라는 텍스트는 부정 신호(빨리 팔고 싶음)로 해석합니다. 또한, "한강이 보이는"이라는 텍스트와 "한강 근처"라는 텍스트의 미묘한 가치 차이를 학습합니다.

셋째, AVM 3.0의 핵심은 이 정보들을 융합(Fusion)하는 것입니다. 모델은 정형 데이터(숫자), CV(이미지), NLP(텍스트)에서 나온 정보들을 하나의 거대한 신경망에 통합하여 최종 가치를 결정합니다. 이 과정에서 AI는 교차 검증(Cross-Validation)을 수행합니다. 예를 들어, 만약 중개사가 텍스트로 "최근 완벽 리모델링"이라고 썼는데(NLP), 사진에는 1980년대 스타일의 낡은 욕실이 있다면(CV), AI는 이 불일치를 감지하고 텍스트 정보의 가중치를 낮추거나(즉, 중개사의 설명을 신뢰하지 않음), 해당 매물을 이상 징후로 플래그합니다.

[사례 연구 4-2]는 AVM 3.0 기술의 가장 절박하고 중요한 적용처인 아이바이어(iBuyer) 플랫폼(예: 오픈도어, 오퍼패드, 10장)입니다. 아이바이어는 AVM을 기반으로

주택을 즉시 현금 매입합니다. 만약 AVM이 수리비를 잘못 예측하면(즉, AVM 2.0처럼 상태를 못 보면), 회사는 막대한 손실을 입습니다(질로우 오퍼스의 실패, 5장). 따라서 오픈도어의 AVM 3.0은 판매자가 업로드한 주택 내부 사진(CV)과 수리 필요 내역(NLP)을 분석하여, 이 집의 현재 가치는 X억 원이며, 우리가 매입 후 되팔기 위해 필요한 예상 수리비(Estimated Repair Cost)는 Y천만 원이라는 것을 동시에 예측해야 합니다.

결론적으로, AVM 3.0(다중 모드 AI)은 가치평가를 추정의 영역에서 이해의 영역으로 끌어올렸습니다. AI는 이제 단순히 숫자를 계산하는 것을 넘어, 감정평가사가 현장에서 하듯, 건물을 보고(CV), 설명을 읽고(NLP), 데이터를 계산(ML)하여, 해당 부동산의 총체적인(Holistic) 가치를 과학적으로 산출해 냅니다. 이것이 바로 프롭테크 2.0의 비즈니스 모델(iBuyer, AI 기반 투자)을 떠받치는 가장 핵심적인 과학입니다.

숨은 위앙스가 미래 가치를 결정한다

- **AVM 3.0(다중 모드):** AVM 2.0(정형 데이터)의 한계를 넘어, 이미지(CV), 텍스트(NLP) 데이터까지 통합(Fusion)하여 질적 가치를 평가하는 모델입니다.
- **컴퓨터 비전(CV)의 역할:** 매물 사진을 보고 물리적 상태와 품질을 정량화합니다. (예: 대리석 상판, 벽 균열, 신형 가전제품 식별)
- **자연어 처리(NLP)의 역할:** 매물 설명을 읽고 뉘앙스를 파악합니다. (예: 올수리 vs TLC 필요의 가치 차이 반영)
- **핵심 적용처(iBuyer):** 아이바이어(오픈도어, Ch 10)는 AVM 3.0을 사용해 현재 가치뿐만 아니라, 예상 수리비까지 정확하게 산출해야만 생존할 수 있습니다. (질로우 실패의 교훈, Ch 5)

4.4 부동산 금융 투자 사례 연구

핵심 개념	정의	한계 및 진화
전통적 가치평가	감정평가사의 3방식(거래사례비교, 수익환원, 원가).	주관적 판단과 가정에 의존하며, 느리고 비싸고 비일관적인 한계.
AVM 1.0 (헤도닉)	선형 회귀분석을 사용한 초기 통계 모델.	자동화는 이뤘으나, 부동산의 비선형성과 물리적 상태를 반영하지 못해 정확도에 한계.
AVM 2.0 (ML/신경망)	랜덤 포레스트, XGBoost, 신경망을 도입.	비선형성, 변수 간 상호작용, 공간적/맥락적 특수성을 학습하여 정확도를 비약적으로 향상시킴. (예: 질로우 ZPRIZE)
AVM 3.0 (다중 모드)	정형 데이터(2.0)에 이미지(CV)와 텍스트(NLP) 데이터를 융합(Fusion)한 완전체 모델.	물리적 상태(인테리어, 하자)와 품질이라는 질적 가치를 정량화. (예: iBuyer의 수리비 예측)

1) 부동산투자 실제사례 연구: 오픈도어(Opendoor)의 AVM 3.0 기반 수리비 예측 투자

오픈도어(Opendoor)의 아이바이어(iBuyer) 모델은 본질적으로 AVM을 기반으로 한 주택 플리핑(Flipping) 투자입니다. 이 투자의 성패는 "얼마에 사서, 얼마에 팔 것인가?"에 달려있습니다. 하지만 그보다 더 중요한 것은 "수리비가 얼마나 들 것인가?"를 정확히 아는 것입니다. AVM 3.0은 이 수리비 예측을 과학의 영역으로 끌어올린 오픈도어의 핵심 투자 무기입니다.

오픈도어의 투자(매입) 프로세스는 AVM 3.0의 다중 모드 분석에서 시작됩니다. 판매자가 주소(정형 데이터)를 입력하면, 오픈도어는 즉시 상세 설문(텍스트)과 주택 내부 동영상/사진(이미지)을 요구합니다. 이는 투자의 역선택(하자가 많은 집을 비싸게 사는 것)을 방어하기 위한 필수 절차입니다.

AI(NLP) 엔진이 판매자가 작성한 "주방은 10년 전 수리, 지붕은 3년 전 교체"라는 텍스트를 분석합니다. 동시에 AI(CV) 엔진이 판매자가 올린 동영상과 사진을 눈으로 확인합니다. CV는 주방 상판이 저가 라미네이트이고 욕실 타일에 균열이 있다는 것을 객관적으로 식별합니다. 만약 판매자의 텍스트(완벽 수리)와 CV의 분석(벽지 곰팡이)이 불일치하면, AI는 이상 징후로 판단하고 수리비 예측 가중치를 높입니다.

이 다중 모드 분석을 통해, AVM 3.0은 두 가지 핵심 투자 지표를 산출합니다. (1) 수리 후 예상 재판매 가격(ARV)과 (2) 예상 수리비(Cost to Ready). 오픈도어는 이 예상 수리비를 ARV에서 정확하게 차감한 가격을 매입가로 제안합니다.

이 AVM 3.0은 오픈도어가 부동산 투자에서 실패하지 않는 방패입니다. AVM 2.0(정형 데이터)만 사용했던 질로우는 숨겨진 수리비를 예측하지 못해 역선택을 당하고 파산했습니다(5장). 반면, 오픈도어는 AVM 3.0(CV/NLP)을 통해 질적 가치와 수리비를 정량화하여 과학적인 부동산 투자를 실행하고 있습니다.

2) 금융투자 사례 연구: RSB 은행의 AVM 3.0 기반 즉시 담보대출
(TPO: 2029년 / RSB 은행 / AVM 3.0 기반 모기지 포트폴리오 투자)

2029년, 가상의 RSB 은행은 전통적인 주택담보대출(모기지) 시장을 혁신할 새로운 금융투자 전략을 발표합니다. 전통적인 모기지는 느린 감정평가(제4.1절)에 의존하여 대출 승인까지 수 주가 걸렸습니다. RSB 은행은 AVM 3.0을 도입하여 즉시 담보대출(Instant Mortgage) 상품을 출시하고, 이 우량한 대출 채권으로 구성된 금융 포트폴리오 투자를 확대할 계획입니다.

이 투자의 핵심은 담보물 리스크의 즉각적인 정량화입니다. 고객이 모기지 신청과 함께 주택 내부 영상을 업로드하면, RSB의 AVM 3.0 엔진이 즉시 작동합니다. AVM 2.0(정형 데이터)이 해당 주택의 평균 가치(예: 5억)를 산출하는 동안, AI(CV) 엔진은 영상을 분석하여 물리적 상태를 평가합니다. 주방이 최신형(플러스 요인), 지하실에 누수 흔적(마이너스 요인) 등을 식별합니다.

이 질적 데이터는 은행의 금융투자 결정에 두 가지 방식으로 즉각 반영될 것입니다. 첫째, 담보인정비율(LTV)의 동적 조정입니다. CV가 심각한 하자를 발견하면, AI는 즉시 LTV를 60%에서 50%로 하향 조정하여 은행의 담보 리스크를 방어합니다. 반대로 최고급 인테리어가 확인되면 LTV를 65%로 상향하여 경쟁력 있는 한도를 제공합니다.

둘째, 모기지 포트폴리오의 품질 관리입니다. RSB 은행은 이 모기지 채권을 모아 주택저당증권(MBS)이라는 금융투자 상품으로 재판매합니다. AVM 3.0을 통해 물리적 하자가 없는 우량 담보물로만 구성된 MBS 포트폴리오는, 전통적인 감정평가에 의존한 MBS보다 더 낮은 위험과 더 높은 신용 등급을 인정받게 될 것입니다.

이 가상의 사례에서 AVM 3.0은 단순한 가치 평가 도구를 넘어, 금융투자(모기지)의 핵심 리스크 관리 엔진으로 작동합니다. CV와 NLP를 통해 담보물의 질적 가치를 정량화함으로써, 은행은 더 빠르고, 더 안전한 금융투자 포트폴리오를 구축하게 될 것입니다.

제5장

질로우 오퍼스의 실패: 알고리즘 리스크의 교훈

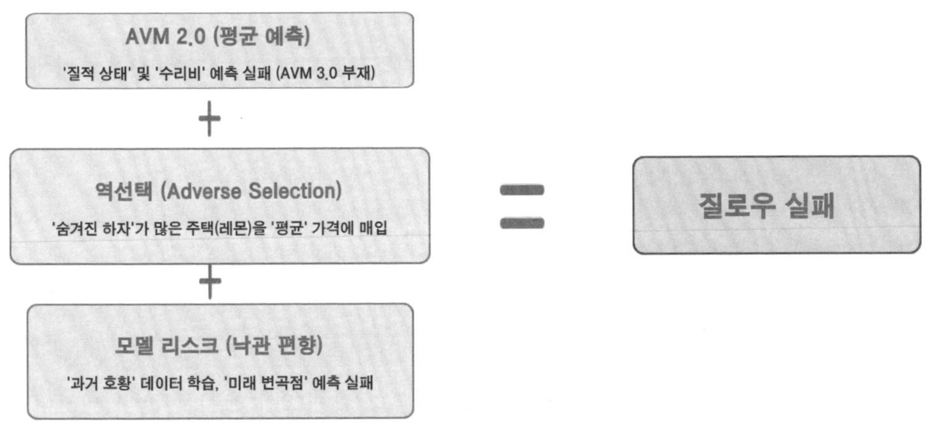

질로우 실패: AVM, 역선택, 모델 리스크 합작
(Zillow's Failure: AVMs, Adverse Selection, and Model Risk)

5.1 아이바이어(iBuyer)의 야망: 데이터에서 거래로

제4장에서 AVM(자동 가치평가 모델)의 경이로운 기술적 진화를 살펴보았다면, 제5장은 그 AVM 기술을 맹신했을 때 어떤 재앙이 닥칠 수 있는지 보여주는 가장 중요하고 값비싼 교훈에 대한 이야기입니다. 이 사례 연구의 주인공은 AVM의 대명사였던 질로우(Zillow)입니다. 질로우는 2006년 제스티메이트(Zestimate)라는 AVM 1.0을 무기로

프롭테크 1.0(정보의 민주화) 시대를 연 거인이었습니다. 수억 명의 미국인이 질로우의 AVM을 통해 자기 집의 가치를 확인했고, 질로우는 이 트래픽을 중개인에게 판매하는 광고 모델로 막대한 수익을 올리고 있었습니다.

2010년대 중반, 질로우는 자신의 발밑에서 일어나는 거대한 지각 변동을 감지했습니다. 오픈도어(Opendoor)(제10장)라는 스타트업이 AVM을 정보가 아닌 거래의 무기로 사용하기 시작한 것입니다. 이들이 개척한 아이바이어(iBuyer, Instant Buyer) 모델은 "AVM이 제시한 가격으로 우리가 당신의 집을 3일 안에 현금으로 사주겠다"라는 충격적인 제안이었습니다. 이는 부동산 거래의 가장 큰 고통(불확실성, 느린 속도)을 정면으로 해결하는 프롭테크 2.0의 핵심 비즈니스였습니다. 질로우는 이 시장을 오픈도어에게 빼앗길 수 없다는 전략적 판단을 내립니다.

질로우의 야망은 논리적으로 타당해 보였습니다. "우리(질로우)는 미국에서 가장 많은 부동산 데이터를 가졌고, 가장 정교한 AVM(제스티메이트, AVM 2.0)을 보유하고 있다. 그렇다면 오픈도어보다 더 정확하게 가격을 예측하고, 더 효율적으로 주택을 매입(Flipping)할 수 있지 않을까?" 이 질문이 바로 2018년 질로우 오퍼스(Zillow Offers)라는 아이바이어 비즈니스의 시작이었습니다. 그들은 자신들의 핵심 역량인 데이터와 AVM을 활용해, 단순한 광고 플랫폼(프롭테크 1.0)에서 벗어나 거래 자체에 개입하는 마켓 메이커(프롭테크 2.0)로 도약하려 했습니다.

이 전략적 전환은 정체성의 근본적인 변화를 의미했습니다. 질로우는 그동안 리스크가 0에 가까운 데이터 기업이었습니다. 그들의 Zestimate가 10% 틀려도 회사는 아무런 손해를 보지 않았습니다. 하지만 질로우 오퍼스는 AVM이 1%만 틀려도, 즉 주택을 1%만 비싸게 매입해도 수백억 원의 실제 손실을 입는 금융 기업이자 주택 재고를 관리하는 운영 기업이 되어야 했습니다. 이는 마치 S&P 같은 신용평가사가 갑자기 직접 채권 트레이딩에 뛰어든 것과 같은 거대한 도약이었습니다.

아이바이어 모델의 본질은 주택 플리핑(Flipping)입니다. AVM을 이용해 주택을 시장가보다 약간 싸게 매입하고(예: 5% 할인), 최소한의 수리를 거쳐, 약간 비싸게 되파는

(예: 3% 프리미엄) 방식입니다. 수익 마진은 매우 박하지만(1~2%), 이 과정을 AVM을 통해 수만 건 자동화하고 가속화함으로써 막대한 규모의 수익을 창출하는 것이 목표입니다. 이 모델이 작동하기 위한 전제 조건은 AVM이 매입 가격과 수리비를 극도로 정확하게 예측하는 것입니다.

질로우는 자신들의 AVM 2.0(제4.2절)을 맹신했습니다. 그들은 2018년 ZPRIZE 대회를 통해 신경망을 도입하며 AVM의 정확도를 획기적으로 높였고, 이 통계적 우위가 곧 사업적 우위가 될 것이라 가정했습니다. 이 가정하에 질로우 오퍼스는 무섭게 확장하기 시작했습니다. 2020년과 2021년 초, 팬데믹으로 인한 주택 시장의 유례없는 호황은 질로우의 이런 야망을 더욱 부추겼습니다. 집값이 매달 가파르게 올랐기 때문에, AVM이 다소 부정확하게 주택을 매입했더라도, 몇 달만 보유하면 시장이 알아서 수익을 안겨 주었습니다.

초기의 성공처럼 보였던 이 수치들은 사실 모델의 우수성이 아닌 시장의 호황이 만들어 낸 신기루였습니다. 질로우는 자신들의 AVM이 완벽하게 작동하고 있다고 착각했고, 더 많은 자본을 투입해 더 공격적으로 주택을 매입하기 시작했습니다. 이들은 자신들의 알고리즘이 통계적 예측과 투자 거래 사이의 근본적인 차이를 이해하지 못하고 있다는 사실을 깨닫지 못했습니다.

요약하자면, 질로우의 야망은 자신들의 압도적인 데이터와 AVM 2.0 기술을 활용해, 광고 모델(1.0)을 넘어 거래 모델(2.0, iBuyer)로 진화하려는 것이었습니다. 하지만 이는 데이터 기업에서 고위험 금융/운영 기업으로 변신하는 것이었고, 그들은 이 전환에 필요한 알고리즘 리스크를 치명적으로 과소평가했습니다.

시장 맹신이 오차를 가지망으로 바꾼다

- **전략적 전환:** 질로우는 데이터/광고 플랫폼(PropTech 1.0)에서, AVM을 이용해 직접

주택을 매입/판매하는 iBuyer 거래 플랫폼(PropTech 2.0)으로 진화하려 했습니다.

- **iBuyer 모델:** AVM을 활용해 주택을 즉시 매입(Flipping)하여 되파는 박리다매형 금융/운영 비즈니스입니다. AVM의 극단적인 정확성이 전제 조건입니다.
- **초기의 착각:** 2020-2021년 주택 시장 호황기에 AVM의 부정확성이 시장 상승으로 가려졌고, 질로우는 이를 모델의 성공으로 오인하여 공격적인 확장을 감행했습니다.
- **근본적 변화:** 리스크가 없는 데이터 기업에서, AVM 1% 오류에 막대한 손실을 입는 고위험 금융/운영 기업으로의 정체성 변화를 감수해야 했습니다.

5.2 치명적 결함: AVM 2.0 대 AVM 3.0

질로우 오퍼스의 실패는 예고된 것이었습니다. 그 치명적인 결함은 제4장에서 구분한 AVM 2.0과 AVM 3.0의 차이에서 비롯됩니다. 질로우가 보유한 제스티메이트(Zestimate)는 역사상 가장 강력한 AVM 2.0이었습니다. AVM 2.0은 정형 데이터(면적, 층수, 방 개수, 위도/경도, 과거 실거래가)를 신경망(제4.2절)으로 분석하여, 이 지역, 이 정도 사양의 평균적인 주택 가치를 예측하는 데는 탁월했습니다. 수억 명의 대중에게 정보를 제공하는 용도로는 완벽했습니다.

하지만 아이바이어(iBuyer) 비즈니스는 평균을 맞추는 게임이 아닙니다. 그것은 개별 물건의 특수성을 맞추는 게임입니다. 아이바이어에게 필요한 것은 "이 특정한 101호의 현재 가치는 얼마인가?"입니다. 더 중요한 것은, "이 101호를 매입하여 되팔기 위해 수리비(Cost to Ready)가 정확히 얼마가 들 것인가?"를 예측하는 것입니다. 이 수리비 예측이야말로 아이바이어 모델의 사활이 걸린 핵심 변수입니다.

이 수리비와 개별 상태를 예측하는 것이 바로 AVM 3.0(제4.3절)의 영역입니다. AVM 3.0은 정형 데이터뿐만 아니라, 컴퓨터 비전(CV)으로 주택 내부 사진을 분석하여 물리적 상태를, 자연어 처리(NLP)로 판매자의 수리 내역을 분석하여 질적 가치를 정량화합니다. 질로우의 AVM 2.0은 이 기능이 없거나 매우 약했습니다. 그들의 AVM은 방 3개라는 것은 알았지만, 그 방 3개의 벽지가 찢어져 있는지, 주방이 1970년대 스타일인지 알 수 없었습니다.

이 결함은 시장에서 즉각적으로 역선택(Adverse Selection)이라는 최악의 결과로 이어졌습니다. 역선택은 정보 비대칭 상황에서 정보가 없는 쪽(질로우)이 정보가 있는 쪽(판매자)에게 항상 당하는 것을 의미합니다. 질로우의 AVM 2.0이 "당신의 30평대 아파트 가치는 5억 원입니다"라고 평균적인 가격을 제안했다고 가정해 봅시다.

만약 당신의 집이 완벽하게 수리되어 실제 5억 5천만 원의 가치가 있다면, 당신은 이 제안을 거절하고 중개인을 찾을 것입니다. 반면, 만약 당신의 집이 숨겨진 누수와 낡은 배관 문제로 5천만 원의 수리비가 필요하다는 것을 당신만 알고 있다면, 당신은 질로우의 5억 제안을 즉시 수락할 것입니다. 결과적으로, 질로우 오퍼스의 문을 두드린 고객들은 평균 이하의 집, 즉 수리가 많이 필요한(lemons) 집을 가진 판매자들로 편중되었습니다. 질로우의 AVM은 평균을 제시했지만, 평균 이하의 집들만 매입하게 된 것입니다.

[사례 연구 5-1]은 경쟁사인 오픈도어와의 AVM 차이를 보여 줍니다. 오픈도어는 AVM 3.0을 기반으로 비즈니스를 설계했습니다. 그들은 판매자에게 상세한 설문조사(NLP 분석 대상)와 주택 내부 동영상/사진 업로드(CV 분석 대상)를 요구했습니다. 이 비정형 데이터를 분석하여 예상 수리비를 AVM으로 산출하고, 이 수리비를 차감한 가격을 최종 오퍼(Offer)로 제시했습니다. 반면, 질로우는 더 많은 고객을 유치하기 위해 이 과정을 단순화했고, AVM 2.0의 통계적 예측에 더 의존했습니다.

결국 질로우는 자신들의 AVM 2.0이 시장을 예측할 수 있다고 믿었지만, 판매자의 숨겨진 정보를 예측하지는 못했습니다. 그들은 통계적 정확성(Statistical Accuracy, AVM 2.0)과 거래적 정확성(Transactional Accuracy, AVM 3.0)이 완전히 다른 개념임을 깨닫지 못했습니다. AVM 2.0은 정보 제공을 위한 훌륭한 도구였지만, AVM 3.0 없이는 투자 거래를 위한 치명적인 무기였습니다.

이 치명적인 결함으로 인해 질로우는 자신들이 매입한 주택의 수리비를 지속적으로 과소평가했습니다. 보고서에 따르면 질로우가 매입한 주택들은 예상보다 훨씬 더 많은 수리비를 요구했습니다. 이는 아이바이어 모델의 박한 마진(Margin)을 순식간에 갉아먹었고, 적자의 규모를 눈덩이처럼 불어나게 만들었습니다.

요약하자면, 질로우 실패의 첫 번째 원인은 AVM 2.0(정형 데이터, 평균 예측)과 AVM 3.0(비정형 데이터, 개별 상태/수리비 예측)의 차이를 간과한 기술적 결함입니다. 이로 인해 역선택이 발생하여, 시장의 평균 이하 레몬 매물들만 비싼 값에 사들이는 결과를 초래했습니다.

본질 가치 탐구, 평균 맹신 금지

- **AVM 2.0 vs 3.0:** 질로우는 평균 가치 예측(AVM 2.0)에만 뛰어났을 뿐, iBuyer의 핵심인 개별 상태 및 수리비 예측(AVM 3.0) 기능이 취약했습니다.
- **AVM 3.0의 핵심:** AVM 3.0은 CV(사진 분석)와 NLP(설문 분석)를 통해 질적 가치와 예상 수리비를 산출해야 합니다. (오픈도어 모델)
- **역선택(Adverse Selection):** AVM이 숨겨진 하자를 못 보자, 하자(수리비)가 많은 집주인들만 질로우의 평균 가격 제안을 수락했습니다.
- **결과:** 질로우는 평균 이하(Lemons)의 주택을 평균 가격에 매입하게 되어, 예상 수리비가 급증하고 막대한 손실을 입었습니다.

5.3 블랙 스완: 시장 변동성과 모델 리스크

질로우를 무너뜨린 두 번째 요인은 AVM 3.0의 부재라는 기술적 결함을 넘어선, 모델 리스크(Model Risk)와 시장 변동성이라는 전략적 결함입니다. 이는 제3장에서 다룬 현대 포트폴리오 이론(MPT)의 한계, 즉 과거 데이터에 의존하고 블랙 스완(극단적 위험)을 간과하는 문제와 정확히 일치합니다. 질로우의 AVM은 MPT의 오류를 AI 시대에 그대로 재현했습니다.

질로우의 AVM 2.0은 기본적으로 과거의 데이터를 학습한 모델입니다. 2020년과 2021년 초, 팬데믹으로 인한 주택 시장은 역사에 없던 초호황기였습니다. 주택 가격이 매달 1~2%씩 가파르게 상승했습니다. 질로우의 AI 엔진은 이 최근의 추세를 학습했습니다. 그리고 미래에도 이러한 상승 추세가 지속될 것이라고 외삽(Extrapolate)하기 시작했습니다. 즉, 모델이 지나치게 낙관적(Bullish)이 된 것입니다.

이 낙관적인 AVM은 질로우가 시장의 경쟁자(오픈도어, 개인 구매자)보다 더 높은 가격으로 주택을 매입하도록 만들었습니다. 시장이 계속 상승한다면, 오늘 비싸게 사도 내일 더 비싸게 팔 수 있으니 문제 될 것이 없었습니다. 질로우는 수익성보다는 시장 점유율을 높이기 위해, 이 낙관적인 AVM을 무기 삼아 2021년 2분기에만 38억 달러(약 4조 원)어치의 주택을 사상 최대 규모로 매입했습니다. 모델이 더 사라고 명령하고 있었던 것입니다.

하지만 2021년 하반기, 시장은 변곡점(Inflection Point)을 맞이했습니다. 금리 인상에 대한 우려와 팬데믹 특수의 종료로 인해 주택 시장은 급격히 냉각되기 시작했습니다. 가격 상승세가 둔화되고, 일부 지역에서는 가격이 하락하기 시작했습니다. 이것이 바로 질로우의 AVM이 예측하지 못한 블랙 스완(혹은 회색 백조)이었습니다.

질로우는 거대한 재앙에 직면했습니다. 그들은 가장 비쌀 때(Peak), 가장 낙관적인 AVM으로 사상 최대의 재고를 매입했습니다. 이제 시장이 식어버리자, 이 수십억 달러짜리 주택 재고는 수익이 아닌 독(Toxic Asset)이 되었습니다. 매입 가격과 수리비를 더한 원가보다 현재 시장 가격이 더 낮아지는 역마진(Underwater) 상태에 빠진 것입니다.

[사례 연구 5-2]는 2021년 11월, 질로우의 CEO 리치 바튼(Rich Barton)이 질로우 오퍼스 사업의 전면 중단을 선언한 충격적인 사건입니다. 그는 "우리 AVM의 변동성(Volatility)을 정확하게 예측하고 관리하는 것이 불가능하다"고 실패를 공식적으로 인

정했습니다. 이 결정으로 질로우는 3분기에만 3억 4천만 달러(약 4천억 원)의 손실을 보고했고, 7,000채가 넘는 물린 재고를 처리하기 위해 수억 달러를 추가로 상각(Write-down)해야 했으며, 전 직원의 25%를 해고했습니다.

이 실패는 제3.1절에서 MPT가 2008년 위기 때 모든 자산의 상관관계가 1이 되는 극단적 위험을 간과했던 것과 동일합니다. 질로우의 AVM은 평상시의 시장은 잘 예측했지만, 시장의 체제 전환(Regime Change)이 발생하는 변곡점에서는 완전히 무너졌습니다. 이는 AVM이라는 AI 엔진 위에, 제8장에서 다룰 알고리즘 리스크 관리라는 브레이크가 전혀 탑재되지 않았음을 보여 줍니다.

더욱 심각한 문제는, AVM 모델이 너무 복잡한 블랙박스(Black Box)(제26장 XAI 참조)여서, 경영진조차 "왜 AVM이 이렇게까지 낙관적인가?" 혹은 "시장이 변하고 있는데 왜 AVM은 멈추지 않는가?"를 제때 파악하고 개입(Intervene)하지 못했다는 점입니다. 알고리즘이 인간의 통제를 벗어나 재앙을 초래한 것입니다.

요약하자면, 질로우 실패의 두 번째 원인은 과거 데이터에 기반한 AVM의 모델 리스크입니다. AI가 최근의 호황을 영원한 추세로 오인하여 변곡점에서 낙관 편향에 빠졌고, 시장이 냉각되는 블랙 스완이 닥치자, 최고점에 매입한 수십억 달러의 재고가 한순간에 부실 자산으로 전락했습니다.

뿌리(본질) 흔들릴때 가지(투기) 잘라 실실 막아라

- **모델 리스크(MPT 한계):** 질로우의 AVM은 MPT처럼 과거 데이터(2020-21년 호황)를 학습하여, 미래에도 상승세가 지속될 것이라 낙관적으로 외삽했습니다.
- **낙관 편향:** 이 낙관적 AVM은 시장 점유율 확대를 위해 경쟁자보다 높은 가격에 주택을 매입하도록 부추겼고, 2021년 2분기 사상 최대 재고를 확보했습니다.
- **블랙 스완(시장 변곡점):** 2021년 하반기, 시장이 급격히 냉각되자, 최고점에 매입한

주택 재고는 역마진(Underwater) 상태가 되었습니다.

- **사업 중단(사례 5-2):** 2021년 11월, 질로우는 AVM의 변동성 예측 실패를 인정하며 사업을 전면 중단했고, 수억 달러의 손실과 대규모 구조조정을 감수해야 했습니다.

5.4 알고리즘 오만의 교훈

질로우 오퍼스의 실패는 프롭테크 2.0 역사상 가장 극적이고 중요한 사례 연구로 남을 것입니다. 이는 AI의 실패가 아니라, AI를 맹신한 인간의 실패이자 전략의 실패입니다. 이 사건은 데이터가 많고, AI 모델이 정교하면(AVM 2.0) 반드시 사업에서 승리할 것이라는 알고리즘 오만(Algorithmic Hubris)에 빠졌을 때 어떤 대가를 치르는지 명확히 보여 줍니다. 여기서 우리는 네 가지 핵심 교훈을 도출해야 합니다.

첫째, 당신의 AVM이 무엇을 모르는지 알라(AVM 2.0 vs 3.0의 교훈). 질로우는 자신들의 AVM 2.0이 평균은 알지만 개별 상태와 수리비는 모른다는 한계를 인정하지 않았습니다. 아이바이어 사업의 핵심은 통계적 예측이 아니라, 개별 거래의 수익성입니다. 이를 위해서는 반드시 질적 데이터를 정량화하는 AVM 3.0(제4.3절)이 필요합니다. 알고리즘의 한계를 명확히 인지하고, 그 한계를 보완할 운영적 장치(예: 오픈도어의 상세 설문, 사진 요구)를 설계해야 합니다.

둘째, 역선택(Adverse Selection)을 이길 수 없다면 시장에 참여하지 말라(시장 리스크의 교훈). 아이바이어 모델은 본질적으로 승자의 저주(Winner's Curse)에 노출된 비즈니스입니다. AVM이 제시한 가격을 수락한 판매자는, 항상 AVM보다 더 많은 정보를 가지고 있습니다. 만약 당신의 AVM이 판매자보다 멍청하다면(즉, AVM 3.0이 없다면), 당신은 필연적으로 레몬만 사게 됩니다(제5.2절). 성공적인 아이바이어는 평균보다 싸게 사는 것이 아니라, 역선택을 피하는 것에서 시작됩니다.

셋째, 시장의 변곡점을 예측하는 AI는 없다(모델 리스크의 교훈). 제3장에서 MPT가

2008년 위기를 예측하지 못했듯, 제5장의 AVM은 2021년 시장 냉각을 예측하지 못했습니다. 모든 AI 모델은 과거를 학습할 뿐, 미래의 변곡점을 예측하지 못합니다. 따라서 AI가 더 사라고 외칠 때, 경영진은 "만약 시장이 내일 꺾이면 어떻게 할 것인가?"라고 질문하는 리스크 관리 시스템(제8장)을 갖춰야 합니다. 알고리즘의 낙관론을 견제할 수 있는 인간의 비관론과 자동 서킷 브레이커가 필요합니다.

넷째, 프롭테크는 테크(Tech) 이전에 프롭(Prop)이다(운영 리스크의 교훈). 질로우는 자신들을 데이터/기술 회사로 정의했지만, 아이바이어는 본질적으로 건설/운영 회사입니다. 수천 채의 집을 매입하고, 수리 업체를 관리하며, 하자를 보수하고, 다시 판매하는 이 모든 지저분한(Dirty Work) 과정은 고도의 운영(Operations) 역량을 요구합니다. 질로우는 세계 최고의 데이터 사이언티스트를 가졌지만, 세계 최고의 현장 소장을 가지지 못했습니다. 반면 오픈도어는 처음부터 스스로를 운영 회사로 정의하고 이 역량을 내재화했습니다.

이 실패는 제26장에서 다룰 설명가능 AI(XAI)의 중요성을 역설합니다. 만약 질로우의 AVM이 "나는 최근 6개월 상승세라는 변수에 90% 가중치를 두어 낙관적으로 예측하고 있습니다"라고 설명할 수 있었다면, 경영진은 그 변수의 가중치를 당장 30%로 낮추라고 개입할 수 있었을 것입니다. AVM이 블랙박스였기에, 인간은 알고리즘의 폭주를 막지 못했습니다.

결론적으로, 질로우 오퍼스의 실패는 AI 시대의 모든 리더에게 경종을 울립니다. AI는 가장 강력한 엔진이지만, 브레이크(리스크 관리)와 계기판(XAI), 그리고 운전대(인간의 전략) 없이는 가장 위험한 무기가 될 수 있습니다. 이것이 우리가 제2부(AI 투자 전략)와 제5부(윤리, 전략)를 통해 더 깊이 탐구해야 할 핵심 주제입니다.

이것만은 꼭! (This is a must)

모델의 무지, 운영으로 깨자

- **교훈 1(AVM 한계):** 통계적 예측(AVM 2.0)과 거래 수익성(AVM 3.0)은 다릅니다.

AVM이 무엇을 모르는지(예: 수리비) 명확히 인지해야 합니다.

- **교훈 2(역선택):** AVM이 정보가 많은 판매자(예: 숨겨진 하자)를 이길 수 없다면 (AVM 3.0 부재), 시장에서 레몬만 매입하며 필연적으로 실패합니다.
- **교훈 3(모델 리스크):** AI는 과거를 학습할 뿐 미래의 변곡점을 예측하지 못합니다. AI의 낙관론을 견제할 리스크 관리(Ch 8)가 반드시 필요합니다.
- **교훈 4(운영 리스크):** 프롭테크는 기술이 아닌 운영 싸움입니다. AI 모델(Tech)이 아무리 뛰어나도, 현장 운영(Prop) 역량이 없으면 실패합니다.

5.5 부동산 금융 투자 사례 연구

핵심 개념	정의	실패 원인 및 교훈
질로우 오퍼스 (iBuyer)	AVM(제스티메이트)과 막대한 자본을 활용해, 데이터/광고 플랫폼(1.0)에서 주택 직접 매입(Flipping) 플랫폼(2.0)으로 진화하려 한 질로우의 사업.	데이터 기업에서 고위험 금융/운영 기업으로의 본질적 변화와 리스크를 과소평가함.
치명적 결함 1 (AVM 2.0)	평균 가치 예측(AVM 2.0)은 뛰어났으나, 개별 상태 및 예상 수리비 예측(AVM 3.0) 기능이 부재했음.	판매자가 숨겨진 하자를 아는 역선택(Adverse Selection)에 당해, 평균 이하(Lemons)의 주택을 평균 가격에 매입하게 됨.
치명적 결함 2 (모델 리스크)	AVM이 과거 호황 데이터(2020-21)에 과적합되어, 미래에도 상승할 것이라 낙관적으로 외삽함.	시장 변곡점(블랙 스완)이 닥치자, 최고점에 매입한 수십억 달러의 재고가 역마진(Underwater) 부실 자산으로 전락함.
알고리즘 오만의 교훈	AI는 강력한 엔진이지만, 브레이크(리스크 관리), 계기판(XAI), 현장 운영(Prop) 역량 없이는 가장 위험한 무기가 될 수 있음.	(1) AVM의 한계 인지, (2) 역선택 방어, (3) 모델 리스크 관리, (4) 운영 역량 확보가 필수.

1) 부동산투자 실제 사례 연구: 질로우 오퍼스(Zillow Offers)의 알고리즘 플리핑 투자 실패

질로우 오퍼스(Zillow Offers)의 실패는 알고리즘 리스크가 어떻게 수조 원 규모의 부동산 투자를 파산시킬 수 있는지 보여 주는 가장 값비싼 실제 사례입니다. 2018년, 질로우는 자사의 방대한 데이터와 강력한 AVM(제스티메이트)을 무기 삼아 iBuyer 시장, 즉 알고리즘 기반 주택 플리핑(Flipping) 투자에 뛰어들었습니다.

그들의 투자 전략은 단순했습니다. (1) AVM 2.0이 예측한 평균 가격으로 주택을 대량 매입하고, (2) 시장 상승기(2020-21년)의 흐름을 타며, (3) 최소한의 수리 후 더 비싼 가격에 되팔아 시장 점유율과 수익을 동시에 잡는 것이었습니다. 이 전략은 알고리즘의 예측력에 대한 절대적 맹신을 기반으로 했습니다.

하지만 이 투자 전략은 두 가지 치명적인 결함으로 인해 붕괴했습니다. 첫 번째는 부동산 투자의 역선택 문제입니다(제5.2절). 질로우의 AVM 2.0은 평균은 알았지만 개별 상태를 몰랐습니다. 그 결과, 숨겨진 하자가 많아 수리비가 많이 드는 레몬(Lemons) 매물 소유주들만 질로우의 후한 평균 가격 제안을 수락했습니다. 질로우는 평균 이하의 부동산 재고를 평균 가격에 사들이는 최악의 투자를 자동으로 실행하고 있었습니다.

두 번째는 금융투자의 모델 리스크입니다(제5.3절). 질로우의 AVM은 과거 호황기 데이터를 학습하여 미래에도 집값은 계속 오를 것이라는 낙관 편향에 빠졌습니다. 이 낙관적인 AI는 질로우가 시장의 정점(2021년 2분기)에서 경쟁자보다 비싼 가격으로 사상 최대의 주택 재고를 매입하도록 부추겼습니다. AI가 더 사라고 명령한 순간이 바로 최고가였습니다.

2021년 하반기, 시장이 냉각되자 재앙이 닥쳤습니다. 최고가에 매입한 수십억 달러의 부동산 재고는 부실 자산이 되었습니다. AVM의 예측과 달리, 주택 가격은 하락했고 수리비는 예상보다 훨씬 많이 들었습니다. 2021년 11월, 질로우는 이 부동산 투자 사업의 전면 중단을 선언하며, 단 한 분기에 4천억 원이 넘는 손실을 인정하고 7,000채의 물린 재고를 시장에 헐값으로 처분해야 했습니다.

이 사례는 AI의 통계적 예측을 투자 전략과 동일시한 알고리즘 오만(제5.4절)의 교훈을 명확히 보여 줍니다. 엔진(AVM)만 있고 브레이크(리스크 관리)가 없는 투자가 어떻게 파멸에 이르는지 증명한 것입니다.

2) 금융투자 가상 사례 연구: 알고-인슈어의 AVM 리스크 보험(가상 사례)
(TPO: 2026년 / 글로벌 재보험 시장 / 질로우 실패 기반 알고리즘 리스크 금융상품)

질로우 오퍼스의 붕괴(사례 5-2)는 부동산 투자 시장뿐만 아니라, 금융투자 시장에도 거대한 충격파를 던졌습니다. 이는 알고리즘 리스크(제8장)가 더 이상 이론적인 위협이 아닌, 수십억 달러의 실제 손실을 야기하는 측정 가능한 위험임을 증명했습니다. 2026년, 가상의 재보험사 알고-인슈어(Algo-Insure)는 이 새로운 위험을 금융투자 상품으로 전환할 기회를 포착합니다.

알고-인슈어가 구상하는 상품은 iBuyer 및 AI 펀드 전용 AVM 모델 리스크 보험입니다. 이는 오픈도어(Opendoor)와 같은 iBuyer 기업이나, AVM 기반으로 주택에 투자하는 사모펀드를 대상으로 하는 B2B 금융투자 상품(보험/파생상품)이 될 것입니다.

이 보험의 작동 방식은 질로우의 실패 원인을 정확히 역이용합니다. 첫째, 역선택(Adverse Selection) 리스크 보장입니다(제5.2절). iBuyer가 AVM 3.0(CV/NLP)으로 예측한 수리비가 실제 발생한 수리비보다 20% 이상 낮을 경우, 그 차액(손실)을 보험금으로 지급하는 것입니다. 이는 AVM 3.0의 기술적 실패를 금융적으로 헷지(Hedge)합니다.

둘째, 시장 변동성(Model Risk) 리스크 보장입니다(제5.3절). AVM의 낙관 편향으로 인해 시장 정점(예: 케이스-실러 지수 고점 대비 -2%)에서 매입한 자산이, 이후 6개월 내 10% 이상 하락하여 역마진이 발생할 경우, 그 손실의 일부를 보전해 주는 금융 옵션을 제공합니다.

알고-인슈어는 이 금융투자 상품의 보험료를 어떻게 산정할까요? 바로 AI를 통해서입니다. 알고-인슈어의 AI 엔진은 보험 가입을 원하는 iBuyer(오픈도어 등)의 AVM 모델 자체를 감사(Audit)할 것입니다. (1) "당신의 AVM은 2.0인가 3.0인가?", (2) "CV/NLP 엔진의 정확도는?", (3) "과거 호황기 데이터 편향은 제거되었는가?", (4) "시장 변곡점 브레이크(제8.4절)가 탑재되어 있는가?"를 XAI(제26장)로 검증합니다.

이 가상의 사례에서, 질로우의 실패라는 부동산 투자의 교훈은 알고리즘 리스크라는 새로운 금융투자 시장을 창출하는 기회가 됩니다. AI의 위험을 AI로 분석하여 보험료를 산정하고 금융상품화하는 이 모델은, AI 시대의 리스크 관리가 어떻게 새로운 금융 혁신으로 이어질 수 있는지 보여 줄 것입니다.

제6장

디지털 트윈: 질적 가치의 정량화

디지털 트윈: BIM, IoT, AI 융합 모델

(Digital Twin: A BIM, IoT, and AI Convergence Model)

6.1 벽돌의 데이터화: 디지털 트윈의 정의

제5장에서 우리는 질로우가 질적 가치(주택의 물리적 상태, 수리비)를 정량화하지 못해 실패했음을 목격했습니다. 그렇다면 이 질적 가치를 과학적으로 정량화하는 궁극의 기술은 무엇일까? 그 해답이 바로 디지털 트윈(Digital Twin)입니다. 디지털 트윈은 부동산이라는 가장 전통적이고 무거운 아날로그 자산(벽돌)을, 실시간으로 살아 숨 쉬는 디지털 자산(데이터)으로 변환하는 핵심 기술입니다. 이는 제1.3절에서 제시한 알고리즘 자산의 가장 완벽한 구현체입니다.

디지털 트윈은 단순히 건물의 3D 청사진을 의미하는 것이 아닙니다. 전통적인 CAD(컴퓨터 지원 설계)나 BIM(빌딩 정보 모델링)이 건물의 정적인(Static) 구조와 설계를 담은 설계도라면, 디지털 트윈은 건물의 동적인(Dynamic) 운영 상태를 실시간으로 반영하는 살아 있는 복제본(Living Replica)입니다. 즉, 뼈대(BIM)에 신경망(IoT)을 연결하여 두뇌(AI)를 갖게 한 것입니다.

디지털 트윈의 구축은 세 단계로 이루어집니다. 첫 번째는 디지털 모델 구축입니다. BIM이나 3D 스캐닝 기술(예: Matterport)을 통해 건물의 물리적 공간, 구조, 배관, 전력망 등 모든 정적 정보를 가상 공간에 복제합니다. 두 번째는 실시간 데이터 연결입니다. 건물 전체에 사물 인터넷(IoT) 센서라는 신경망을 설치합니다. 이 센서들은 건물의 활력 징후(Vital Signs)를 24시간 추적합니다(예: HVAC(공조)의 에너지 사용량, 엘리베이터의 진동 패턴, 출입구의 유동 인구, 회의실의 점유율, 실내의 CO2 농도 및 온도).

세 번째이자 가장 중요한 단계는 동기화와 시뮬레이션입니다. IoT 센서가 수집한 실시간 동적 데이터가 정적 디지털 모델에 전송되어 완벽한 동기화가 이루어집니다. 현실 세계의 501호실 온도가 28도로 올라가면, 가상 세계(디지털 트윈)의 501호실 온도도 28도로 붉게 표시됩니다. 현실의 엘리베이터 3호기가 고장 나면, 트윈의 3호기도 멈춥니다. 이 살아 있는 복제본을 통해, 우리는 더 이상 건물을 관리하기 위해 현장에 갈 필요가 없습니다. 모니터 속의 디지털 트윈을 통해 건물의 모든 상태를 한눈에 파악할 수 있습니다.

디지털 트윈의 진정한 가치는 현상 파악을 넘어 미래 예측과 처방적 운영(제2.1절)에 있습니다. AI 엔진은 디지털 트윈에 축적된 방대한 시계열 데이터를 학습합니다. 예를 들어, AI는 "HVAC 4번 유닛의 진동 패턴이 지난 3주간 특정 임계값에 근접하고 있다. 과거 데이터상, 이 패턴은 72시간 내 베어링 고장으로 이어질 확률이 95%다"라고 예측 (Predictive)합니다.

더 나아가 AI는 처방(Prescriptive)을 내립니다. "고장이 발생하기 전에 유지보수팀을 파견하라. 또한, 4번 유닛이 멈출 경우를 대비해, 3번과 5번 유닛의 출력을 자동으로 조절하여 5층 전체의 냉방 온도를 24도로 유지하라." 이처럼 디지털 트윈은 건물 관리를 사후 대응(Reactive)(고장 나면 고친다)에서 예지 보전(Predictive Maintenance)(고장 나기 전에 고친다)으로, 나아가 자율 운영(Autonomous Operations)으로 전환시킵니다.

이것이 바로 알고리즘 자산(제1.3절)의 핵심입니다. 디지털 트윈이 적용된 건물은 더 이상 수동적인 벽돌이 아닙니다. 스스로의 상태를 진단하고, 문제를 예측하며, 운영을 최적화하는 데이터 스트리밍 자산이 됩니다. 이 건물은 고장률이 낮고, 에너지 효율이 높으며, 운영 비용이 절감됩니다. 이는 곧바로 순영업소득(NOI)의 증대로 이어지며, 전통적인 건물보다 더 높은 자산 가치를 인정받게 됩니다.

요약하자면, 디지털 트윈은 정적 설계도(BIM)에 실시간 센서(IoT)를 결합하고, AI 두뇌를 탑재하여, 물리적 건물의 살아 있는 디지털 복제본을 만드는 기술입니다. 이는 건물 관리를 사후 대응에서 예지 보전 및 자율 운영으로 혁신하며, 건물을 벽돌에서 알고리즘 자산으로 변모시킵니다.

미래 가치 보는 통찰력 뿌리 깊게 심어라

- **디지털 트윈 정의:** BIM(정적 모델) + IoT 센서(동적 데이터) + AI(예측/처방)가 결합된, 물리적 건물의 실시간 동기화되는 살아 있는 디지털 복제본입니다.
- **BIM vs 트윈:** BIM이 설계도(Static)라면, 디지털 트윈은 활력 징후(Dynamic)를 보여 주는 시뮬레이션입니다.
- **핵심 기능(예지 보전):** IoT 데이터(예: 진동)를 AI가 분석하여, "72시간 내 고장 확률 95%"와 같이 미래의 고장을 예측(Predictive)하고 대응책을 처방(Prescriptive)합니다.
- **알고리즘 자산:** 디지털 트윈은 건물을 사후 대응에서 자율 운영으로 전환시켜, 운영 비용(OpEx)을 절감하고 자산 가치(NOI)를 극대화하는 데이터 자산으로 만듭니다.

6.2 [사례 연구] WeWork와 VTS: 상업용 부동산(CRE)의 트윈

디지털 트윈의 개념은 이론적으로 완벽해 보이지만, 막대한 초기 설치 비용(센서, 모델링) 때문에 주로 공항, 공장, 스마트 시티 등 초고가 인프라에 먼저 적용되었습니다. 하지만 이 기술의 상업적 가치를 가장 극적으로 증명하고 활용한 분야는 아이러니하게 도 상업용 부동산(CRE), 특히 오피스 시장이었습니다.

[사례 연구 6-1]은 위워크(WeWork)의 (초기)비즈니스 모델입니다. 2010년대 위워크 가 유니콘으로 각광받았던 이유는, 그들이 부동산 임대업자가 아니라 공간 데이터 회사 라고 주장했기 때문입니다. 위워크는 자신들이 임대한 모든 공간에 센서, Wi-Fi 추적, 예약 시스템을 설치하여 공간 활용률에 대한 디지털 트윈을 구축했습니다. 그들은 "4인 회의실의 일평균 사용률은 90%지만, 10인 회의실은 20%에 불과하다", "화요일 오전 10 시가 회의실 수요의 피크타임이다", "창가 특정 좌석은 항상 비어 있다"라는 것을 데이 터로 알고 있었습니다.

이 공간 트윈 데이터는 위워크의 핵심 경쟁력이었습니다. 그들은 이 데이터를 바탕으 로 처방적 설계(Prescriptive Design)를 했습니다. 다음 지점을 설계할 때, AI는 비효율 적인 10인 회의실을 없애고, 수요가 폭발하는 4인 회의실과 1인용 폰부스를 더 많이 배 치하라고 제안했습니다. 이를 통해 위워크는 전통적인 오피스 빌딩보다 평방미터당 더 많은 인원(밀도)을 수용하면서 더 높은 만족도를 이끌어 냈고, 이는 곧 평방미터당 수익 (Revenue per Sq. Ft.)의 극대화로 이어졌습니다.

[사례 연구 6-2]는 제1.3절에서 언급된 VTS(View The Space)입니다. VTS는 현재 CRE 시장의 운영체제(OS)로 불리며 디지털 트윈을 선도하고 있습니다. VTS는 처음에 는 건물주(자산운용사)를 위한 임대차 계약 관리(Leasing Portfolio)의 디지털 트윈으로 시작했습니다. 엑셀에 흩어져 있던 수천 개의 계약서를 클라우드에 올려 언제 계약이 만료되는지, 경쟁 빌딩 대비 임대료는 어떤지를 시각화했습니다.

최근 VTS는 VTS Rise라는 임차인 경험(Tenant Experience) 앱을 통해 사람의 트윈으 로 확장했습니다. 임차인들은 이 앱 하나로 출입(Access Control), 엘리베이터 호출, 회 의실 예약, 헬스장 이용, 민원 접수까지 모든 것을 해결합니다. 이 과정에서 VTS는 건물 주에게 임차인 행동의 디지털 트윈을 제공합니다. 건물주는 "A 임차인(예: 법무법인)은 앱 사용률이 5%로 낮고 주로 야근을 한다", "B 임차인(예: IT기업)은 앱 사용률 80%로 헬스장과 카페테리아 이용률이 매우 높다"는 것을 알게 됩니다.

이 임차인 트윈 데이터의 가치는 막대합니다. 계약 갱신(Renewal) 시기가 되었을 때, 건물주는 더 이상 감에 의존하지 않습니다. A 임차인에게는 야간 보안 및 청소 서비스 강화를 제안하고, B 임차인에게는 헬스장 기구 업그레이드를 제안하는 데이터 기반의 맞춤형 전략을 구사할 수 있습니다. 이는 임차인 만족도와 재계약률을 극적으로 높여, 건물의 공실 리스크를 최소화하고 안정적인 현금 흐름을 보장합니다.

요약하자면, 상업용 부동산 시장에서 디지털 트윈은 두 가지 방향으로 진화했습니다. 위워크는 공간 활용의 트윈을 통해 설계 최적화와 수익 밀도를 높였고, VTS는 임차인 행동의 트윈을 통해 운영 최적화와 임차인 유지율을 높였습니다. 두 사례 모두 디지털 트윈이 어떻게 데이터를 돈(NOI)으로 바꾸는지를 명확히 보여줍니다.

이것만은 꼭! (This is a must)

데이터 뿌리, 효율줄기, 가치 가지

- **사례 1(WeWork - 공간 트윈):** 공간 사용률(회의실, 좌석)의 디지털 트윈을 구축하여, 데이터 기반의 처방적 설계를 수행했습니다. (예: 10인실 축소, 4인실 확대)
- **WeWork의 가치:** 평방미터당 수익 밀도를 극대화하여 공간 효율성을 높였습니다.
- **사례 2(VTS - 임차인 트윈):** VTS Rise 앱을 통해 임차인의 행동 데이터(출입, 편의 시설 이용, 민원) 트윈을 구축했습니다.
- **VTS의 가치:** 데이터 기반의 맞춤형 임차인 관리를 통해 재계약률을 높이고 공실 리스크를 최소화합니다.

6.3 질적 가치의 정량화: AVM 3.0의 완성

디지털 트윈은 제5장의 질로우의 실패를 정면으로 돌파할 수 있는 열쇠입니다. 질로우가 실패한 이유는 AVM 2.0이 질적 가치(Qualitative Value)를 측정하지 못했기 때문입니다. "이 집이 관리가 잘 되었는가?", "이 건물의 임차인 만족도가 높은가?"와 같은 질적 질문에 AI가 답을 할 수 없었습니다. 디지털 트윈은 바로 이 질적인 모든 것을 정량적(Quantitative) 데이터로 변환하여 AVM 3.0(제4.3절)을 완성시킵니다.

전통적인 감정평가(제4.1절)에서 건물 관리 상태는 상/중/하라는 평가사의 주관적 등급이 전부였습니다. 하지만 디지털 트윈이 설치된 빌딩에서 관리 상태는 더 이상 주관적인 판단이 아닙니다. 그것은 객관적인 데이터입니다. 예를 들어, 관리 상태: 상이라는 질적 평가는 지난 1년간 HVAC 예지 보전(제6.1절) 준수율 98%, 엘리베이터 평균 고장 대응 시간 15분, 임차인 민원(VTS Rise) 평균 해결 시간 1.2시간이라는 정량적 수치로 대체됩니다.

입지의 우수성이라는 질적 가치도 마찬가지입니다. 과거에는 "유동 인구가 많다"라고 기술했지만, 디지털 트윈은 일평균 출입 센서 태그 5,120회, 앱 기반 방문객 예약 300건/일로 정량화합니다. 임차인 만족도라는 질적 가치 역시 VTS Rise 앱 활성 사용자 85%, 편의시설(헬스장) 예약률 90%라는 데이터로 증명됩니다.

이제 AVM 3.0은 이 정량화된 질적 데이터를 핵심 입력 변수로 사용합니다. AVM 3.0 모델이 서울의 두 쌍둥이 오피스 빌딩(동일한 위치, 면적, 건축연도)을 평가한다고 가정해봅시다. A 빌딩은 전통적 건물이고, B 빌딩은 디지털 트윈이 설치된 건물입니다.

AVM 2.0(질로우 모델)은 두 빌딩의 정형 데이터가 동일하므로, 두 빌딩의 가치를 동일하게 평가할 것입니다. 하지만 AVM 3.0은 B 빌딩의 디지털 트윈 데이터를 추가로 입력받습니다. AI 모델은 B 빌딩이 A 빌딩보다 "에너지 사용량 30% 낮음", "고장률 90% 낮음", "임차인 만족도 40% 높음"이라는 데이터를 확인합니다.

AI(머신러닝)는 과거 데이터를 통해, 이러한 트윈 데이터가 더 낮은 운영 비용(OpEx)

과 더 높은 임대료 및 더 낮은 공실률로 이어진다는 인과관계를 이미 학습했습니다. 즉, B 빌딩의 순영업소득(NOI)이 A 빌딩보다 구조적으로 높고 안정적일 수밖에 없음을 압니다.

따라서 AVM 3.0은 B 빌딩의 가치를 A 빌딩보다 5~10% 더 높게 산출합니다. 이 추가적인 가치(Premium)가 바로 제1.3절에서 말한 알고리즘 자산의 가치, 즉 데이터 알파(Data-Alpha)입니다. 디지털 트윈은 좋은 건물이라는 막연한 질적 개념을, 수익(NOI)으로 연결되는 검증 가능한 데이터로 바꾸어, 자산 가치에 과학적으로 반영하는 것입니다.

이것이 바로 질로우 오퍼스가 주거용(단독주택) 시장에서 실패한 이유와 연결됩니다. 개별 단독주택은 디지털 트윈을 설치하기엔 너무 비용이 많이 듭니다. 따라서 질로우는 질적 가치를 알 수 없었고 역선택에 당했습니다. 반면, 오픈도어는 사진/비디오 업로드와 상세 설문이라는 저비용 디지털 트윈(Low-cost Digital Twin)을 통해 AVM 3.0을 구현하려 시도한 것입니다.

질적 가치 측정, 데이터로 프리미엄 창출

- **질적 가치의 정량화:** 디지털 트윈은 "관리가 잘 됨"(질적)이라는 주관적 평가를 "고장률 1%, 민원 해결 1.2시간"(정량적) 데이터로 변환합니다.
- **AVM 3.0의 완성:** AVM 3.0은 정형 데이터 + 정량화된 질적 데이터(트윈)를 입력받습니다.
- **데이터 알파(프리미엄):** AVM 3.0은 디지털 트윈(B빌딩)이 증명하는 낮은 비용과 높은 만족도가 높은 NOI로 이어짐을 학습합니다.
- **가치 산정:** 따라서 AVM 3.0은 트윈이 없는 A빌딩보다 트윈이 있는 B빌딩에 검증 가능한 프리미엄(Data-Alpha)을 부여하며, 이는 질로우가 풀지 못한 문제입니다.

6.4 ESG, 지속가능성, 그리고 미래

디지털 트윈의 질적 가치 정량화 능력이 가장 강력하게 요구되는 분야는 바로 ESG와 지속가능성(Sustainability)입니다. 과거에 ESG는 기업 홍보용 선언에 가까웠지만, 이제는 블랙록(BlackRock)과 같은 글로벌 투자자들이 자본 배분의 핵심 조건으로 요구하는 강제 사항이 되었습니다. 투자자들은 "당신의 빌딩이 얼마나 친환경적(E)이고, 사회적으로(S) 긍정적인가?"를 데이터로 증명하라고 요구합니다.

E(Environmental, 환경): 디지털 트윈은 건물의 환경 성과를 측정하는 궁극의 계기판입니다. 제6.1절의 IoT 센서는 건물의 에너지 소비, 물 사용량, 탄소 배출량을 1분 단위로 정확하게 측정합니다. AI 엔진은 이 데이터를 분석하여 낭비가 발생하는 지점을 즉각 식별합니다. 3층 서쪽 구역이 비어있는데 냉방이 가동 중, 옥상 조명이 낮에도 켜져 있음 등을 식별하고 자동으로 제어합니다.

[사례 연구 6-3]은 지멘스(Siemens), 슈나이더 일렉트릭(Schneider Electric), 존슨 컨트롤즈(Johnson Controls)와 같은 글로벌 스마트 빌딩 솔루션 기업들입니다. 이들은 AI 기반 디지털 트윈을 통해 빌딩의 에너지 소비를 평균 20~40%까지 절감시킵니다. 이는 단순히 운영 비용(OpEx) 절감을 넘어섭니다. 이 절감 데이터는 탄소 배출권 거래, 녹색 채권(Green Bond) 발행, 친환경 건물 인증(LEED, BREEAM) 획득의 감사 가능한(Auditable) 증거가 됩니다. AVM 3.0은 이 인증과 비용 절감을 더 높은 자산 가치로 즉각 환산합니다.

S(Social, 사회): 디지털 트윈은 막연했던 사회적 가치 또한 정량화합니다. 건물 내부에 설치된 실내 공기 질(IAQ) 센서(CO_2, VOCs, 미세먼지)는 임차인의 건강(Wellness)이라는 사회적 가치를 숫자로 보여줍니다. VTS Rise(제6.2절) 앱의 커뮤니티 이벤트 참여율이나 편의시설 만족도 데이터는 임차인 만족도와 사회적 유대감을 측정합니다.

코로나19 팬데믹 이후, 기업들은 최고의 인재를 사무실로 복귀시키기 위해 더 건강하고 안전한 오피스를 찾고 있습니다. 디지털 트윈이 우리 빌딩의 공기 질은 병원 수준

(HEPA 필터 작동률 100%)임을 데이터로 증명한다면, 이는 구글, 애플과 같은 최고 등급의 우량 임차인(Credit Tenant)을 유치하는 강력한 무기가 됩니다. 이 S 가치는 더 높은 임대료와 0%에 가까운 공실률로 직결됩니다.

G(Governance, 지배구조): 디지털 트윈은 투명한 데이터를 제공함으로써 G를 강화합니다. 모든 운영 데이터가 실시간으로 기록되므로, 건물주(자산운용사)는 투자자(LP)에게 "우리는 당신의 자산을 이렇게 효율적이고 투명하게 관리하고 있다"고 과학적으로 보고할 수 있습니다.

결국, 디지털 트윈은 ESG라는 질적이고 선언적인 가치를, 자산 가치(NOI, Cap Rate)와 직결되는 정량적이고 증명 가능한 데이터로 바꾸는 번역기입니다. 미래의 부동산 금융 시장에서, AVM 3.0은 디지털 트윈이 없는 건물을 정보가 없는(Non-transparent) 자산으로 간주하여 리스크 디스카운트(할인)를 적용할 것이며, 디지털 트윈을 보유한 건물을 검증된(Verified) 자산으로 간주하여 ESG 프리미엄(제29장 조화 점수)을 부여할 것입니다.

데이터는 미래 가치 저울, 뿌리깊게 투자하라

- **ESG의 강제화**: ESG는 더 이상 선택이 아닌 필수이며, 투자자들은 데이터로 된 증거를 요구합니다.
- **E(환경)의 정량화**: 디지털 트윈(IoT, AI)은 에너지/탄소 배출량을 실시간 측정, 제어, 절감(20-40%)하며, 이는 비용 절감과 친환경 인증의 증거가 됩니다. (예: 지멘스)
- **S(사회)의 정량화**: 디지털 트윈은 실내 공기 질(Wellness), 임차인 만족도(VTS) 데이터를 통해 건강한 건물임을 증명하고, 우량 임차인 유치 및 공실률 감소로 이어집니다.
- **ESG 프리미엄**: 디지털 트윈은 ESG라는 질적 가치를 정량적 데이터로 번역하여

AVM 3.0이 검증된 ESG 프리미엄을 자산 가치에 반영하도록 만듭니다.

6.5 부동산 금융 투자 사례 연구

핵심 개념	정의	핵심 기능 및 가치
디지털 트윈 (정의)	정적 모델(BIM) + 동적 데이터(IoT 센서) + AI 두뇌가 결합된, 물리적 건물의 실시간 동기화되는 살아있는 디지털 복제본.	사후 대응 관리 → 예지 보전(고장 예측) 및 자율 운영으로 혁신. 운영 비용(OpEx) 절감 및 자산 가치(NOI) 극대화.(알고리즘 자산)
CRE 사례 (공간/임차인)	(1) 위워크: 공간 활용 트윈을 통해 설계 최적화 및 수익 밀도 극대화. (2) VTS: 임차인 행동 트윈을 통해 맞춤형 관리 및 재계약률 극대화.	데이터를 돈(NOI)으로 바꾸는 구체적인 CRE 적용 사례.
질적 가치의 정량화	관리가 잘 됨(질적) → 고장률 1%, 민원 해결 1.2시간(정량)으로 변환.	AVM 3.0(제4.3절)이 이 정량화된 질적 데이터를 입력받아, 트윈이 없는 건물 대비 검증 가능한 프리미엄(Data-Alpha)을 자산 가치에 반영함.
ESG와 지속가능성	(E): 에너지/탄소 배출 실시간 측정 및 자동 제어(비용 절감, 인증). (S): 실내 공기 질, 임차인 만족도 측정 (우량 임차인 유치, 공실률 감소).	ESG라는 질적/선언적 가치를, 자산 가치와 직결되는 정량적/증명 가능 데이터로 번역함.

1) 부동산투자 실제 사례 연구: VTS 플랫폼을 활용한 임차인 트윈 기반 자산운용

글로벌 자산운용사 A(예: 브룩필드, 블랙스톤)가 뉴욕 맨해튼의 A급 오피스 빌딩에 부동산 투자를 집행했다고 가정합니다. 과거 이 투자의 자산 관리는 감과 경험에 의존했습니다. 임대차 계약 만기가 다가오면, 자산 관리자가 임차인을 방문하여 재계약 의사를 묻는 식이었습니다. 하지만 A 운용사는 VTS(View The Space) 플랫폼을 도입하여 디지털 트윈 기반의 데이터 중심 자산운용으로 전환했습니다.

이 투자의 핵심은 임차인 트윈(제6.2절) 구축입니다. A 운용사는 VTS Rise 앱을 빌딩의 운영체제(OS)로 도입합니다. 임차인들은 이 앱으로 출입, 엘리베이터 호출, 회의실 예약, 헬스장 이용, 민원 접수를 모두 해결합니다. A 운용사는 이 과정에서 익명화된 임차인 행동 데이터 트윈을 확보합니다.

이 데이터 트윈은 부동산 투자의 리스크 관리 및 수익 증대 도구로 즉시 활용됩니다. AI 대시보드가 B 임차인(IT 기업)의 앱 활성률이 90%, 헬스장 이용률이 1위라는 데이터를 보여줍니다. 반면, C 임차인(법무법인)은 앱 활성률이 5%이며, 야간 냉난방 관련 민원 접수가 월 10회라는 데이터를 보여줍니다.

재계약 시즌이 다가왔을 때, A 운용사는 데이터에 기반한 맞춤형 전략을 실행합니다. B 임차인에게는 헬스장 기구 업그레이드와 커뮤니티 라운지 확장을 약속하며 선제적으로 재계약을 제안합니다. C 임차인에게는 야간 냉난방 자동 제어 시스템 업그레이드를 제안하며 불만을 해소합니다.

이 임차인 트윈을 활용한 부동산 투자 운용은 재계약률을 극적으로 높이고 공실 리스크를 최소화합니다. 이는 빌딩의 순영업소득(NOI)을 안정화시키고, 나아가 자산 매각 시 "우리 빌딩은 임차인 만족도가 데이터로 증명된다"고 주장하며, 제6.3절의 데이터 알파(프리미엄)가 반영된 더 높은 가격에 자산을 매각할 수 있게 합니다.

2) 금융투자 실제/가상 혼합 사례 연구: 디지털 트윈 연계 그린본드(Green Bond) 발행
(TPO: 2027년 / 글로벌 연기금(예: CPPIB) / 디지털 트윈 연계 ESG 채권 투자)

캐나다 연기금(CPPIB)과 같은 거대 금융 투자자는 전 세계의 좌초 자산(제23장)인 B/C급 오피스 포트폴리오의 ESG 리스크(제6.4절)에 직면해 있습니다. 2027년, 이 연기금은 이 문제를 해결하기 위해 디지털 트윈 연계 그린본드라는 혁신적인 금융투자 상품을 발행할 것을 구상합니다.

이 금융투자의 목적은 B/C급 포트폴리오를 A급 친환경 빌딩으로 업그레이드하는 데

필요한 수조 원의 자금을 조달하는 것입니다. 이 채권이 그린본드로 인정받기 위해서는, 투자금(채권)이 실제로 환경 개선에 사용되었는지 검증(Verification)하는 것이 핵심입니다.

여기서 디지털 트윈이 금융투자의 핵심 인프라로 작동합니다. CPPIB는 지멘스(Siemens)나 슈나이더(Schneider)(사례 6-3) 같은 기술 기업과 협력하여, 대상 포트폴리오 전체에 디지털 트윈을 구축합니다. IoT 센서가 업그레이드 전의 정확한 탄소 배출량과 에너지 사용량(Baseline)을 실시간 측정합니다.

채권(금융투자 상품)의 계약 조건은 이 디지털 트윈 데이터와 연동될 것입니다. (1) 투자금은 에너지 효율 개선 프로젝트에만 사용됩니다. (2) 디지털 트윈이 측정한 탄소 배출량이 매년 5%씩 검증 가능하게 감소할 경우, 채권 투자자에게 추가 인센티브(Bonus Coupon)를 지급합니다. (3) 만약 목표 달성에 실패할 경우, 연기금이 패널티(Step-up Coupon)를 물게 됩니다.

이 가상의 사례는 금융투자가 프롭테크와 만나는 가장 진보한 형태를 보여줍니다. 디지털 트윈(제6.4절)은 더 이상 건물 관리 도구가 아니라, ESG 성과를 객관적으로 검증하는 감사 도구(Auditor)가 됩니다.

투자자들은 깜깜이 ESG 투자가 아닌, AI와 실시간 데이터로 검증되는 투명한 그린본드에 투자할 수 있습니다. 이는 디지털 트윈이라는 기술이 금융투자 상품의 신뢰를 담보하고, 더 저렴한 ESG 자본(Green Capital)을 시장으로 끌어오는 핵심 촉매제로 작동함을 보여줄 것입니다.

AI 투자 전략과
새로운 비즈니스 모델

제7장

예측 분석: 시장 추세와 사이클 예측

전통적 데이터 (후행)

GDP, 금리, 인구 통계. 느리고(Lagging) 너무 넓음(Broad).

대안 데이터 (선행)

구글 검색, 위성 사진, 모바일 위치, 채용 공고. 빠르고(Real-time) 세밀함(Micro).

AI 수요-공급 모델

대안 데이터를 학습, '마이크로' 시장의 '실제' 수요/공급을 예측. (예: 블랙스톤)

예측 분석과 대안 데이터 활용 전략
(Predictive Analytics and Alternative Data Utilization Strategies)

7.1 선행 지표의 재발견: 대안 데이터

부동산 투자의 성패는 타이밍에 달려있으며, 그 타이밍을 잡기 위해 투자자들은 선행 지표(Leading Indicators)를 찾아왔습니다. 전통적으로 사용된 선행 지표란 GDP 성장률, 금리 변동, 건축 허가 건수, 실업률 등이었습니다. 이 거시경제 지표들은 시장의 큰 흐름을 읽는 데 분명히 유용합니다. 하지만 이 지표들은 두 가지 치명적인 약점을 가집니다. 첫째, 느리다(Lagging)는 것입니다. 정부가 지난 분기 GDP가 하락했다고 발표했을 때는 이미 시장이 3개월 전에 꺾인 후일 수 있습니다. 둘째, 너무 넓다(Broad)는 것입니다. 미국 전체의 실업률이 내가 투자하려는 강남구 특정 블록의 상가 임대료에 미칠 영향을 정확히 알려주지 못합니다.

인공지능(AI) 시대의 예측 분석은 바로 이 느리고 넓은 전통적 지표의 한계를 빠르고 세밀한 대안 데이터(Alternative Data)로 극복하는 데서 시작합니다. 대안 데이터란, 전통적인 재무제표나 거시경제 통계가 아닌, 현실 세계의 활동에서 실시간으로 생성되는 모든 비정형/비전통적 데이터를 의미합니다. 부동산 분야에서 이는 위성 이미지, 모바일 기기 위치 정보, 웹 검색 트렌드, 채용 공고, SNS 게시물, 신용카드 결제 내역, 온라인 리뷰 등을 포함합니다.

이 대안 데이터가 강력한 선행 지표가 되는 이유는, 그것이 공식 통계에 잡히기 전 사람들의 의도(Intent)와 실제 행동(Actual Behavior)을 실시간으로 포착하기 때문입니다. 예를 들어, 어떤 사람이 "강남구 이사"라는 키워드를 구글에 검색하는 것은(의도), 그가 3개월 후 실제로 이사를 가고(행동), 4개월 후 정부의 인구 이동 통계에 잡히는(공식 지표) 일련의 과정에서 가장 빠른 신호입니다. AI는 바로 이 약한 신호(Weak Signal)를 수백만 개 수집하고 분석하여 강력한 예측을 만들어냅니다.

[사례 연구 7-1]은 구글 트렌드(Google Trends)를 활용한 수요 예측입니다. 다수의 학술 연구(예: Predicting the Present with Google Trends)와 프롭테크 기업들은 "사무실 임대(Office space for rent)", "이사 업체(Moving companies near me)", "주택담보대출(Mortgage rates)"과 같은 특정 키워드의 검색량 변화가, 3개월에서 6개월 후의 주택 거래량이나 상업용 부동산 임대차 계약 건수와 매우 높은 상관관계를 보인다는 것을 입증했습니다. AI(NLP)는 이 검색어의 뉘앙스까지 분석하여(예: 싼 사무실 vs 고급 사무실) 수요의 질까지 예측합니다.

[사례 연구 7-2]는 위성 이미지를 활용한 공급 및 수요 예측입니다. 오비탈 인사이트(Orbital Insight)나 리모트 센싱(Remote Sensing) 같은 지리공간 데이터 분석 기업들은 AI(컴퓨터 비전, CV)를 활용해 위성 사진을 분석합니다. 예를 들어, 특정 상업 지역의 주차장 차량 수를 매일 카운트하여, 해당 지역 리테일 상가들의 매출과 순영업소득(NOI)을 분기별 재무제표가 나오기 몇 달 전에 미리 예측합니다. 또한, 건설 현장의 크

레인 수와 야간 조명 밝기를 분석하여, 정부의 건축 허가 데이터보다 훨씬 정확한 실제 미래 공급량과 공정 진행률을 추정합니다.

이러한 대안 데이터는 그 자체로는 너무 방대하고(Volume), 빠르며(Velocity), 지저분한(Variety) 노이즈(Noise)에 가깝습니다. 인간 분석가는 이 데이터를 처리할 수 없습니다. 제2장에서 다룬 AI 엔진(ML, CV, NLP)은 바로 이 노이즈 속에서 패턴을 찾아내는 유일한 도구입니다. AI는 수천 개의 대안 데이터 변수와 과거 시장 지표 간의 복잡한 비선형 관계(제4.2절)를 학습하여, 과거에는 몰랐던 새로운 선행 지표를 끊임없이 발굴합니다.

결론적으로, AI 기반 예측 분석은 과거의 공식 통계에 의존하던 전통적 방식을, 현재의 실시간 대안 데이터를 기반으로 미래를 예측하는 방식으로 전환시켰습니다. 이제 투자의 경쟁력은 "누가 더 빨리 정부 통계를 얻는가?"가 아니라, "누가 더 독점적인 대안 데이터를 확보하고, 그것을 해석할 더 우월한 AI 엔진을 가졌는가?"에 의해 결정됩니다.

행동 의도 뿌리 보고 미래 결과 가지친다

- **전통적 지표의 한계:** GDP, 금리, 건축 허가 등은 느리고(Lagging) 너무 넓어(Broad) 세밀한 타이밍 예측에 한계가 있습니다.
- **대안 데이터:** AI는 위성 이미지, 모바일 위치 정보, 웹 검색 트렌드, 채용 공고 등 실시간 비정형 데이터를 새로운 선행 지표로 활용합니다.
- **예측의 원리:** 대안 데이터는 공식 통계에 잡히기 전 사람들의 의도(Intent)와 실제 행동(Behavior)을 가장 먼저 포착합니다.
- **사례:** 구글 검색어(수요 의도 예측, 사례 7-1)와 위성 사진(주차장 차량, 크레인 분석, 사례 7-2)은 AI(CV, NLP)를 통해 미래 수요와 공급을 예측하는 강력한 선행 지표입니다.

7.2 AI 기반 수요-공급 예측 모델

제7.1절에서 발굴한 새로운 선행 지표(대안 데이터)들은 AI 기반 수요-공급 예측 모델의 입력값(Input)이 됩니다. 전통적인 예측 모델이 금리, GDP 등 소수의 변수만을 고려한 단순 회귀분석(AVM 1.0과 유사)에 그쳤다면, AI 예측 모델은 수천 개의 변수를 동시에 고려하는 제4.2절의 머신러닝(ML)과 신경망을 기반으로 합니다. 이는 시장의 복잡한 비선형성과 상호작용을 훨씬 정밀하게 모델링할 수 있음을 의미합니다.

먼저 미래 공급(Supply) 예측 모델입니다. 전통적인 공급 예측은 건축 허가 데이터에 의존했습니다. 하지만 허가를 받았다고 해서 모두가 즉시 착공하는 것은 아니며, 착공했다고 해서 제때 완공되는 것도 아닙니다. AI 기반 공급 모델은 이 허점을 파고듭니다. AI는 건축 허가 데이터에 더해, 위성 사진(CV)을 통한 실제 착공 여부와 공정 진행률을 모니터링합니다(사례 7-2).

더 나아가, AI(NLP)는 자재 가격 변동성, 건설 인력 채용 공고(수급), 관련 규제 법안(텍스트 분석) 등 수백 개의 변수를 추가로 학습합니다. 이를 통해 A 지역의 오피스 허가 물량은 100만㎡지만, 자재값 폭등과 인력난으로 인해 실제 2년 내 완공될 물량은 60만㎡에 불과할 것이라는, 정부 통계보다 훨씬 현실적인(Actual) 미래 공급량을 예측합니다. 이는 투자자가 공급 과잉 리스크를 피하거나, 공급 부족이 예상되는 시장을 선점하는 데 결정적인 정보를 제공합니다.

다음은 미래 수요(Demand) 예측 모델입니다. 전통적인 수요 예측은 과거 인구 증가율이나 과거 임대료 추세를 외삽(Extrapolate)하는 방식이었습니다. AI는 이보다 훨씬 세분화된 미시적(Micro) 수요 동력을 포착합니다. AI 수요 모델은 어떤 산업이 성장하고, 어떤 기업이 확장하며, 어떤 인재들이 어디로 이동하는지 실시간으로 추적합니다.

[사례 연구 7-3]은 체리(Cherre), 리얼로지(Reonomy), 플래서AI(Placer.ai)와 같은 프롭테크 데이터 플랫폼입니다. 이들은 AI를 활용해 지식 그래프(Knowledge Graph)를 구축합니다. 이 그래프는 "A 기업(IT)이 100억 투자를 유치했다(뉴스 NLP)" → "A 기업

이 B 지역에서 개발자 채용 공고를 50% 늘렸다(채용 공고 NLP)" → "B 지역의 모바일 위치 데이터(유동 인구)가 20% 증가했다(Placer.ai)" → "B 지역 1인 가구 오피스텔 검색 량이 급증했다(Google Trends)" → "결론: B 지역 1인 가구 오피스텔 임대료가 6개월 내 5% 상승할 것"이라는 인과관계의 사슬을 만듭니다.

이러한 AI 예측 모델은 부동산 투자의 단위를 매크로(Macro)에서 마이크로(Micro)로 바꾸어 놓았습니다. 과거 투자자들은 앞으로 서울 시장이 유망할 것 같다는 감에 기반한 매크로 베팅을 했습니다. 하지만 AI 기반 투자자들은 AI가 분석하니, 서울 성수동 특정 블록의 IT 기업 관련 마이크로 수요가 폭발하고 있으니, 해당 블록의 소형 오피스와 1인 가구 주택에 투자해야 한다는 데이터 기반의 마이크로 베팅을 합니다.

이것이 바로 제1.3절과 제2.4절에서 언급된 블랙스톤(Blackstone)의 데이터 알파입니다. 그들이 팬데믹 이전에 물류창고에 공격적으로 투자할 수 있었던 것은, 그들의 AI가 전자상거래(E-commerce) 성장이라는 매크로 트렌드뿐만 아니라, 어떤 지역에, 어떤 규격의 물류창고가 부족한지를 마이크로하게 예측하는 수요-공급 모델을 보유했기 때문입니다.

결론적으로, AI 기반 수요-공급 모델은 수천 개의 대안 데이터와 정형 데이터를 지식 그래프로 연결하고 머신러닝으로 분석하여, 정부 통계보다 더 빠르고, 인간의 감보다 더 세밀한(Granular) 예측을 제공합니다. 이는 프롭테크 2.0 시대의 투자자들이 알파를 창출하는 핵심 무기입니다.

데이터 알파 기반 마이크로 승리

- **AI 모델의 진화:** 전통적인 단순 회귀분석에서, 수천 개의 변수(대안 데이터 포함)를 고려하는 머신러닝/신경망 기반의 복합 모델로 진화했습니다.
- **공급 예측:** 건축 허가 데이터를 넘어, AI(CV, NLP)가 실제 공정률(위성), 자재값, 인

력난 등을 분석하여 실제 완공 물량을 정밀하게 예측합니다.

- **수요 예측(마이크로):** 과거 추세 외삽을 넘어, AI(NLP, 위치 데이터)가 기업 투자, 채용 공고, 유동 인구 등을 지식 그래프로 연결하여 특정 지역/자산의 미시적 수요를 예측합니다.
- **투자의 전환:** 매크로 베팅(예: 서울)에서, AI가 발굴한 마이크로 베팅(예: 성수동 소형 오피스)으로 전환하며, 이것이 블랙스톤과 같은 데이터 알파의 원천입니다(사례 7-3).

7.3 시장 변곡점과 사이클 감지

AI 예측 분석의 성배(Holy Grail)이자 가장 어려운 과제는 바로 시장 변곡점(Inflection Point), 즉 사이클의 정점(Peak)과 저점(Trough)을 감지하는 것입니다. 제5장에서 보았듯이, 질로우 오퍼스는 AVM이 2021년 하반기의 시장 냉각이라는 변곡점을 예측하지 못하고, 과거의 호황 데이터에 기반해 낙관적 외삽(Extrapolation)을 하다가 파산했습니다. 이는 모든 AI 모델은 과거를 학습할 뿐, 미래의 구조적 변화(Regime Change)를 예측하지 못한다는 치명적인 모델 리스크(제8장)를 보여줍니다.

그렇다면 AI는 변곡점 예측에 쓸모가 없는가? 그렇지 않습니다. AI가 정확한 날짜를 예측하는 수정 구슬(Crystal Ball)은 될 수 없지만, 변곡점의 확률이 높아지고 있음을 알리는 가장 정교한 조기 경보 시스템(Early Warning System)은 될 수 있습니다. 전통적인 사이클 분석은 "현재 가격이 과거 고점 대비 어디쯤 와있는가?"를 보는 후향적(Backward-looking) 방식이었습니다. AI는 제7.1절의 선행 지표들을 활용해 전향적(Forward-looking) 경보를 울립니다.

이 기술의 핵심은 이상 징후 감지(Anomaly Detection)와 체제 전환(Regime Change) 모델링입니다. AI(비지도 학습)는 먼저 과거 수십 년간의 데이터를 학습하여 시장이 정상적일 때의 패턴(예: 금리와 주택 가격의 관계, 재고와 거래량의 관계)을 베이스라인(Baseline)

으로 정의합니다. 그런 다음, AI는 수백 개의 실시간 선행 지표를 모니터링합니다.

만약 과거의 정상 패턴에서 벗어나는 이상 징후가 여러 지표에서 동시에 나타나기 시작하면, AI는 변곡점 확률을 높입니다. 예를 들어, (1) 주택 가격(공식 지표)은 아직 오르고 있지만, (2) 주택담보대출 구글 검색량(선행 지표 1)이 급감하고, (3) 매물 리스팅 후 가격 인하(Price Cut)까지 걸리는 시간(선행 지표 2)이 짧아지며, (4) TLC(수리 필요) 매물(선행 지표 3, NLP 분석)이 시장에 급증하기 시작한다면, AI는 이 약한 신호들의 조합을 강력한 경고로 해석합니다. 가격은 오르고 있지만, 시장의 체질(Regime)이 매도자 우위에서 구매자 우위로 바뀌고 있다고 경고하는 것입니다.

[사례 연구 7-4]는 정서 분석(Sentiment Analysis)을 통한 변곡점 감지입니다. AI(NLP)는 수천 개의 애널리스트 보고서, 뉴스 기사, 기업 실적 발표(Conference Call) 녹취록, 부동산 커뮤니티 게시글을 실시간으로 분석합니다(제2.3절). AI는 이 텍스트에 사용된 단어의 뉘앙스를 정량화합니다. 만약 강력한 성장, 수요 폭발과 같은 낙관적 단어의 빈도가 정점을 찍고, 불확실성 증가, 신중한 접근, 관망세와 같은 비관적/중립적 단어의 빈도가 급격히 증가하기 시작한다면, AI는 이것을 시장 참여자들의 심리(Sentiment)가 꺾였다는 가장 강력한 변곡점 선행 지표로 간주합니다.

질로우 오퍼스의 실패(제5.3절)는 바로 이 조기 경보 시스템이 없었기 때문입니다. 그들의 AVM은 가격 데이터에 과적합(Overfitting)되어, 가격이 꺾이기 전까지 계속 사라고 명령했습니다. 만약 질로우에 정서 분석 AI나 가격 인하 추적 AI가 있었다면, 가격이 꺾이기 몇 달 전에 시장의 심리가 냉각되고 있으니, 즉시 매입을 중단하거나 매입 가격을 낮추라는 브레이크(Brake)(제8.4절) 신호를 보냈을 것입니다.

결론적으로, AI는 시장 사이클을 예언하지 못합니다. 하지만 AI는 인간 분석가가 놓치기 쉬운 수백 개의 미세한 균열(약한 신호)들을 대안 데이터 속에서 발견하고, 이상 징후 감지 모델을 통해 댐이 무너질 확률이 90%에 도달했다고 과학적으로 경고할 수 있습니다. 이는 투자자가 블랙 스완에 대비해 리스크를 관리하고(제8장), 시장의 저점에서 기회를 포착하는 데 결정적인 도움을 줍니다.

미래는 예측 불가, 선행 지표로 대비

- **변곡점 예측의 어려움:** AI도 미래의 변곡점을 예언할 수는 없습니다. (예: 질로우의 실패, Ch 5.3)
- **AI의 역할(조기 경보):** AI는 후향적 분석이 아닌, 선행 지표와 대안 데이터를 활용한 전향적 조기 경보 시스템 역할을 합니다.
- **이상 징후 감지:** AI는 정상 패턴(Baseline)에서 벗어나는 약한 신호들의 동시 발생을 감지하여, 체제 전환(Regime Change)의 확률을 계량화합니다. (예: 가격은 오르나, 검색량/가격 인하 등은 악화)
- **정서 분석(사례 7-4):** AI(NLP)가 뉴스, 보고서, 커뮤니티의 심리(Sentiment) 변화 (예: 낙관 → 관망)를 감지하는 것은 가장 강력한 변곡점 선행 지표 중 하나입니다.

7.4 부동산 금융 투자 사례 연구

핵심 개념	정의	부동산 금융 적용
대안 데이터 (선행 지표)	전통적 통계(GDP, 금리)가 아닌, 실시간 비정형 데이터. (예: 구글 검색, 위성 사진, 모바일 위치 정보, 채용 공고)	정부 통계(후행)보다 빠른 선행 지표로, 시장의 의도와 행동을 먼저 포착하여 예측의 속도와 정확성을 높임(사례 7-1, 7-2).
AI 수요-공급 모델	수천 개의 대안/정형 데이터를 머신러닝과 지식 그래프로 분석하여, 마이크로 시장의 실제 수요와 공급을 예측하는 모델.	매크로 베팅(감)에서 마이크로 베팅(데이터)으로 투자를 전환함. (예: 블랙스톤의 물류창고 투자, 사례 7-3)
시장 변곡점 감지	AI가 블랙 스완(시장 붕괴)을 예언하는 것이 아니라, 이상 징후 감지와 정서 분석을 통해 변곡점의 확률을 알리는 조기 경보 시스템 역할.	가격이 꺾이기 전 심리의 꺾임을 감지(사례 7-4)하여, 질로우(Ch 5)와 같은 파산을 막는 브레이크로 작동.

1) 부동산투자 실제 사례 연구: 블랙스톤(Blackstone)의 AI 예측 기반 물류창고 선점
투자

블랙스톤은 AI 예측 분석을 실물 부동산 투자에 적용하여 막대한 데이터 알파(제1.3
절)를 창출한 대표적인 사례입니다. 2010년대 중후반, 대부분의 기관 투자자들이 오피
스와 리테일에 집중할 때, 블랙스톤은 전통적인 부동산 투자 공식을 깨고 물류창고라는
당시 비주류 자산에 수십억 달러를 선제적으로 투자했습니다.

이 결정은 감이 아닌, 제7.2절의 AI 기반 수요 예측 모델에 기반한 것이었습니다. 블
랙스톤의 데이터 사이언스 팀은 전통적인 GDP나 임대료 데이터 대신, 새로운 선행 지
표(제7.1절)를 분석했습니다. 그들은 자사의 포트폴리오 기업 및 외부 데이터를 통해
전자상거래(E-commerce) 침투율, 소비자 배송 시간 기대치(예: 당일 배송), 공급망 데
이터, 기업들의 IT 투자 등 수백 개의 대안 데이터를 수집했습니다.

블랙스톤의 AI 엔진은 이 데이터들을 지식 그래프(제7.2절)로 연결했습니다. "E-commerce
침투율 1% 상승 → 필요한 물류창고 면적 10만㎡ 증가"와 같은 인과관계를 모델링
했습니다. AI는 소비자들이 더 빠른 배송을 원할수록(대안 데이터), 전통적인 교외
의 대형 창고가 아닌, 도심 내 소형 물류센터(Last-mile) 수요가 폭발할 것이라고 예측
(Predictive)했습니다.

이 처방(Prescriptive)에 따라, 블랙스톤은 팬데믹이 발생하기 몇 년 전부터 도심형 물
류창고 포트폴리오를 선제적으로 구축하는 부동산 투자를 집행했습니다. 팬데믹으로
인해 E-commerce가 폭발하자, 물류창고 임대료는 천정부지로 치솟았고 블랙스톤은 시
장의 다른 누구보다 먼저 가장 저렴한 가격에 A급 자산을 확보한 승자가 되었습니다.

이 사례는 AI 예측 분석이 어떻게 후행적 부동산 투자를 선행적 투자로 바꾸고, 마이
크로 예측을 통해 새로운 시장(물류)을 창출하는지 보여줍니다. AI는 블랙스톤에게 미
래를 볼 수 있는 망원경을 제공하여, 남들이 보지 못하는 기회에 베팅할 수 있게 만든
핵심 투자 무기였습니다.

2) 금융투자 가상 사례 연구: 어센드 캡의 AI 기반 리테일 REIT 공매도

(TPO: 2027년 / 미국, 헤지펀드 어센드 캐피털 / AI 예측 기반 REITs 공매도(Short) 투자)

2027년, 가상의 헤지펀드 어센드 캐피털(Ascend Capital)은 부동산 금융투자 시장에서 AI 예측 분석을 활용하여 알파를 창출할 새로운 전략을 실행할 계획입니다. 이들의 전략은 실물 자산을 사는 것이 아니라, 대안 데이터를 통해 부실 징후가 보이는 상장 리츠(REITS)를 공매도(Short Selling)하는 것입니다.

어센드의 AI 엔진은 공식 실적 발표(후행)보다 빠른 선행 지표를 포착하는 데 집중합니다. 타겟은 팬데믹 이후 양극화(제22장)가 심화되고 있는 미국 리테일(상가) 리츠입니다. AI는 이 리츠들이 보유한 모든 쇼핑몰의 위성 사진(제7.1절)을 매일 분석합니다. AI(CV)는 주차장 차량 수의 변화를 카운트하여, 공식 매출 발표 3개월 전에 해당 쇼핑몰의 실제 방문객 및 매출을 추정합니다.

동시에, AI는 모바일 위치 데이터(예: Placer.ai, 사례 7-3)를 구매하여, 해당 쇼핑몰 방문객의 체류 시간과 교차 방문 패턴을 분석합니다. 또한 AI(NLP)는 구글 리뷰, SNS(인스타그램, X)에서 해당 쇼핑몰에 대한 정서(Sentiment)(제7.3절)를 분석합니다.

2027년 3분기, AI 엔진이 경고(Alert)를 보냅니다. "A 리츠(REIT-A)가 보유한 10개 핵심 쇼핑몰의 주차장 차량 수가 2분기 연속 급감(CV)하고 있으며, SNS상 부정적 정서(공실, 활력 없음)가 급증(NLP)하고 있다. 이는 4분기 실적 발표 시 어닝 쇼크로 이어질 확률 85%."

이 AI 예측에 기반하여, 어센드 캐피털은 REIT-A의 주식(금융 자산)을 대량 공매도하는 금융투자 포지션을 구축합니다. 4분기 말, REIT-A가 예상보다 심각한 매출 하락과 공실률을 발표하며 주가가 폭락하고, 어센드는 막대한 수익을 얻게 될 것입니다.

이 가상의 사례는 AI 예측 분석이 부동산뿐만 아니라 부동산 금융투자 상품(REITS) 거래에서도 어떻게 강력한 선행 지표로 작동하는지 보여줍니다. AI는 공식 데이터와 실제 현실 사이의 시차(Lag)를 파고들어, 남들보다 한발 앞선 금융투자 결정을 내리는 핵심 무기가 될 것입니다.

제8장

알고리즘 리스크 관리: 개별 리스크와 시스템 리스크

🔬 개별 리스크 (현미경)

- AI가 개별 자산의 '숨겨진' 리스크를 정량화.
- 예: 기후 위험(홍수), 임차인 부도 확률(뉴스 분석).

🔭 시스템 리스크 (망원경)

- AI가 시장 전체의 '전염 효과'와 '블랙 스완'을 시뮬레이션.
- 예: 동적 스트레스 테스트, 네트워크 분석(은행 부실).

알고리즘 리스크: 개별/시스템 위험

(Algorithmic Risk: Individual/Systemic Risk)

8.1 알고리즘 리스크의 정의(질로우의 교훈)

제5장의 질로우 오퍼스 파산 사태는 프롭테크 역사에 알고리즘 리스크(Algorithmic Risk)라는 용어를 피로 새긴, 가장 상징적인 사건입니다. 알고리즘 리스크란, 인공지능(AI)이나 머신러닝(ML) 모델의 실패, 오용, 혹은 예상치 못한 결과로 인해 발생하는 재무적, 운영적, 평판적 손실을 총칭합니다. 이는 부동산 금융이 전통적으로 관리해 온 시장 리스크(시장이 하락할 위험)나 신용 리스크(채무자가 돈을 갚지 않을 위험)와는 구별되는, AI 시대의 새로운 유형의 리스크입니다.

질로우의 실패는 이 알고리즘 리스크의 두 가지 핵심 요소를 적나라하게 보여줍니다. 첫 번째는 모델 리스크(Model Risk)입니다. 즉, AI 모델 자체가 틀렸거나, 현실을 제대로 반영하지 못하는 위험입니다. 질로우의 AVM은 기술적으로는 정교했지만(AVM 2.0), 전략적으로는 치명적인 결함이 있었습니다. (1) 개별 상태와 수리비를 예측하지 못해(AVM 3.0의 부재) 역선택(제5.2절)에 당했고, (2) 과거 호황 데이터에 과적합되어 시장 변곡점(제5.3절)을 예측하지 못하고 낙관 편향에 빠졌습니다.

두 번째는 운영 리스크(Operational Risk)입니다. 즉, 모델은 정상일지라도, 그 모델을 활용하는 인간과 프로세스가 실패하는 위험입니다. 질로우의 경영진은 AVM이라는 엔진을 전속력으로 가동시키면서도, 이 엔진을 제어할 브레이크(인간의 개입)나 계기판(성능 모니터링)을 만들지 않았습니다(제5.4절). 모델이 더 사라고 외칠 때, "시장이 이상하다, 멈추라"고 말할 수 있는 리스크 관리 거버넌스가 부재했습니다.

과거에는 한 명의 감정평가사나 애널리스트가 주관적인 실수를 해도, 그 피해는 개별 자산 하나에 그쳤습니다. 하지만 AI 시대의 리스크는 차원이 다릅니다. 단 하나의 결함 있는 AVM이 수천 채의 주택에 대해 자동으로 잘못된 매입 결정을 1초 만에 내릴 수 있습니다. 이처럼 알고리즘 리스크는 AI의 속도(Speed)와 규모(Scale)로 인해 그 파급력이 증폭됩니다.

더욱이 AI 모델, 특히 신경망(제4.2절)은 그 작동 원리를 이해하기 어려운 블랙박스(Black Box)(제26장 XAI 참조)인 경우가 많습니다. "왜 AVM이 이 집을 5억이라고 했는가?"라는 질문에 AI가 "데이터가 그렇다"라고만 답한다면, 인간 관리자는 그 결정이 합리적인지, 아니면 편향(Bias)에 의한 것인지 판단할 수 없습니다. 즉, AI의 불투명성은 리스크 관리를 더욱 어렵게 만듭니다.

따라서 AI 시대의 리스크 관리는 단순히 포트폴리오의 변동성(제3장 MPT)을 관리하는 것을 넘어섭니다. 이는 AI 모델의 개발, 검증, 배포, 운영 전 과정에 걸친 모델 거버넌스(Model Governance)와 알고리즘 감사(Algorithmic Audit)라는 새로운 영역으로 확장되어야 합니다. 질로우의 교훈은 AI 엔진을 만드는 것보다 AI 브레이크를 설계하는 것이 더 중요할 수 있음을 보여줍니다.

원칙이 뿌리요, 통제가 줄기, 종목은 가지

- **알고리즘 리스크 정의:** AI/ML 모델의 실패, 오용, 예상치 못한 결과로 발생하는 재무적/운영적/평판적 손실. (예: 질로우의 실패, Ch 5)
- **모델 리스크(Engine):** 모델 자체의 결함. (예: 질로우 AVM의 역선택(5.2) 및 낙관 편향(5.3))
- **운영 리스크(Brake):** 모델을 통제하는 인간/프로세스의 결함. (예: 질로우 경영진의 개입 실패, 거버넌스 부재(5.4))
- **리스크의 증폭:** AI의 속도와 규모는 단 하나의 모델 결함이 수천 건의 자동화된 오류(대규모 손실)로 즉시 이어지게 합니다.
- **블랙박스 문제:** AI의 불투명성은 인간이 리스크를 식별하고 통제하는 것을 어렵게 만듭니다(Ch 26 XAI).

8.2 개별 자산 리스크의 정량화(Micro-Risk)

알고리즘 리스크가 위험을 의미한다면, AI는 동시에 전통적인 리스크를 관리하는 가장 강력한 도구이기도 합니다. 특히 AI는 제3장의 MPT처럼 포트폴리오 수준의 평균적 위험(변동성)을 넘어, 개별 자산 수준의 고유한(Idiosyncratic) 위험, 즉 마이크로 리스크(Micro-Risk)를 정량화하는 데 탁월한 능력을 보입니다. 과거에는 A 빌딩은 B 빌딩보다 위험해 보인다고 주관적으로 평가했다면, 이제 AI는 A 빌딩의 30년 누적 침수 확률은 15.2%이고, B 빌딩은 0.1%라고 객관적으로 계산합니다.

첫째는 물리적 리스크, 특히 기후 리스크(Climate Risk)의 정량화입니다. 전통적인 감정평가는 기후 변화가 자산에 미칠 미래의 위험을 거의 반영하지 못했습니다. 하지만

AI는 이 숨겨진 리스크를 현재 가치로 환산합니다. [사례 연구 8-1]은 주피터 인텔리전스(Jupiter Intelligence), 무디스 ESG(Moody's ESG Solutions), 서시(Cervest)와 같은 기후 리스크 분석 플랫폼입니다.

이 플랫폼들은 AI(컴퓨터 비전, CV)를 활용해 위성 이미지, 지형 데이터, 해수면 데이터를 분석하고, 여기에 기후 변화 시뮬레이션 모델을 결합합니다. 그 결과, 투자 포트폴리오에 속한 모든 개별 빌딩의 주소마다 향후 30년간 홍수(Flood) 위험 점수, 산불(Wildfire) 위험 점수, 폭염(Heatwave) 위험 점수를 과학적으로 산출합니다. 이제 은행은 이 점수가 높은 자산에 대출 금리를 높이거나(리스크 프리미엄), 보험사는 보험료를 인상합니다. AVM(제4장) 역시 이 기후 리스크 점수를 반영하여 자산 가치를 할인(Discount)하기 시작했습니다.

둘째는 임차인 및 현금흐름 리스크(Tenant & Cash-Flow Risk)의 정량화입니다. 상업용 부동산의 가치는 임차인이 내는 임대료에서 나옵니다. 따라서 임차인의 부도는 가장 치명적인 마이크로 리스크입니다. 과거에는 임차인의 신용 등급(Credit Rating)만 확인했지만, 이는 후행적입니다. AI는 임차인의 미래 건전성을 전향적으로 예측합니다.

[사례 연구 8-2]는 VTS(제6.2절)나 리놈(Reonomy)과 같은 플랫폼의 임차인 인텔리전스 기능입니다. AI(NLP)는 임차인(기업)의 뉴스, 실적 발표, 채용 공고, SNS 정서를 실시간으로 스크래핑합니다. 만약 A 임차인이 구조조정을 발표(뉴스)하고 B 임차인의 채용 공고가 90% 급감(채용)했다면, AI는 이들의 부도 확률이나 재계약 불발 확률이 높아졌다고 경고합니다. 건물주는 포트폴리오 내 위험 임차인 비중을 즉각 파악하고, "A 임차인이 파산할 경우, 우리 포트폴리오 전체 NOI가 몇 % 하락하는가?"를 시뮬레이션할 수 있습니다.

셋째는 운영 및 자본지출(CapEx) 리스크입니다. 전통적인 자산 관리는 엘리베이터는 15년마다 교체한다는 식의 주기 기반 예산(CapEx)을 세웠습니다. 이는 비효율적이며, 갑작스러운 고장이라는 운영 리스크에 노출됩니다. 제6.1절의 디지털 트윈은 이 리스크를 예지 보전으로 해결합니다.

AI가 IoT 센서(진동, 온도)를 분석하여 엘리베이터 3호기의 고장 확률이 95%이니 72시간 내 교체하라고 예측합니다. 이는 갑작스러운 고장(운영 리스크)을 막는 동시에, 4호기는 상태가 양호하니 20년까지 사용 가능이라고 알려줌으로써 불필요한 교체 비용(CapEx 리스크)을 줄여줍니다. 이는 추측에 기반한 예산 편성을 데이터에 기반한 최적화로 바꾸는 것입니다.

결론적으로, AI는 과거 측정할 수 없어서 관리할 수 없었던 수많은 마이크로 리스크(기후, 임차인, 운영)를, 데이터로 가시화하고 정량화하는 강력한 현미경입니다. 이를 통해 투자자는 숨겨진 위험을 정확히 가격에 반영하고(Pricing), 선제적으로 대응할(Managing) 수 있게 되었습니다.

미래를 알면 리스크는 기회가 된다

- **마이크로 리스크**: AI는 포트폴리오 수준(MPT)을 넘어, 개별 자산 고유의 숨겨진 리스크(기후, 임차인 등)를 정량화합니다.
- **기후 리스크(사례 8-1)**: AI(CV, 시뮬레이션)가 모든 건물 주소별로 미래 30년의 홍수/산불 위험 점수를 산출, 이는 대출, 보험, AVM 가치에 직접 반영됩니다.
- **임차인 리스크(사례 8-2)**: AI(NLP)가 임차인의 뉴스, 채용을 실시간 분석, 부도/재계약 확률을 전향적으로 예측하여 현금흐름 리스크를 경고합니다(VTS).
- **운영/CapEx 리스크**: AI(디지털 트윈, Ch 6)가 예지 보전을 통해 갑작스러운 고장(운영 리스크)을 막고, 불필요한 교체(CapEx 리스크)를 줄여줍니다.

8.3 시스템 리스크와 전염 효과(Macro-Risk)

AI가 개별 리스크(Micro)를 관리하는 현미경이라면, 동시에 시장 전체의 리스크(Macro), 즉 시스템 리스크(Systemic Risk)를 분석하는 망원경이기도 합니다. 시스템 리스크란, 2008년 금융 위기처럼 한 부분의 충격이 금융 시스템 전체로 전염(Contagion)되어 연쇄적으로 붕괴하는 위험을 의미합니다. 이는 제3장의 MPT가 상관관계 붕괴로 인해 실패했던 바로 그 블랙 스완 리스크입니다. AI는 이 복잡한 전염 효과를 두 가지 방식으로 분석합니다.

첫째, AI는 동적 스트레스 테스트(Dynamic Stress Testing)를 수행합니다(제3.2절 참조). 전통적인 스트레스 테스트는 "금리가 1% 오르면?"처럼 단일 변수만 변경했습니다. 하지만 AI 기반 테스트(예: 블랙록의 알라딘)는 복합 시나리오를 시뮬레이션합니다. "만약, 2022년과 같은 급격한 금리 인상이 발생하고, 테크 버블이 붕괴하며(임차인 리스크), 플로리다에 허리케인이 덮친다면(기후 리스크), 내 포트폴리오가 어떻게 되는가?"를 테스트합니다. AI는 이 다중 충격이 자산 간의 상관관계를 어떻게 동적으로 변화시키고, 그 충격이 연쇄적으로 포트폴리오를 무너뜨리는지(전염) 보여줍니다.

둘째, AI는 네트워크 분석(Network Analysis)을 통해 숨겨진 상호연결성(Hidden Interconnectedness)을 시각화합니다. 부동산 시장은 대출 기관, 자산 소유주, 임차인, 운용사 등이 복잡한 거미줄처럼 얽혀있습니다. AI(지식 그래프, 제7.2절)는 이 거미줄의 지도를 그립니다. "어떤 은행(A)이 어떤 자산(B)에 대출을 해주었는가?", "어떤 임차인(C)이 어떤 빌딩(D, E, F)에 입주해 있는가?", "어떤 펀드(G)가 어떤 자산(B, D)을 소유하고 있는가?"

[사례 연구 8-3]은 2023년 초 실리콘밸리은행(SVB)과 시그니처 은행(Signature Bank)의 파산 사태입니다. 이 은행들은 상업용 부동산(CRE), 특히 테크 기업과 뉴욕 다세대 주택에 집중적으로 대출을 해주었습니다. 전통적인 MPT 모델은 이 집중 리스크를 못 봤습니다. 하지만 AI 네트워크 분석 모델은 시그니처 은행이 뉴욕 다세대주택 대출 시

장의 핵심 노드(Node)임을 즉각 파악할 수 있습니다.

시그니처 은행이 파산하자, AI는 이 은행에서 대출을 받은 모든 건물주들이 유동성 위기(Refinancing Risk)에 처할 것이며, 이 건물주들이 소유한 다른 자산들까지 연쇄 매물로 나올 것이라는 전염 경로를 즉각 시뮬레이션할 수 있습니다. 이는 투자자가 자신의 포트폴리오가 파산한 은행과 몇 다리 건너 연결되어 있는지 파악하고, 시스템 리스크에 노출되기 전에 선제적으로 자산을 매각하거나 헷지(Hedge)할 수 있게 돕습니다.

하지만 AI는 시스템 리스크를 관리하는 도구인 동시에, 증폭시키는 새로운 촉매제가 될 수도 있습니다. 이것이 바로 알고리즘 동조화(Algorithmic Herding) 또는 AI 플래시 크래시(Flash Crash)의 위험입니다.

[사례 연구 8-4]는 알고리즘 동조화의 가상 시나리오입니다. 만약 질로우(Ch 5)뿐만 아니라, 오픈도어, 오퍼패드 등 모든 아이바이어(iBuyer)들이 비슷한 AI 모델(AVM)을 사용하고, 비슷한 대안 데이터(구글 트렌드, MLS)로 학습되었다고 가정해봅시다. 제7.3절의 AI가 시장 변곡점 확률 90%라는 동일한 신호를 동시에 감지한다면, 어떤 일이 벌어질까요?

모든 아이바이어의 AI가 동시에 즉시 매입 중단 및 보유 재고 전량 매각이라는 동일한 명령을 내릴 것입니다. 수만 채의 매물이 한꺼번에 시장에 쏟아지며 매도 패닉을 유발하고, 이는 주택 시장의 플래시 크래시(순간 폭락)를 촉발할 수 있습니다. 이는 과거 한 명의 트레이더가 패닉 셀링을 하던 것과는 비교할 수 없는, AI에 의한 새로운 유형의 시스템 리스크입니다.

결론적으로, AI는 시스템 리스크라는 블랙 스완을 분석하는 가장 강력한 망원경이지만(동적 테스트, 네트워크 분석), 동시에 모든 AI가 똑같은 망원경으로 똑같은 결론을 내릴 때, 시장 전체를 붕괴시키는 알고리즘 동조화라는 새로운 블랙 스완을 만들어낼 수도 있는 양날의 검입니다.

탐욕 경계, 근원(뿌리)에 신중 투자

- **시스템 리스크 관리**: AI는 2008년 위기 같은 시장 전체의 붕괴(전염) 위험을 분석합니다.
- **동적 스트레스 테스트**: AI는 금리+버블+허리케인과 같은 다중 복합 시나리오가 포트폴리오에 미치는 연쇄 충격을 시뮬레이션합니다.
- **네트워크 분석(사례 8-3)**: AI(지식 그래프)는 누가 누구에게 대출했는지(예: 시그니처 은행) 숨겨진 연결망을 분석하여 전염 경로를 파악합니다.
- **새로운 리스크(사례 8-4)**: 알고리즘 동조화(Herding)의 위험. 만약 모든 AI가 동일한 신호로 동시에 매도하면, AI가 플래시 크래시라는 새로운 시스템 리스크를 촉발할 수 있습니다.

8.4 알고리즘 거버넌스와 인간의 개입(The Brake)

AI가 마이크로 리스크(8.2)를 관리하는 강력한 도구이자, 시스템 리스크(8.3)를 증폭시킬 수 있는 양날의 검이라면, 이 모든 AI 리스크(8.1)를 통제할 궁극적인 해답은 무엇인가? 그것은 더 나은 AI가 아니라, 더 나은 거버넌스(Governance)입니다. 즉, AI라는 엔진을 통제할 브레이크와 운전대를 설계하는 것입니다. 질로우 오퍼스(Ch 5)가 실패한 근본 원인은 엔진만 있고 브레이크가 없는 운영 리스크(8.1)였습니다.

알고리즘 거버넌스란, AI 모델의 개발, 검증, 배포, 운영 전 과정에 걸쳐 위험을 식별하고 통제하며 모니터링하는 정책, 프로세스, 통제 시스템의 총체입니다. 이는 기술의 문제가 아니라, 조직과 전략, 문화의 문제입니다. AI를 맹신하는 문화(질로우)에서는 거버넌스가 작동할 수 없습니다. AI를 검증하고 통제하는 문화 속에서만 리스크 관리가 가능합니다.

성공적인 알고리즘 거버넌스는 최소한 세 가지 핵심 요소를 포함해야 합니다. 첫째, 독립적인 모델 검증(Independent Model Validation)입니다. 이는 AI 모델을 개발한 데이터 사이언티스트 팀이 아니라, 독립된 리스크 관리 부서가 모델을 감사하는 과정입니다. 이들은 "모델이 가정한 것은 무엇인가?", "학습 데이터는 편향되지 않았는가?(제25장 디지털 레드라이닝)", "극단적인 스트레스 테스트(8.3) 상황에서 모델이 어떻게 작동하는가?"를 깐깐하게 검증하고 승인해야 합니다.

둘째, 실시간 모니터링 및 경보(Monitoring & Alerting)입니다. AI 모델은 배포된 순간부터 늙기 시작합니다. 과거 데이터로 학습된 모델이 새로운 시장 현실(예: 변곡점)을 만나면 성능이 저하(Drift)됩니다. 거버넌스는 이 성능 저하를 실시간으로 모니터링하는 계기판을 만들어야 합니다. "AVM의 오차율(MAE)이 지난주 대비 2% 증가", "AI가 특정 지역(예: 피닉스)의 주택만 과도하게 매입 중(편향 감지)"과 같은 이상 징후가 감지되면, 즉시 경보가 울려야 합니다.

셋째, 인간의 개입(Human-in-the-Loop), 즉 명확한 브레이크입니다. 이것이 질로우에 없었던 가장 치명적인 장치입니다. AI는 자동화를 위한 것이지만, 모든 결정을 AI에 맡겨서는 안 됩니다. [사례 연구 8-5]는 서킷 브레이커(Circuit Breaker)라는 거버넌스 규칙입니다. 예를 들어, "만약 AI 모델이 한 달 내 피닉스 지역의 익스포저(노출)를 10% 이상 늘리라고 권고하면, 모델은 자동 매입을 중단하고 인간 투자 위원회(IC)의 승인을 받아야 한다"라는 규칙입니다.

이 간단한 거버넌스 룰이 있었다면, 질로우의 AI가 2021년 호황기에 낙관 편향에 빠져 피닉스 지역 주택을 무제한으로 사들이는 것을 강제로 멈출 수 있었을 것입니다(제5.3절). 이는 AI의 효율성과 인간의 전략적 통찰을 결합하는 핵심입니다. AI는 추천(Recommend)하고, 인간은 결정(Decide)하거나, 최소한 경계(Boundary)를 설정해야 합니다.

이 인간의 개입이 효과적으로 작동하려면, AI가 블랙박스(8.1)여서는 안 됩니다. 인간 관리자가 "왜 AI가 피닉스 지역 매입을 추천하는가?"라고 물었을 때, AI는 "최근 3개월 상승률(가중치 90%), 재고 부족(가중치 10%) 때문입니다"라고 설명할 수 있어야 합니다. 이것이 바로 제26장에서 다룰 설명가능 AI(XAI)의 중요성입니다. 설명할 수 없는 AI는 통제할 수 없고, 통제할 수 없는 AI는 관리할 수 없습니다.

결론적으로, 알고리즘 리스크 관리는 기술이 아닌 거버넌스의 영역입니다. AI 시대의 승자는 가장 빠른 엔진(AI)을 가진 기업이 아니라, 가장 신뢰할 수 있는 브레이크(거버넌스), 계기판(모니터링), 그리고 운전대(인간의 전략)를 함께 갖춘 기업이 될 것입니다.

이것만은 꼭! (This is a must)

기술 맹신 금지, 인간 통제(뿌리) 필수

- **해결책(거버넌스):** AI 리스크(8.1, 8.3)의 해답은 더 나은 AI가 아닌, AI를 통제하는 알고리즘 거버넌스(정책, 프로세스)입니다. (질로우의 브레이크 부재)
- **요소 1(검증):** 독립된 팀이 AI 모델의 가정, 편향, 스트레스 테스트 결과를 감사하고 승인해야 합니다.
- **요소 2(모니터링):** 모델 배포 후 성능 저하(Drift)나 이상 징후(예: 편향된 매입)를 실시간 감지하는 계기판이 필요합니다.
- **요소 3(인간의 개입):** "AI가 추천하되, 인간이 결정한다." [사례 8-5] 서킷 브레이커 규칙(예: 특정 지역 10% 이상 매입 시, 인간 승인 필수)이 AI의 폭주를 막는 브레이크 역할을 합니다(XAI(Ch 26)가 필수 전제).

8.5 부동산 금융 투자 사례 연구

핵심 개념	정의	리스크 관리 방안
알고리즘 리스크 (정의)	AI/ML 모델의 실패 또는 오용으로 발생하는 재무적/운영적 손실. (예: 질로우, Ch 5) (1) 모델 리스크(엔진 결함), (2) 운영 리스크(브레이크 부재).	AI의 속도와 규모로 인해 리스크가 증폭되므로, 모델 거버넌스가 필수적임.
개별 리스크 (마이크로)	개별 자산 고유의 숨겨진 리스크. (예: 기후, 임차인, 운영/CapEx 리스크)	AI가 현미경 역할: AI(CV/NLP/IoT)가 과거 측정 불가했던 리스크를 정량화하여 가치에 반영함(사례 8-1, 8-2).
시스템 리스크 (매크로)	2008년 위기처럼 한 부분의 충격이 시장 전체로 전염(Contagion)되는 블랙스완 위험.	AI가 망원경 역할: (1) 동적 스트레스 테스트, (2) 네트워크 분석(사례 8-3)을 통해 숨겨진 연결망과 전염 경로를 파악함.
알고리즘 거버넌스	AI의 엔진을 통제할 브레이크. 독립 검증, 실시간 모니터링, 인간의 개입(Human-in-the-Loop)(사례 8-5)으로 구성된 통제 시스템.	질로우에 없었던 브레이크임. 설명가능 AI(XAI)(Ch 26)가 거버넌스의 필수 전제.

1) 부동산투자 실제/가상 혼합 사례 연구: 주피터 인텔리전스를 활용한 캘리포니아 연기금의 포트폴리오 방어

(TPO: 2025년 / 캘리포니아 공무원 연금(CalPERS) / 기후 리스크 기반 실물자산 포트폴리오 리밸런싱)

미국 최대 연기금 중 하나인 CalPERS(캘리포니아 공무원 연금)는 수십억 달러 규모의 부동산 포트폴리오를 운용합니다. 2020년대 중반, 캘리포니아를 덮친 최악의 산불(Wildfire) 사태로 인해, CalPERS는 포트폴리오 내 일부 자산(포도밭, 리조트)에서 막대한 부동산 투자 손실을 입었습니다. 이는 제8.2절의 기후 리스크가 더 이상 먼 미래가 아닌 현재의 재무적 위험임을 증명했습니다.

이 사태 이후, CalPERS는 부동산 투자의 리스크 관리 방식을 전면 개편합니다. 그들은 주피터 인텔리전스(Jupiter Intelligence)(사례 8-1)와 같은 AI 기반 기후 리스크 분석 플랫폼을 부동산 투자 의사결정의 핵심으로 도입합니다. 이 플랫폼은 과거의 역사적 피해 데이터가 아닌, 미래 30년의 기후 변화 시뮬레이션을 AI로 분석합니다.

CalPERS의 AI 리스크 팀은 이 플랫폼을 사용하여 포트폴리오 내 모든 자산의 주소지를 스캔합니다. AI는 "A 리조트는 산불 위험 점수 9.5점(최고 위험), B 쇼핑몰은 해수면 상승으로 인한 침수 위험 8.8점"과 같이, MPT가 놓쳤던 마이크로 리스크를 정량화된 점수로 보고합니다.

이 AI 리스크 분석은 부동산 투자 전략의 브레이크(제8.4절)로 작동합니다. (1) 신규 투자 시, AI가 기후 리스크 8점 이상으로 판정한 자산은 투자 금지(Blacklist) 목록에 오릅니다. (2) 기존 포트폴리오에 대해서는, AI의 점수에 따라 매각 1순위 목록을 작성합니다. B 쇼핑몰은 즉각적인 매각을, A 리조트는 막대한 비용을 들여 방화벽을 설치하는 방어적 투자를 실행합니다.

이 사례는 AI가 어떻게 숨겨진 개별 리스크(기후)를 정량화하여, 기관 투자자의 부동산 포트폴리오 운용에 실질적인 알고리즘 거버넌스(제8.4절)로 작동하는지 보여줍니다. AI는 수익을 예측하는 엔진일 뿐만 아니라, 손실을 방어하는 브레이크 역할도 수행합니다.

2) 금융투자 실제 사례 연구 : 시그니처 은행 붕괴 예측과 CMBS 공매도

2023년 3월 시그니처 은행(Signature Bank)의 붕괴(사례 8-3)는 시스템 리스크와 전염 효과(제8.3절)가 어떻게 금융투자 시장을 덮치는지 보여준 실제 사례입니다. 붕괴의 핵심 원인 중 하나는 이 은행이 뉴욕의 다세대주택(Multifamily) 시장, 특히 임대료 규제에 묶인 자산에 과도하게 집중 대출을 실행했기 때문입니다.

시그니처 은행 붕괴 전, AI 기반 헤지펀드들은 이 숨겨진 상호연결성을 금융투자 기회로 포착했습니다. 이들의 AI(지식 그래프, 제8.3절)는 공개된 대출 데이터를 스크래핑하여 부동산 금융 네트워크를 분석했습니다. AI는 시그니처 은행이 뉴욕 다세대주택 대출 시장의 핵심 노드(Node)이며, 금리 인상 시 이들 자산의 가치 하락과 은행의 부실이 동시에 발생할 것이라는 전염 경로를 발견했습니다.

이 AI 네트워크 분석을 기반으로, 헤지펀드들은 두 가지 금융투자 포지션을 구축했습니다. 첫째, 시그니처 은행의 주식을 공매도(Short)했습니다. 둘째, 시그니처 은행의 대출이 다량 포함된 상업용 주택저당증권(CMBS)의 하위 트랜치(BB, B등급)를 공매도하거나 신용부도스와프(CDS)를 매입했습니다.

2023년 3월, 뱅크런 사태로 시그니처 은행이 실제로 파산하자(트리거), 이 시스템 리스크는 전염되기 시작했습니다. 은행 파산으로 해당 대출 채권의 가치가 폭락했고, 이 채권을 담보로 한 CMBS 가격 역시 연쇄적으로 붕괴했습니다. AI의 네트워크 분석 예측대로 금융투자 포지션을 구축한 헤지펀드들은 막대한 수익을 거두었습니다.

이 사례는 AI가 개별 자산(Micro)을 넘어, "누가 누구에게 돈을 빌려줬는가?"라는 시장 전체의 숨겨진 연결망(Macro)을 분석하는 망원경임을 보여줍니다. AI는 MPT가 놓친 시스템 리스크의 전염 경로를 미리 시뮬레이션하여, 블랙 스완을 예측하고 베팅하는 금융투자의 새로운 지평을 열었습니다.

제9장

AI 포트폴리오 최적화: 효율적 투자선 구축

AI 포트폴리오 맞춤형 진화
(Tailored Evolution of AI Portfolio)

9.1 MPT의 한계를 넘어: 동적 효율적 투자선

제3장에서 우리는 현대 포트폴리오 이론(MPT)이 과거 데이터에 의존하고 부동산의 특성을 반영하지 못하며 극단적 리스크(Fat Tails)를 간과하는 한계를 명확히 진단했습니다. 제9장은 MPT의 이론적 한계를 AI가 기술적으로 어떻게 극복하고, 더 스마트한 자산 배분 모델을 구축하는지에 대한 구체적인 방법론을 다룹니다. AI는 MPT를 폐기하는 것이 아니라, MPT가 작동하기 위해 필요했던 부정확한 입력값을 정교한 예측값으로 대체합니다.

MPT의 효율적 투자선(Efficient Frontier)은 세 가지 핵심 입력값, 즉 (1) 기대 수익률

(Return), (2) 위험(Risk, 변동성), (3) 자산 간 상관관계(Correlation)에 의해 결정됩니다. 전통적인 MPT는 이 세 가지 값을 과거 10년의 평균 데이터에 의존했습니다. AI는 이 세 가지 정적(Static) 입력을 동적(Dynamic)인 미래 예측 입력으로 바꿉니다.

첫째, AI는 과거 평균 수익률을 제7장에서 다룬 미래 예측 수익률로 대체합니다. 전통 MPT는 "과거 10년 서울 오피스 수익률이 연 5%였으니, 미래도 5%일 것이다"라고 가정했습니다. 하지만 AI(제7.2절)는 "현재 성수동의 IT 기업 채용 공고(대안 데이터)가 급증하고 실제 공급량(위성 분석)이 부족하므로, 향후 12개월 성수동 오피스의 예측 수익률은 8%이고, 강남 오피스는 4%일 것"이라고 마이크로하게 예측합니다. 이는 과거가 아닌 미래에 기반한, 훨씬 현실적인 기대 수익률입니다.

둘째, AI는 감정평가 기반의 왜곡된(Smoothed) 위험(제3.1절)을 실시간 시장 위험으로 대체합니다. 전통 MPT는 감정평가 데이터를 사용해 부동산의 변동성은 낮다고 착각했습니다. 하지만 AI(제4.3절 AVM 3.0)는 거래가 드문 상업용 부동산의 실시간 시가(Mark-to-Market)를 매일 추정합니다. 이를 통해 진짜 변동성을 측정할 수 있으며, 제8.2절의 기후 리스크 점수, 임차인 부도 확률까지 반영하여 다차원적 리스크를 계량화합니다.

셋째, AI는 과거의 정적 상관관계를 미래의 동적 상관관계로 대체합니다(제3.2절). MPT의 가장 큰 실패는 2008년 위기 때 모든 상관관계가 1로 수렴하며 분산 투자가 실패한 것입니다(제3.1절). AI(제8.3절 네트워크 분석)는 "만약 SVB 사태(사례 8-3)가 재발한다면?", "테크 버블이 붕괴한다면?"과 같은 스트레스 시나리오하에서 자산 간의 상관관계가 어떻게 동적으로 변하는지 시뮬레이션합니다.

[사례 연구 9-1]은 블랙록(BlackRock)의 알라딘(Aladdin) 플랫폼(제3.2절, 제8.3절)입니다. 알라딘은 MPT의 평균적인 미래가 아닌, 수천 개의 가능한 미래(시나리오)를 시뮬레이션합니다. 그 결과, 과거 데이터상 최적인 포트폴리오 A가 아니라, 금리 급등 시나리오에서도 최악을 피할 수 있는 포트폴리오 B를 강건한(Robust) 대안으로 제시합니다. 이는 평균에 베팅하는 평균-분산 최적화에서, 최악의 상황에 대비하는 강건한 최적

화(Robust Optimization)로의 진화입니다.

결론적으로, AI는 MPT의 수학적 계산을 대신해주는 것이 아닙니다. AI는 (1) 제7장의 예측 분석을 통해 미래 수익률을, (2) 제4장, 제8장의 AVM과 마이크로 리스크 분석을 통해 진짜 위험을, (3) 제8장의 스트레스 테스트를 통해 동적 상관관계를 MPT의 새로운 입력값으로 제공합니다. 이 미래 지향적 입력값을 통해 AI는 과거에 갇힌 MPT를 미래에 대응하는 동적 효율적 투자선으로 재탄생시킵니다.

이것만은 꼭! (This is a must)

미래 위험 읽어 강건한 가지를 뻗다

- **MPT 입력값의 진화:** AI는 MPT의 과거 기반 입력값 3가지(수익, 위험, 상관관계)를 미래 예측 기반의 동적 입력값으로 대체합니다.
- **(1) 수익률:** 과거 평균이 아닌, 제7장의 예측 분석(대안 데이터)을 통한 미래 예측 수익률을 사용합니다.
- **(2) 위험:** 감정평가의 왜곡된 변동성이 아닌, 제4장 AVM 3.0(실시간 시가)과 제8장 마이크로 리스크(기후, 임차인)를 반영한 진짜 위험을 사용합니다.
- **(3) 상관관계:** 정적 상관관계가 아닌, 제8장의 동적 스트레스 테스트를 통해 위기 시 변화하는 동적 상관관계를 사용합니다. (사례 9-1: 알라딘)
- **결과(강건한 최적화):** 평균에 최적화된 포트폴리오가 아닌, 다양한 미래 시나리오(최악 포함)에서도 견딜 수 있는 강건한(Robust) 포트폴리오를 구축합니다.

9.2 자산군에서 팩터로: 팩터 기반 최적화

전통적인 MPT(제3장) 기반의 자산 배분은 자산군(Asset Class)이라는 둔탁한 바구니를 사용했습니다. 포트폴리오 A는 오피스 50%, 리테일 30%, 물류창고 20%로 구성한다는 식이었습니다. 하지만 이 방식은 두 가지 큰 문제가 있습니다. 첫째, 오피스라는 자산군 내에도 강남 A+급과 지방 B급처럼 서로 완전히 다르게 움직이는 자산들이 섞여있습니다. 둘째, 오피스와 물류창고가 왜, 어떤 근본적인 동력(Driver)에 의해 움직이는지 설명하지 못합니다.

AI 기반 포트폴리오 최적화는 이 자산군이라는 껍데기를 벗겨내고, 자산 가격을 움직이는 진짜 동력, 즉 팩터(Factor)(제3.3절)에 집중합니다. 이는 주식 시장에서 가치주 팩터, 성장주 팩터를 찾는 것과 동일합니다. AI는 제7.2절의 지식 그래프와 머신러닝을 활용하여, 부동산의 초과 수익을 이끄는 체계적인 팩터를 발굴합니다.

예를 들어, AI는 오피스라는 자산군 대신, 다음과 같은 팩터를 발굴합니다.

1. **테크 허브 팩터:** AI(제7.2절)가 IT 기업의 채용 공고나 벤처캐피탈 투자가 급증하는 지역(예: 성수동)에서 초과 수익이 발생함을 발견합니다.
2. **인플레이션 헷지 팩터:** AI가 단기 임대 계약이 가능하고(예: 단독주택 임대(SFR), 창고) 운영 비용 전가가 용이한 자산이 인플레이션 시기에 강함을 발견합니다.
3. **기후 회복력 팩터:** AI(제8.2절)가 기후 리스크(홍수, 산불) 점수가 낮은 자산군이 장기적으로 안정적인 수익을 냄을 발견합니다.
4. **ESG 인증 팩터:** AI(제6.4절)가 친환경 인증(LEED)을 받고 디지털 트윈이 설치된 스마트 빌딩이 더 높은 임대료와 낮은 공실률을 보임을 발견합니다.

AI 시대의 포트폴리오 최적화는 오피스 50%, 리테일 30%를 배분하는 정적 자산 배분(제3.3절)이 아닙니다. 그것은 지금은 인플레이션이 우려되니 인플레이션 헷지 팩터 비중을 40%로 높이고, 테크 버블이 우려되니 테크 허브 팩터 비중을 10%로 낮춘다고 결정하는 동적 팩터 배분(Dynamic Factor Allocation)입니다.

이 팩터 기반 접근 방식의 장점은 명확합니다. 첫째, 리스크의 원천을 관리할 수 있습니다. 만약 투자자가 테크 버블을 우려한다면, 과거에는 성수동 오피스를 팔아야 했습니다. 하지만 이제 AI는 성수동 오피스 중에서도 테크 허브 팩터 노출이 높은 A 빌딩은 팔고, 리테일 팩터 노출이 높은 B 빌딩은 유지하라고 정밀하게 처방합니다.

[사례 연구 9-2]는 제13장과 제14장에서 다룰 캐드레(Cadre)와 펀드라이즈(Fundrise) 플랫폼(제3.3절)입니다. 이들은 본질적으로 AI 기반 팩터 투자를 대중에게 제공합니다. 펀드라이즈의 AI 엔진(제7.2절)이 미국 선벨트(Sun Belt) 지역의 인구 유입 팩터가 강력하다고 판단하면, 이 팩터에 집중적으로 노출된 eREIT(제14장) 상품을 만들어 개인 투자자에게 제공합니다. 이는 AI가 발굴한 스마트 베타(제3.3절)를 상품화하는 것입니다.

과거에는 이러한 팩터 발굴 자체가 소수 전문가의 알파(Alpha)(제3.3절)였습니다. 하지만 AI는 이 알파를 체계적인 팩터(스마트 베타)로 대중화하고 있습니다. 이제 경쟁은 팩터를 아는 것이 아니라, AI를 통해 남들이 모르는 새로운 팩터(Next Alpha)를 먼저 발굴하고, 이 팩터들에 동적으로 비중을 조절하는 더 우월한 AI 타이밍 모델(제7.3절)을 갖는 것입니다.

팩터 AI 통적 통찰, 미래 경쟁 우위

- **접근 방식의 전환:** 자산군(오피스, 리테일) 배분에서, 자산 가격을 움직이는 진짜 동력인 팩터(Factor) 배분으로 전환합니다. (제3.3절)
- **팩터의 발굴:** AI(ML, NLP, CV)는 테크 허브 팩터(Ch 7), 기후 회복력 팩터(Ch 8), ESG 팩터(Ch 6) 등 과거에는 정량화할 수 없었던 새로운 팩터를 발굴합니다.
- **동적 팩터 배분:** 오피스 50%(정적)가 아닌, 시장 상황(예: 인플레)에 따라 인플레 헷지 팩터 40%(동적)로 배분합니다.
- **정밀한 리스크 관리:** 자산군 단위의 둔탁한 리스크 관리가 아닌, 팩터 단위의 정밀한 리스크 관리가 가능해집니다. (사례 9-2: 펀드라이즈)

- **알파의 베타화:** AI가 알파를 팩터(스마트 베타)로 대중화하며, 경쟁은 새로운 팩터를 발굴하는 AI 모델 경쟁으로 심화됩니다.

9.3 초개인화 포트폴리오와 자문형 로보어드바이저

전통적인 MPT(제3장)가 제공하는 효율적 투자선은 모든 사람에게 동일한 하나의 최적의 메뉴판을 제시하는 것과 같았습니다. 투자 자문가는 고객의 위험 성향(보수적/공격적)만 파악하여, 이 메뉴판 위에서 "당신은 60/40 포트폴리오입니다"라고 상품을 골라주었습니다. 이는 One-Size-Fits-All 방식이며, 고객의 개별적인 삶의 맥락을 전혀 고려하지 못합니다.

AI 기반 최적화의 궁극적인 지향점은 바로 초개인화(Hyper-Personalization)입니다(제3.3절). AI는 시장의 위험(팩터)뿐만 아니라, 투자자 개인의 고유한 삶의 제약과 가치관까지 입력 변수로 받아들여, 오직 그 사람만을 위한(N=1) 포트폴리오를 실시간으로 구축합니다. 이는 MPT를 대중 상품에서 맞춤형 서비스로 바꾸는 혁신입니다.

이 초개인화 포트폴리오는 다중 목표 최적화(Multi-Objective Optimization)라는 AI 기술을 통해 구현됩니다. 전통 MPT의 목표는 위험 대비 수익 극대화라는 단일 목표였습니다. 하지만 초개인화 AI의 목표는 다중 목표입니다. "목표 1: 수익 극대화, 목표 2: 위험 최소화, **목표 3: 3년 뒤 자녀 학자금 1억 원 현금화(유동성 제약), 목표 4: 내 직업(IT)과의 상관관계 최소화(삶의 팩터), 목표 5: ESG 점수 80점 이상 유지(가치관 제약)"**

AI는 이 모든 복잡한 제약 조건하에서 최적의 해답을 찾기 위해 수천, 수만 번의 시뮬레이션을 수행합니다(제9.1절 강건한 최적화). 예를 들어, IT 엔지니어인 A 고객에게 AI는 "당신은 이미 테크 허브 팩터(당신의 직업)에 과도하게 노출되어 있습니다. 따라서 시장 평균과 달리, 테크 허브 팩터 비중이 낮은 자산(예: 헬스케어, 농촌)에 투자하여 삶의 리스크를 분산해야 합니다"라고 처방합니다.

[사례 연구 9-3]은 주식 시장의 로보어드바이저(Robo-Advisor)(예: Wealthfront, Betterment)의 진화입니다. 초기 로보어드바이저는 단순히 MPT를 자동화(AVM 1.0)한 수준이었습니다. 하지만 최근의 로보어드바이저는 세금 최적화(Tax-Loss Harvesting), 개인 목표(학자금, 은퇴) 기반 투자 등 초개인화 기능으로 진화하고 있습니다.

부동산 분야의 로보어드바이저는 [사례 9-4] 펀드라이즈(Fundrise)나 리얼티모굴(RealtyMogul)과 같은 플랫폼의 자동 투자(Auto-Invest) 기능입니다. 투자자가 "나는 수익보다는 안정적인 배당이 중요하고, 선벨트 지역에만 투자하고 싶다"고 목표와 제약을 설정하면, AI 엔진이 그 조건에 맞는 eREIT 포트폴리오를 자동으로 구성하고 지속적으로 리밸런싱해줍니다.

이는 제28장에서 다룰 서비스로서의 지혜(Wisdom as a Service, WaaS)의 구현입니다. AI는 더 이상 상품(REIT)을 파는 것이 아니라, 투자자의 복잡한 재무 목표를 달성해주는 지능형 자문(Intelligent Advisory) 서비스를 제공합니다. AI가 개인의 재무 주치의가 되는 것입니다.

결론적으로, AI는 제3장의 MPT를 대체하는 것이 아니라, MPT가 꿈꿨던 진정한 최적화를 초개인화 수준에서 실현시키고 있습니다. 마코위츠가 제시한 이론은 완벽했지만, 그 이론을 현실에서 구현할 데이터(제7장), 컴퓨팅 파워(제4장), 리스크 관리(제8장), 그리고 개인화(제9장) 기술이 부족했습니다. AI는 MPT의 잃어버렸던 반쪽, 즉 실행을 완성시키고 있습니다.

가치관 뿌리, 삶의 최적화 가치

- **초개인화(N=1):** One-Size-Fits-All(전통 MPT)에서 벗어나, 투자자 개인의 고유한 제약과 가치관까지 반영하는 맞춤형(N=1) 포트폴리오를 구축합니다.
- **다중 목표 최적화:** 수익/위험이라는 단일 목표가 아닌, 유동성 제약(학자금), 삶의

팩터(직업), 가치관(ESG) 등 다중 목표를 동시에 최적화합니다.

- **사례(로보어드바이저):** AI가 개인의 삶의 리스크(예: IT 엔지니어)를 분석, 시장 리스크와 삶의 리스크를 동시에 분산하는 맞춤형 처방을 내립니다. (사례 9-3, 9-4)
- **WaaS(Ch 28):** AI는 상품을 파는 것이 아니라, 개인의 복잡한 재무 목표를 해결해주는 지능형 자문 서비스로 진화합니다.

9.4 부동산 금융 투자 사례 연구

핵심 개념	정의	AI 기반 최적화
MPT 입력값의 진화	AI는 MPT의 과거 기반 3대 입력값(수익, 위험, 상관관계)을 미래 예측 기반의 동적 입력값으로 대체함.	(1) 수익: 예측 분석(Ch 7), (2) 위험: AVM/마이크로 리스크(Ch 4, 8), (3) 상관관계: 동적 스트레스 테스트(Ch 8).
강건한 최적화 (Robust)	MPT가 평균에 최적화된 반면, AI는 다양한 미래 시나리오(최악 포함)에서도 견딜 수 있는 강건한(Robust) 포트폴리오를 구축함. (예: 알라딘)	평균-분산 모델에서 시나리오 기반 강건한 모델로 진화.
팩터 기반 최적화	자산군(오피스, 리테일) 배분에서, 진짜 동력인 팩터(예: 기후 회복력, 기술 허브) 배분으로 전환. (Ch 3.3)	둔탁한 배분에서 정밀한 배분으로 진화. AI가 알파를 스마트 베타 팩터로 전환시킴. (사례 9-2: 펀드라이즈)
초개인화 (N=1)	One-Size-Fits-All(MPT)을 넘어, 투자자 개인의 고유한 제약(예: 직업, 가치관(ESG))까지 반영하는 맞춤형 포트폴리오.	단일 목표(수익/위험) 최적화에서 다중 목표(+유동성, +가치관) 최적화로 진화. (사례 9-3, 9-4: 로보어드바이저)

1) 부동산투자 실제 사례 연구: 펀드라이즈(Fundrise)의 AI 팩터 기반 eREIT 투자

펀드라이즈(Fundrise)는 AI 기반 팩터 투자(제9.2절)를 실물 부동산 투자에 적용하여 대중화한 대표적인 실제 사례입니다. 전통적인 부동산 펀드가 미국 오피스 펀드처럼 자산군에 투자했다면, 펀드라이즈는 미국 선벨트 성장 펀드처럼 AI가 발굴한 성장 팩터에 투자합니다.

이 부동산 투자 전략의 핵심은 제14.3절에서 설명한 AI의 아웃바운드 딜 소싱입니다. 펀드라이즈의 AI 엔진은 과거 데이터(MPT의 한계)가 아닌, 현재의 대안 데이터(제7.1절)를 분석하여 미래의 성장 팩터를 예측합니다. 예를 들어, AI는 인구 이동 데이터, 신규 기업 설립 허가, 기술직 채용 공고 등을 분석하여, 미국 선벨트 지역의 인구 유입 대비 주택 공급 부족 팩터가 향후 3년간 초과 수익을 낼 것이라고 예측합니다.

이 AI 팩터 분석은 부동산 투자의 실행으로 이어집니다. 펀드라이즈는 이 선벨트 팩터에 집중적으로 투자하는 eREIT(제14.2절) 상품을 미리 설계하고, 대중(비적격 투자자)으로부터 소액 자본을 모집합니다. 그리고 이 자본으로 AI가 지목한 바로 그 마이크로 시장(예: 텍사스 오스틴 교외, 플로리다 탬파)의 실물 부동산(주로 단독주택 임대(SFR) 단지)을 선제적으로 매입하거나 개발합니다.

이 사례는 AI가 어떻게 MPT의 정적 자산 배분을 동적 팩터 배분으로 진화시켰는지 보여줍니다. 투자자는 더 이상 오피스나 리테일이라는 둔탁한 바구니에 투자하는 것이 아니라, AI가 예측한 성장 팩터라는 정밀한 테마에 부동산 투자를 할 수 있게 되었습니다. AI는 전문가의 알파(제3.3절)를 스마트 베타 팩터로 상품화하여 대중에게 제공합니다.

2) 금융투자 가상 사례 연구: 신스 웰스의 초개인화 부동산-삶 포트폴리오

(TPO: 2029년 / PB 은행 신스 웰스 / AI 기반 초개인화 포트폴리오 금융투자)

2029년, 가상의 프라이빗 뱅킹(PB) 신스 웰스(Synth Wealth)는 초고액 자산가들을 대상으로 한 궁극의 AI 포트폴리오 최적화 상품을 출시합니다. 이는 제9.3절의 초개인화 이론을 금융투자에 적용한 사례입니다. 신스 웰스는 부동산 금융투자가 고객의 삶과 분리되어서는 안 된다는 철학을 내세웁니다.

이 금융투자 상품의 핵심은 다중 목표 최적화(제9.3절)입니다. 고객(예: 샌프란시스코의 50세 테크 기업 임원)이 가입하면, 신스 웰스의 AI는 시장 데이터뿐만 아니라 고객의 모든 데이터를 입력받습니다. (1) 금융 자산(보유 주식, 채권), (2) 실물 자산(거주 주택, 별장), (3) 인적 자본(직업: 테크 산업), (4) 가치관(ESG: 환경 점수 80점 이상) 등입니다.

AI는 이 고객이 이미 테크 허브 팩터(제9.2절)와 샌프란시스코 지역 팩터에 과도하게 노출(Risk)되어 있음을 즉각 인지합니다. 전통 MPT는 이 삶의 리스크를 무시했습니다. 하지만 신스 웰스의 AI는 시장 리스크와 삶의 리스크를 동시에 최적화하는 금융투자 포트폴리오를 처방합니다.

AI의 처방은 다음과 같습니다. "고객님의 총 자산은 테크 산업 붕괴 시 치명적입니다. 따라서, (1) 테크 오피스 비중이 높은 리츠-A를 공매도하고, (2) 테크와 음의 상관관계를 가지는 헬스케어 리츠-B(제24장) 및 중서부 임대주택 리츠-C를 매수합니다. (3) 또한, 가치관(ESG)을 충족하기 위해 디지털 트윈(제6장)이 설치된 그린 빌딩 채권(제6.4절)을 편입합니다."

이 가상의 사례에서 AI는 One-Size-Fits-All 효율적 투자선을 넘어, 오직 그 사람(N=1)의 삶의 맥락까지 고려한 초개인화된 금융투자 포트폴리오를 실시간으로 구축합니다. 이는 AI가 MPT를 상품에서 맞춤형 자문 서비스(WaaS)(제28장)로 진화시키는 궁극의 단계가 될 것입니다.

제10장

아이바이어(iBuyer) 모델 심층 분석

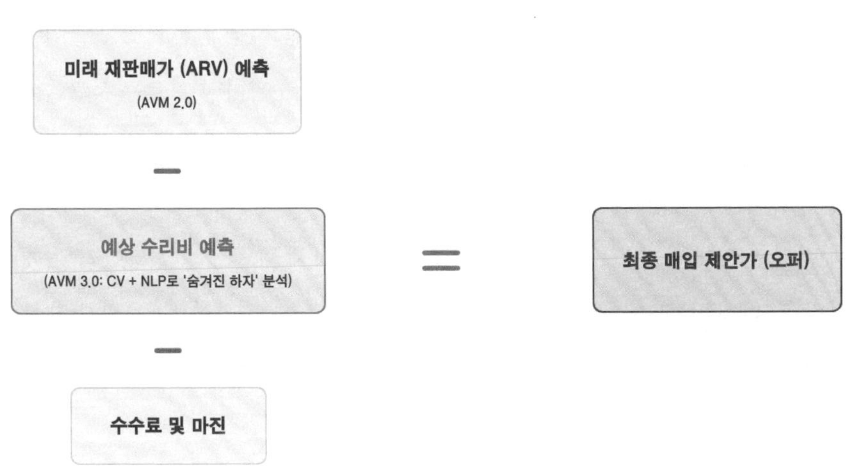

iBuyer 결정을 위한 AVM 3.0모델

(AVM 3.0 Model for iBuyer Decisions)

10.1 iBuyer의 가치 제안: 가격이 아닌 확실성

제5장에서 질로우 오퍼스의 처참한 실패를 분석했지만, 그렇다고 아이바이어(iBuyer, Instant Buyer) 모델 자체가 실패한 것은 아닙니다. 질로우의 실패는 잘못된 실행의 결과일 뿐, 아이바이어가 해결하고자 하는 고객의 문제는 여전히 유효하며 강력합니다. 아이바이어 모델을 심층 분석하기 위해서는, 이 모델이 판매자에게 무엇을 판매하는지,

그 가치 제안(Value Proposition)을 명확히 정의하는 것에서 시작해야 합니다.

전통적인 부동산 시장(제1.1절)에서 집을 파는 경험은 대부분의 사람에게 최악의 경험 중 하나로 꼽힙니다. 여기에는 세 가지 고통(Pain Point)이 존재합니다. 첫 번째는 불확실성(Uncertainty)입니다. "내 집이 언제 팔릴까?", "얼마에 팔릴까?"를 아무도 모릅니다. 시장이 좋으면 30일, 나쁘면 180일이 걸릴 수도 있습니다. 이 불확실성은 "다음 집을 사야 하는데, 지금 집이 안 팔리면 어떡하지?"라는 거래의 불일치(Mismatch)와 재무적 불안을 야기합니다.

두 번째는 번거로움(Hassle)입니다. 집을 팔기 위해선 집을 상품으로 만들어야 합니다. 수리(Repair)하고, 청소하며, 짐을 치우고(Staging), 주말마다 모르는 사람들에게 집을 공개(Open House)해야 합니다. 이 모든 과정은 판매자의 시간과 감정을 소모시키는 고통스러운 노동입니다.

세 번째는 거래 파기 리스크(Deal Risk)입니다. 구매자를 찾았다고 해도 끝난 것이 아닙니다. 구매자의 대출 심사가 거절되거나, 주택 점검(Inspection) 과정에서 예상치 못한 하자가 발견되면, 거래는 마지막 순간에 파기될 수 있습니다. 판매자는 이 모든 과정을 처음부터 다시 시작해야 합니다.

오픈도어(Opendoor), 오퍼패드(Offerpad)와 같은 아이바이어(제1.2절)는 판매자에게 최고의 가격(Highest Price)을 제안하지 않습니다. 대신 그들은 이 세 가지 고통을 제거해주는 서비스를 판매합니다. 아이바이어의 핵심 가치 제안은 (1) **확실성(Certainty)**(우리가 48시간 내 제안한 가격으로 반드시 사줍니다), (2) **속도(Speed)**(당신이 원하는 날짜에 즉시 현금으로 마감합니다), (3) **편의성(Simplicity)**(수리, 청소, 오픈 하우스가 전혀 필요 없습니다)입니다.

아이바이어는 본질적으로 부동산 중개업자가 아니라, 유동성 공급자(Liquidity Provider), 즉 마켓 메이커(Market Maker)입니다. 주식 시장에서 마켓 메이커가 매수-매도 호가(Bid-Ask Spread)를 제시하여 투자자가 즉시 주식을 사고팔 수 있게 하듯, 아이바이어는 비유동성 자산의 끝판왕(부동산)에 유동성을 서비스로 제공합니다.

판매자는 서비스 수수료(Service Fee)(평균 5~7%)를 지불함으로써, 최고가를 포기하는 대신, 확실성과 속도, 편의성을 구매하는 것입니다. 이 수수료는 중개 수수료가 아니라, 유동성 서비스의 가격(Bid-Ask Spread)입니다. 90일간의 불확실성과 번거로움을 겪으며 5억 2천만 원을 받는 것(전통 시장)과, 3일 만에 확실하게 5억 원을 받는 것(iBuyer) 사이의 선택입니다.

확실성 비용은 시간을 사는 지불이다

- **전통 시장의 고통(Pain):** 집 판매 과정은 (1) 불확실성(시기, 가격), (2) 번거로움(수리, 청소, 오픈 하우스), (3) 거래 파기 리스크라는 3대 고통을 수반합니다.
- **iBuyer의 가치 제안:** 최고 가격이 아닌, (1) 확실성(Guaranteed Offer), (2) 속도(Instant Cash), (3) 편의성(No Hassle)이라는 서비스를 제공합니다.
- **본질(마켓 메이커):** iBuyer는 중개업자가 아니라, 비유동성 자산(부동산)에 유동성을 공급하는 마켓 메이커입니다.
- **수수료의 의미:** 5~7%의 수수료는 중개비가 아닌, 유동성 서비스(확실성+속도)를 구매하는 가격(Bid-Ask Spread)입니다. 판매자는 가격의 일부를 포기하고 시간과 확실성을 삽니다.

10.2 성공하는 iBuyer의 AVM: AVM 3.0의 완성

아이바이어의 가치 제안(10.1)이 확실한 현금 매입이라면, 이 비즈니스가 수익성을 갖기 위한 전제 조건은 AVM(자동 가치평가 모델)이 극도로 정확하게 작동하는 것입니다. 제5장에서 질로우는 평균을 예측하는 AVM 2.0(제4.2절)을 사용하다가 역선택(제

5.2절)에 당해 파산했습니다. 성공하는 아이바이어(예: 오픈도어)는 처음부터 이 역선택을 방어하는 것을 AVM 설계의 제1원칙으로 삼습니다.

성공하는 아이바이어의 AVM은 단일 모델이 아니라, 두 개의 핵심 모델이 결합된 AVM 3.0(제4.3절)입니다.

1. **최종 재판매 가격(ARV) 예측 모델:** 우리가 이 집을 매입하여 표준화된 수리를 마친 후, 90일 이내에 시장에 되팔 때 받을 수 있는 미래의 가격은 얼마인가? (제7장 예측 분석 활용)

2. **예상 수리비(Cost to Ready) 예측 모델:** 이 집을 표준화하는 데 필요한 수리비와 운영비는 정확히 얼마인가?

질로우는 1번 모델(AVM 2.0)에만 집착하다가 2번 모델(AVM 3.0)을 놓쳤습니다. 오픈도어는 2번 모델, 즉 수리비 예측이 역선택을 방어하는 방패임을 알았습니다. 이 수리비 예측 AVM 3.0은 제4.3절에서 설명한 대로 정형 데이터와 비정형 데이터를 융합(Fusion)하여 작동합니다.

이 과정은 데이터 수집 단계에서부터 질로우와 차이가 납니다. 오픈도어는 판매자에게 단순히 주소를 묻지 않습니다. 그들은 역선택의 원천인 숨겨진 정보를 강제로 드러나게 합니다. 판매자는 "지붕을 교체한 시기는 언제입니까?", "주방 상판의 재질은 무엇입니까?", "가전제품의 브랜드는 무엇입니까?"와 같은 상세한 설문(Structured Data)에 답해야 합니다.

더 중요한 것은 비정형 데이터의 요구입니다. 오픈도어는 판매자에게 "주방, 욕실, 거실의 사진을 10장 이상 업로드하십시오" 또는 "스마트폰으로 집 내부를 동영상으로 찍어 업로드하십시오"라고 요구합니다. 이 데이터가 바로 수리비 예측 모델의 핵심 입력값이 됩니다.

AI(컴퓨터 비전, CV) 엔진이 이 사진/동영상을 분석합니다(제4.3절). AI는 "주방 상

판: 포마이카(저가, -200만 원)", "바닥: 카펫(오염, -300만 원)", "벽지: 찢어짐(도배 필요, -150만 원)", "욕실: 1980년대 타일(전면 교체, -500만 원)"처럼 객체와 상태를 자동으로 인식합니다. AI(자연어 처리, NLP)는 판매자가 작성한 설문을 분석합니다.

이 두 개의 예측 모델(ARV, 수리비)이 결합되어 최종 매입 제안(Offer)이 산출됩니다. 공식은 다음과 같습니다: **Offer Price = (모델 1: 예측 재판매가) - (모델 2: 예측 수리비) - (서비스 수수료) - (보유 비용 및 마진)** 이것이 질로우와 오픈도어의 결정적인 차이입니다. 질로우(AVM 2.0)는 평균 가격(예: 5억)을 제안했지만, 오픈도어(AVM 3.0)는 "당신의 집은 수리 후 5억 2천에 팔릴 것(모델 1)이지만, 수리비가 3천만 원(모델 2) 필요하므로, 우리는 4억 9천(5.2억 - 3천)에서 수수료를 뺀 가격을 제안합니다"라고 개별화된 가격을 제시합니다.

결론적으로, 성공하는 iBuyer의 AVM은 AVM 3.0(다중 모드)을 통해 역선택이라는 정보 비대칭성의 벽을 허뭅니다. AI(CV/NLP)가 판매자만 알던 숨겨진 하자와 품질을 데이터로 꿰뚫어 봄으로써, 레몬(Lemons)을 걸러내고 정확한 수리비를 차감하여 방어적인 매입 가격을 제시하는 것, 이것이 iBuyer 모델의 핵심 기술(Tech)입니다.

숨은 위험, 지식으로 정량화

- **iBuyer AVM의 목표:** 역선택(Ch 5.2) 방어.
- **두 개의 모델(AVM 3.0):** (1) 미래 재판매가(ARV) 예측 모델, (2) 예상 수리비 예측 모델. (질로우는 2번이 약했음)
- **데이터 강제 수집:** 역선택을 막기 위해, 판매자에게 상세 설문(NLP)과 내부 사진/동영상(CV) 등 숨겨진 정보를 강제로 제출받습니다.
- **AVM 3.0의 작동(Ch 4.3):** AI(CV)가 사진을 보고 하자와 품질을 식별하여 수리비를 자동 산출합니다.

- **최종 오퍼 공식:** [오퍼] = [예측 재판매가] - [**예측 수리비**] - [수수료 등]. 이 예측 수리비 차감이 역선택을 방어하는 핵심 방패입니다.

10.3 금융이 아닌 운영: 아이바이어 팩토리

제5.4절에서 질로우 실패의 두 번째 원인이 기술(Tech)이 아닌 운영(Operations) 역량의 부재였음을 지적했습니다. 질로우는 자신들을 AVM 기반 금융/기술 회사로 정의했지만, 성공하는 아이바이어(오픈도어)는 자신들을 데이터 기반 제조/운영 회사로 정의합니다. AVM(10.2절)이 원자재(주택)를 정확한 가격에 매입하는 도구라면, 운영은 그 원자재를 가장 빠르고 저렴하게 가공(수리)하여 완제품(표준화된 주택)으로 판매하는 공장(Factory)입니다.

아이바이어 비즈니스는 보유 비용(Holding Costs)과의 싸움입니다. 주택을 매입한 순간부터, 대출 이자, 세금, 보험료 등 보유 비용이 매일 발생합니다. AVM이 5%의 마진을 예측했더라도, 그 집을 6개월간 팔지 못하면 이 보유 비용 때문에 손실이 발생합니다. 따라서 iBuyer 모델의 수익성은 "얼마나 싸게 샀는가(AVM)"만큼이나 "얼마나 빨리 되파는가(Operations)"에 달려있습니다.

오픈도어나 오퍼패드는 이 보유 기간(Days to Relist)을 줄이기 위해 표준화된 운영 파이프라인을 구축했습니다. 이는 제조업의 린(Lean) 생산 방식과 매우 유사합니다.

1. **매입(Acquisition):** AVM 3.0(10.2절)이 매입 가격과 수리 작업 목록(Scope of Work)을 자동으로 생성합니다.

2. **수리(Renovation):** 이 단계가 핵심입니다. 질로우는 지역의 영세한 수리업자들에게 외주를 맡겼다가 일정 지연과 비용 초과라는 운영 리스크에 직면했습니다. 반면, 오픈도어는 중앙화된 자재 구매팀과 자체 수리팀(혹은 고도로 통제된 협력사)

을 운영합니다.

3. **표준화(Standardization):** 이들은 예술적인 리모델링을 하지 않습니다. 그들은 공장처럼 표준화된 수리를 합니다. 모든 집은 베이지색 페인트(1종류), 회색 카펫(1종류), 스테인리스 스틸 가전(1종류)로 통일합니다. 이는 규모의 경제를 가능하게 합니다. 그들은 페인트와 카펫을 기차 단위로 구매하여 원가를 낮춥니다.

4. **판매(Resale):** 수리가 완료된 표준화된 주택은 즉시 시장에 리스팅됩니다. 구매자들은 수리할 필요가 없는(Move-in Ready) 깨끗한 주택을 얻게 됩니다. 아이바이어는 이 표준화된 품질 자체를 브랜드로 만듭니다.

[사례 연구 10-1]은 오퍼패드(Offerpad)의 수리-판매 번들 서비스입니다. 오퍼패드는 판매자에게 두 가지 옵션을 줍니다. (1) "즉시 현금 매입(iBuyer)" 또는 (2) "우리가 먼저 수리해주고, 나중에 더 비싸게 팔리면 수리비와 수수료를 정산하자(Brokerage 2.0)". 이는 그들이 수리/운영에 얼마나 자신이 있는지를 보여줍니다. 그들은 자신들의 표준화된 수리 공정이 개인이 하는 것보다 더 빠르고 저렴하게 더 높은 가치를 창출할 수 있다고 베팅하는 것입니다.

이 운영 효율성은 다시 AVM 3.0 모델을 강화하는 데이터 피드백 루프(Data Feedback Loop)를 만듭니다. 오픈도어의 운영팀이 A 지역 1980년대 주택의 배관 수리비가 AVM 예측(300만 원)보다 실제(500만 원) 더 많이 들었다고 실제 데이터를 피드백하면, AVM(모델 2)은 즉시 학습하여 다음 1980년대 주택 매입 시 수리비 예측을 500만 원으로 상향합니다.

질로우는 이 실제 운영 데이터가 없었거나(외주 의존), 너무 지저분(Messy)해서 AVM에 피드백할 수 없었습니다(제5.4절). 반면, 오픈도어는 수직 계열화된(Vertical) 운영을 통해 깨끗한 실제 수리비 데이터를 축적했고, 이것이 AVM 3.0을 더 정확하게 만드는 경쟁적 해자(Moat)가 되었습니다.

결론적으로, 아이바이어는 기술(AVM 3.0)과 운영(Operations)이라는 두 개의 바퀴로 굴러갑니다. AVM 3.0이 역선택을 방어하는 방패라면, 효율적인 운영은 보유 비용을 최소화하고 수익을 창출하는 창입니다. 질로우는 방패도 약했고 창도 없었지만, 성공하는 아이바이어는 이 두 가지를 모두 갖춘 데이터 기반 제조 공장입니다.

데이터 뿌리, 표준화 줄기, 수익가지 뻗다

- **iBuyer의 본질:** 금융/기술 회사가 아니라, 데이터 기반 제조/운영 회사입니다. (질로우 실패의 교훈, Ch 5. 4)
- **핵심 지표(수익성):** 얼마나 싸게 샀는가(AVM)와 얼마나 빨리 되파는가(운영)에 달려있습니다. 보유 비용(Holding Costs)과의 싸움입니다.
- **린 생산 방식(파이프라인):** 매입(AVM) → 수리(운영) → 표준화(제조) → 판매(마케팅)로 이어지는 제조 공장 파이프라인을 운영합니다.
- **표준화(규모의 경제):** 예술이 아닌 표준화된 수리(예: 동일 페인트/카펫)를 통해 원가를 낮추고 속도를 높이며 브랜드를 구축합니다. (사례 10-1: 오퍼패드)
- **데이터 피드백 루프:** 실제 운영(수리비) 데이터를 즉시 AVM 3.0에 피드백하여, 수리비 예측 모델을 지속적으로 고도화하는 것이 핵심 경쟁력(해자)입니다.

10.4 부동산 금융 투자 사례 연구

핵심 개념	정의	핵심 전략 및 기술
iBuyer 가치 제안	전통적 판매의 고통(불확실성, 번거로움, 거래 파기)을 제거. 최고 가격이 아닌 확실성, 속도, 편의성이라는 서비스를 판매함.	본질: 부동산 중개가 아닌, 유동성을 공급하는 마켓 메이커. 수수료는 유동성 서비스의 가격(Bid-Ask Spread)임.

성공하는 AVM (AVM 3.0)	역선택(Ch 5.2) 방어가 제1 목표. (1) 미래 재판매가(ARV) 예측 + (2) 예상 수리비 예측.	비정형 데이터(사진, 동영상, 설문)를 강제 수집하고, AI(CV/NLP)로 분석하여 숨겨진 하자와 수리비를 차감한 오퍼를 제시.
iBuyer 팩토리 (운영)	금융/기술 회사가 아닌 데이터 기반 제조/운영 회사. 보유 비용(Holding Costs)과의 싸움.	린 생산 방식의 운영 파이프라인. 표준화(규모의 경제)를 통해 원가 절감 및 속도 향상. (사례 10-1)
데이터 피드백 루프	실제 운영(수리비) 데이터를 즉시 AVM 3.0에 피드백하여, 수리비 예측 모델을 지속적으로 고도화하는 것이 핵심 경쟁력(해자).	기술(AVM)과 운영(Factory)이 두 개의 바퀴로 함께 구르며 서로를 강화함.

1) 부동산투자 실제 사례 연구: 오픈도어(Opendoor)의 AVM 3.0 – 팩토리 연계 투자 모델

오픈도어(Opendoor)는 iBuyer 모델의 본질이 기술(Tech)과 운영(Operations)이라는 두 개의 바퀴(제10.3절)로 굴러가는 부동산 투자임을 증명하는 사례입니다. 이 투자는 질로우(제5장)의 실패 원인을 정확히 반대로 실행합니다.

첫 번째 바퀴, AVM 3.0(제10.2절)은 방어적 투자를 실행합니다. 판매자가 매각을 신청하면, 오픈도어는 역선택을 막기 위해 데이터를 강제로 수집합니다. 판매자는 지붕을 교체한 지 5년이라고 텍스트(NLP)로 답하고, 욕실과 주방 사진(CV)을 찍어 업로드해야 합니다. AI는 이 비정형 데이터를 정형 데이터와 융합하여, "이 집은 수리 후 5억에 팔 수 있지만(ARV), 욕실 타일 교체 등 예상 수리비가 2천만 원 필요하다"고 동시에 예측합니다. 오픈도어는 이 2천만 원을 선차감한 가격을 제안하여, 숨겨진 하자로 인한 부동산 투자 손실을 원천 차단합니다.

두 번째 바퀴, 운영 팩토리(제10.3절)는 공격적 투자를 실행합니다. 일단 매입이 완료되면, 이 주택은 개별 물건이 아닌, 공장의 부품이 됩니다. 오픈도어는 이 주택을 가장 빠르고 저렴하게 표준화된 완제품으로 가공합니다. 수리팀은 예술이 아닌 매뉴얼에 따라 표준화된 페인트(1색), 표준화된 카펫(1종)을 설치합니다. 이 규모의 경제는 수리 원가를 낮춥니다.

이 운영의 핵심은 속도입니다. 보유 비용(이자)(제11.2절)은 매일 발생하는 투자 손실입니다. 오픈도어의 운영 팩토리는 매입부터 수리, 재상장까지 걸리는 보유 기간을 업계 최단으로 단축시켜, 이자 비용을 최소화하고 투자 수익성을 극대화합니다.

마지막으로, 이 두 바퀴는 데이터 피드백 루프(제10.3절)로 연결됩니다. 운영팀이 실제 수리비가 2,200만 원이었다고 피드백하면, AVM 3.0은 즉시 학습하여 다음 유사 주택의 수리비 예측을 2,200만 원으로 수정합니다. 이처럼 오픈도어의 부동산 투자는 기술(AVM 3.0)이 방어하고 운영(Factory)이 공격하며, 데이터가 이 둘을 연결하는 살아있는 유기체입니다.

2) 금융투자 실제 사례 연구: 오퍼패드(Offerpad)의 수리-판매 번들 금융 서비스
(TPO: 2021년~현재 / 미국 / 주택 수리 선-파이낸싱 및 수익 공유 모델)

아이바이어(iBuyer) 모델이 진화하면서, 실물 자산을 직접 매입하는 부동산 투자의 위험(제11장)을 회피하고, 금융투자의 수익을 취하는 새로운 모델이 등장했습니다. 오퍼패드(Offerpad)의 수리-판매 번들 서비스(사례 10-1)는 이 금융투자 모델을 잘 보여주는 실제 사례입니다.

이 모델에서, 주택 판매자는 오퍼패드에게 집을 즉시 팔지 않습니다. 대신, 내 집을 고쳐서 더 비싸게 팔고 싶은데, 당장 수리비가 없다는 금융적 문제를 오퍼패드에게 의뢰합니다. 이는 부동산 거래가 아닌 금융 거래의 시작입니다.

오퍼패드의 금융투자는 주택담보대출과 유사하지만 다릅니다. 오퍼패드는 (1) 자사의 AVM 3.0(제10.2절)을 가동하여 "이 집은 수리 후 5억 5천만 원(ARV)에 팔릴 것"이라고 예측합니다. (2) 자사의 운영 팩토리(제10.3절) 노하우를 바탕으로 최적의 수리(가치 상승 극대화)에 3천만 원이 필요하다고 견적을 냅니다.

여기서 금융투자가 실행됩니다. 오퍼패드는 판매자에게 돈을 빌려주는 대신, 3천만 원 상당의 수리 서비스를 먼저 제공합니다. 이는 신용이 아닌 미래의 주택 가치 상승분을 담보로 잡는 선-파이낸싱(Pre-financing) 투자입니다. 오퍼패드는 자사의 표준화된 운영팀을 투입해 가장 빠르고 저렴하게 집을 수리합니다.

수리가 완료되면, 오퍼패드는 이 주택을 최고가(5억 5천만 원)에 팔릴 수 있도록 중개합니다. 주택이 판매되면, 금융투자의 회수가 이루어집니다. 오퍼패드는 매각 대금에서 (1) 선-투자한 수리비 3천만 원을 회수하고, (2) 이 모든 금융 및 중개 서비스에 대한 수수료를 수취합니다.

이 사례는 iBuyer가 자본 집약적(제11.2절)인 부동산 투자(직접 매입)의 위험을 지는 대신, 자본 경량화(제12.1절)된 금융투자(서비스 파이낸싱 및 중개)로 진화하는 모습을 보여줍니다. 이들은 AVM과 운영이라는 핵심 역량을 담보로 활용하여 위험 없는 금융 수익을 창출하고 있습니다.

제11장

아이바이어의 수익성 역설과 지속가능성

🎲 '박한 마진'의 딜레마

- 경쟁으로 인한 박한 마진(0~1%) → 규모의 경제(대량 거래) 필수 → 대규모 '재고 리스크' 부담.

✂️ '고금리' 민감도

- '기술' 기업이 아닌 '자본 집약적' 금융업.
- '고금리'는 '보유 비용'(이자)을 폭증시켜 '박한 마진' 구조를 '붕괴'시킴.

iBuyer: 수익성 붕괴와 고금리 딜레마
(iBuyer: The Profitability Collapse and High-Interest Rate Dilemma)

11.1 박한 마진의 딜레마

제10장에서 성공하는 아이바이어(iBuyer)가 AVM 3.0(10.2절)과 운영 팩토리(10.3절)라는 강력한 무기를 갖추고 있음을 분석했습니다. 하지만 이 정교한 모델에도 불구하고, iBuyer 비즈니스는 수익성이라는 근본적인 딜레마, 즉 수익성 역설(Profitability Paradox)에 직면해 있습니다. 이 역설의 본질은 iBuyer가 제공하는 서비스 가치(확실성, 속도)는 매우 높지만, 그 대가로 얻는 수익 마진은 극도로 박하다(Razor-thin)는 데 있습니다.

이 딜레마는 iBuyer의 가치 제안(10.1절) 그 자체에 내재되어 있습니다. iBuyer는 판매자에게 최고가가 아닌 편의성을 판매합니다. 하지만 만약 iBuyer가 제안하는 가격이 시장 가격보다 너무 낮다면(예: 15% 할인), 판매자는 그 편의성에도 불구하고 제안을 거절하고 전통적인 중개인을 찾을 것입니다. 즉, iBuyer는 고객을 유치(Volume)하기 위해, 자신들의 마진(Margin)을 포기하고 시장 가격에 근접한 매력적인 오퍼를 제시해야 하는 경쟁에 내몰립니다.

iBuyer의 수익 구조를 해부해보면 이 박한 마진이 명확히 드러납니다. iBuyer의 매출은 주택 재판매 가격(ARV)이며, 수익은 이 매출에서 모든 비용을 뺀 값입니다. 이 비용에는 (1) 주택 매입 원가(AVM 3.0), (2) 수리비(AVM 3.0 + 운영), (3) 보유 비용(이자, 세금), (4) 재판매 비용(중개 수수료, 마케팅)이 포함됩니다. iBuyer가 판매자에게 부과하는 서비스 수수료(Service Fee)(10.1절, 평균 5~7%)는 이 모든 비용을 충당하기 위한 것이지, 순수익이 아닙니다.

오픈도어와 같은 선두 기업들의 재무제표를 분석해 보면, 이들의 총 마진(Gross Margin)(재판매가 - 매입가 - 수리비)은 시장 상황에 따라 4%에서 8% 사이를 오갑니다. 이는 5억짜리 주택을 사서 고쳐 팔았을 때, 모든 직접 비용을 떼고 2천만 원에서 4천만 원이 남는다는 뜻입니다. 하지만 이 총 마진에서 다시 보유 비용(이자)과 재판매 비용(수수료), 그리고 본사 운영비(AI 개발자 인건비 등)를 제외하면 순이익(Net Margin)은 0에 수렴하거나 적자가 되기 일쑤입니다.

이 박한 마진 구조는 iBuyer를 규모의 경제라는 외줄 위에 서게 만듭니다. 식료품점이 100원짜리 마진 상품을 수백만 개 팔아 수익을 내듯, iBuyer는 1%짜리 마진(순이익)을 수만 채의 주택 거래를 통해 달성해야 합니다. 즉, 압도적인 거래량(Volume)을 달성하지 못하면, AI 엔진 개발과 본사 운영에 드는 막대한 고정 비용을 감당할 수 없습니다.

문제는 iBuyer가 다루는 재고(Inventory)가 1천 원짜리 식료품이 아니라, 수억 원짜리 비유동성 자산이라는 점입니다. 이는 규모의 경제를 추구할수록, 리스크(Risk) 또한 기하급수적으로 커짐을 의미합니다. 수만 채의 재고를 보유하는 순간, 제5장의 질로우처럼 시장 변동성(11.3절)과 자본 비용(11.2절)에 치명적으로 노출됩니다.

이것이 바로 수익성 역설입니다. (1) 고객을 얻기 위해 마진을 낮춰야 하고, (2) 고정비를 감당하기 위해 거래량(규모)을 키워야 하며, (3) 규모를 키울수록 리스크에 취약해 져 파산할 수 있습니다(질로우). iBuyer는 이 세 가지 명제가 충돌하는 딜레마의 한가운데 서 있습니다.

따라서 iBuyer의 지속가능성은 AVM 3.0이 얼마나 정교한가(10.2)를 넘어, 이 박한 마진의 변동성을 리스크 관리(Ch 8)와 자본 관리(11.2)를 통해 어떻게 통제할 수 있는가에 달려있습니다.

확실한 가치 기반, 리스크 관리로 이익을

- **수익성 역설**: iBuyer가 제공하는 서비스 가치(확실성)는 높지만, 경쟁으로 인해 수익 마진은 극도로 박합니다(Razor-thin).
- **수수료 vs 마진**: 서비스 수수료(5~7%)는 순수익이 아니며, 모든 비용(수리, 보유, 재판매)을 충당하기 위한 매출의 일부입니다. 실제 순이익률은 0~1%에 불과합니다.
- **규모의 경제 함정**: 박한 마진을 고정비로 만회하려면 대규모 거래(Volume)가 필수적이지만, 이는 대규모 재고 리스크를 의미합니다.
- **딜레마**: iBuyer는 고객 유치(낮은 마진) vs 수익성(높은 마진) vs 리스크 관리(낮은 규모)라는 세 가지 상충하는 목표 사이에서 균형을 잡아야 합니다.

11.2 자본 비용과 보유 비용의 무게

iBuyer 모델의 박한 마진(11.1절)을 더욱 갉아먹는 가장 큰 요인은, 바로 자본 비용(Cost of Capital)과 이로 인해 발생하는 보유 비용(Holding Costs)(10.3절)입니다. iBuyer는 제1.2절에서 정의했듯 AI와 자본(Capital)이 결합한 모델입니다. 즉, AVM 3.0

이라는 두뇌가 작동하려면, 수십억 달러의 피(자본)가 저렴하게 공급되어야 합니다. iBuyer는 본질적으로 기술 기업의 탈을 쓴 자본 집약직(Capital-Intensive) 금융-운영업입니다.

주택 수천 채를 매입하기 위한 자본은 부채(Debt)에서 나옵니다. iBuyer는 골드만삭스, JP모건과 같은 투자은행으로부터 신용 한도(Credit Lines)를 확보하여 이 자금으로 주택을 매입합니다. 이 부채는 공짜가 아니며, iBuyer는 이자(Interest)를 지불해야 합니다. 이 이자 비용이 보유 비용의 핵심입니다. 제10.3절에서 보유 비용은 시간과의 싸움이라고 했습니다. 집을 보유하는 매일매일 이자가 발생하기 때문입니다.

이 구조는 저금리(Low-Interest Rate) 환경(2010~2021년)에서 iBuyer 모델이 폭발적으로 성장할 수 있었던 배경입니다. 기준 금리가 0%에 가까웠을 때, iBuyer는 2~3%대의 저렴한 금리로 수십억 달러를 빌릴 수 있었습니다. 5억짜리 주택을 90일간 보유해도, 이자 비용은 약 250만~375만 원에 불과했습니다. 이 저렴한 비용은 박한 마진(11.1절)으로도 충분히 감당할 수 있었습니다.

하지만 고금리(High-Interest Rate) 환경(2022년 이후)은 이 지속가능성의 기반을 뒤흔들었습니다. 기준 금리가 급등하자, iBuyer의 신용 한도 금리도 6~8%대로 폭등했습니다. [사례 연구 11-1]은 2023년의 iBuyer입니다. 이제 5억짜리 주택을 90일간 보유하면, 이자 비용(보유 비용)만 750만~1,000만 원이 발생합니다. 이는 저금리 시대의 2~3배에 달하는 비용입니다.

이 이자 비용의 폭증은 박한 마진 구조를 즉시 붕괴시킵니다. 과거 총 마진 4%(2,000만 원)로 이자 300만 원을 내고도 생존했다면, 이제는 총 마진 4%(2,000만 원)로 이자 1,000만 원을 내야 합니다. 여기에 재판매 비용과 운영비를 더하면 무조건 적자가 되는 역마진 구조에 빠집니다. 즉, iBuyer의 수익성은 AVM 3.0의 정확성만큼이나, 미국 연방준비제도(Fed)의 금리 정책이라는 거시경제 변수에 극도로 민감하게(Sensitive) 좌우됩니다.

이 자본 비용의 무게는 iBuyer가 자본 경량화(Capital-Light)(제12.1절, 12.2절) 모델로 진화해야 하는 이유를 설명합니다. 질로우(Ch 5)는 자본 집약적 모델의 위험을 감당하지 못하고 파산했습니다. 오픈도어는 살아남기 위해, 2022년 이후 서비스 수수료를 5%에서 8~10% 이상으로 대폭 인상해야 했습니다. 이는 이자 비용을 소비자에게 전가하는 것이지만, 동시에 비싸진 수수료로 인해 고객 유치(Volume)가 급감하는 딜레마(11.1절)를 다시 유발합니다.

결론적으로, iBuyer 모델은 저금리라는 산소가 풍부할 때만 작동하는 고도(高度)의 비즈니스일 수 있습니다. 이 자본 비용의 무게는 AVM 3.0(기술)과 운영 팩토리(운영)가 아무리 뛰어나도, 거시경제의 역풍(Headwind) 앞에서는 지속가능성이 위협받을 수 있음을 보여줍니다.

부채의 뿌리, 금리 폭풍, 모델 진화가 생존

- **자본 집약성:** iBuyer는 기술 기업이 아니라, 수십억 달러의 부채(자본)를 저렴하게 조달해야 하는 자본 집약적 금융-운영업입니다.
- **보유 비용의 핵심:** 보유 비용(Ch 10.3)의 대부분은 이 부채에서 발생하는 이자 비용입니다.
- **금리 민감도:** iBuyer의 수익성은 AVM 정확성만큼이나 기준 금리라는 거시경제 변수에 극도로 민감합니다.
- **사례 11-1(고금리 쇼크):** 저금리(2021년) 대비 고금리(2023년) 시대에 이자 비용이 2~3배 폭증하며, 박한 마진(11.1절) 구조를 붕괴시키고 역마진을 유발했습니다.
- **지속가능성의 위기:** 자본 비용의 증가는 iBuyer가 수수료를 인상(고객 감소)하거나 자본 경량화(Ch 12) 모델로 진화해야 하는 압박을 가합니다.

11.3 블랙 스완 시장에서의 생존

박한 마진(11.1절)과 자본 비용(11.2절)이 평상시의 수익성을 갉아먹는 만성 질환이라면, 블랙 스완(Black Swan), 즉 시장 붕괴(Market Crash)는 iBuyer를 즉사시킬 수 있는 급성 질환입니다. 제5장에서 질로우 오퍼스의 몰락은, 그들의 AVM이 시장 변곡점(제5.3절)을 감지하지 못하고 블랙 스완에 정면으로 노출되었기 때문입니다. 이 섹션은 왜 iBuyer 모델이 본질적으로 블랙 스완에 취약한지, 그리고 생존을 위한 전략은 무엇인지 분석합니다.

iBuyer 모델은 경기 순응적(Pro-cyclical)이라는 치명적인 특성을 갖습니다. 즉, 호황기(Rising Market)에는 엄청난 수익을 내는 것처럼 보이고, 불황기(Falling Market)에는 재앙적인 손실을 봅니다. 이는 AVM 2.0(질로우)이든, AVM 3.0(오픈도어)이든 피하기 어려운 구조적 문제입니다.

호황기에 iBuyer는 마법처럼 작동합니다. (1) AVM 3.0(10.2)이 수리비 예측에 실수를 해서 주택을 조금 비싸게 샀더라도, (2) 시장 가격 자체가 매달 2%씩 오르기 때문에, (3) 보유 기간(10.3)이 조금 길어져도 재판매 가격(ARV)이 자동으로 상승하여 모든 실수를 덮어줍니다. 2021년의 질로우는 이 시장이 만들어준 수익을, 자신들의 AI가 만든 수익으로 착각했습니다(제5.3절).

불황기(블랙 스완)에는 이 마법이 저주로 바뀝니다. (1) AVM 3.0(모델 1: ARV 예측)이 미래 재판매가를 과거 호황 데이터로 과대평가합니다(제7.3절). (2) 보유 기간이 급격히 늘어납니다(구매자 실종). (3) 보유 비용(이자, 11.2절)이 눈덩이처럼 불어납니다. (4) 재고(Inventory)는 자산이 아닌 부채가 됩니다. AVM이 5억에 팔릴 것이라 예측한 주택이, 3개월 뒤 4억 5천에도 팔리지 않습니다.

[사례 연구 11-2]는 질로우(Ch 5)의 붕괴와 오픈도어의 생존을 비교합니다. 2021년 하반기와 2022년 블랙 스완(금리 급등, 시장 냉각)이 닥쳤을 때, 두 회사 모두 수십억 달러의 고점 재고에 물려 막대한 손실을 기록했습니다. 질로우는 이 충격을 감당하지 못하

고 사업을 전면 포기(파산)했습니다. 하지만 오픈도어는 살아남았습니다.

오픈도어가 생존할 수 있었던 이유는 리스크 관리(제8장)와 운영(10.3)의 차이입니다. 질로우가 엔진만 있고 브레이크가 없었다면(제8.4절), 오픈도어는 브레이크를 밟았습니다. (1) **리스크 관리(Ch 8.4):** 오픈도어의 AVM과 리스크팀(제7.3절 조기 경보)은 시장 냉각 초기에 매입 가격을 공격적으로 낮추고, 서비스 수수료를 대폭 인상(5%→10%)하며, 매입 가능 지역/주택(Buy Box)을 축소하라는 자동 서킷 브레이커(제8.4절)를 작동시켰습니다. (2) **AVM 3.0(Ch 10.2):** 질로우(AVM 2.0)보다 역선택(레몬) 매물이 적었기 때문에, 재고의 질이 그나마 나았습니다. (3) **운영(Ch 10.3):** 더 효율적인 팩토리를 통해 수리 기간이 짧았고, 손실을 보더라도 빠르게 재고를 처분(Liquidate)할 수 있었습니다.

즉, 오픈도어는 블랙 스완을 예측하지는 못했지만, 블랙 스완이 닥쳤을 때 손실을 최소화하고 즉각 대응하는 거버넌스(제8.4절)를 갖추고 있었습니다. 그들은 생존을 위해 성장(Volume)을 희생하는 전략적 선택을 했습니다. 2023년 오픈도어의 주택 매입량은 2021년 대비 90% 이상 급감했습니다.

지속가능성에 대한 결론은 명확합니다. iBuyer 모델은 박한 마진(11.1), 자본 비용(11.2), 블랙 스완(11.3)이라는 세 가지 치명적인 리스크를 안고 있습니다. 기술(AVM 3.0)과 운영(Factory)만으로는 지속될 수 없으며, 시장 변동성을 흡수할 수 있는 초격차 리스크 관리(Ch 8)와, 이 리스크를 회피할 수 있는 새로운 비즈니스 모델(Ch 12)로의 진화가 필수적입니다.

원칙 뿌리, 시스템 줄기, 유연 가지

- **경기 순응성(Pro-cyclical):** iBuyer 모델은 호황기에 마법처럼 작동하고(실수가 덮

어짐), 불황기(블랙 스완)에 재앙적으로 실패합니다(손실 증폭).

- **불황기 작동 방식:** (1) AVM의 미래 가격 예측 실패(과내평가), (2) 보유 기간 급증, (3) 보유 비용(이자) 폭증, (4) 재고가 부실 자산으로 전락.
- **사례 11-2(질로우 vs 오픈도어):** 2022년 블랙 스완이 닥쳤을 때, 질로우는 파산(Ch 5)했지만 오픈도어는 생존했습니다.
- **생존 전략(오픈도어):** 기술이 아닌 리스크 관리(Ch 8.4)의 승리. (1) 브레이크 작동(매입 축소, 수수료 인상), (2) AVM 3.0(레몬 방어), (3) 효율적 운영(빠른 재고 처분).
- **지속가능성 결론:** iBuyer 1.0(Flipping) 모델은 리스크에 너무 취약하며, 생존을 위해 리스크 관리 및 비즈니스 모델 진화(Ch 12)가 필수적입니다.

11.4 부동산 금융 투자 사례 연구

핵심 개념	정의	지속가능성에 미치는 영향
수익성 역설 (박한 마진)	서비스 가치(확실성)는 높지만, 경쟁으로 인해 수익 마진이 극도로 박함(Razor-thin). (순이익률 0~1%)	규모의 경제를 위해 대규모 거래(Volume)가 필수적이나, 이는 대규모 재고 리스크를 의미하는 딜레마에 빠짐.
자본 비용 (금리 민감도)	iBuyer는 기술 기업이 아닌 자본 집약적 금융-운영업. 부채로 자본을 조달하므로 이자 비용(보유 비용)에 극도로 민감.	저금리 환경에서만 작동 가능. 고금리(사례 11-1)는 보유 비용을 폭증시켜 박한 마진 구조를 붕괴시키고 역마진을 유발.
경기 순응성 (블랙 스완)	호황기에는 마법처럼 작동하고(실수가 덮어짐), 불황기(블랙 스완)에는 재앙적으로 실패함(손실 증폭).	블랙 스완이 닥치자, 기술이 아닌 리스크 관리(브레이크)의 차이가 생존(오픈도어)과 파산(질로우)을 갈랐음. (사례 11-2)
지속가능성 결론	iBuyer 1.0(플리핑) 모델은 리스크에 너무 취약하며, 생존을 위해 초격차 리스크 관리(Ch 8) 및 비즈니스 모델 진화(Ch 12)가 필수적임.	AVM 기술만으로는 지속 불가능함.

1) 부동산투자 실제 사례 연구: 오픈도어(Opendoor)의 블랙 스완 생존 전략

2022년은 iBuyer 모델의 지속가능성이 블랙 스완(급격한 금리 인상)에 의해 시험받은 해였습니다(사례 11-2). 질로우(제5장)는 이 압박을 견디지 못하고 부동산 투자 사업을 청산했지만, 오픈도어는 생존을 택했습니다. 이 생존 과정은 기술(AVM)이 아닌 리스크 관리와 운영이 결합된 방어적 부동산 투자 전략을 보여줍니다.

블랙 스완이 닥치자, 오픈도어의 AI 엔진은 경기 순응적(제11.3절) 함정에 빠졌습니다. 과거 호황 데이터로 학습된 AVM은 미래 가격을 과대평가했고, 오픈도어 역시 질로우처럼 시장의 정점에서 막대한 부동산 재고를 비싸게 매입한 상태였습니다. 이 재고는 순식간에 역마진 부실 자산이 되었습니다.

여기서 오픈도어의 생존 전략이 부동산 투자의 브레이크로 작동했습니다. 첫째, 공격적 리스크 관리(제8.4절)입니다. 오픈도어는 성장을 희생하고 생존을 택했습니다. 그들은 즉시 (1) 서비스 수수료를 5%에서 8~10%대로 대폭 인상하고, (2) 매입 가격을 공격적으로 하향 조정했으며, (3) 매입 가능 지역을 축소했습니다. 이는 AI의 매입 엔진을 사실상 정지시킨 알고리즘 거버넌스의 실행이었습니다.

둘째, 신속한 재고 처분입니다. 부동산 투자에서 보유 비용(제11.2절)은 매일 발생하는 손실입니다. 오픈도어는 손실을 인정하더라도, 더 큰 손실을 막기 위해 보유한 부실 재고를 신속하게 할인 판매했습니다. 이는 운영 팩토리(제10.3절)의 효율성이 있었기에 가능했습니다.

셋째, AVM 3.0의 방어력입니다. 질로우(AVM 2.0)보다 역선택(제5.2절)을 잘 방어했기 때문에, 오픈도어의 재고는 질적으로 덜 나쁜 상태였고, 이는 손실 폭을 제한하는 데 기여했습니다.

이 사례는 부동산 투자에서 AI의 엔진(예측)만큼이나 브레이크(리스크 관리)가 지속가능성에 얼마나 중요한지 증명합니다. 오픈도어는 블랙 스완 앞에서 기술적 오만을 버리고 전략적 후퇴(매입 중단, 손절매)를 감행함으로써 생존을 선택한 것입니다.

2) 금융투자 실제/가상 혼합 사례: 크레디트 스위스의 iBuyer 신용 한도(Credit Line) 손실

(TPO: 2022년~2023년 / 월스트리트 / iBuyer 대상 부채 금융투자)

iBuyer의 수익성 역설은 실물 투자자뿐만 아니라, 그들에게 자본(부채)을 대출해 준 금융 투자자들에게도 치명적이었습니다. iBuyer 모델은 자본 집약적(제11.2절)이며, 이 자본은 골드만삭스, 크레디트 스위스(CS) 같은 투자은행(IB)들의 신용 한도(Credit Lines)라는 금융투자 상품에서 나옵니다.

2021년 저금리 호황기에, IB들에게 iBuyer 신용 한도는 최고의 금융투자 상품이었습니다. (1) iBuyer가 대규모로 자본을 사용해 규모의 경제가 발생했고, (2) 주택이라는 우량 담보가 있었으며, (3) 빠른 자본 회전율(제10.3절)로 리스크가 낮아 보였습니다. CS와 같은 IB들은 iBuyer 시장에 수십억 달러의 부채 금융투자를 집행했습니다.

하지만 2022년 고금리 블랙 스완(제11.3절)이 닥치자, 이 금융투자는 악몽이 되었습니다. (1) 금리 급등은 IB 자신들의 조달 비용을 높였고, (2) iBuyer의 보유 비용(제11.2절)을 폭증시켜 역마진을 유발했습니다. (3) 담보물(주택 재고)의 가치가 대출 원금 이하로 하락(역마진)하기 시작했습니다.

IB들은 금융 투자자로서 즉각적인 방어에 나섰습니다. 그들은 iBuyer(오픈도어 등)에게 신규 신용 한도를 중단하거나, 대출 금리를 2~3%에서 8~10% 이상으로 폭등시켰습니다. 이는 금융투자의 리스크 관리인 동시에, iBuyer의 보유 비용을 더욱 질식시켜 죽음의 소용돌이를 가속화하는 방아쇠가 되었습니다.

2023년, 크레디트 스위스 자체가 붕괴(UBS에 인수)했습니다. 그 붕괴 원인 중에는 아케고스 사태 등 여러 요인이 있지만, 위험한 자산(iBuyer 신용 한도 등)에 대한 과도한 금융투자 익스포저(노출)도 무관하지 않습니다. 이 사례는 iBuyer의 부동산 리스크가 어떻게 자본을 공급한 금융투자 시장으로 전염(제8.3절)되는지, 그리고 자본 비용(금리)이 기술(AVM)을 이기는 핵심 변수임을 보여줍니다.

제12장

아이바이어의 미래와 시장에 미치는 영향

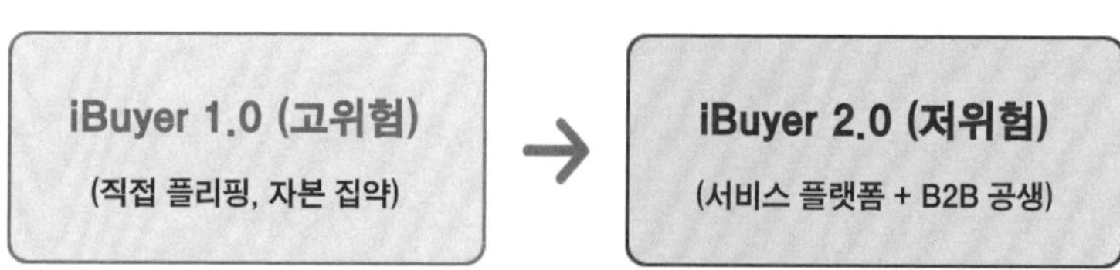

iBuyer 모델 진화: 고위험에서 저위험으로
(The iBuyer Model Evolution: From High-Risk to Low-Risk)

12.1 iBuyer 2.0: 번들링과 서비스 확장

제11장에서 우리는 iBuyer 1.0(순수 주택 플리핑) 모델이 박한 마진(11.1), 자본 비용(11.2), 시장 변동성(11.3)이라는 치명적인 리스크로 인해 지속가능성이 매우 낮다는 결론을 내렸습니다. 질로우(Ch 5)는 이 리스크를 감당하지 못하고 무너졌습니다. 그렇다면 iBuyer의 미래는 없는가? 그렇지 않습니다. iBuyer 2.0은 자본 집약적(Capital-Intensive)인 1.0 모델의 위험을 버리고, 데이터와 플랫폼의 강점을 취하는 자본 경량화(Capital-Light) 모델로의 진화를 의미합니다.

iBuyer 2.0의 핵심 전략은 플리핑(Flipping) 자체를 수익의 중심에서 고객 획득 수단(Customer Acquisition Tool)으로 바꾸는 것입니다. 즉, 즉시 매입 오퍼(Instant Offer)(10.1절)는 고객을 플랫폼으로 유인하는 강력한 미끼(Hook) 상품이 됩니다. 고객이 이

미끼를 물고 플랫폼에 들어오면, 회사는 주택 거래라는 본 게임에서 발생하는 훨씬 더 마진이 높은 연관 서비스(Adjacent Services)를 번들링(Bundling)하여 진짜 수익을 창출합니다.

이 연관 서비스는 주택 거래 전후에 필요한 모든 금융 및 편의 서비스를 포함합니다.

1. **모기지 대출(Mortgage)**: iBuyer가 매입 후 되파는 주택을 구매하는 다음 구매자에게 오픈도어 모기지를 제공합니다. 모기지 중개/주선은 재고 리스크 없이 높은 수수료를 창출하는 금융 비즈니스입니다.

2. **소유권 등기/에스크로(Title & Escrow)**: 복잡한 거래 종결(Closing) 과정을 인하우스 법무/등기 서비스로 제공합니다. 이 역시 기술로 자동화할 수 있는 고마진 수수료 비즈니스입니다.

3. **수리 및 이사(Renovation & Moving)**: 제10.3절의 운영 팩토리를 서비스로 판매합니다(사례 10-1). 판매자에게 "우리에게 즉시 팔지 말고, 우리 수리 서비스를 이용해 집을 고친 후, 우리 플랫폼에서 중개하여 더 비싸게 파십시오"라고 제안합니다.

[사례 연구 12-1]은 질로우의 부활 시도와 오픈도어의 전략 변화입니다. 질로우는 iBuyer 1.0(질로우 오퍼스)에서 파산(Ch 5)한 후, 정확히 이 iBuyer 2.0 모델로 선회했습니다. 그들은 이제 주택 슈퍼 앱(Housing Super-App)을 지향합니다. 즉, AVM(Zestimate)으로 고객을 유인하고, 자사의 중개 플랫폼, 모기지 플랫폼, 임대 플랫폼을 연결하여 수수료 수익을 극대화하려 합니다.

오픈도어 역시 iBuyer 1.0의 한계(Ch 11)를 깨닫고 서비스 확장에 집중하고 있습니다. 그들은 즉시 매입 오퍼와 전통적 중개(Listing) 옵션을 동시에 제공합니다. 판매자는 (1) 3일 만에 5억에 팔기(iBuyer) 또는 (2) 우리 중개팀과 함께 시장에 5억 3천에 리스팅하고, 90일 안에 안 팔리면 우리가 4억 9천에 사주기(Backup Offer)를 선택할 수 있습니다. 이는 리스크를 낮추고 고객을 플랫폼에 묶어두는(Lock-in) 영리한 전략입니다.

이 iBuyer 2.0 모델은 수익성과 지속가능성 측면에서 1.0보다 압도적으로 우월합니다. (1) **자본 경량화:** 수십억 달러의 재고 리스크(11.2, 11.3)를 지는 대신, 수수료(Fee)를 법니다. (2) **수익원 다각화:** 박한 플리핑 마진(11.1)이 아니라, 높은 금융/중개 마진으로 수익을 안정화합니다. (3) **데이터 활용 극대화:** AVM 3.0(10.2)과 운영 팩토리(10.3)라는 핵심 IP를, 플리핑뿐만 아니라 모든 서비스에 재활용하여 규모의 경제를 달성합니다.

결론적으로, iBuyer 1.0이 AI 기반 플리퍼(Flipper)였다면, iBuyer 2.0은 AVM 3.0을 두뇌로, 운영 팩토리를 팔다리로 삼아, 주택 거래의 모든 과정을 수직 계열화하는 원스톱 서비스 플랫폼(One-Stop Service Platform)입니다. 이것이 블랙 스완 시장(11.3)에서도 생존 가능한, iBuyer의 진화된 미래입니다.

뿌리 잡고 줄기 커야 가지 열매 맺네

- **iBuyer 2.0(진화):** 자본 집약적/고위험인 1.0(플리핑)에서, 자본 경량화/고마진인 2.0(서비스 플랫폼)으로 진화합니다.
- **전략 변화:** 플리핑 자체는 수익원이 아닌, 고객 획득용 미끼(Hook) 상품이 됩니다.
- **번들링(수익원):** 진짜 수익은 모기지, 등기/에스크로, 수리 서비스(사례 10-1) 등 연관 서비스를 번들링하여 수수료로 법니다.
- **사례 12-1(플랫폼화):** 질로우(슈퍼 앱)와 오픈도어(중개+백업 오퍼) 모두, 즉시 매입과 전통 중개/금융을 결합하는 원스톱 플랫폼으로 진화 중입니다.
- **지속가능성:** iBuyer 2.0은 재고 리스크(Ch 11)를 피하고 수익원을 다각화하여, 블랙 스완 시장에서도 생존 가능한 지속가능한 모델입니다.

12.2 기관 투자자와의 공생

iBuyer 2.0이 자본 경량화(12.1)를 추구하는 첫 번째 방법이 서비스 번들링이라면, 두 번째 방법은 자본 리스크 자체를 제3자에게 전가하는 것입니다. 이 제3자가 바로 월스트리트(Wall Street), 즉 기관 투자자(Institutional Investors)입니다. iBuyer는 개인(B2C)에게 집을 되파는 플리퍼에서, 기관(B2B)에게 주택을 공급하는 기술 기반 파이프라인으로 변신할 수 있습니다.

이 공생(Symbiosis) 관계의 배경에는 단독주택 임대(Single-Family Rental, SFR)(제24장 대체 자산) 시장의 폭발적인 성장이 있습니다. 2008년 금융 위기 이후, 블랙스톤(Blackstone), 인비테이션 홈즈(Invitation Homes)와 같은 거대 사모펀드와 리츠(REITs)는 수십만 채의 단독주택을 임대 목적으로 매입하며 새로운 자산군을 만들었습니다.

이 기관 투자자들은 수십억 달러의 자본은 있지만, 기술이 없습니다. 그들이 1,000채의 주택을 매입하려면, 1,000명의 지역 중개인과 1,000번의 개별 협상을 해야 합니다. 이는 규모를 달성하는 데 극도로 비효율적입니다. 반면, iBuyer는 기술(AVM 3.0)(10.2)과 운영 팩토리(10.3)를 통해 수천 채의 주택을 표준화된 품질로 효율적으로 매입/수리할 수 있습니다.

[사례 연구 12-2]는 iBuyer-SFR 기관 간의 공생 파트너십입니다. 이 모델에서 iBuyer는 더 이상 자신의 부채(자본)(11.2)로 주택을 매입하여 시장의 불확실성(11.3)에 노출되지 않습니다.

1. **사전 계약:** SFR 펀드(예: 블랙스톤)가 iBuyer(예: 오픈도어)에게 향후 12개월간, 피닉스 지역, 방 3개, A등급 수리 조건으로 1,000채를, AVM 3.0 가격 + 5% 수수료에 매입하겠다고 사전 계약을 맺습니다.

2. **iBuyer 역할(파이프라인):** 오픈도어는 중개상/기술 파트너 역할을 합니다. AVM 3.0으로 조건에 맞는 주택을 찾고, 운영 팩토리(10.3)로 임대용 수리를 표준화하여,

3. **B2B 판매:** 수리가 끝난 주택을 시장에 내놓는 것이 아니라, 블랙스톤에게 즉시 인도하고 확정된 수수료를 받습니다.

이 B2B 모델은 iBuyer 1.0의 모든 리스크(Ch 11)를 완벽하게 해결합니다.

1. **리스크 제로:** 시장 변동성(11.3)과 보유 비용(11.2) 리스크가 사라집니다. iBuyer는 확정된 구매자(블랙스톤)에게 확정된 가격으로 즉시 판매합니다. 재고를 보유할 필요가 없습니다.
2. **자본 경량화:** 수십억 달러의 부채가 필요 없습니다. SFR 펀드의 자본으로 주택을 매입합니다. iBuyer는 기술(AVM)과 운영(Factory)이라는 서비스를 판매할 뿐입니다.
3. **안정적 수익:** 박하고 변동성 큰 플리핑 마진(11.1) 대신, 안정적이고 예측 가능한 B2B 수수료를 얻습니다.

물론, 이 B2B 모델의 마진은 B2C(12.1)보다 더 박할 수 있습니다. 하지만 리스크가 0에 가깝기 때문에 안정성은 극대화됩니다. 2022~2023년 블랙 스완 시기(11.3)에, 오픈도어와 같은 iBuyer들은 B2C 매입은 90% 줄였지만, 기관 투자자들과의 B2B 파트너십은 오히려 강화했습니다. 이는 불황기에도 생존할 수 있는 핵심 동력이 되었습니다.

결론적으로, iBuyer의 지속가능한 미래는 위험한 B2C 플리퍼(1.0)가 아니라, 서비스 중심의 B2C 플랫폼(12.1)과 리스크 없는 B2B 파이프라인(12.2)이라는 두 개의 다리로 서는 것입니다. iBuyer는 iAcquire(대신 사주는) 서비스로 진화하며, 개인과 기관 모두에게 데이터 기반의 유동성을 제공하는 시장 인프라가 될 것입니다.

리스크 전가, 기술 진화로 안정 수요 잡다

- **B2B 모델(자본 경량화):** iBuyer가 자본 리스크(Ch 11)를 기관 투자자(SFR 펀드)에게 전가하는 공생 모델입니다.
- **배경(SFR 시장):** 블랙스톤 같은 기관들은 수천 채의 임대용 주택(Ch 24)을 효율적으로 매입할 기술(AVM)과 운영(Factory)이 필요합니다. iBuyer가 이를 가졌습니다.
- **사례 12-2(파트너십):** iBuyer가 기관의 기술/운영 파트너가 되어, 기관의 자본으로 사전 계약된 주택을 매입/수리하여 즉시 넘기고 안정적인 수수료를 받습니다.
- **리스크 제로:** 이 B2B 모델은 시장 변동성(11.3), 보유 비용(11.2), 자본 비용(11.2) 리스크가 전혀 없는 자본 경량화 사업입니다.
- **iBuyer의 미래:** iBuyer는 iAcquire(대신 매입) 서비스로 진화하며, B2C 서비스 플랫폼(12.1)과 B2B 기관 파이프라인(12.2)이라는 두 개의 다리로 생존합니다.

12.3 시장에 미치는 영향: 유동성과 가격 발견

iBuyer가 iBuyer 2.0(12.1, 12.2)의 형태로 지속가능하게 진화한다면, 이들은 부동산 시장이라는 생태계 자체에 어떤 영향(Impact)을 미칠까요? iBuyer는 단순히 또 하나의 중개인이 아니라, 시장의 본질적인 작동 방식을 바꾸는 촉매제가 됩니다. 그 영향은 유동성 공급, 가격 발견, 그리고 시장 이중화라는 세 가지 측면에서 나타납니다.

첫째, 부분적 유동성 공급(Partial Liquidity Provision)입니다. 제10.1절에서 iBuyer의 핵심 가치는 유동성(확실성)이라고 했습니다. iBuyer가 시장의 상시 구매자(Always-on Buyer)로 존재한다는 사실만으로, 특정 유형의 주택(표준화된 주택)은 비유동성 자산(제1.1절)에서 준유동성(Semi-Liquid) 자산으로 성격이 바뀝니다. 판매자는 최소한

iBuyer가 제시하는 확정적인 가격(Floor Price)이 존재함을 알게 됩니다. 이는 주식처럼 즉각적인 유동성은 아니지만, 3일 만에 현금화할 수 있는 옵션이 생겼다는 점에서 전통 시장과는 근본적인 차이입니다.

둘째, 가격 발견의 가속화(Accelerated Price Discovery)입니다. 전통 시장의 가격은 정보 비대칭성(제1.1절) 속에서 느리게 형성됩니다. 하지만 iBuyer의 AVM 3.0(10.2)은 가장 똑똑한 시장 참여자입니다. AVM은 실시간 대안 데이터(제7장)와 실제 운영 데이터(10.3)를 피드백 받으며 매일 학습합니다. iBuyer가 제시하는 매입 오퍼 가격은 인간 중개인의 감보다 훨씬 빠르고 정확하게 현재의 시장 가치를 반영합니다.

이 AVM의 호가 자체가 시장의 기준점(Benchmark)이 됩니다. 만약 오픈도어가 2022년 초 피닉스 지역의 매입 오퍼를 일제히 5% 하향했다면(제11.3절의 브레이크), 이는 인간 중개인이나 정부 통계보다 몇 달 먼저 시장이 꺾였다는 가장 강력한 신호(제7.3절)를 시장에 전파한 것입니다. 즉, iBuyer는 데이터를 통해 시장 정보의 효율성(제3.1절)을 극적으로 높입니다.

셋째, 시장의 이중화(Market Bifurcation)입니다. iBuyer는 모든 주택을 매입하지 않습니다. iBuyer의 AVM 3.0과 운영 팩토리(10.3)는 표준화(Homogeneous)된 주택(예: 1990년 이후 건축, 방 3개, 특정 가격대)에 최적화되어 있습니다. 그들은 예측 불가능한 특이한(Unique') 주택(예: 초고가 럭셔리, 수리가 불가능한 폐가, 독특한 설계의 주택)은 매입을 거절합니다.

이 선택적 매입(Buy Box)은 장기적으로 주택 시장을 두 개로 분리시킬 수 있습니다.

1. **iBuyer 시장(Commodity Market):** 표준화된 주택 시장. iBuyer와 SFR 기관(12.2)이 주요 참여자가 됩니다. 이 시장은 유동성이 높고(iBuyer 옵션), 가격이 효율적이며 (AVM 기준), 상품(Commodity)처럼 거래됩니다.

2. **전통 시장(Niche Market):** 특이한 주택 시장. 인간 중개인(제19장)과 개인 구매자/ 판매자만 남습니다. 이 시장은 여전히 비유동적이고, 가격이 비효율적이며, 협상

이 중심이 됩니다.

[사례 연구 12-3]은 한국형 iBuyer의 실패 사례입니다. 과거 일부 한국 스타트업이 iBuyer를 시도했지만, 아파트라는 극단적 표준화 시장에서는 실패했습니다. 왜냐하면 네이버 부동산(제1.1절)을 통해 정보 비대칭성이 이미 해소되었고, 가격이 너무 투명해서 iBuyer가 마진을 남길 틈이 없었기 때문입니다. 이는 iBuyer 모델이 어느 정도 표준화되었지만 정보는 불투명한(예: 미국 단독주택) 시장에서 가장 잘 작동함을 시사합니다.

결론적으로, iBuyer의 미래(iBuyer 2.0)는 시장을 지배하는 것이 아니라, 시장을 분리하고 효율화하는 것입니다. 그들은 표준화된 주택 생태계의 핵심 인프라(유동성 공급자, B2B 파이프라인)가 되어, 인간 중개인(제19장)이 더 특이하고 더 복잡한 니치 마켓에 집중하도록 시장을 재편할 것입니다.

변화는 통찰로, 가치는 데이트로

- **(1) 유동성 공급:** iBuyer는 표준화된 주택에 한해 준유동성(Semi-Liquid)을 부여합니다. 판매자에게 확정적 현금화(Floor Price) 옵션을 제공하는 것 자체가 시장의 근본적 변화입니다.
- **(2) 가격 발견 가속화:** AVM 3.0이 제시하는 실시간 오퍼 가격은 인간의 감보다 빠르고 정확한 시장 기준점(Benchmark)이 되어, 정보 효율성(Ch 3.1)을 높입니다.
- **(3) 시장 이중화(Bifurcation):** iBuyer는 표준화된 주택만 매입하므로, 시장이 (1) iBuyer/기관 시장(표준화, 고유동성, 효율적)과 (2) 전통/인간 시장(특이함, 저유동성, 비효율적)으로 분리될 수 있습니다.
- **사례 12-3(한국형 iBuyer):** 한국 아파트 시장은 이미 너무 투명하고(네이버) 표준화되어, iBuyer가 마진을 확보할 틈이 없어 실패했습니다.

- **미래(인프라):** iBuyer 2.0은 시장을 대체하는 것이 아니라, 표준화된 주택 시장의 핵심 인프라(유동성, 데이터)로 자리매김할 것입니다.

12.4 부동산 금융 투자 사례 연구

핵심 개념	정의	미래 전략 및 영향
iBuyer 2.0 (플랫폼화)	자본 집약적/고위험인 1.0(플리핑)에서, 자본 경량화/고마진인 2.0(서비스 플랫폼)으로의 진화.	플리핑은 고객 획득용 미끼가 되고, 진짜 수익은 모기지, 등기 등 연관 서비스 번들링에서 창출. (사례 12-1: 질로우 슈퍼 앱)
B2B 공생 (파이프라인)	자본 리스크(Ch 11)를 기관 투자자(SFR 펀드)에게 전가하는 B2B 공생 모델.	iBuyer가 기술/운영 파트너가 되어, 기관의 자본으로 사전 계약된 주택을 매입/수리하여 넘기고 안정적 수수료 획득. (사례 12-2)
시장 영향 (인프라)	(1) 준유동성(확정가 옵션) 공급, (2) AVM을 통한 가격 발견 가속화, (3) 표준화/특이 시장으로의 이중화.	iBuyer는 시장을 대체하는 것이 아니라, 표준화 주택 시장의 핵심 인프라(유동성, 데이터)로 자리매김할 것임.
한국형 iBuyer (실패)	한국의 아파트 시장은 이미 너무 투명하고(네이버) 표준화되어, iBuyer가 마진을 확보할 정보 비대칭성의 틈이 없어 실패함. (사례 12-3)	iBuyer 모델은 적당히 불투명하고 적당히 표준화된 시장(예: 미국 단독주택)에서 가장 잘 작동함.

1) 부동산투자 실제 사례 연구: 오픈도어(Opendoor)와 SFR 펀드의 B2B 매입 파트너십

제11장의 블랙 스완을 겪으며 iBuyer 1.0(직접 플리핑)의 부동산 투자 리스크를 깨달은 오픈도어는, 제12.2절의 B2B 공생 모델로 부동산 투자 전략을 진화시켰습니다. 이는 직접 투자(리스크 보유)에서 서비스형 투자(기술/운영 제공)로의 전환입니다.

이 모델의 파트너는 블랙스톤(Blackstone), KKR, 인비테이션 홈즈(Invitation Homes)와 같은 단독주택 임대(SFR)(제24장)에 투자하는 기관 투자자들입니다(사례 12-2). 이

기관들은 수조 원의 자본은 있지만, 수천 채의 개별 주택을 효율적으로 매입할 기술 (AVM)과 운영(Factory)(제10장) 역량이 부족했습니다.

오픈도어는 이 틈을 파고들었습니다. 오픈도어는 부동산 투자의 주체가 되는 대신, 기관들의 기술/운영 파트너가 되는 B2B 계약을 체결합니다. 이 계약 하에서, 기관은 자신들의 투자 기준(예: 피닉스 지역, 방 3개, $300k 이하, 임대수익률 5% 이상)을 사전에 제시합니다.

오픈도어의 AVM 3.0은 이 기관의 규칙에 맞는 부동산 매물을 자동으로 스크리닝하고, 예상 수리비까지 산출합니다. 기관이 이 딜을 승인하면, 오픈도어는 (1) 기관의 자본으로, 혹은 (2) 사전 매각이 보장된 상태로 해당 주택을 매입합니다. 그 후, 오픈도어의 운영 팩토리(제10.3절)가 임대용 규격으로 표준화된 수리를 마친 뒤, 기관에게 즉시 인도합니다.

이 부동산 투자 모델에서 오픈도어는 시장 변동성(제11.3절)과 보유 비용(제11.2절) 리스크를 전혀 지지 않습니다. 그들은 부동산이 아닌 기술(AVM 3.0)과 운영(Factory)이라는 서비스를 기관에게 판매하고, 안정적인 B2B 수수료를 법니다. 이는 iBuyer 1.0의 위험한 부동산 투자가 iBuyer 2.0의 안정적인 서비스형 부동산 투자(iAcquire)로 진화했음을 보여주는 핵심 사례입니다.

2) 금융투자 실제 사례 연구: 질로우(Zillow)의 슈퍼 앱 기반 금융투자 생태계

제5장에서 iBuyer 1.0(질로우 오퍼스)이라는 부동산 투자에서 참패한 질로우(Zillow)는, iBuyer 2.0(제12.1절) 전략으로 완전히 선회했습니다. 질로우가 깨달은 것은, 그들의 핵심 역량이 위험한 부동산 운영이 아니라, 압도적인 소비자 트래픽(프롭테크 1.0)을 보유했다는 사실이었습니다.

질로우의 미래는 부동산 회사가 아닌, 이 트래픽을 수익화하는 금융투자 및 서비스 회사입니다(사례 12-1). 질로우의 새로운 전략은 주택 슈퍼 앱(Housing Super-App)(제

21장)입니다. 이는 고객이 집을 검색하는 순간부터, 거래하고 이사하는 모든 과정을 질로우 플랫폼 안에서 금융적으로 묶어버리는(Bundling) 전략입니다.

질로우는 부동산 투자의 위험을 지는 대신, 금융투자의 수익(수수료)에 집중합니다. (1) 고객이 질로우에서 집을 검색(1.0)합니다. (2) 집을 사기로 결정하면, 질로우 홈 론(Zillow Home Loans)이 즉시 모기지 대출(금융 상품 1)을 제공합니다. (3) 계약이 성사되면, 질로우 클로징(Zillow Closing)이 소유권 등기/에스크로(금융 상품 2)를 처리합니다.

이 금융투자 생태계에서 질로우는 중개인(제19장)조차 파트너이자 고객으로 만듭니다. 프리미어 에이전트 프로그램은 중개인에게 트래픽(소비자 리드)을 판매하는 핵심 금융(수수료) 상품입니다. 중개인은 질로우의 생태계 안에서 금융 서비스(모기지, 등기)를 교차 판매하는 영업 사원 역할을 수행하게 됩니다.

이 사례는 iBuyer의 실패가 끝이 아님을 보여줍니다. 질로우는 부동산 투자의 무거운 리스크는 버리고, AVM과 트래픽이라는 데이터 자산을 지렛대 삼아, 더 가볍고 더 마진이 높은 금융투자 중개(모기지, 등기, 광고)라는 새로운 미래를 선택했습니다. 이는 알고리즘 자산(제1.3절)이 금융과 결합하는 iBuyer 2.0의 지속가능한 모습입니다.

자본의 민주화와 블록체인 혁명

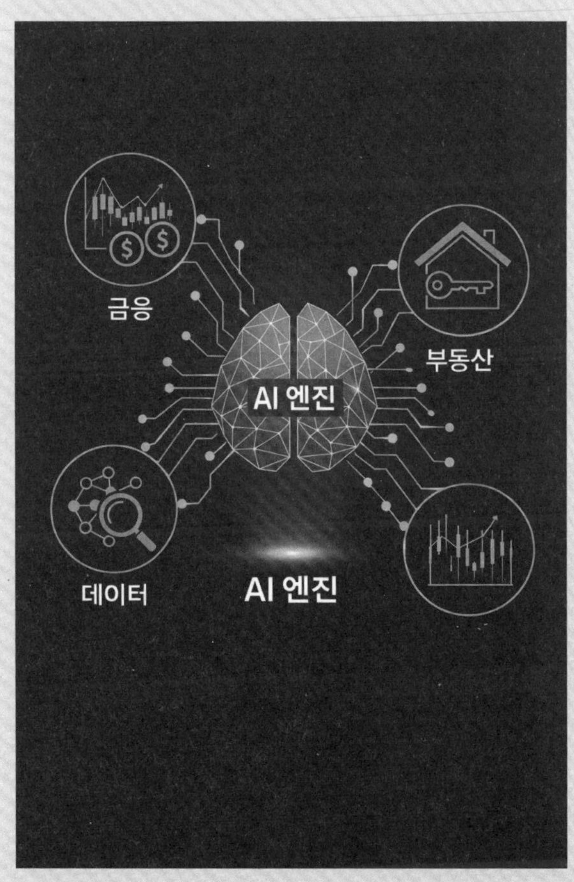

제13장

크라우드펀딩: 적격 투자자를 위한 캐드레 모델

캐드레 (Cadre) 모델

- 대상: 적격 투자자 (상위 10% 부자)
- 법규: Title II (사모)
- AI 역할: 수비수 (AI 큐레이션)
- 가치: 신뢰, 품질

펀드라이즈 (Fundrise) 모델

- 대상: 모든 대중 (90% 개인)
- 법규: Title IV (Reg A+)
- AI 역할: 공격수 (AI 팩터 투자)
- 가치: 민주화, 예측

자본 민주화의 두 투자 모델
(Two investment models of capital democratization)

13.1 자본의 성벽과 JOBS Act

제1장에서 부동산 시장의 정보의 성벽(1.1절)이 인터넷(프롭테크 1.0)에 의해 무너졌다고 논의했지만, 자본의 성벽(The Fortress of Capital)은 21세기 초까지도 견고하게 남아있었습니다. 정보는 민주화되었을지 몰라도, A급 투자 기회에 대한 접근은 민주화되지 않았습니다. 특히 수천억 원에 달하는 기관급(Institutional-Grade) 상업용 부동산(CRE) 시장은 블랙스톤(Blackstone)과 같은 거대 사모펀드, 연기금, 보험사 등 기관 투자자들만의 전유물이었습니다.

개인 투자자가 이 성벽 안으로 들어갈 방법은 거의 없었습니다. 수백억 원에 달하는 최소 투자 금액이라는 물리적 장벽 때문이었습니다. 개인이 선택할 수 있는 유일한 대안은 상장 리츠(Public REITs)를 주식 시장에서 매수하는 것뿐이었습니다. 하지만 상장 리츠는 근본적인 한계를 가집니다. 첫째, 투자자는 개별 자산(예: 강남 파이낸스 센터 빌딩)을 선택할 수 없고, A 리츠라는 묶음 상품을 사야만 합니다. 둘째, 상장 리츠의 주가는 부동산의 본질 가치보다는 주식 시장의 변동성과 매크로 금리에 훨씬 더 민감하게 연동됩니다(제3.1절). 이는 진정한 부동산 투자가 아닌 주식 투자의 성격이 강합니다.

이 견고한 자본의 성벽에 균열을 낸 것은, 프롭테크 1.0의 인터넷이 아니라 2008년 금융 위기 이후 등장한 법률이었습니다. 2012년 미국에서 통과된 JOBS Act(Jumpstart Our Business Startups Act)는 자본 시장의 정보 비대칭성을 해소하기 위한 역사적인 입법이었습니다. 이 법안의 핵심, 특히 타이틀 II(Title II)는 사모 펀드(Private Placements)가 과거에는 금지되었던 일반 대중 광고(General Solicitation)를 할 수 있도록 허용했습니다.

단, 여기에는 치명적인 조건이 붙었습니다. 광고는 모두에게 할 수 있지만, 투자는 오직 적격 투자자(Accredited Investors)만이 할 수 있다는 것입니다. 적격 투자자란 미국 SEC 기준, 연 소득 20만 달러 이상 또는 순자산 100만 달러(주 거주지 제외) 이상을 보유한, 손실을 감당할 능력이 있는 소수의 부유한 개인을 의미합니다(미국 인구의 약 10%). 즉, JOBS Act는 기관만 참여하던 A급 투자 시장의 문을 상위 10%의 개인에게까지 확장시킨 것입니다.

이 법적 변화는 프롭테크 1.5 시대를 열었습니다. 리얼티모굴(RealtyMogul), 펀드라이즈(Fundrise)의 초기 모델과 같은 크라우드펀딩(Crowdfunding) 플랫폼이 등장했습니다. 이들은 JOBS Act Title II를 기반으로, 사모 부동산 딜을 인터넷에 리스팅하고, 적격 투자자들을 온라인으로 모집하여 자본을 중개했습니다. 과거에는 발품을 팔아야만 만날 수 있었던 투자 기회를 웹사이트에서 클릭 한 번으로 볼 수 있게 되었습니다.

하지만 이 프롭테크 1.5 모델은 접근성은 해결했지만, 딜의 품질(Deal Quality)이라는 더 심각한 역선택(Adverse Selection) 문제를 야기했습니다. A급 딜을 가진 우량한 부동산 개발사(Sponsor)는 굳이 수수료를 내가며 크라우드펀딩 플랫폼에 아쉬운 소리를 할 필요가 없었습니다. 그들은 이미 블랙스톤 같은 기관 파트너가 있었습니다. 그 결과, 초기 플랫폼들은 기관 투자자들이 거절한 B급, C급의 위험한 딜들로 채워지기 쉬웠습니다.

투자자들은 정보는 얻었지만, 그 정보가 좋은 정보인지 나쁜 정보인지 판단할 지능(Intelligence)이 없었습니다. 시장은 단순 중개(Marketplace)를 넘어, 신뢰할 수 있는 큐레이션(Curation)을 요구하기 시작했습니다. 이 지점에서 캐드레(Cadre)와 같은 AI 기반의 프롭테크 2.0 크라우드펀딩 모델이 등장합니다.

투자는 본질(뿌리), 접근성(가지)이 핵심

- **자본의 성벽:** 과거 기관급 CRE 투자는 최소 투자금 장벽으로 인해 기관에게만 독점되었고, 개인은 상장 리츠(주식 시장 연동) 외 대안이 없었습니다.
- **촉매제(JOBS Act Title II):** 2012년 JOBS Act는 사모 펀드의 일반 광고를 허용하되, 투자는 적격 투자자(부유한 개인, 상위 10%)에게만 한정했습니다.
- **프롭테크 1.5(초기 크라우드펀딩):** 적격 투자자와 부동산 딜을 온라인에서 중개하는 플랫폼이 등장, 접근성은 해결했습니다. (예: 리얼티모굴)
- **새로운 문제(역선택):** 단순 중개 플랫폼은 딜의 품질을 보장하지 못했고, B/C급 딜이 몰리는 역선택 문제에 직면했습니다.

13.2 AI 큐레이션 모델: 캐드레(Cadre)

제13.1절의 프롭테크 1.5 플랫폼들이 딜의 품질 문제로 고전하고 있을 때, 2014년 등장한 캐드레(Cadre)는 완전히 다른 접근 방식을 취했습니다. 캐드레는 자신들을 모든 딜을 중개하는 열린 장터(Marketplace)가 아니라, 최고의 딜만을 선별(Curate)하여 회원(적격 투자자)에게만 비공개로 제공하는 투자 클럽(Investment Club)으로 포지셔닝했습니다. 그들의 핵심 가치 제안은 접근이 아니라 신뢰(Trust)와 품질(Quality)이었습니다.

이러한 품질 확보는 두 가지 전략을 통해 이루어졌습니다. 첫째, 인적 네트워크(Human Network)입니다. 캐드레의 창업자들은 블랙스톤, 골드만삭스 등 월스트리트 최고 기관 출신들로, A급 기관들이 검토하는 A급 딜 소싱(Sourcing) 파이프라인을 태생적으로 보유하고 있었습니다. 그들은 처음부터 기관이 버린 딜이 아닌, 기관과 함께 투자할 딜을 가져왔습니다.

둘째, 기술(AI)입니다. 캐드레는 가져온 딜을 그대로 중개하지 않았습니다. 그들은 제2장, 제7장, 제8장에서 다룬 AI 엔진을 활용하여, 파트너(기관)가 가져온 딜을 독자적으로 재검증(Re-underwriting)하는 내부 감사 프로세스를 구축했습니다. 즉, 캐드레는 중개업자(Broker)가 아니라, AI를 활용하는 기술 기반 수탁자(Tech-enabled Fiduciary)이자 자산 운용사 역할을 자처했습니다.

[사례 연구 13-1]은 캐드레의 AI 큐레이션 엔진입니다. 이 엔진은 제10장의 iBuyer AVM 3.0(주택)보다 훨씬 더 복잡한 상업용 부동산(CRE) 가치평가 및 리스크 분석 모델입니다. 이 모델은 두 단계로 작동합니다.

1. **시장(Market) 분석(Top-down):** 먼저 제7.2절의 마이크로 시장 예측 모델을 가동합니다. AI는 수백 개의 대안 데이터(제7.1절) - 모바일 유동인구(Placer.ai), 기업 채용 공고(NLP), VC 투자 현황, 소비 데이터 - 를 분석하여 미국 전역에서 가장 빠르게 성장하고 위험이 낮은 하위 시장(Sub-market)을 선별합니다. (예: 오스틴이 아닌, 오스틴 내 특정 3개 블록)

2. **자산(Asset) 분석(Bottom-up):** 선별된 시장 내의 딜이 들어오면, AI는 해당 자산의 현금 흐름(Cash Flow)을 분석합니다. 제8.2절의 임차인 리스크(NLP로 임차인 뉴

스 분석), 제8.3절의 동적 스트레스 테스트(금리 3% 급등 시 NOI 변화?) 등을 수천 번 시뮬레이션합니다(제9.1절 강건한 최적화).

캐드레의 투자 위원회는 인간의 경험과 AI의 분석을 결합합니다. AI가 이 딜의 데이터 알파(제1.3절)는 긍정적이지만, 임차인 집중 리스크(제8.2절)가 80%로 너무 높다고 경고하면, 인간 위원회는 이 딜을 거부(Reject)합니다. 캐드레에 따르면, 그들은 검토하는 딜의 95% 이상을 이 AI 큐레이션 과정에서 탈락시킵니다. 오직 상위 5%의 검증된 딜만이 플랫폼에 리스팅됩니다.

이 AI 큐레이션 모델은 제13.1절의 역선택 문제를 정면으로 해결합니다. 투자자(적격 투자자)는 더 이상 B/C급 딜의 홍수 속에서 옥석을 가릴 필요가 없습니다. "캐드레가 AI로 검증했으니, 최소한 레몬(Lemon)은 아니다"라는 신뢰를 갖게 됩니다. 이는 정보의 민주화(프롭테크 1.0)를 넘어, 신뢰의 민주화(프롭테크 2.0)로 나아가는 단계입니다.

결론적으로, 캐드레 모델의 핵심은 JOBS Act(법률)를 기반으로, A급 인적 네트워크(소싱)와 A급 AI 엔진(큐레이션)을 결합하여, 적격 투자자들에게 기관급 투자 기회를 신뢰할 수 있는 방식으로 제공하는 것입니다. 이는 AI가 단순 중개를 지능형 자문(제28장 WaaS)으로 격상시킨 대표적인 사례입니다.

신뢰 가치 선별, AI 투자의 뿌리

- **캐드레의 포지셔닝:** 열린 장터가 아닌, A급 딜만 선별하는 회원제 투자 클럽(가치 제안: 신뢰, 품질).
- **큐레이션 전략:** (1) 인적 네트워크(A급 기관)를 통한 A급 딜 소싱, (2) AI 엔진을 통한 독자적 재검증(Underwriting).
- **사례 13-1(AI 엔진):** AI 큐레이션은 Top-down(대안 데이터로 마이크로 시장 선별,

Ch 7)과 Bottom-up(개별 자산 현금흐름/리스크 스트레스 테스트, Ch 8)을 결합합니다.

- **역선택 해결:** AI가 95%의 딜을 사전 탈락시킴으로써, 단순 중개 플랫폼의 딜 품질(역선택) 문제를 해결합니다.
- **신뢰의 민주화:** 캐드레는 AI를 수탁자(Fiduciary)의 도구로 사용하여, 신뢰를 기반으로 한 지능형 큐레이션 서비스를 제공합니다.

13.3 비즈니스 모델과 유동성의 한계

캐드레가 AI 큐레이션(13.2절)이라는 강력한 가치를 제공한다면, 그 대가로 어떤 수익을 얻으며, 이 모델의 근본적인 한계는 무엇일까요? 캐드레의 비즈니스 모델은 제12.1절의 iBuyer 2.0처럼 자본 경량화(Capital-Light)된 플랫폼 및 자산운용 모델입니다. 그들은 재고 리스크(제11장)를 지지 않습니다.

캐드레의 수익원은 수수료(Fee)입니다. 이는 두 가지로 구성됩니다.

1. **거래 수수료(Upfront Fee):** 투자자가 플랫폼을 통해 최초 투자할 때, 투자금의 1~2%를 한 번 수취합니다. 이는 AI 큐레이션 및 딜 중개에 대한 대가입니다.
2. **자산 관리 수수료(Annual Asset Management Fee):** 캐드레는 딜을 중개하고 끝나는 것이 아니라, 해당 자산이 매각될 때까지(보통 5~10년), 매년 투자금의 1.0~1.5%를 자산 관리 명목으로 지속적으로 수취합니다. 이는 기술 기반 자산운용사로서의 수익입니다.

이 자본 경량화 모델은 iBuyer 1.0보다 훨씬 더 안정적이고 지속가능합니다. 시장이 호황이든 불황이든(제11.3절), 캐드레는 보유 자산(재고)이 없으므로 직접적인 손실을 입지 않습니다. 오히려 매년 누적되는 자산 관리 수수료(AUM 기반) 덕분에 안정적인 현금 흐름을 창출할 수 있습니다.

하지만 이 안정성의 이면에는, 투자자 입장에서의 치명적인 한계가 존재합니다. 바로 비유동성(Illiquidity)입니다. 캐드레가 중개하는 사모 부동산 펀드는 본질적으로 5년, 7년, 10년 동안 자금이 묶이는(Lock-up) 초(超)비유동성 자산입니다. 이는 상장 리츠와 달리 오늘 당장 팔 수 없음을 의미합니다.

캐드레 역시 이 비유동성 문제가 고객 이탈의 핵심 원인임을 알았습니다. 그래서 그들은 이 문제를 기술적으로 해결하려 시도했습니다. [사례 연구 13-2]는 캐드레 2차 시장(Cadre Secondary Market)입니다. 이는 캐드레 플랫폼 내부에서, 기존 투자자(A)가 보유한 사모 펀드 지분을 신규 투자자(B)에게 매매(P2P)할 수 있도록 중개하는 내부 주식 시장입니다.

이 2차 시장은 AI의 도움을 받습니다. "A가 보유한 뉴욕 빌딩 지분 7년 중 2년 경과분의 현재 가치는 얼마인가?"라는 어려운 질문에, 캐드레의 AI 엔진(13.2절)이 최신 데이터로 가치 평가(Pricing)를 지원합니다. 이는 정보 비대칭성 속에서 P2P 거래를 가능하게 하는 기술적 진보입니다.

하지만 이 2차 시장은 유동성 문제의 근본적인 해결책이 되지 못했습니다. 왜냐하면 이 시장은 모두에게 열린 공개 시장(Public Market)이 아니라, 캐드레 회원만 참여하는 폐쇄된 작은 연못(Walled Garden)이기 때문입니다. 매수자와 매도자가 동시에 존재해야만 거래가 성사됩니다.

2022년~2023년과 같은 블랙 스완(제11.3절) 시장이 닥치면, 모두가 매도자(Seller)가 되고 매수자(Buyer)는 사라집니다. 캐드레의 2차 시장은 즉시 마비됩니다. 즉, 이 기술적 유동성 장치는 호황기에는 작동하는 것처럼 보이지만, 진짜 유동성이 필요한 불황기에는 작동을 멈추는 반쪽짜리 해결책에 불과했습니다.

결론적으로, 캐드레(프롭테크 2.0)는 AI 큐레이션을 통해 접근성(1.5)과 딜 품질(1.5) 문제를 성공적으로 해결했지만, 적격 투자자라는 법적 장벽(14.1절)과 비유동성이라는 자산의 본질적 한계는 해결하지 못했습니다. 이 비유동성의 문제를 근본적으로 해결하려는 시도가 바로 제16장의 부동산 토큰화(STO)입니다.

지혜는 얻으나 공포는 남는다

- **비즈니스 모델:** 자본 경량화(Capital-Light) 모델. 재고 리스크(Ch 11) 없이, 거래 수수료(1회)와 자산 관리 수수료(매년)로 안정적 수익 창출.
- **핵심 한계(비유동성):** 투자자들은 기관급 수익을 얻는 대가로, 5~10년간 자금이 묶이는(Lock-up) 비유동성 리스크를 감수해야 합니다.
- **사례 13-2(2차 시장):** 캐드레는 이 비유동성 문제를 기술적으로 해결하기 위해, 내부 회원 간 P2P 지분 거래가 가능한 2차 시장을 개설했습니다. (AI가 가격 발견 지원)
- **실패(반쪽짜리 유동성):** 이 2차 시장은 폐쇄된 연못에 불과하며, 불황기(블랙 스완)에는 모두가 팔려고 해 매수자가 사라져 작동을 멈춥니다.
- **결론:** 캐드레(AI 큐레이션)는 품질 문제를 해결했지만, 비유동성 문제는 해결하지 못했습니다. 이는 제16장 토큰화의 등장 배경이 됩니다.

13.4 부동산 금융 투자 사례 연구

핵심 개념	정의	한계 및 시사점
자본의 성벽과 JOBS Act	과거 기관급 CRE 투자는 기관에 독점됨. 2012년 JOBS Act Title II가 적격 투자자(상위 10% 부자)에 한해 사모 투자 광고를 허용함.	정보가 아닌 자본의 민주화가 시작됨. 하지만 단순 중개 플랫폼은 B/C급 딜이 몰리는 역선택 문제에 직면함. (프롭테크 1.5)
캐드레 (AI 큐레이션)	열린 장터가 아닌, A급 딜만 선별(Curate)하는 회원제 투자 클럽. 신뢰와 품질을 가치로 제공함.	인적 네트워크(A급 소싱) + AI 엔진(독자적 재검증)을 결합하여 역선택 문제를 해결함. (프롭테크 2.0)

비즈니스 모델 (자본 경량화)	재고 리스크 없이 거래 수수료와 자산 관리 수수료로 안정적 수익을 창출하는 자본 경량화 모델.	iBuyer(Ch 11)보다 지속가능성이 높음.
유동성의 한계 (2차 시장)	5~10년 자금 묶임(Lock-up)이라는 비유동성 문제를 내부 2차 시장(P2P)으로 해결하려 시도함. (사례 13-2)	폐쇄된 연못에 불과하며, 불황기(블랙스완)에는 매수자가 사라져 작동을 멈춤. 유동성 문제 해결에는 실패함.

1) 부동산투자 실제 사례 연구: 적격 투자자의 캐드레(Cadre) AI 큐레이션 딜 투자

(TPO: 2019년 / 미국, 텍사스 오스틴 / 적격 투자자 사라의 CRE 실물 부동산 부분 투자)

사라는 2019년 당시 실리콘밸리에서 근무하는 적격 투자자(제13.1절)입니다. 그녀는 부동산 투자를 통해 포트폴리오를 다각화하고 싶었지만, 상장 리츠(제13.1절)는 주식 시장과 연동되어 분산 효과가 적었고, 로컬 부동산에 직접 투자하기에는 시간과 전문성이 부족했습니다. 그녀는 기관급 A급 딜에 소액으로 접근할 수 있는 캐드레(Cadre) 플랫폼을 선택했습니다.

사라의 부동산 투자 경험은 캐드레의 AI 큐레이션(제13.2절)에서 시작됩니다. 그녀는 캐드레 플랫폼에서 텍사스 오스틴, 신축 A급 멀티패밀리(주거용) 빌딩 딜을 발견합니다. 이 딜은 캐드레의 인적 네트워크를 통해 소싱되었으며, 캐드레의 AI 엔진(사례 13-1)이 95%의 딜을 탈락시킨 후 검증한 상위 5%의 투자 기회입니다.

플랫폼은 사라에게 AI 분석 리포트를 제공합니다. 이 리포트는 (1) Top-down 분석: "AI가 대안 데이터(제7장)를 분석한 결과, 오스틴 해당 하위 시장(Sub-market)은 기술직 인구 유입이 전국 상위 1%이며, 임대료 상승률이 향후 5년간 연 6%로 예측된다." (2) Bottom-up 분석: "AI가 스트레스 테스트(제8장)를 실행한 결과, 금리가 2% 급등하더라도 예상 현금 흐름은 안정적이다."

사라는 이 AI 큐레이션 리포트의 신뢰를 바탕으로, 최소 투자금액인 $50,000(약 6천만 원)을 온라인으로 투자합니다. 그녀는 수백억 원짜리 실물 부동산의 지분(Equity)을 부분 소유하게 되었습니다. 이후 사라는 캐드레의 자산 관리 대시보드를 통해 매 분기 배당금을 수령하고, AI가 업데이트하는 자산 현황을 보고받습니다.

이 사례는 적격 투자자가 AI 플랫폼을 통해 (1) 과거 기관만 접근 가능했던 A급 실물 부동산 투자에 접근하고, (2) AI 큐레이션이라는 데이터 기반 신뢰를 바탕으로 투자하며, (3) 자본 경량화(제13.3절)된 부분 소유를 통해 수익을 얻는 프롭테크 2.0의 부동산 투자 혁신을 보여줍니다.

2) 금융투자 실제 사례 연구: 캐드레(Cadre) 2차 시장의 유동성 함정

(TPO: 2023년 / 미국, 캐드레 플랫폼 / 적격 투자자 마이클의 금융 자산 매각 시도)

2019년, 마이클은 적격 투자자로서 캐드레(Cadre) 플랫폼에 금융투자를 집행했습니다. 그는 사라(위 사례)와 마찬가지로 오스틴 멀티패밀리 딜에 $100,000를 투자했습니다. 그는 (1) AI 큐레이션(제13.2절)의 품질과 (2) 캐드레가 약속한 2차 시장(사례 13-2)의 유동성을 믿었습니다. 이 2차 시장은 5~10년의 락업(Lock-up) 기간(제13.3절) 중에도, 투자자가 보유한 펀드 지분(금융 자산)을 다른 회원에게 P2P로 매각할 수 있게 해준다는 기술적 혁신이었습니다.

2020년~2021년 호황기 동안, 이 2차 시장은 작동하는 것처럼 보였습니다. 마이클은 자신의 금융 자산(펀드 지분) 가치가 AI 평가에 따라 상승하는 것을 보았고, 내부 시장에서 소규모 거래가 체결되는 것을 확인했습니다. 그는 자신의 금융투자가 유동성을 확보했다고 착각했습니다.

하지만 2022년 말~2023년, 블랙 스완(제11.3절)이 닥쳤습니다. 기준 금리가 폭등하고 부동산 시장이 냉각되자, 마이클은 현금이 필요해졌습니다. 그는 캐드레의 2차 시장에 접속하여 자신의 펀드 지분 $100,000어치를 매물로 내놓았습니다.

결과는 제로 유동성(제16.3절)이었습니다. 불황기가 되자, 모든 투자자가 매도자가 되려 했고, 아무도 매수자가 되려 하지 않았습니다(제15.3절). 캐드레의 AI가 적정 가격을 제시해 주었지만, 가격이 문제가 아니었습니다. 거래 자체가 사라진 것입니다. 마이클의 금융 자산은 폐쇄된 연못(제13.3절)에 완전히 갇혀버렸습니다.

이 실제 사례는 금융투자에서 기술이 자산의 본질(비유동성)을 이길 수 없음을 증명합니다. 캐드레의 2차 시장은 호황기에만 작동하는 반쪽짜리 유동성, 즉 가짜 유동성(제15.3절)이었습니다. 이 금융투자의 실패는 진정한 유동성을 향한 다음 단계(제16장 토큰화)의 혁신이 왜 필요했는지 역설적으로 보여줍니다.

제14장

모두를 위한 부동산 투자: eREIT의 부상

<table>
<tr><td>

👤 캐드레 (Cadre) 모델

- 대상: 적격 투자자 (상위 10% 부자)
- 법규: Title II (사모)
- AI 역할: 수비수 (AI 큐레이션)
- 가치: 신뢰, 품질

</td><td>

👥 펀드라이즈 (Fundrise) 모델

- 대상: 모든 대중 (90% 개인)
- 법규: Title IV (Reg A+)
- AI 역할: 공격수 (AI 팩터 투자)
- 가치: 민주화, 예측

</td></tr>
</table>

자본 민주화의 두 투자 모델
(Two investment models of capital democratization)

14.1 적격 투자자의 장벽(The Accredited Investor Barrier)

제13장의 캐드레(Cadre) 모델은 AI 큐레이션을 통해 딜의 품질과 신뢰 문제를 해결하는 기술적 진보를 이루었습니다. 하지만 캐드레는 법적 한계에 갇혀있었습니다. 그들의 회원제 클럽은 JOBS Act Title II에 따라 오직 적격 투자자(Accredited Investors)(제13.1절)에게만 열려있었습니다. 이는 미국 인구의 10%에 불과한 부유층만을 위한 그들만의 리그였습니다.

이는 프롭테크가 지향해야 할 자본의 민주화(Democratization of Capital)라는 궁극적인 목표와는 정면으로 배치됩니다. 오히려 정보는 모두가 가졌지만 A급 투자 기회는 상위

10%에게만 독점됨으로써, 기술(프롭테크)이 자산 불평등(저자 서문)을 해소하는 것이 아니라 심화시킬 수 있다는 기술적 디바이드(제25장)의 초기 사례가 될 수 있었습니다.

90%의 비적격 투자자(Non-Accredited Investors), 즉 평범한 개인들은 여전히 금융 소외 상태에 놓여있었습니다. 그들이 기관급 사모 부동산에 투자할 방법은 전무했습니다. 그들의 유일한 대안은 여전히 상장 리츠(제13.1절)뿐이었고, 이는 주식 시장의 변동성에 원치 않게 노출되는 불완전한 대안이었습니다.

시장은 두 번째 법적 혁신을 필요로 했습니다. 캐드레(Title II)가 부자 개인을 위한 것이었다면, 모두(Everyone)를 위한 새로운 법적 통로가 필요했습니다. 이 통로 역시 JOBS Act의 다른 조항에서 나왔습니다. 캐드레가 사모(Private)의 광고를 허용했다면, 모두를 위한 모델은 공모(Public)의 문턱을 극적으로 낮추는 방식이어야 했습니다.

이 90%의 시장을 공략하기 위해, 프롭테크 기업들은 JOBS Act Title III(Regulation CF)와 Title IV(Regulation A+)에 주목하기 시작했습니다. 이 조항들은 적격 투자자 여부와 관계없이, 일반 대중을 상대로 온라인에서 직접 자금을 조달할 수 있도록 허용한 진정한 의미의 크라우드펀딩 법안입니다.

특히 Regulation A+(이하 Reg A+)는 2015년 최종 발효되면서 게임 체인저가 되었습니다. Reg A+는 기업이 SEC(증권거래위원회)에 감사받은 서류를 제출하고 승인받는다면, 12개월간 최대 5천만 달러(현재 7천5백만 달러로 상향)까지 일반 대중으로부터 미니 IPO(Mini-IPO) 형태로 자금을 조달할 수 있게 했습니다.

이는 적격 투자자에게만 사모로 팔던 캐드레(Title II) 모델보다 훨씬 더 복잡하고 비용이 많이 드는 규제입니다(SEC 승인 필요). 하지만 일단 승인만 받으면, 투자자의 제한이 없는(All Welcome) 거대한 시장이 열리는 것을 의미했습니다. 이 Reg A+라는 새로운 무기를 들고 자본의 민주화에 가장 먼저 뛰어든 기업이 바로 펀드라이즈(Fundrise)입니다.

불평등 해소, 기회균등 씨앗

- **캐드레의 한계:** AI 큐레이션(Ch 13.2)은 훌륭했지만, JOBS Act Title II 법규로 인해 적격 투자자(상위 10% 부자)에게만 독점되었습니다.
- **불평등 심화:** 이는 90%의 개인(비적격 투자자)을 금융 소외시키고, 자산 불평등을 심화시킬 수 있는 기술적 디바이드 문제를 야기했습니다.
- **두 번째 법적 혁신(Reg A+):** JOBS Act Title IV(Regulation A+)는 SEC 승인이라는 더 높은 규제 허들을 넘는 대신, 비적격 투자자(모두)에게 합법적으로 투자를 받을 수 있는 미니 IPO의 길을 열었습니다.
- **새로운 시장:** 90%의 시장을 공략하기 위한 새로운 투자 수단이 필요했고, 펀드라이즈가 Reg A+를 활용해 이 시장을 개척했습니다.

14.2 eREIT의 탄생: D2C와 자본의 민주화

Regulation A+(14.1절)라는 법적 무기가 준비되었지만, 어떻게(How) 90%의 대중에게 매력적인 투자 상품을 만들고 판매할 것인가라는 기술적, 사업적 과제가 남아있었습니다. "SEC 승인을 받았으니, 우리 웹사이트에 A 빌딩 펀드를 올립니다. 최소 투자금 1천만 원"이라고 한다면, 90%의 대중은 아무도 투자하지 않을 것입니다. 대중은 소액으로, 이해하기 쉽고, 분산된 상품을 원했습니다.

이 과제를 해결하기 위해, 펀드라이즈(Fundrise)는 eREIT(Electronic REIT)라는 혁신적인 금융-기술 융합 상품을 발명했습니다. 이는 상장 리츠(Public REIT)도 아니고, 캐드레의 사모 펀드(Private Fund)도 아닌, 제3의 길이었습니다. eREIT은 비상장(Non-traded) 리츠이면서, Reg A+ 법규에 따라 제조사(펀드라이즈)가 소비자(개인)에게 온라인으로 직접 판매(D2C, Direct-to-Consumer)하는 디지털 리츠입니다.

[사례 연구 14-1]은 펀드라이즈 eREIT의 작동 방식입니다.

1. **설계(AI 기반, 14.3절):** 펀드라이즈의 AI 엔진(제7장)이 미국 선벨트(Sun Belt) 지역의 단독주택 임대(SFR) 시장이 유망하다는 팩터(제9.2절)를 발굴합니다.

2. **제조(eREIT):** 펀드라이즈는 이 팩터에 집중 투자하는 펀드라이즈 선벨트 성장 eREIT라는 비상장 리츠를 설계하고, Reg A+에 따라 SEC의 승인을 받습니다.

3. **판매(D2C):** 이 eREIT 상품을 주식 시장이나 증권사를 통하는 것이 아니라, 자사 웹사이트(Fundrise.com)와 앱에서 직접 대중에게 판매합니다.

4. **소액 투자(Democratization):** 최소 투자 금액을 10달러 또는 100달러로 낮춥니다. 이는 적격 투자자가 아닌 대학생, 사회 초년생 등 모든 사람이 기관급 부동산 포트폴리오에 주주로 참여할 수 있게 되었음을 의미합니다.

이 eREIT 모델은 상장 리츠(13.1절)의 단점과 사모 펀드(13.1절)의 단점을 동시에 극복하려 시도했습니다.

1. **주식 시장 단점 극복:** eREIT는 비상장이므로, 주식 시장의 일일 변동성에 노출되지 않습니다. 그 가치는 기초자산(부동산)의 가치 평가에 따라 분기별로 안정적으로 조정됩니다(제3.1절의 평활화와 유사).

2. **사모 펀드 단점 극복:** 적격 투자자라는 진입 장벽이 완전히 사라졌습니다. 모든 사람이 소액으로 투자할 수 있습니다.

펀드라이즈는 eREIT이라는 상품(Product)을 발명하고, Reg A+라는 법률(Legal)을 활용하며, D2C 플랫폼(Tech)을 통해 판매함으로써, 캐드레(Cadre)가 도달하지 못했던 진정한 자본의 민주화의 첫걸음을 떼었습니다.

하지만 이 모델은 새로운 질문을 던집니다. "캐드레는 A급 기관의 A급 딜을 AI로 검증(Curation)(13.2절)이라도 했는데, 펀드라이즈는 대중의 푼돈을 모아서 어떤 자산을 어떻게 사겠다는 것인가?" 만약 펀드라이즈가 B/C급 자산만 사들인다면, 이는 민주화가 아니라 위험의 전가일 뿐입니다. 펀드라이즈는 "우리의 AI는 검증을 넘어, A급 딜을 직접 발굴(Origination)한다"고 답합니다.

직통이 투자의 뿌리다

- **eREIT의 정의:** 비상장(Non-traded) 리츠이면서, Reg A+(법률)에 따라 제조사(플랫폼)가 일반 대중(비적격)에게 온라인으로 직접 판매(D2C)하는 디지털 투자 상품.
- **사례 14-1(펀드라이즈):** eREIT이라는 상품을 발명하여, 최소 10달러로 모든 사람이 기관급 부동산 포트폴리오에 투자할 수 있는 자본의 민주화를 최초로 구현했습니다.
- **D2C(Direct-to-Consumer):** 증권사(중간 유통)를 거치지 않고 자사 웹사이트/앱에서 직접 판매하여 비용을 낮추고 고객을 직접 확보합니다.
- **장점:** 상장 리츠의 단점(주식 시장 변동성)과 사모 펀드(캐드레)의 단점(적격 투자자 장벽)을 동시에 회피하려 시도한 제3의 길입니다.

14.3 AI 기반 팩터 투자와 딜 소싱

eREIT(14.2절)가 모두를 위한 투자 그릇(Vehicle)이라면, 그 그릇에 무엇을 담을 것인가를 결정하는 두뇌가 바로 펀드라이즈의 AI 엔진입니다. 캐드레(13.2절)의 AI가 외부의 A급 딜을 검증(Curation)하는 수비수 역할에 가깝다면, 펀드라이즈의 AI는 미개척 시장에서 A급 기회를 직접 발굴(Origination)하고 타이밍을 잡는 공격수 역할에 가깝습니다. 이는 제9.2절의 AI 기반 팩터 투자 모델의 실전 적용 사례입니다.

펀드라이즈의 AI 전략은 두 단계로 작동합니다.

1. **AI 팩터 분석(Market Selection):** 먼저, 펀드라이즈의 AI 엔진은 미국 전역의 모든 하위 시장(Zip Code 단위)을 매일 스캔합니다(제7.2절 마이크로 예측). 이 AI는 전통적 데이터(인구, 소득, 공실률)뿐만 아니라, 제7.1절의 대안 데이터 - 신규 기업 설립 허가, U-Haul 이사 데이터(인구 유입), 산업별 채용 공고(NLP), 기후 리스크 점수(제8.2절) - 등 수백 개의 변수를 융합합니다.

2. **스마트 베타 팩터 발굴:** AI는 이 데이터를 머신러닝으로 분석하여, 미래 1~3년간 초과 수익을 낼 확률이 가장 높은 팩터(Factor)(제9.2절)와 그 팩터가 가장 강하게 나타나는 지역(Location)을 지도 위에 히트맵(Heatmap)으로 시각화합니다. (예: 2019년, 선벨트(Sun Belt) 지역의 인구 유입 대비 주택 공급 부족 팩터가 임계치를 넘었다.)

[사례 연구 14-2]는 펀드라이즈의 선벨트(Sun Belt) 팩터 투자입니다. 2010년대 중반, 펀드라이즈의 AI는 캘리포니아/뉴욕을 떠나 텍사스, 플로리다, 애리조나(선벨트)로 기업과 인재가 대규모로 이동(Migration)하는 초기 신호(Weak Signal)(제7.1절)를 가장 먼저 포착했습니다. 이는 코로나19로 이 트렌드가 가속화되기 몇 년 전입니다.

펀드라이즈는 이 AI의 예측에 베팅했습니다. 그들은 선벨트 성장 eREIT과 같은 팩터 기반 상품(14.2절)을 미리 만들고, 대중으로부터 자본을 모았습니다. 이 총알(자본)을 가지고, 그들은 AI가 선정한 바로 그 마이크로 시장(예: 오스틴, 내슈빌 교외)에서 단독주택 임대(SFR) 단지나 다세대주택(Multifamily)을 공격적으로 매입하거나 직접 개발(Development)했습니다.

이는 딜 소싱(Deal Sourcing) 방식의 근본적인 변화입니다.

- **전통 방식(Inbound)**: 중개인이 "좋은 물건 나왔습니다"라고 가져오는(Inbound) 딜을 기다리고 검토합니다(캐드레 방식과 유사).
- **AI 방식(Outbound)**: AI가 A 지역의 B 팩터가 폭발 직전이니, A 지역의 모든 물건을 찾아내라고 명령하고, 펀드라이즈의 지역 운용팀이 선제적으로 해당 지역의 오프-마켓(Off-market) 딜(시장에 나오지 않은 딜)을 발굴(Outbound)합니다.

결론적으로, 펀드라이즈의 AI는 대안 데이터(제7장)를 활용해 남들보다 먼저 미래의 성장 팩터(제9.2절)를 예측하고, eREIT라는 대중적 그릇(14.2절)을 통해 자본을 모아, 선제적으로 해당 팩터에 베팅하는 스마트 베타(Smart Beta)(제3.3절) 운용사입니다. 이는 AI가 수동적 검증을 넘어 능동적 딜 발굴의 엔진이 되었음을 보여줍니다.

이것만은 꼭! (This is a must)

지혜로 선점, 시대에 앞서 능동 투자하라

- **AI의 역할(공격수)**: 캐드레(검증/수비)와 달리, 펀드라이즈의 AI는 새로운 투자 기회(팩터)를 직접 발굴(Origination)하고 타이밍을 잡는 공격수입니다.
- **AI 팩터 투자(Ch 9.2)**: AI(ML, 대안 데이터)가 미국 전역을 마이크로하게 스캔하여, 초과 수익이 예상되는 성장 팩터(예: 인구 유입)와 지역(예: 선벨트)을 예측합니다.
- **사례 14-2(선벨트 투자)**: 펀드라이즈는 AI를 통해 코로나 이전부터 선벨트 지역의 성장 팩터를 미리 포착하고, eREIT 자본을 선제적으로 집중 베팅했습니다.
- **딜 소싱의 변화(Outbound)**: 중개인이 가져오는 딜을 기다리는(Inbound) 것이 아니라, AI가 명령한 지역의 오프-마켓 딜을 직접 찾아 나서는(Outbound) 방식으로 진화했습니다.

14.4 eREIT의 유동성과 한계

펀드라이즈(Fundrise)의 eREIT 모델은 AI 기반 팩터 투자(14.3절)를 모든 대중(14.2절)에게 개방함으로써 자본의 민주화를 기술적으로 구현했습니다. 하지만 이 모델 역시 캐드레(제13.3절)가 봉착했던 동일한 문제, 즉 비유동성(Illiquidity)이라는 아킬레스건을 해결하지 못했습니다.

eREIT의 본질은 비상장(Non-traded) 리츠입니다. 이는 주식 시장의 변동성을 피하는 장점인 동시에, 주식 시장이 제공하는 즉각적인 유동성을 포기하는 단점을 내재합니다. 펀드라이즈 역시 투자자들의 유동성 요구가 가장 큰 불만 사항임을 알고, 캐드레(13.3절)와 유사한 기술적 해결책을 제시했습니다.

[사례 연구 14-3]은 펀드라이즈의 분기별 환매 프로그램(Quarterly Redemption Program)입니다. 이는 2차 시장(P2P)이라기보다는, 자사주 매입(Buyback)에 가깝습니다. 투자자가 돈이 필요하면, 펀드라이즈 플랫폼에 환매를 요청할 수 있습니다. 펀드라이즈는 보유 현금이나 신규 투자금을 재원으로, 분기별로 이 환매 요청을 받아줍니다.

하지만 이 환매 프로그램에는 두 가지 치명적인 제약이 숨어있습니다. 첫째, 벌금(Penalty)입니다. 5년 이내에 환매를 요청하면, 투자 원금에서 벌금(1~3%)을 차감합니다. 이는 단기 투기를 막고 장기 투자를 유도하기 위한 안전장치입니다.

둘째, 절대적 보장이 아니라는 것입니다. 펀드라이즈의 이용 약관에는 환매 프로그램은 회사의 재량에 따라 언제든지 중단되거나 제한될 수 있다고 명시되어 있습니다. 즉, 이는 권리가 아니라 혜택에 불과합니다.

이 제약이 현실이 된 것이 바로 **2022년~2023년의 블랙 스완(제11.3절) 시기**입니다. 금리 급등과 시장 침체가 오자, 공포에 빠진 개인 투자자들이 eREIT에서 대규모 환매(Mass Redemption)를 요청하기 시작했습니다(뱅크런과 유사). 펀드라이즈뿐만 아니라, 블랙스톤이 운영하는 유사한 거대 비상장 리츠 BREIT에도 수십억 달러의 환매 요청이 폭주했습니다.

만약 펀드라이즈가 이 환매 요청을 모두 받아주려면, 보유한 A급 부동산을 불황기에 헐값에 급매(Fire Sale)해야 합니다. 이는 장기 투자한 다른 모든 투자자에게 손해를 끼치는 최악의 행위입니다.

결국 펀드라이즈와 블랙스톤은 동일한 선택을 했습니다. 바로 셔터를 내리는 것(Gating), 즉 환매 중단 또는 환매 총량 제한입니다. 그들은 약관에 따라, 이번 분기 환매는 요청액의 40%만 허용한다고 선언했습니다. 이는 투자자들에게 "당신이 민주화된 투자를 한 대가는, 원할 때 돈을 뺄 수 없음이다"라는 냉혹한 현실을 증명한 사건입니다.

결론적으로, eREIT(프롭테크 2.0)는 AI와 법률을 결합해 투자 진입의 민주화는 성공시켰습니다. 하지만 투자 회수(Exit)의 민주화, 즉 유동성 문제는 완벽히 실패했습니다. 캐드레(13장)와 펀드라이즈(14장) 모두 비유동성이라는 벽 앞에서 기술적 한계를 드러낸 것입니다.

이것만은 꼭! (This is a must)

유동성 뿌리 없으면 회수 가지 없다

- **eREIT의 한계(비유동성):** eREIT는 비상장이므로 주식 시장의 변동성은 피했지만, 즉각적인 유동성도 포기해야 했습니다. (캐드레와 동일한 문제, Ch 13.3)
- **사례 14-3(환매 프로그램):** 펀드라이즈는 분기별 환매라는 기술적 유동성 장치를 제공했으나, 이는 벌금이 있고 보장되지 않는 혜택일 뿐입니다.
- **Gating(환매 중단):** 2022년 블랙 스완 시기, 대규모 환매(뱅크런) 요청이 폭주하자, 펀드라이즈와 블랙스톤(BREIT)은 장기 투자자 보호를 명분으로 환매를 중단/제한(Gating)했습니다.
- **실패(유동성 민주화):** eREIT는 투자 진입의 민주화는 성공했지만, 투자 회수(Exit)의 민주화, 즉 유동성 문제는 완전히 실패했습니다.

14.5 부동산 금융 투자 사례 연구

핵심 개념	정의	한계 및 시사점
적격 투자자 장벽(한계)	캐드레(Ch 13) 모델은 적격 투자자(상위 10% 부자)에게만 독점되어, 90%의 개인을 금융 소외시킴.	자본의 민주화에 실패했으며, 기술적 디바이드로 불평등을 심화시킬 위험.
Reg A+ (새로운 법)	JOBS Act Title IV(Regulation A+)는 SEC 승인이라는 높은 허들을 넘는 대신, 비적격 투자자(모두)에게 합법적으로 공모(미니 IPO) 투자를 받을 수 있게 함.	90%의 시장을 공략할 법적 기반이 마련됨.
eREIT (펀드라이즈)	비상장 리츠이면서, Reg A+ 법규에 따라 제조사(플랫폼)가 일반 대중에게 온라인으로 직접 판매(D2C)하는 디지털 금융 상품.	최소 10달러로 모든 사람이 투자 가능. (1) 상장 리츠의 변동성 회피 + (2) 사모 펀드의 진입 장벽 해소.
유동성 한계 (Gating)	비상장이므로 즉각적인 유동성이 없음. 분기별 환매 프로그램(사례 14-3)을 기술적으로 제공했으나, 보장되지 않음.	2022년 블랙 스완 시기, 대규모 환매(뱅크런) 요청이 폭주하자 환매 중단(Gating)을 실행. 유동성 민주화에는 실패함.

1) 부동산투자 실제 사례 연구: 펀드라이즈(Fundrise)의 선벨트(Sunbelt) SFR AI 팩터 투자

펀드라이즈(Fundrise)는 부동산 투자의 민주화와 AI 기반 팩터 투자(제9.2절)를 결합한 대표적인 실제 사례입니다. 이들의 부동산 투자 전략은 캐드레(제13장)와 근본적으로 다릅니다. 캐드레가 인간의 네트워크로 A급 딜을 검증(Curation)한다면, 펀드라이즈는 AI가 데이터로 B/C급 시장의 알파(초과 수익)를 발굴(Origination)합니다.

이 부동산 투자 전략의 핵심은 제14.3절의 아웃바운드 딜 소싱입니다. 펀드라이즈의 AI 엔진은 중개인을 기다리지 않습니다. AI는 미국 전역의 마이크로 시장(Zip Code 단위)을 대안 데이터(제7.1절)로 매일 스캔합니다. AI는 U-Haul 이사 데이터(인구 유입), 신규 기업 설립 허가(일자리), 주택 공급 데이터(경쟁) 등을 분석하여 미래 성장 팩터를 예측합니다.

[사례 14-2]가 바로 선벨트(Sunbelt) 팩터 투자입니다. 2010년대 중반, 펀드라이즈의 AI는 코로나19 이전에 이미 캘리포니아를 떠나 텍사스, 플로리다 등 선벨트로 인구가 이동하는 초기 신호를 포착했습니다. AI는 "이 지역들은 인구 유입(수요) 대비 주택 공급(공급)이 구조적으로 부족하여, 임대료가 급등할 것"이라고 예측했습니다.

이 AI의 처방에 따라, 펀드라이즈는 부동산 투자를 실행했습니다. 그들은 Reg A+(제 14.1절)를 통해 모든 대중으로부터 최소 10달러(제14.2절)의 소액 자본을 모아, 선벨트 성장 eREIT과 같은 팩터 집중형 eREIT을 출시했습니다. 그리고 이 대중의 자본으로, AI가 지목한 선벨트 지역의 단독주택 임대(SFR) 단지와 다세대주택 실물 부동산을 선제적으로 대량 매입했습니다.

이 사례는 AI가 부동산 투자의 두뇌가 되어, (1) 미래를 예측하고, (2) 법률(Reg A+)을 활용해 자본을 모으며, (3) 실물 자산을 선점하는 프롭테크 2.0의 공격적 투자 모델을 보여줍니다. 자본의 민주화가 AI 팩터 투자와 결합된 것입니다.

2) 금융투자 실제/가상 혼합 사례 연구: 비적격 투자자 김씨의 eREIT 환매 중단 (Gating) 경험
(TPO: 2023년 / 대한민국, 서울 / 펀드라이즈(Fundrise)에 투자한 비적격 투자자 김씨)

서울에 거주하는 30대 직장인 김씨는 비적격 투자자(제14.1절)입니다. 그는 부동산에 금융투자를 하고 싶었지만, 한국의 아파트는 너무 비싸고, 캐드레(제13장) 같은 미국의 사모 투자는 자격이 되지 않았습니다. 2021년, 그는 최소 10달러로 모든 사람이 미국 부동산에 투자할 수 있다는 펀드라이즈(Fundrise)의 eREIT(제14.2절) 상품을 발견했습니다.

김씨의 금융투자 경험은 자본의 민주화 그 자체였습니다. 그는 스마트폰 앱을 통해 100만 원(약 $800)을 즉시 투자했습니다. 그는 펀드라이즈의 AI가 선별한(사례 14-2) 선벨트 성장 eREIT의 주주(금융 자산 보유자)가 되었습니다. 그는 주식 시장의 변동성 없이 매 분기 배당금이 달러로 입금되는 것에 만족했습니다.

그는 유동성 문제(제14.4절)도 해결되었다고 믿었습니다. 펀드라이즈 앱에는 분기별 환매 프로그램(사례 14-3) 버튼이 있었기 때문입니다. 그는 주식처럼 즉시는 아니더라도, 원하면 분기별로 현금화가 가능할 것이라고 생각했습니다.

하지만 2022년 말, 블랙 스완(제11.3절)이 닥쳤습니다. 미국의 기준 금리가 폭등하고 부동산 시장이 냉각되자, 김씨는 불안감에 투자금 회수를 결심했습니다. 그는 펀드라이즈 앱에서 환매 버튼을 클릭했습니다.

그러나 김씨가 마주한 것은 환매 승인이 아닌, 환매 제한(Gating)(제14.4절) 공지였습니다. 블랙록의 BREIT와 마찬가지로, 펀드라이즈 역시 대규모 환매(뱅크런) 요청이 폭주하자, 장기 투자자 보호를 명분으로 환매를 일시 중단하거나 제한한 것입니다. 김씨의 금융투자 자산은 플랫폼 안에 갇혀버렸습니다.

이 사례는 금융투자의 민주화가 유동성의 민주화와 동의어가 아님을 고통스럽게 보여줍니다. eREIT은 투자 진입의 장벽은 허물었지만, 투자 회수의 장벽은 해결하지 못했습니다. 기술로 포장된 유동성은 위기 앞에서 작동을 멈췄습니다(제15.3절).

제15장

크라우드펀딩 플랫폼 비교: 유동성과 리스크

불황기 유동성의 함정
(The Liquidity Trap During a Recession)

15.1 Title II vs. Title IV: 타겟 고객과 규제

제13장(캐드레)과 제14장(펀드라이즈)에서 살펴본 두 선구적인 모델의 근본적인 차이는, 그들이 사용하는 AI 엔진의 차이가 아니라 그들의 존재 기반이 되는 법률(Law)의 차이입니다. 두 플랫폼은 2012년 통과된 JOBS Act(제13.1절)라는 동일한 법의 서로 다른 조항을 활용했습니다. 이 법적 선택이 그들의 타겟 고객, 규제 수준, 비즈니스 모델 전체를 결정했습니다.

첫 번째 모델은 캐드레(Cadre)가 활용한 JOBS Act Title II(Regulation D 506c)입니다. 이는 사모(Private Placement) 시장의 광고를 허용한 조항입니다. Title II의 핵심은

투자자의 자격에 있습니다. 기업은 불특정 다수에게 "우리가 이런 펀드를 팝니다"라고 광고(General Solicitation)는 할 수 있지만, 실제 투자는 오직 적격 투자자(Accredited Investors)(제13.1절)에게만 사모로 받아야 합니다. 이는 90%의 대중을 원천적으로 배제하고, 상위 10%의 부유층만을 타겟하는 그들만의 리그입니다.

이 Title II 모델은 플랫폼(캐드레) 입장에서 장점이 명확합니다. (1) SEC(증권거래위원회)의 사전 승인이 필요 없습니다. "우리는 적격 투자자에게만 팝니다"라고 신고만 하면 되므로 속도가 빠르고 비용이 적게 듭니다. (2) 투자자들이 부유층이므로 최소 투자 금액을 $25,000 이상(수천만 원)으로 높게 설정할 수 있습니다. (3) 투자자들이 손실 감내 능력이 있다고 법적으로 간주되므로, 규제 당국의 개입이 상대적으로 덜합니다.

하지만 이 모델의 명백한 단점은 시장 규모(TAM)가 극도로 제한된다는 것과, 자본의 민주화라는 시대정신(저자 서문)에 역행한다는 것입니다. 기술(AI 큐레이션, 13.2절)은 민주화될 수 있었지만, 법률(Title II)이 그 접근을 차단한 것입니다. 이는 프롭테크가 기술적 불평등(제25장)을 심화시킬 수 있음을 보여주는 첫 번째 사례입니다.

두 번째 모델은 펀드라이즈(Fundrise)가 활용한 JOBS Act Title IV(Regulation A+)입니다(제14.1절). 이는 미니 IPO(Mini-IPO) 조항입니다. Title IV의 핵심은 투자자의 자격이 아니라, SEC의 사전 승인에 있습니다. 이 조항은 SEC에 감사받은 재무제표와 상세한 사업 계획서를 제출하여 사전 승인을 받기만 한다면, 적격/비적격 여부와 관계없이 모든 대중에게 공모(Public)로 투자를 받을 수 있게 했습니다.

이 Title IV 모델은 플랫폼(펀드라이즈) 입장에서 치명적인 단점이 있습니다. SEC의 사전 승인 과정은 수개월이 걸리고 수억 원의 법률/회계 비용이 발생합니다. 규제 허들이 Title II와는 비교할 수 없이 높습니다. 또한 투자자 보호를 위해 지속적인 공시 의무를 져야 합니다.

하지만 이 높은 허들을 넘었을 때 얻는 보상은 엄청납니다. (1) 90%의 대중이라는 무한한 시장이 열립니다. (2) 최소 투자 금액을 $10(제14.2절)까지 낮출 수 있어, 진정한 소액 투자(Democratization)가 가능해집니다. (3) D2C(Direct-to-Consumer)(제14.2절)

모델을 통해 중간 유통 마진 없이 수백만 명의 고객을 직접 확보할 수 있습니다.

결론적으로 Title II(캐드레)는 소수의 부자를 타겟으로 빠르고 은밀하게 움직이는 스피드보트 모델입니다. 반면 Title IV(펀드라이즈)는 모든 대중을 타겟으로 느리고 비용이 많이 들지만 합법적인 공모로 움직이는 항공모함 모델입니다. 이 법적 선택이 15.2절의 AI의 역할마저 결정하게 됩니다.

원칙은 뿌리, 법규는 줄기, 전략은 가지

- **법적 기반의 차이:** 캐드레(Ch 13)와 펀드라이즈(Ch 14)의 핵심 차이는 AI가 아니라, JOBS Act의 서로 다른 조항을 선택했다는 점입니다.
- **Title II(캐드레):** 적격 투자자(상위 10%) 대상. 사모. SEC 사전 승인 불필요. (장점: 속도, 비용 / 단점: 시장 제한, 불평등)
- **Title IV(Reg A+, 펀드라이즈):** 모든 대중(90%) 대상. 공모(미니 IPO). SEC 사전 승인 필수. (장점: 시장 규모, 민주화 / 단점: 속도, 비용, 규제)
- **모델 비교:** Title II는 소수 대상 스피드보트(고액/사모) 모델, Title IV는 대중 대상 항공모함(소액/공모) 모델입니다.

15.2 AI의 역할 비교: 큐레이션 vs. 딜 소싱

제15.1절에서 분석한 법적 기반과 타겟 고객의 차이는, 두 플랫폼이 AI를 활용하는 방식에서도 결정적인 차이를 만들어냈습니다. 캐드레(Cadre)는 소수의 부자들에게 신뢰를 줘야 했고, 펀드라이즈(Fundrise)는 다수의 대중을 상대로 수익을 내야 했습니다. 이는 AI에게 서로 다른 임무를 부여했습니다.

캐드레의 AI는 수비수이자 큐레이터(Curator)입니다(제13.2절). 캐드레의 A급 딜은 AI가 아닌, 창업자들의 월스트리트 인적 네트워크(Human Network)에서 소싱(Sourcing)됩니다. 블랙스톤급 기관들이 먼저 검토하는 딜에 함께 참여하는 인바운드(Inbound) 모델입니다. 소수의 부자(적격 투자자)들은 아무 딜에나 투자하지 않습니다. 그들은 A급 딜의 안정성과 품질을 신뢰하길 원합니다.

이 지점에서 캐드레의 AI가 임무를 받습니다. 그 임무는 파트너(기관)가 가져온 이 딜이 진짜 A급인지 독자적으로 재검증(Re-underwriting)하라는 것입니다. 캐드레의 AI는 신뢰를 위한 필터입니다. 제13.2절의 [사례 13-1]처럼, AI는 대안 데이터(제7장)와 스트레스 테스트(제8장)를 총동원해 검토한 딜의 95%를 거절(Reject)합니다. AI의 가치는 A급 딜 1개를 찾는 것이 아니라, B/C급 딜 19개를 걸러내는 것입니다.

반면, 펀드라이즈의 AI는 공격수이자 딜 발굴자(Originator)입니다(제14.3절). 펀드라이즈는 대중(90%)을 상대하며 $10씩 모읍니다. 그들은 블랙스톤의 인적 네트워크를 이용할 수 없습니다. 그들은 대중에게 "우리가 남들보다 더 똑똑하게 돈을 불려준다"는 수익률을 증명해야 합니다. 따라서 그들의 AI는 수비(검증)가 아니라 공격(발굴)에 특화되어야 했습니다.

이 공격수 AI는 아웃바운드(Outbound) 모델로 작동합니다. 중개인이 딜을 가져오길 기다리는 것(캐드레)이 아니라, AI가 먼저 딜을 찾아 나서는 것입니다. 제14.3절의 [사례 14-2]처럼, 펀드라이즈의 AI는 미국 전역의 대안 데이터(제7.1절)를 분석해 남들이 모르는 성장 팩터(Factor)(제9.2절)와 마이크로 시장을 예측(Predict)합니다.

펀드라이즈 AI의 가치는 B급 딜 19개를 걸러내는 것(캐드레)이 아니라, 남들이 B급이라고 생각한 지역(예: 2018년의 선벨트)이 사실은 A급임을 미리 발견하는 것입니다. AI가 투자처를 먼저 지목하면, 인간(운용팀)이 그 지역의 오프-마켓 딜을 발굴하러 출동합니다.

이 차이는 AI의 역량 차이가 아니라, 비즈니스 모델의 요구 조건 차이입니다. 캐드레는 신뢰를 팔기 위해 검증(Curation) AI를, 펀드라이즈는 수익률을 팔기 위해 예측

(Origination) AI를 발전시켰습니다.

결론적으로, 캐드레는 인간(네트워크)이 소싱하고 AI가 검증하는 인간-AI 협업 모델입니다. 펀드라이즈는 AI가 예측하고 인간이 실행하는 AI-인간 협업 모델입니다. AI 큐레이션과 AI 딜 소싱은 적격 투자자 시장과 대중 시장이라는 서로 다른 환경에 적응한 진화의 결과입니다.

신뢰의 뿌리, 예측의 가지, 성공 열매

- **AI 역할의 차이:** 타겟 고객(15.1)의 요구가 AI의 임무를 결정했습니다. (캐드레: 신뢰 / 펀드라이즈: 수익률)
- **캐드레 AI(수비수/큐레이터):** 인적 네트워크가 A급 딜을 Inbound 소싱 → AI가 독자적 재검증(Risk Filtering) → 95% 탈락(가치: 신뢰). (Ch 13.2)
- **펀드라이즈 AI(공격수/발굴자):** AI가 대안 데이터로 성장 팩터/지역을 Outbound 예측 → 인간이 선제적 딜 발굴(가치: 예측/알파). (Ch 14.3)
- **협업 모델:** 캐드레 = 인간(소싱) → AI(검증), 펀드라이즈 = AI(예측) → 인간(실행).

15.3 공통의 아킬레스건: 가짜 유동성의 함정

법적 기반(15.1)도 다르고 AI의 역할(15.2)도 달랐지만, 캐드레와 펀드라이즈는 동일한 아킬레스건(Achilles Heel)을 공유했습니다. 두 플랫폼 모두 부동산이라는 자산의 본질적 한계, 즉 비유동성(Illiquidity)의 벽을 넘지 못했습니다. 두 플랫폼 모두 기술(Technology)을 이용해 유동성이 있는 것처럼 보이게 하려 했지만, 이는 호황기에만 작동하는 가짜 유동성(Fake Liquidity)이었음이 블랙 스완(제11.3절) 앞에서 증명되었습니다.

부동산 투자자는 불가능한 삼각관계(Impossible Trinity)를 원합니다. (1) 기관급 사모 시장의 높은 수익과 (2) 주식 시장의 즉각적인 유동성과 (3) 주식 시장 변동성으로부터 절연된 안정성을 동시에 원합니다. 상장 리츠(제13.1절)는 2번(유동성)을 제공하지만 1번과 3번을 포기합니다.

캐드레와 펀드라이즈는 1번(높은 수익)과 3번(안정성)을 제공하는 대신, 2번(유동성)을 포기해야 했습니다. 하지만 유동성이 전혀 없으면 아무도 투자하지 않기에, 그들은 기술로 유사 유동성 장치를 만들어냈습니다.

첫 번째 시도는 캐드레의 **내부 2차 시장(Secondary Market)**(제13.3절)입니다. 이는 기존 투자자(A)와 신규 투자자(B)를 플랫폼 내부에서 P2P로 연결해주는 폐쇄된 연못(Walled Garden)입니다. AI가 가격 발견(13.3절)을 돕습니다. [사례 13-2]에서 보았듯, 이 기술적 해결책은 호황기에는 작동하는 듯 보입니다.

하지만 불황기(블랙 스완)가 닥치면, 이 폐쇄된 연못은 즉시 마비됩니다. 모든 투자자(A)가 매도자(Seller)가 되고, 아무도 매수자(Buyer)가 되려 하지 않기 때문입니다. 기술은 매칭을 도울 뿐, 없는 매수자를 만들어낼 수는 없습니다. 유동성은 0으로 수렴합니다.

두 번째 시도는 펀드라이즈의 **분기별 환매 프로그램(Redemption Program)**(제14.4절)입니다. 이는 P2P가 아니라, 플랫폼(펀드라이즈)이 직접 자사주 매입(Buyback)을 해주는 방식입니다. 이는 2차 시장보다 더 강력한 유동성처럼 보입니다.

하지만 [사례 14-3]에서 보았듯, 이 환매는 권리가 아닌 혜택일 뿐이며, 플랫폼의 재량에 의존합니다. 불황기(블랙 스완)가 닥쳐 대규모 환매(Bank Run)가 폭주하자, 펀드라이즈와 블랙스톤(BREIT)은 플랫폼을 보호하고 급매(Fire Sale)를 막기 위해 환매 중단/제한(Gating)이라는 셔터를 내렸습니다.

결론은 동일합니다. 캐드레(P2P)든 펀드라이즈(Buyback)든, 그들이 기술로 제공한 유동성은 가짜였습니다. 호황기에는 작동했지만, 진짜 위기가 닥쳐 모두가 현금을 원할 때는 작동을 멈췄습니다.

이는 기술(AI, 플랫폼)이 자산의 본질(비유동성)을 이길 수 없음을 증명한 명백한 실패입니다. AI는 딜의 품질(15.2)은 높일 수 있었지만, 딜의 본질(비유동성)은 바꾸지 못했습니다. 이 거대한 실패와 미해결 과제(유동성)가 바로, 블록체인과 토큰화(제16장)라는 더 급진적인 다음 단계의 혁신을 필연적으로 불러오게 되었습니다.

본질 통찰 뿌리, 유동성 가지, 혁신 열매

- **공통의 한계(비유동성):** 법(15.1)과 AI(15.2)는 달랐지만, 캐드레와 펀드라이즈 모두 부동산의 본질적 한계인 비유동성을 해결하지 못했습니다.
- **가짜 유동성(Fake Liquidity):** 두 플랫폼 모두 기술을 이용해 유사 유동성을 제공했으나, 이는 호황기에만 작동하는 환상이었습니다.
- **캐드레의 실패(Ch 13.3):** 내부 2차 시장(P2P)은 불황기에 매수자가 사라져 마비됩니다. (유동성=0)
- **펀드라이즈의 실패(Ch 14.4):** 환매 프로그램(Buyback)은 불황기에 대규모 환매(뱅크런)로 인해 환매 중단(Gating)됩니다. (유동성=0)
- **결론(혁신의 필요성):** 프롭테크 2.0(플랫폼, AI)은 유동성 문제 해결에 완전히 실패했습니다. 이는 자산의 본질 자체를 바꾸려는 다음

15.4 부동산 금융 투자 사례 연구

구분	캐드레(Cadre) 모델	펀드라이즈(Fundrise) 모델
법적 기반	JOBS Act **Title II**(Reg D)	JOBS Act **Title IV**(Reg A+)
타겟 고객	적격 투자자(상위 10% 부자)	모든 대중(90% 개인 포함)
규제 허들	낮음(사모, 신고제)	높음(공모, SEC 승인)

AI의 역할	수비수(AI 큐레이션) 인간이 소싱 → AI가 검증/필터링 (가치: **신뢰, 품질**)	공격수(AI 딜 소싱) AI가 예측 → 인간이 발굴 (가치: **예측, 알파**)
유동성	가짜 유동성 1(2차 시장) 폐쇄된 연못(P2P) (불황 시 거래 제로로 마비)	가짜 유동성 2(환매) 플랫폼 재량(Buyback) (불황 시 환매 중단(Gating) 실행)
결론	품질은 해결했으나 민주화와 유동성 실패.	민주화는 해결했으나 유동성은 실패.

1) 부동산투자 가상 사례 연구: 어반 코어 개발사의 자금 조달 플랫폼 선택

(TPO: 2026년 / 대한민국, 서울 성수동 / 어반 코어 개발사의 실물 부동산 개발 자금 조달)

2026년, 가상의 중견 부동산 개발사 어반 코어는 성수동에 크리에이터를 위한 복합 문화 공간을 개발하는 부동산 투자를 기획합니다. 총 필요 자금은 500억 원. 어반 코어는 전통적인 은행 대출이나 PF 대신, AI 크라우드펀딩 플랫폼을 통해 자금을 조달하기로 결정합니다. 이들은 두 가지 다른 모델(제15.1절)을 비교하게 될 것입니다.

첫 번째 옵션은 알파 프라이빗(가상의 캐드레 모델)입니다. 이 플랫폼은 Title II와 유사하게, 소수의 고액 자산가(적격 투자자)만을 회원으로 받습니다. 알파 프라이빗의 AI 엔진(제15.2절)은 검증(Curation)에 특화되어 있습니다. 어반 코어는 엄격한 AI 재무 심사와 리스크 테스트를 통과해야만 딜을 등록할 수 있습니다. 장점은 (1) 규제가 단순하여 빠르게 자금을 모을 수 있고, (2) 전문 투자자 대상이라 소통이 용이하다는 것입니다. 단점은 (1) 투자자 풀이 제한적이며, (2) AI 검증 기준이 매우 까다롭다는 것입니다.

두 번째 옵션은 K-퍼블릭(가상의 펀드라이즈 모델)입니다. 이 플랫폼은 Title IV(Reg A+)와 유사하게, 금융 당국의 승인을 받아 모든 대중에게 공모합니다. K-퍼블릭의 AI 엔진(제15.2절)은 시장 예측에 특화되어 있습니다. 이들은 성수동 크리에이터 팩터가 유망하다고 자체 분석했기 때문에 어반 코어의 딜에 관심을 보입니다. 장점은 (1) 대중 대상이라 자금 조달 규모가 크고, (2) 1만 명의 소액 투자자에게 홍보가 되어 마케팅 효과가 극대화된다는 것입니다. 단점은 (1) 당국 승인 절차가 매우 복잡하고 느리며, (2)

다수의 비전문 투자자를 관리해야 하는 부담이 크다는 것입니다.

어반 코어의 부동산 투자 결정은 속도와 신뢰(알파 프라이빗)를 택할 것인지, 규모와 대중성(K-퍼블릭)을 택할 것인지의 전략적 선택이 될 것입니다. 이는 AI 크라우드펀딩 플랫폼이 부동산 투자의 자금 조달 방식을 어떻게 분화시키는지 보여줄 것입니다.

2) 금융투자 가상 사례 연구: 고액 자산가의 가짜 유동성 비교 투자
(TPO: 2028년 / 싱가포르 / 적격 투자자 첸(Chen)의 유동성 비교 금융투자)

2028년, 싱가포르의 적격 투자자인 첸(Chen)은 1백만 달러를 AI 부동산 플랫폼에 금융투자할 계획입니다. 그는 수익률만큼이나 유동성(제15.3절)을 중요하게 생각합니다. 그는 AI 큐레이션 기반의 A-Deals(캐드레 모델)와 AI 팩터 기반의 B-Deals(펀드라이즈 모델)라는 두 플랫폼을 비교합니다.

A-Deals(캐드레 모델)는 첸과 같은 적격 투자자에게만 A급 실물 딜(제15.2절)을 제공합니다. 금융투자 수익률은 연 15%로 매우 높습니다. 유동성 정책은 내부 2차 시장(제13.3절)입니다. 첸은 자신의 펀드 지분(금융 자산)을 다른 회원에게 P2P로 판매할 수 있습니다. 첸은 이것이 주식과 유사한 유동성이라고 기대합니다.

B-Deals(펀드라이즈 모델)는 모든 대중에게 eREIT(제14.2절)를 판매합니다. 금융투자 수익률은 연 8%로 A-Deals보다 낮습니다. 유동성 정책은 분기별 환매 프로그램(제14.4절)입니다. 첸은 P2P의 불확실성보다, 플랫폼이 직접 환매해주는 이 방식이 더 안정적이라고 판단합니다.

첸은 수익률을 약간 포기하고 더 안정적인 유동성을 선택, B-Deals(펀드라이즈 모델)에 금융투자를 집행합니다. 하지만 1년 뒤, 글로벌 신용 경색(블랙 스완)이 발생합니다. 첸은 환매를 신청하지만, B-Deals는 환매 중단(Gating)(제14.4절)을 선언합니다. 첸은 A-Deals의 2차 시장도 확인해 봅니다. 예상대로 매수 호가는 0이었습니다(제13.3절).

첸은 쓰라린 교훈을 얻습니다. (1) 수익률이 낮다고 유동성이 보장되는 것이 아니었습니다. (2) P2P 2차 시장이든, 플랫폼 환매든, 불황기에는 모두 작동을 멈추는 가짜 유동성(제15.3절)이었습니다.

이 가상의 금융투자 사례는 캐드레와 펀드라이즈 모델 모두 비유동성이라는 공통의 아킬레스건을 공유하고 있음을 비교를 통해 명확히 보여줍니다. 기술이 어떻게 포장했든, 본질은 비유동성 자산이었던 것입니다.

제16장

부동산 토큰화와 증권형 토큰 발행(STO)

🚀 STO의 약속 (이론)

- 캐드레/eREIT의 유동성 실패를 극복할 궁극의 모델.
- 글로벌 24/7 거래, 즉각적 청산(T+0), 상호 운용성.

👻 아스펜의 교훈 (현실)

- tZERO 거래소 상장 성공 (기술적 성공)
- 그러나 거래량 전무, '제로 유동성' 직면 (시장 실패)
- "기술은 준비되었으나, 시장이 준비되지 않았다."

STO의 이상과 현실 간극
(The gap between STO's ideal and reality)

16.1 유동성 문제의 궁극적 해결책?: 토큰화의 약속

제15장에서 우리는 캐드레(13장)와 펀드라이즈(14장)로 대표되는 프롭테크 2.0 플랫폼들이 AI와 새로운 법률(JOBS Act)을 결합해 투자 진입의 민주화는 성공시켰지만, 투자 회수(Exit), 즉 유동성 문제 해결에는 완전히 실패(15.3절)했음을 확인했습니다. 그들의 폐쇄된 2차 시장(13.3)과 제한적인 환매 프로그램(14.4)은 불황기에 즉시 마비되는 가짜 유동성이었습니다. 이 근본적인 한계를 극복하기 위해 등장한 다음 세대의 기술적 해답이 바로 부동산 토큰화(Real Estate Tokenization)입니다.

토큰화란 물리적 자산(예: 강남 파이낸스 빌딩)의 소유권 또는 수익권(임대료 받을 권리)을 법적으로 분할하여, 블록체인(Blockchain) 기술을 기반으로 하는 디지털 증표, 즉 증권형 토큰(Security Token)의 형태로 발행하는 과정을 의미합니다. 이 증권형 토큰 발행(Security Token Offering, STO)은 비트코인이나 이더리움 같은 유틸리티/커런시 토큰(ICO)과는 근본적으로 다릅니다. STO는 실물 자산의 가치에 뒷받침(Backed)되며, 발행 순간부터 증권법의 엄격한 규제를 준수하는 합법적인 디지털 증권입니다.

부동산 토큰화가 약속(The Promise)하는 것은 eREIT(14장)가 실패한 바로 그 지점, 즉 진정한 유동성(True Liquidity)의 창출입니다. 이 약속은 세 가지 혁신에 기반합니다.

1. **글로벌-24/7 거래소:** eREIT 지분이 펀드라이즈라는 폐쇄된 연못(15.3)에서만 제한적으로 거래될 수 있었던 반면, 증권형 토큰은 (이론적으로)전 세계의 다양한 증권형 토큰 거래소(ATS, STO Exchanges)에 동시 상장되어 24시간 365일 국경 없이 거래될 수 있습니다. 이는 작은 연못을 거대한 바다로 바꾸는 것입니다.

2. **즉각적인 청산/결제(T+0):** 전통적인 주식/부동산 거래는 거래소 청산소 예탁원 은행 등 수많은 중개 기관을 거쳐 결제에 며칠(T+2)이 소요됩니다. 하지만 블록체인 기반의 토큰 거래는 P2P로 즉시 원장(Ledger)이 업데이트되며 결제가 완료(T+0)됩니다.

3. **상호 운용성(Interoperability):** 펀드라이즈 eREIT는 펀드라이즈 플랫폼에 종속됩니다. 하지만 STO는 (이론적으로)표준화된 프로토콜(예: ERC-3643)을 따르므로, A 거래소에서 산 토큰을 B 지갑으로 옮기거나 C 거래소에서 팔 수 있는 상호 운용성을 가집니다.

여기에 eREIT이 이미 달성했던 장점들이 더해집니다.

• **극단적 소액화(Fractionalization):** eREIT가 $10(14.2절)까지 낮췄다면, 토큰화는 $1(소수점 18자리)까지 무한히 분할할 수 있습니다. 1,000억짜리 빌딩을 1,000억

개의 토큰으로 쪼개 1원 단위 거래가 가능해집니다.

- **D2C(직접 발행):** 스마트 컨트랙트(16.2절)를 통해 중간 금융 기관(증권사, 자산운용사)의 역할을 최소화하고 발행 비용을 획기적으로 절감할 수 있습니다.

이 약속들만 놓고 보면, STO는 캐드레의 품질(AI 큐레이션)과 펀드라이즈의 민주화(소액 투자)를 모두 취하면서, 그들이 실패한 유동성 문제까지 완벽하게 해결하는 궁극의 프롭테크 금융 모델처럼 보입니다. 하지만 이 이상적인 약속과 냉혹한 현실(16.3절) 사이에는 거대한 간극이 존재합니다.

이것만은 꼭! (This is a must)

자산 뿌리, 신뢰 줄기, 유동성 가지

- **등장 배경(유동성 실패):** STO는 캐드레(13장)와 eREIT(14장)가 기술적으로 실패한 유동성 문제(Ch 15.3)를 근본적으로 해결하기 위한 다음 세대의 혁신입니다.
- **STO 정의:** 실물 자산(부동산)의 소유/수익권을 증권법 규제 하에 블록체인 기반 디지털 증권(토큰)으로 발행하는 것입니다. (비트코인과 다름)
- **약속 #1(진정한 유동성):** 폐쇄된 연못(eREIT)이 아닌, 글로벌/24/7 거래소에서 즉각적(T+0)으로 상호 운용되며 거래될 수 있습니다.
- **약속 #2(효율성/소액화):** 중개기관을 최소화하여 비용을 절감하고, $1 단위의 극단적 소액화를 실현합니다.

16.2 스마트 컨트랙트와 자산의 프로그래밍

부동산 토큰화(STO)가 eREIT(14장)보다 근본적으로 진보한 기술적 핵심은, 데이터가 중앙 서버(펀드라이즈의 DB)가 아니라 블록체인이라는 분산 원장(Distributed Ledger)에 기록된다는 점입니다. 그리고 이 원장을 자동으로 작동시키는 엔진이 바로 스마트 컨트랙트(Smart Contract)입니다. 스마트 컨트랙트는 미리 약속된 조건(IF)이 충족되면, 약속된 행동(THEN)을 자동으로 실행하는 코드(Code)입니다.

eREIT가 디지털화된 펀드(Digitized Fund)라면, STO는 프로그래밍 가능한 자산(Programmable Asset)입니다. 이 프로그래밍 능력은 두 가지 혁신을 가져옵니다.

첫째, 운영 및 관리의 자동화(Operational Automation)입니다. 캐드레(13.3)나 펀드라이즈는 매 분기 자산 관리 수수료를 계산하고, 배당금을 정산하며, 투자자 명부를 관리하기 위해 회계사, 법무팀, 운영팀(중앙화된 인간)이 엑셀과 소프트웨어로 수작업을 해야합니다. 이 모든 미들/백오피스(Middle/Back-office) 업무는 비용을 발생시킵니다.

스마트 컨트랙트는 이 인간의 역할을 코드로 대체합니다. 예를 들어, 강남 파이낸스 빌딩 토큰의 스마트 컨트랙트에는 다음과 같은 규칙이 프로그래밍될 수 있습니다.

- IF 빌딩의 법인 계좌(Wallet)에 임대료가 입금되고(IoT 연동),
- AND 날짜가 매월 1일 THEN
(1) 수수료 0.5%를 자동으로 운용사 지갑으로 전송하라.
(2) 나머지 99.5%의 수익을, 현재 토큰 보유자 명단(on-chain)을 실시간으로 스캔하여, 보유 지분율만큼 1/N로 자동 분배하라.

이 배당 자동화는 eREIT보다 훨씬 더 투명하고, 즉각적이며, 저렴합니다. 중간 관리 비용이 0에 수렴합니다.

둘째, STO가 기관과 규제 당국에 매력적인 진짜 이유, 바로 규제 준수의 자동화(Automated Compliance)입니다. 스마트 컨트랙트는 경제적 규칙뿐만 아니라, 법적(Legal) 규칙, 즉 증권법 자체를 코드로 내재화(Embed)할 수 있습니다. 이는 토큰 자체가 법을 아는 스마트한 자산이 됨을 의미합니다.

예를 들어, 미국 Reg A+(14.1절) 토큰의 스마트 컨트랙트에는 이러한 규제가 프로그 래밍됩니다:

- IF A가 B에게 매도를 시도 THEN
(1) B의 지갑(Wallet)이 KYC/AML(본인인증/자금세탁방지) 인증을 받았는지 체크하라. (안 받았으면 거래 거부)
(2) A가 1년 의무 보유(Lock-up) 기간을 채웠는지 체크하라. (안 채웠으면 거래 거부)
(3) B가 비적격 투자자라면, 연간 투자 한도(예: 소득의 10%)를 초과하는지 체크하라. (초과하면 거래 거부)

캐드레(13장)나 펀드라이즈(14장)는 이 규제 준수를 자신들의 중앙화된 서버에서 수동으로 통제합니다. 하지만 STO는 토큰 자체가 분산화된 네트워크 상에서 스스로 법을 집행합니다. 이는 규제 당국 입장에서 통제력을 잃는 것이 아니라, 모든 거래가 100% 투명하고 100% 규제를 준수하도록 강제할 수 있는 가장 완벽한 감독 도구(Supervisory Tool)가 될 수 있습니다.

규칙 곧 재산, 시스템이 감정 앞선다

- **핵심 기술(스마트 컨트랙트):** IF-THEN 자동 실행 코드. STO를 중앙 서버 기반의 eREIT와 구분 짓는 핵심 엔진입니다.
- **STO = 프로그래밍 가능한 자산:** 자산 자체가 경제적 규칙과 법적 규칙을 코드로 보유하고 스스로 집행합니다.
- **혁신 #1(운영 자동화):** 배당금 분배, 수수료 정산, 주주 명부 관리 등 모든 미들/백 오피스 업무를 자동화하여 비용을 절감합니다.

- **혁신 #2(규제 자동화):** KYC/AML, 투자자 자격(적격), 락업(Lock-up) 등 복잡한 증권법 규제를 토큰 자체에 내재화하여 자동으로 준수하게 만듭니다.

16.3 STO의 현실적 과제: 규제와 거래소의 부재

제16.1절의 이상적인 약속(Promise)과 제16.2절의 강력한 기술(Technology)에도 불구하고, 2025년 현재, 부동산 토큰화(STO)는 주류(Mainstream)가 되지 못하고 지체되고 있습니다. 그 이유는 기술의 문제가 아니라, 시장과 규제라는 두 개의 거대한 현실적 과제(Reality Check) 때문입니다. STO는 캐드레(13장)와 eREIT(14장)가 실패한 유동성 문제를 해결하기 위해 태어났지만, 역설적으로 더 심각한 유동성 부족에 직면해 있습니다.

첫 번째 과제는 **규제의 미로(Regulatory Maze)**(제18장에서 상세히 다룸)입니다. STO는 증권(Security)과 토큰(Token)이라는, 가장 보수적인 규제(증권법)와 가장 급진적인 기술(블록체인)이 충돌하는 지점입니다. 2017년 ICO 광풍과 2022년 FTX/테라 사태를 경험한 전 세계 규제 당국(SEC 등)은 토큰이라는 단어 자체에 극도의 경계심을 갖고 있습니다.

스마트 컨트랙트(16.2절)가 규제 준수를 자동화할 수 있다는 기술적 주장에도 불구하고, 규제 당국은 현실적인 의문을 제기합니다. "만약 스마트 컨트랙트에 버그(Bug)가 있다면 누가 책임지는가?", "해킹(Hacking)당하면 어떻게 투자자를 보호하는가?", "탈중앙화된 P2P 거래의 자금세탁방지(AML)는 누가 검증하는가?". 이 법적/제도적 불확실성이 명확히 해소되지 않는 한, 블랙스톤과 같은 거대 기관 투자자들은 결코 시장에 진입하지 않을 것입니다.

두 번째 과제는 STO의 존재 이유였던 유동성 그 자체의 부재입니다. 이는 닭과 달걀의 문제(Chicken-and-Egg Problem)입니다.

1. **STO의 #1 약속:** 글로벌 24/7 거래소에서의 풍부한 유동성(16.1절).

2. **현실:** 유동성은 자산이 아니라 거래소(Market)가 만듭니다.

3. **문제:** 코인베이스, 바이낸스, 업비트 등 기존의 거대 암호화폐 거래소는 유틸리티 토큰(BTC, ETH) 거래소이지, 증권법 라이선스가 없어 STO를 상장(Listing)할 수 없습니다.

4. **필요:** STO를 합법적으로 거래할 수 있는 새로운 증권형 토큰 거래소(ATS, STO Exchange)가 필요합니다.

5. **딜레마:** 하지만 거래할 STO가 없는데 거래소를 만들 이유가 없고, 거래소가 없는데 STO를 발행할 이유가 없습니다.

이 닭과 달걀의 딜레마로 인해, STO 시장은 유동성 제로(Zero Liquidity) 상태에 갇혀 있습니다. 전 세계적으로 몇몇 소규모 STO 거래소들이 등장했지만, 거래량은 전무하고 투자자의 관심도 없습니다.

이는 아이러니한 현실을 만듭니다. 제15.3절에서 실패했다고 비판했던 펀드라이즈의 환매 프로그램(14.4)은, 불황기에 Gating이 걸리긴 했어도 호황기에는 작동이라도 했습니다. 하지만 2025년 현재의 STO는 호황기에도 거래할 시장 자체가 없습니다. 즉, eREIT의 가짜 유동성(Fake Liquidity)이, STO의 제로 유동성(Zero Liquidity)보다 오히려 더 나은 현실적 대안이 되어버린 역설이 발생했습니다.

결론적으로, STO는 기술적(Technologically)으로는 모든 문제를 해결한 미래의 청사진입니다. 하지만 시장(Market)과 규제(Regulation)가 준비되지 않아, 현실에서는 아무것도 작동하지 않는 미숙아(Immature) 상태입니다(제17장의 아스펜 사례는 이 미숙한 시장의 초기 시도를 보여줍니다).

기술 우위, 제도 미비가 발목을 잡는다

- **현실적 과제:** STO는 기술(16.2)은 우수하나, 규제(Regulation)와 시장(Market)이 미비하여 지체되고 있습니다.
- **과제 #1(규제 불확실성):** FTX 사태 이후, 토큰에 대한 규제 당국의 경계심이 극대화되었습니다. 법적 불확실성으로 인해 기관이 진입을 주저하고 있습니다. (Ch 18)
- **과제 #2(유동성 역설):** 유동성을 위해 태어났지만, 유동성이 전무합니다. (닭과 달걀의 문제)
- **닭과 달걀의 F제:** STO 거래소(증권 라이선스 필요)가 없어 STO를 발행하지 않고, STO가 없어 거래소가 생기지 않는 악순환에 갇혔습니다.
- **아이러니(STO < eREIT):** 현재 현실에서는, STO의 제로 유동성보다 eREIT의 가짜 유동성(Gating, 14.4)이 오히려 더 나은 대안이 되는 역설이 발생했습니다.

16.4 부동산 금융 투자 사례 연구

핵심 개념	정의	한계 및 시사점
STO (증권형 토큰)	부동산 등 실물 자산의 소유/수익권을 블록체인 기반 디지털 증권(토큰)으로 발행(STO)하는 것(비트코인 ICO와 다름).	캐드레/eREIT(Ch 15.3)가 실패한 유동성 문제를 근본적으로 해결하기 위해 등장함.
STO의 약속 (유동성)	(1) 글로벌/24/7 거래소 (폐쇄된 연못 탈피), (2) 즉각적 청산(T+0) (중개기관 제거), (3) 상호 운용성.	극단적 소액화($1)와 D2C 발행(비용 절감)의 장점을 결합한 궁극의 모델로 약속됨.
스마트 컨트랙트	IF-THEN 규칙에 따라 자동 실행되는 코드. STO를 프로그래밍 가능한 자산으로 만듦.	(1) 운영 자동화(배당금 자동 분배 등) → 비용 절감, (2) 규제 자동화(KYC, 락업 등) → 투명한 규제 준수.

현실적 과제 (제로 유동성)	기술은 우수하나, (1) 규제 미로(Ch 18)와 (2) 거래소 부재(유동성 제로)라는 현실에 부딪힘.	닭과 달걀의 문제: (STO) 거래소가 없어 STO를 발행하지 않고, STO가 없어 거래소가 생기지 않는 악순환.
유동성 역설	STO의 제로 유동성이 eREIT의 가짜 유동성(Gating)보다 더 열악한 현실적 역설이 발생함.	STO는 기술적 청사진이나, 시장과 규제가 미성숙한 상태임.

1) 부동산투자 가상 사례 연구: 미래에셋의 K-Tower 개발 STO

(TPO: 2029년 / 대한민국, 서울 여의도 / 미래에셋의 K-Tower 개발 부동산 투자 STO)

2029년, 미래에셋증권(실제)은 부동산 투자의 자금 조달 방식을 혁신하기 위해, 여의도에 건설될 K-Tower 개발 프로젝트를 STO(제16장)로 추진할 것을 결정합니다. 이는 eREIT(제14장)을 넘어, 블록체인의 본질인 프로그래밍 가능성(제16.2절)을 부동산 개발에 적용하는 미래형 투자 사례가 될 것입니다.

이 부동산 투자의 목적은 자금 조달의 민주화(제16.1절)와 개발 과정의 자동화(제16.2절)입니다. 미래에셋은 1조 원 규모의 K-Tower 개발 펀드를 증권형 토큰으로 발행합니다. 이 토큰은 1천 원 단위로 분할되어 한국의 모든 개인 투자자에게 판매됩니다.

투자의 핵심은 스마트 컨트랙트를 활용한 신뢰 구축과 비용 절감입니다. K-Tower 개발 토큰의 스마트 컨트랙트에는 다음과 같은 규칙이 프로그래밍될 것입니다. (1) 운영 자동화: 개발 공정률이 디지털 트윈(제6장) 데이터와 연동되어, 30층 골조가 완성되면 (IF) 시공사(현대건설)의 지갑으로 공사비 300억이 자동 이체됩니다(THEN). 신탁사나 은행의 수동 지급 승인 프로세스가 사라져 비용이 절감됩니다.

(2) 규제 자동화: 토큰 자체가 법(제16.2절)을 준수합니다. 1년 의무 보유(락업) 기간이 지나지 않은 투자자가 매도를 시도하면(IF), 스마트 컨트랙트가 자동으로 거래를 거부(THEN)합니다. 이는 규제 준수 비용을 획기적으로 낮춥니다.

이 가상의 부동산 투자 사례는 STO가 유동성뿐만 아니라, 스마트 컨트랙트를 통해 부동산 개발 과정 자체의 신뢰성과 효율성을 극대화하는 강력한 도구임을 보여줄 것입니다. 신뢰가 프로그래밍된 자산이 탄생하는 것입니다.

2) 금융투자 가상 사례 연구: 글로벌 투자자의 STO 포트폴리오 유동성 함정

(TPO: 2027년 / 글로벌(미국, 독일, 한국) / 소액 투자자의 STO 금융투자 실패)

2027년, 독일에 거주하는 소액 투자자 한스(Hans)는 부동산 STO의 약속(제16.1절)에 매료되었습니다. 그는 eREIT(제14장)의 환매 중단(제14.4절) 사태를 경험한 후, 글로벌 거래소에서 24시간 거래되는 STO야말로 진정한 유동성 해결책이라고 믿었습니다.

한스는 꿈에 부풀어 글로벌 부동산 금융투자 포트폴리오를 구축합니다. 그는 (1) 미국의 tZERO 거래소(제17장)에 가입하여 아스펜 코인(ASPEN)을 매수합니다. (2) 독일의 신생 ATS(베를린 토큰 거래소)에 가입하여 베를린 아파트 STO를 매수합니다. (3) 한국의 규제 샌드박스를 통과한 K-STO 거래소에 어렵게 가입하여 K-Tower STO(위 사례)를 매수합니다.

1년 뒤, 한스는 개인적 사정으로 현금이 필요해 금융 자산 매각을 시도합니다. 그가 마주한 현실은 참담했습니다. (1) tZERO의 ASPEN은 하루 거래량이 0이었습니다(제17.2절). (2) 베를린 ATS는 유동성 부족으로 폐업 절차를 밟고 있었습니다. (3) K-STO 거래소는 한국인 전용이라 외국인 매도가 불가능했습니다.

더 최악인 사실은 상호 운용성의 부재(제16.1절)였습니다. 한스는 ASPEN 토큰을 K-STO 거래소로 옮겨서 팔 수 없었습니다. 각 거래소는 서로 호환되지 않는 독자적 규제와 기술 표준을 가진 폐쇄된 연못(제16.3절)이었습니다.

이 가상의 금융투자 실패 사례는 STO가 eREIT의 가짜 유동성(제15.3절) 문제를 해결하기는커녕, 규제의 파편화(제18.3절)와 거래소 부재라는 닭과 달걀의 문제(제16.3절)에 갇혀, 더욱 심각한 제로 유동성의 함정을 만들었음을 명확히 보여줍니다. 기술적 약속과 시장의 현실은 완전히 달랐습니다.

제17장

토큰화 사례 연구: 세인트 레지스 아스펜 리조트

🚀 STO의 약속 (이론)

- 캐드레/eREIT의 유동성 실패를 극복할 궁극의 모델.

- 글로벌 24/7 거래, 즉각적 청산(T+0), 상호 운용성.

👻 아스펜의 교훈 (현실)

- tZERO 거래소 상장 성공 (기술적 성공)

- 그러나 거래량 전무, '제로 유동성' 직면 (시장 실패)

- "기술은 준비되었으나, 시장이 준비되지 않았다."

STO의 이상과 현실 간극
(The gap between STO's ideal and reality)

17.1 최초의 STO 사례와 그 구조

제16장이 증권형 토큰 발행(STO)의 이상적인 약속(16.1절)과 현실적 과제(16.3절)를 이론적으로 설명했다면, 제17장은 이 모든 것이 현실에서 어떻게 작동하고 좌절되었는지를 보여주는 최초의 상징적인 사례 연구입니다. 2018년, 콜로라도의 5성급 럭셔리 호텔인 세인트 레지스 아스펜 리조트(St. Regis Aspen Resort)의 STO는, 부동산 토큰화가 eREIT(14장)를 넘어 진정한 유동성을 창출할 것이라는 기대를 한 몸에 받았습니다.

이 프로젝트의 주체는 부동산 투자 플랫폼인 엘리베이티드 리턴즈(Elevated Returns)였고, 기술 및 거래소 파트너는 tZERO였습니다. tZERO는 당시 월스트리트의 적법한 중권형 토큰 거래소(ATS)가 되겠다고 공언한, 가장 주목받는 블록체인 인프라 기업이었습니다. 이들의 목표는 1억 7천만 달러 가치의 호텔 지분 중 1,800만 달러(약 200억 원)를 토큰화하여 공모하는 것이었습니다.

구조는 캐드레(13장)와 펀드라이즈(14장)의 방식을 혼합한 형태였습니다. 먼저, 법적으로 아스펜 리조트라는 실물을 소유한 특수목적법인(SPC)의 지분(Equity)을 만들었습니다. 즉, 투자자가 토큰을 산다는 것은 호텔 건물을 직접 소유하는 것이 아니라, 호텔 건물을 소유한 회사의 주식을 디지털 토큰의 형태로 소유하는 것을 의미했습니다. 이는 법적 안정성을 확보하기 위한 필수적인 구조였습니다.

발행 단계에서는 캐드레와 유사하게 JOBS Act Title II(Reg D)(제15.1절)를 활용했습니다. 즉, 최초 발행(STO)은 적격 투자자(Accredited Investors)(제13.1절)에게만 사모로 판매되었습니다. 이는 빠른 자금 조달을 위한 전략적 선택이었습니다. 2018년 당시의 뜨거운 암호화폐 열풍 속에서, 이 아스펜 코인(Aspen Coin, ASPEN)은 1,800만 달러치 완판에 성공했습니다. 여기까지는 절반의 성공이었습니다.

이 프로젝트의 진짜 혁신은 발행이 아닌 유통(Secondary Market)에 있었습니다. 발행사는 투자자들에게 Reg D 규제에 따라 1년간의 의무 보유(Lock-up) 기간이 지나면, 이 토큰을 tZERO라는 합법적인 증권형 토큰 거래소에 상장시켜, 모든 사람(비적격 투자자 포함)이 자유롭게 주식처럼 거래할 수 있게 하겠다고 약속했습니다.

이것이 바로 eREIT의 가짜 유동성(15.3절)을 극복하려는 궁극의 청사진이었습니다. 1단계(발행): 적격 투자자에게 사모로 빠르고 쉽게 자본을 조달한다. 2단계(유통): 1년 후 합법적 거래소에서 공모하여 모든 사람에게 완전한 유동성을 제공한다. 이는 사모의 효율성과 공모의 유동성을 결합하려는 가장 진보한 시도였습니다.

투자자들은 두 가지 수익을 기대했습니다. 첫째, 스마트 컨트랙트(16.2절)를 통해 자동으로 배분될 호텔의 운영 수익(배당)입니다. 둘째, tZERO 거래소에서 토큰 가격이 상승할 때 얻는 시세 차익(Capital Gain)입니다. 이 시세 차익은 유동성이 풍부할 때만 가능합니다.

결국 아스펜 STO는 STO의 약속(16.1절)을 현실에서 증명해야 하는 첫 번째 시험대였습니다. 기술(블록체인), 자산(트로피에셋), 법률(Reg D), 그리고 거래소(tZERO)까지 모든 퍼즐이 준비되었습니다. 이제 남은 것은 시장(유동성)이 정말 작동하는지 지켜보는 것뿐이었습니다.

토큰이 자산의 유동성 한계를 넘다

- **상징성:** 아스펜 STO는 진정한 유동성(Ch 16.1)을 현실에서 증명하려 한 최초의 상징적인 5성급 호텔 토큰화 사례입니다.
- **플레이어:** 발행사(엘리베이티드 리턴즈)와 거래소(tZERO)가 협력했습니다.
- **법적 구조:** 호텔 실물이 아닌, 호텔을 소유한 회사의 주식을 토큰으로 발행했습니다.
- **혁신적 2단계 모델:** (1) 발행은 적격 투자자에게 사모(Reg D)로 빠르게 진행하고, (2) 1년 락업 후 거래소(tZERO)에서 모든 대중에게 공모 유동성을 제공하려 했습니다.
- **시험대:** 이는 사모의 효율성과 공모의 유동성을 결합하려는 궁극의 모델이었으며, STO의 성패를 가늠할 첫 시험대였습니다.

17.2 tZERO 거래소와 유동성 실험

아스펜 STO의 성패는 발행이 아니라, 약속했던 2단계, 즉 유동성의 실현에 달려있었습니다. 1년의 락업 기간이 지난 2019년 말, 아스펜 코인(ASPEN)은 마침내 증권형 토큰 거래소(ATS) 라이선스를 획득한 tZERO에 상장되었습니다. 이는 제16.3절에서 지적한 닭과 달걀의 문제(거래할 토큰과 거래소의 부재)를 최초로 돌파한 역사적인 순간이었습니다.

기술적으로는 모든 것이 작동했습니다. 투자자들은 디지털 지갑에 ASPEN 토큰을 보유했고, tZERO라는 합법적인 거래소(ATS)에서 주문창(Order Book)을 통해 매수/매도 주문을 실제로 낼 수 있었습니다. 스마트 컨트랙트(16.2절)는 KYC/AML이 완료된 적격한 투자자들만 거래에 참여할 수 있도록 자동으로 규제를 준수했습니다.

하지만 거래가 가능하다는 것과, 유동성이 풍부하다는 것은 완전히 다른 차원의 문제였습니다. 상장 첫날의 반짝 관심 이후, ASPEN 토큰은 즉시 거래 절벽에 직면했습니다. 매수자도 매도자도 사라졌습니다. 하루에 단 몇 건의 거래가 간신히 체결되거나, 며칠 동안 단 한 건의 거래도 없는 날이 지속되었습니다.

이는 제16.3절의 유동성 제로(Zero Liquidity) 딜레마가 현실에서 그대로 증명된 것입니다. STO의 약속(16.1절)이었던 글로벌 24/7 유동성의 바다는 존재하지 않았습니다. tZERO라는 거래소는 뉴욕증권거래소(NYSE)나 코인베이스(Coinbase) 같은 거대한 바다가 아니라, 펀드라이즈(14.4)나 캐드레(13.3)보다 훨씬 더 작은 그들만의 연못(Walled Garden)에 불과했습니다.

왜 아무도 거래하지 않았을까요? 첫째, 시장 참여자의 부재입니다. 블랙스톤 같은 거대 기관은 규제 불확실성(18장)과 검증되지 않은 신생 거래소(tZERO)를 신뢰하지 않아 참여하지 않았습니다. 둘째, 일반 대중은 코인베이스의 비트코인을 사는 것만으로도 복잡한데, tZERO라는 생소한 증권 거래소에 별도의 KYC 인증을 받아가며 ASPEN이라는 더 생소한 토큰을 사야 할 이유를 전혀 찾지 못했습니다.

이 유동성 제로 상태는 가격 발견(Price Discovery) 기능을 완전히 마비시켰습니다. 거래가 없으니 적정 가격이 형성될 수 없었습니다. 어쩌다 한 건 체결되는 거래는 호텔의 실제 가치(NAV)나 운영 성과와는 아무런 상관없이, 단지 급하게 돈이 필요한 매도자나 호기심에 찬 매수자에 의해 극심한 변동성을 보였습니다.

이 유동성 실험의 실패는 아이러니한 결과를 낳았습니다. 제15.3절에서 가짜 유동성이라고 비판했던 펀드라이즈의 환매 프로그램(Gating이 걸릴지언정)이, 거래 자체가 불가능한 tZERO의 제로 유동성보다 차라리 더 나은 대안처럼 보이게 만들었습니다. 투자자는 유동성을 찾아 STO에 투자했지만, 더 심각한 비유동성에 갇히게 된 것입니다.

결국 아스펜 STO는 토큰을 발행하고 상장하는 것(기술)이 끝이 아니라, "누가, 왜, 어디서, 그것을 지속적으로 거래할 것인가?"(시장)라는 근본적인 질문에 답하지 못하면 실패할 수밖에 없음을 증명한 값비싼 실험이 되었습니다.

뿌리를 잃으면 유동성은 함정이다

- **최초의 실험:** 아스펜 코인(ASPEN)은 락업 해제 후 합법적 STO 거래소 tZERO에 최초로 상장되어 2차 시장 유동성 실험을 시작했습니다.
- **기술적 성공, 시장의 실패:** 거래는 기술적으로 가능했지만, 거래량이 전무한 유동성 제로 상태에 즉시 직면했습니다.
- **실패 원인(Ch 16.3):** (1) 기관 투자자의 불참(규제/신뢰 문제), (2) 일반 대중의 무관심(복잡성, 인지도 부족).
- **유동성 역설:** tZERO는 글로벌 바다가 아니라 eREIT보다 더 작은 연못이었음이 증명되었습니다.
- **아이러니:** 결과적으로 STO의 제로 유동성이 eREIT의 가짜 유동성(Gating)보다 더 열악한 비유동성 함정이 되었습니다.

17.3 아스펜 코인의 교훈: 기술이 아닌 시장이다

아스펜 STO 사례는 실패로 규정될 수 있지만, 이는 프로젝트의 실패가 아니라, 초기 시장의 필연적인 성장통이자 교훈을 제시한 성공적인 실패입니다. 아스펜의 교훈은 STO의 미래가 어디로 향해야 하는지를 명확히 보여줍니다.

첫 번째 교훈은, 기술은 준비되었으나 시장이 준비되지 않았다는 것입니다. 아스펜 STO는 블록체인과 스마트 컨트랙트(16.2절)가 복잡한 증권법 규제를 준수하며 자산을 발행하고 P2P로 거래시킬 수 있음을 기술적으로 완벽하게 증명했습니다. 기술은 병목 현상(Bottleneck)이 아니었습니다. 문제는 기술이 아니라 시장 구조였습니다.

두 번째 교훈은, 유동성은 플랫폼이 아니라 참여자가 만든다는 것입니다. tZERO라는 거래소(ATS)(17.2절)를 만드는 것만으로는 유동성이 창출되지 않았습니다. 유동성은 수 많은 매수자와 매도자가 동시에 모여들어 경쟁적으로 호가를 제시할 때 발생하는 결과 물입니다. 아무도 없는 거래소는 시장이 아니라 데이터베이스일 뿐입니다. 기관과 대중 이 참여할 이유(신뢰, 편의성, 수익)를 제공하지 못하면 유동성은 영원히 제로입니다.

세 번째 교훈은, 아스펜 STO가 eREIT(14장)와 캐드레(13장)가 왜 Gating(14.4)과 폐 쇄형 2차 시장(13.3)이라는 불완전한 대안을 선택했는지를 역설적으로 이해하게 만듭 니다. 펀드라이즈와 캐드레는 유동성을 포기하는 대가로 규제의 명확성과 시장의 통제 력을 확보했습니다. 반면, 아스펜은 완전한 유동성을 추구하는 대가로 규제의 불확실성 (18장)과 시장의 무관심(17.2절)이라는 리스크에 정면으로 노출되었습니다.

이 실패는 두 가지 미래 경로를 제시합니다. 첫 번째 경로는 느리지만 올바른 길입 니다. 아스펜의 실험을 발판 삼아, 규제 당국(18장)이 명확한 가이드라인을 제시하고, tZERO보다 더 강력한 신뢰받는 거래소 인프라(예: NYSE, 나스닥, 또는 J.P.모건 같은 기 관)가 구축되기를 기다리는 것입니다. 이는 수년이 걸릴 장기적인 비전입니다.

두 번째 경로는 현실적인 우회로입니다. STO를 대중에게 유동성을 제공하는 수단으 로 보지 말자는 것입니다. 대신, STO와 스마트 컨트랙트(16.2절)를 기관 투자자들 사이 의 B2B 거래를 효율화하는 백오피스 자동화 도구로 활용하자는 것입니다(제18.3절에 서 상세히 다룸).

예를 들어, 블랙스톤이 캐드레의 AI(13.2절)를 활용해 펀드를 만들고, 이 펀드의 지분 을 다른 연기금(A)과 보험사(B)에게 판매할 때, 서류 작업 대신 STO 기술을 활용하는 것입니다. 이 B2B 거래는 유동성이 목표가 아니라, 규제 준수 자동화(16.2절)와 배당 자동화(16.2절)를 통한 비용 절감과 효율성이 목표입니다.

결국 아스펜 STO의 교훈은, STO의 첫 번째 약속(퍼블릭 유동성)은 시기상조였으며 실패했지만, STO의 두 번째 약속(운영 자동화, 비용 절감, B2B 효율화)은 여전히 유효하며, 이것이 당분간 STO 기술을 이끌어갈 현실적인 동력임을 시사합니다.

이것만은 꼭! (This is a must)

유동성 본질 깨달아 시장 구조를 혁신하라

- **교훈 #1(기술 vs 시장):** 기술(블록체인, 스마트 컨트랙트)은 성공적으로 작동했음을 증명했습니다. 병목 현상은 기술이 아니라 시장 구조와 참여자의 부재였습니다.
- **교훈 #2(유동성의 본질):** 유동성은 거래소(플랫폼)가 제공하는 기능이 아니라, 수많은 시장 참여자가 모여들 때 발생하는 결과물입니다.
- **역설적 이해:** 아스펜의 실패는 eREIT의 Gating(14.4)이 왜 현실적인 차선책이었는지를 역설적으로 설명해줍니다. (완전한 유동성의 추구가 제로 유동성의 위험을 초래함)
- **미래 경로 #1(장기 비전):** 규제가 명확해지고(Ch 18) 신뢰받는 대형 거래소가 진입할 때까지 기다리는 느린 길.
- **미래 경로 #2(현실적 우회로):** 대중 유동성(B2C)을 포기하고, 기관 간(B2B) 거래의 효율화와 비용 절감(Ch 16.2)에 집중하는 백오피스 혁신 도구로 활용하는 길.

17.4 부동산 금융 투자 사례 연구

핵심 개념	정의	실패 원인 및 교훈
아스펜 STO (사례)	2018년, 5성급 세인트 레지스 아스펜 리조트의 지분($18M)을 토큰화하여 STO한 최초의 상징적 사례(발행사: Elevated Returns).	STO의 이론적 약속(Ch 16.1)을 현실에서 검증하는 첫 번째 시험대였음.

혁신적 2단계 모델	(1) 발행: 적격 투자자에게 사모(Reg D)로 빠르게 자금을 조달. (2) 유통: 1년 락업 후, tZERO(STO 거래소)에 상장하여 모든 대중에게 완전한 유동성을 제공하려 시도.	사모의 효율성과 공모의 유동성을 결합하려 한 가장 진보한 모델이었음.
유동성 실험 (실패)	tZERO 거래소(ATS)에 상장은 성공했으나(기술적 성공), 거래량이 전무한 제로 유동성 상태에 즉시 직면함.	(1) 기관 불참(규제/신뢰 부족), (2) 대중 무관심(복잡성/인지도 부족)으로 시장이 실패함.
아스펜의 교훈	"기술은 준비되었으나, 시장이 준비되지 않았다." STO의 퍼블릭 유동성(B2C)은 시기상조였음을 증명.	eREIT의 가짜 유동성이 STO의 제로 유동성보다 차라리 나은 역설을 보여줌. STO의 단기 미래는 B2B 효율화(Ch 18)임을 시사.

1) 부동산투자 실제 사례 연구: 엘리베이티드 리턴즈의 아스펜 부분 매각 투자

(TPO: 2018년 / 미국, 아스펜 / 부동산 소유주의 자본 조달 목적 부동산 투자)

세인트 레지스 아스펜 리조트 STO(제17장)는 금융 투자자의 유동성 실험이었던 동시에, 부동산 소유주의 관점에서는 자본 조달의 혁신을 시도한 부동산 투자 사례였습니다. 이 딜의 주체인 엘리베이티드 리턴즈(Elevated Returns)는 호텔 자산을 소유한 부동산 투자 회사였습니다.

엘리베이티드 리턴즈는 전통적인 부동산 투자 자본 조달 방식의 한계에 직면했습니다. (1) 자산 전체를 매각하고 싶지 않았습니다. (2) 은행으로부터 추가 담보 대출을 받는 것은 고금리와 복잡한 절차를 수반했습니다. 그들은 자산의 경영권은 유지하면서, 일부 지분만 유동화하여 신규 투자금($18M)을 확보할 방법을 찾았습니다.

STO는 이 문제를 해결할 가장 이상적인 부동산 투자 솔루션처럼 보였습니다(제16.1절). (1) 블록체인을 통해 자산 지분을 1달러 단위로 무한히 쪼갤 수 있었습니다. (2) Reg D(제17.1절)를 통해 빠르게 적격 투자자 자본을 모을 수 있었습니다. (3) 1년 후 tZERO에 상장하여 투자자들에게 유동성이라는 매력적인 당근을 제시할 수 있었습니다.

엘리베이티드 리턴즈의 부동산 투자 관점에서, STO 발행은 성공적이었습니다. 그들은 실제로 1,800만 달러의 자본을 조달하는 데 성공했습니다. 블록체인 기술은 부동산 소유주가 자산을 팔지 않고도 부분 지분을 유동화할 수 있는 새로운 금융 도구가 될 수 있음을 증명했습니다.

하지만 이 성공은 유동성 실패(제17.2절)라는 시한폭탄을 안고 있었습니다. 투자자들에게 약속했던 유동성이 제로가 되자, 부동산 자산 자체의 평판과 투자 구조에 대한 신뢰가 무너졌습니다. 부동산 투자의 관점에서 자본 조달은 성공했지만, 투자자 관리와 장기적 신뢰 구축에는 실패한 절반의 성공 사례로 남게 되었습니다.

2) 금융투자 실제 사례 연구: 적격 투자자의 아스펜 코인(ASPEN) 유동성 함정

(TPO: 2018년~2020년 / 미국, tZERO 거래소 / 적격 투자자의 STO 금융투자 실패)

아스펜 STO는 금융 투자자의 관점에서 eREIT(제14장)의 한계를 극복할 혁신이었습니다. eREIT이 플랫폼 환매라는 중앙화되고 불확실한 유동성(제14.4절)을 제공한 반면, 아스펜은 tZERO라는 탈중앙화 거래소에서 주식처럼 자유롭게 거래되는 진정한 유동성(제16.1절)을 약속했습니다.

2018년, 수많은 적격 투자자들이 이 약속을 믿고 아스펜 코인(ASPEN) STO에 금융투자를 집행했습니다. 그들은 1년의 락업 기간만 지나면, 자신의 토큰(금융 자산)이 비트코인처럼 활발하게 거래되어 시세 차익과 배당 수익을 동시에 안겨줄 것이라 기대했습니다.

2019년 말, 락업이 해제되고 ASPEN 토큰이 tZERO 거래소에 상장되었습니다(제17.2절). 투자자들은 자신의 디지털 지갑에서 토큰을 tZERO로 전송하고 매도 주문을 냈습니다. 기술적으로는 모든 것이 약속대로 작동했습니다. 블록체인 기술은 성공적으로 자산을 이전시켰습니다.

그러나 시장은 참혹했습니다. 거래소에는 매수자가 없었습니다. tZERO는 코인베이스가 아니었습니다. 기관도, 대중도 참여하지 않는 유령 거래소였습니다(제17.2절). 투자자들의 매도 주문만 쌓여 갔고, 어쩌다 체결되는 거래는 발행가 대비 수십 퍼센트 폭락한 가격이었습니다.

금융 투자자들은 eREIT의 Gating(환매 중단)보다 더 최악인 제로 유동성 함정에 빠졌습니다. Gating은 최소한 자산의 가치(NAV)를 보호하려는 명분이라도 있었지만, STO의 제로 유동성은 가격 발견 기능 자체를 마비시켜 공포 매도(Panic Sell) 외에는 아무 선택지도 남기지 않았습니다.

이 금융투자 사례는 STO의 기술적 완성도가 시장의 성공을 보장하지 않음을 증명했습니다(제17.3절). 유동성은 기술이 아니라, 수많은 참여자가 모이는 시장 구조의 문제임을 보여준 가장 냉혹한 실패 사례입니다.

제18장

디지털 자산과 규제의 미로

B2C (대중 유동성)

(규제 미로 + 거래소 부재로 '지연')

→

B2B (기관 간 효율화)

(JPM Onyx: T+0 청산, 비용 절감)

STO의 현재와 미래 방향성

(Current and future directions of STO)

18.1 증권법의 망령: 토큰은 증권인가?

제16장과 제17장에서 확인했듯이, STO의 기술은 준비되었으나 시장이 작동하지 않는 근본적인 이유는 바로 **규제의 미로(Regulatory Maze)** 때문입니다. 이 미로의 중심에는 "모든 디지털 자산(토큰)은 증권(Security)인가?"라는 단 하나의 질문이 자리하고 있습니다. 이 질문에 어떻게 답하느냐에 따라, 기술(블록체인)이 전통 금융(증권법)의 틀 안에서 진화할지, 틀 밖에서 충돌할지가 결정됩니다.

미국 증권거래위원회(SEC)를 비롯한 전 세계 규제 당국은 이 질문에 답하기 위해, 1946년 오렌지 농장 사건에서 비롯된 하위 테스트(Howey Test)라는 오래된 기준을 꺼내 들었습니다. 하위 테스트는 특정 거래가 증권(투자 계약)인지를 판단하는 네 가지 기준입니다. (1) 돈의 투자가 있었고, (2) 공동의 사업(Common Enterprise)에 투자했으며, (3) 수익에 대한 기대가 있고, (4) 그 수익이 타인의 노력에 의해 발생하는가?

이 기준을 디지털 자산에 적용하면 명확한 구분이 드러납니다.

- **비트코인(Bitcoin):** SEC는 대체로 증권이 아니다라고 간주합니다(4번 타인의 노력이 불분명하고 충분히 탈중앙화됨). 따라서 비트코인은 CFTC(상품선물거래위원회)의 감독을 받는 상품(Commodity)(금, 원유와 유사)으로 취급됩니다.
- **2017년의 ICO(초기 코인 공개):** 대부분 명백한 증권입니다. 투자자들은 특정 팀(타인의 노력)이 운영하는 프로젝트(공동 사업)에 돈(ETH, USD)을 투자해 미래의 수익(가격 상승)을 기대했습니다. 하지만 그들은 증권법을 회피하기 위해 유틸리티 토큰이라고 주장했고, 이는 FTX 사태와 더불어 규제 당국의 엄격한 철퇴를 불러왔습니다.

그렇다면 부동산 STO(아스펜 코인, 17장)는 어떨까요? 이는 논쟁의 여지가 없는 100% 완벽한 증권입니다. 투자자들은 호텔(공동 사업)에 돈을 투자하여, 호텔 운영팀(타인의 노력)이 창출하는 임대 수익(수익 기대)을 얻고자 했습니다. 이는 하위 테스트를 완벽하게 충족합니다.

STO가 스스로 증권(Security)임을 인정했다는 사실은 양날의 검입니다. 장점은 법적 지위가 명확해졌다는 것입니다. ICO처럼 회색 지대에 머무는 것이 아니라, 캐드레(13장)나 펀드라이즈(14장)처럼 JOBS Act(Reg D, Reg A+) 등 기존 증권법의 틀 안에서 합법적으로 발행할 수 있는 길이 열렸습니다.

단점은, STO가 증권으로 분류되는 순간, 비트코인이 누리는 자유를 박탈당한다는 것입니다. 비트코인(상품)은 비교적 자유로운 암호화폐 거래소(코인베이스)에서 누구나 쉽게 거래할 수 있습니다. 하지만 STO(증권)는 반드시 엄격한 증권법의 규제를 따라야 하며, 이는 거래소의 분리(18.2절)라는 치명적인 장벽을 만들어냅니다.

결국 규제의 미로의 첫 번째 교훈은, "STO는 혁신적인 기술(블록체인, 16.2)을 사용했을 뿐, 본질은 새로운 것이 아닌 오래된 증권이다"라는 것입니다. 이 현실 인식이 아스펜의 유동성 실패(17.2절)를 설명하는 첫 번째 열쇠입니다.

뿌리 규제, 줄기 기준, 가지 법 적용

- **핵심 질문:** STO 시장의 병목 현상은 "토큰이 증권인가?"라는 규제의 질문에서 비롯됩니다.
- **판단 기준(하위 테스트):** (1) 돈 투자, (2) 공동 사업, (3) 수익 기대, (4) 타인의 노력.
- **적용:** 비트코인은 상품(Commodity)으로 간주되나, ICO와 부동산 STO(아스펜)는 하위 테스트를 완벽히 충족하는 증권(Security)입니다.
- **양날의 검:** 증권임이 명확해져 합법적(Reg D, Reg A+) 발행은 가능해졌지만(장점), 비트코인 같은 거래의 자유는 박탈당하고 엄격한 증권법 규제를 따라야 합니다(단점).

18.2 거래소의 분리: ATS vs. 암호화폐 거래소

STO가 증권(18.1절)으로 확정되는 순간, STO의 약속(16.1절)이었던 글로벌 유동성은 두 번째 장벽, 즉 거래소의 분리(Separation of Exchanges)라는 현실에 부딪혀 좌절됩니다. 이는 제16.3절의 닭과 달걀 문제의 핵심 원인이며, 아스펜 STO(17.2절)가 왜 제로 유동성에 갇혔는지를 직접적으로 설명합니다.

문제는 매우 단순합니다. 유동성이 풍부한 거래소와, STO를 상장할 수 있는 거래소가 서로 다르다는 것입니다.

1. **암호화폐 거래소(예: 코인베이스, 바이낸스, 업비트):** 이들은 수천만 명의 활성 사

용자와 수십조 원의 유동성을 보유한 거대한 바다입니다. 하지만 그들은 증권법 라이선스가 없는 머니 서비스 사업자(MSB) 또는 상품 거래소입니다. 만약 그들이 명백한 증권인 아스펜 코인(ASPEN)을 상장시킨다면, 이는 불법 미인가 증권 거래를 중개한 중범죄가 됩니다(SEC가 리플(XRP)과 코인베이스를 기소한 논리가 바로 이것입니다).

2. **증권형 토큰 거래소(예: tZERO, Archax):** 이들은 증권을 합법적으로 거래할 수 있는 ATS(대체거래시스템) 라이선스를 보유한 적법한 시장입니다. STO는 오직 이곳에서만 거래될 수 있습니다.

이 법적 분리는 유동성을 원천 차단합니다. 물(유동성)은 모두 암호화폐 거래소에 모여 있는데, STO라는 물고기는 법적으로 ATS라는 작은 어항에서만 살아야 합니다. 아스펜(17.2절)이 실패한 이유는 호텔이 나빠서가 아니라, tZERO라는 어항에 아무도 찾아오지 않았기 때문입니다.

이 거래소의 분리는 eREIT(14장)의 한계보다 더 심각합니다. 펀드라이즈의 환매 프로그램(14.4)은 Gating이라는 위험은 있었지만, 최소한 펀드라이즈라는 단일 창구를 통해 수백만 명의 고객을 확보하고 플랫폼 자체의 유동성 풀(Pool)을 만들 수 있었습니다.

하지만 STO는 발행사(아스펜)와 거래소(tZERO)가 분리되어, 고객을 두 번 모아야 하는 이중고를 겪습니다. 아스펜이 힘들게 투자자(A)를 모아 토큰을 발행해도, A가 이것을 팔기 위해서는 tZERO라는 완전히 새로운 거래소에 투자자(B)가 가입하여 매수 주문을 내야 합니다. 이 이중의 마찰(Friction)을 넘어설 유인은 현재 전무합니다.

기관 투자자들 역시 마찬가지입니다. 블랙스톤이 STO에 투자하려면, 골드만삭스나 피델리티 같은 신뢰할 수 있는 기존 금융 기관이 수탁(Custody)과 거래를 지원해야 합니다. 하지만 기존 기관들은 ATS 라이선스가 없거나, tZERO 같은 신생 스타트업의 기술을 신뢰하지 않습니다.

결국 STO는 증권으로 분류됨으로써 합법성을 얻었지만, 그 대가로 암호화폐 시장의

거대한 유동성과의 연결이 완전히 차단되었습니다. 이 고립이 해소되지 않는 한, STO
의 퍼블릭 유동성 약속(16.1절)은 공허한 메아리에 불과합니다.

규제와 유동성, 통합이 시장의 뿌리

- **문제의 핵심:** 유동성이 있는 거래소(코인베이스)와, STO를 상장할 수 있는 거래소
(tZERO)가 법적으로 분리되어 있습니다.
- **암호화폐 거래소:** 유동성은 많지만 증권 라이선스가 없어 STO 상장 불가. (상장 시
불법)
- **STO 거래소(ATS):** 증권 라이선스는 있지만 사용자와 유동성이 전무함. (아스펜의
실패, Ch 17.2)
- **이중의 마찰:** eREIT(단일 창구)와 달리, STO는 발행사와 거래소가 분리되어 고객
을 두 번 모아야 하는 더 심각한 장벽에 직면합니다.
- **유동성 고립:** STO는 증권으로 분류됨으로써, 암호화폐 시장의 거대한 유동성으로
부터 완전히 고립되었습니다.

18.3 글로벌 규제의 파편화와 미래

STO가 극복해야 할 세 번째 장벽이자 미로의 마지막 관문은, 미국 내부의 문제(18.1,
18.2)를 넘어선 글로벌 규제의 파편화(Fragmentation)입니다. STO의 약속(16.1절) 중
하나는 국경 없는(Borderless) 24/7 글로벌 거래였습니다. 이론적으로는 블록체인(인터
넷)에 기반하므로 가능해야 합니다.

하지만 현실에서 증권법은 인터넷이 아니라 국가(Sovereign)를 단위로 작동합니다.

미국 SEC가 승인한 STO(예: 아스펜)라고 해서, 유럽 ESMA나 싱가포르 MAS, 한국 FSC가 자동으로 인정해주지 않습니다. 기술적으로는 서울의 투자자가 미국의 tZERO에 접속해 ASPEN을 살 수 있지만, 그 행위는 한국의 자본시장법 위반일 수 있습니다.

이 파편화는 STO가 전통 금융(IPO)보다 더 비효율적이 되는 역설을 만듭니다. 삼성전자가 미국 나스닥에 상장(ADR)하려면 SEC의 규정을 한 번 따르면 됩니다. 하지만 아스펜 토큰이 전 세계 모든 투자자에게 판매되려면, 이론적으로 전 세계 모든 국가의 증권법 규제를 개별적으로 검토하고 준수해야 합니다. 이는 STO의 비용 절감 약속(16.1절)을 완전히 무의미하게 만듭니다.

블록체인의 상호 운용성(16.1절) 약속 역시 기술적으로는 가능하지만 법적으로는 불가능합니다. 스위스 거래소에서 산 STO를 개인 지갑으로 옮겨 미국 거래소에서 파는 행위는, 두 국가 간의 조세 및 증권법 협약이 없다면 불법이 될 가능성이 높습니다. 기술은 국경이 없지만, 법은 국경이 명확합니다.

그렇다면 규제의 미로에 갇힌 STO의 미래는 무엇일까요? 두 가지 현실적인 경로가 존재합니다.

1. **경로 #1(제도권의 점진적 수용):** 아스펜과 tZERO의 실패(17장)를 교훈 삼아, 블랙록, J.P.모건, 골드만삭스 같은 거대 전통 금융 기관(TradFi)들이 직접 인프라를 구축하는 모델입니다. J.P.모건의 오닉스(Onyx) 플랫폼이 대표적입니다. 이들은 대중(Retail)이 아니라, 기관 고객들 사이의 B2B 거래에 먼저 집중합니다.

2. **경로 #2(B2B 효율화):** 퍼블릭 유동성(B2C)이라는 거창한 목표를 잠시 포기합니다. 대신, 스마트 컨트랙트(16.2절)의 진짜 가치인 백오피스 자동화, 규제 준수 자동화, 배당 자동화를 활용하여, 기관들이 사모 펀드를 운용하는 내부 비용을 절감하는 도구(Tool)로 먼저 활용합니다(제17.3절의 현실적 우회로).

[사례 연구 18-1]은 J.P.모건의 오닉스(Onyx)와 토큰화된 자산 운용입니다. 오닉스

는 퍼블릭 블록체인(이더리움)이 아니라, 허가된 기관만 참여하는 프라이빗 블록체인(Private Blockchain)입니다. J.P.모건은 이 안에서 미국 국채(T-Bill)나 사모 펀드를 토큰화하여 다른 기관 고객에게 판매하고 청산합니다.

이 B2B 모델은 아스펜이 실패한 모든 문제를 회피합니다.

1. **유동성 문제?** 없습니다. 대중이 아닌 소수의 지정된 기관끼리 거래하므로 거래소 문제가 없습니다.
2. **규제 문제?** 없습니다. 모든 참여자는 이미 J.P.모건의 KYC/AML을 통과한 적격 기관들입니다. 규제 안에서 완벽히 통제됩니다.
3. **가치?** 즉각적인 비용 절감입니다. T+2가 아닌 T+0 청산(16.1절)으로 결제 리스크와 자본 비용을 줄이고, 수작업 백오피스를 스마트 컨트랙트(16.2절)로 자동화합니다.

결론적으로, 규제의 미로는 STO의 대중화(B2C) 꿈(아스펜)을 최소 10년은 지연시켰습니다. 부동산 STO의 진짜 미래는 단기적으로는 대중을 위한 유동성 혁명이 아니라, 기관을 위한 비용 절감과 효율화라는 조용한 백오피스 혁명에서 먼저 시작될 것입니다.

이것만은 꼭! (This is a must)

법 장벽, 효율 우선 성숙

- **글로벌 파편화:** STO의 약속(글로벌 유동성)은 국가별로 다른 증권법(파편화) 때문에 좌절됩니다. 기술은 국경이 없지만, 법은 국경이 있습니다.
- **비효율의 역설:** 전 세계 모든 국가의 규제를 따라야 한다면, STO는 전통 IPO보다 더 비싸고 복잡해집니다.
- **현실적 미래 #1(B2B):** 대중(B2C) 유동성을 포기하고, 기관 간(B2B) 거래의 효율화

에 집중합니다.

- **사례 18-1(J.P.모건 오닉스):** 프라이빗 블록체인 위에서 기관 고객끼리 토큰화된 펀드/국채를 거래합니다. 유동성이 아닌 비용 절감(T+0, 자동화)이 목표입니다.
- **결론:** 규제의 미로로 인해 STO의 대중화(B2C)는 지연되었으며, 단기적 미래는 기관(B2B)의 백오피스 효율화 도구로 먼저 활용될 것입니다.

18.4 부동산 금융 투자 사례 연구

핵심 개념	정의	한계 및 시사점
STO = 증권 (하위 테스트)	STO는 하위 테스트(Howey Test) 기준 명백한 증권(Security)임(비트코인=상품, 과 다름).	합법적 발행(Reg D, Reg A+)은 가능해졌으나, 비트코인 같은 거래의 자유는 박탈당하고 엄격한 증권법 규제를 따라야 함.
거래소의 분리 (병목 현상)	유동성이 있는 암호화폐 거래소(코인베이스)와, STO를 상장할 수 있는 STO 거래소(tZERO, ATS)가 법적으로 완전히 분리됨.	STO는 유동성의 바다(코인베이스)로부터 완전히 고립되어, 제로 유동성(Ch 17.2) 함정에 빠짐.
글로벌 규제 파편화	기술(블록체인)은 국경이 없지만, 법(증권법)은 국가 단위로 파편화됨.	글로벌 유동성 약속이 무너짐. 전 세계 모든 국가의 규제를 따라야 한다면, STO는 전통 IPO보다 더 비효율적이 됨.
STO의 현실적 미래(B2B)	대중 유동성(B2C)의 꿈(아스펜)은 지연됨. 단기적 미래는 기관 간(B2B) 거래의 효율화임.	J.P.모건 오닉스(사례 18-1)처럼, 프라이빗 블록체인에서 T+0 청산, 백오피스 자동화(Ch 16.2) 등 비용 절감 도구로 먼저 활용될 것임.

1) 부동산투자 가상 사례 연구: 글로벌 E&C의 STO 기반 데이터센터 포트폴리오 매각 실패

(TPO: 2028년 / 글로벌 E&C / STO를 활용한 글로벌 실물 부동산 매각 시도)

2028년, 가상의 글로벌 E&C(건설사)는 부동산 투자 포트폴리오를 조정하기 위해, 아시아 각국(한국, 싱가포르, 일본)에 보유 중인 데이터센터(제24장) 포트폴리오(약 5조 원 규모)를 매각하기로 결정합니다. 이들은 전통적인 블록딜 방식 대신, STO(제16장)를 활용하여 더 많은 글로벌 투자자에게 더 높은 가격을 받을 수 있을 것이라 기대합니다.

글로벌 E&C의 부동산 투자 회수 전략은 STO의 글로벌 유동성 약속(제16.1절)에 기반했습니다. 그들은 5조 원 규모의 데이터센터 포트폴리오를 하나의 STO 펀드로 토큰화했습니다. 기술적으로는 완벽했습니다. 블록체인 위에서 자산은 검증되었고, 스마트 컨트랙트로 배당 구조도 설계했습니다.

문제는 매각을 위한 글로벌 로드쇼에서 발생했습니다. 첫째, 미국 뉴욕 로드쇼에서, 미국 기관 투자자들은 "이 STO가 SEC 규정을 준수하는지 불명확하다"며 투자를 거절했습니다. 둘째, 싱가포르 로드쇼에서, 싱가포르 금융청(MAS)은 "이 STO는 싱가포르 법에 따른 공모 절차를 밟지 않았으므로, 싱가포르 투자자에게 판매할 수 없다"고 통보했습니다. 일본, 유럽 역시 마찬가지였습니다.

글로벌 E&C는 기술(블록체인)은 국경이 없지만, 법(증권법)은 국가 단위로 철저히 파편화(제18.3절)되어 있음을 깨달았습니다. 하나의 STO를 글로벌로 판매하는 것은, 각 국가의 IPO를 동시에 진행하는 것보다 더 복잡하고 비효율적이었습니다(제18.3절 역설).

결국 글로벌 E&C는 STO 전략을 포기하고, 전통 방식대로 블랙스톤과 같은 단일 기관 투자자에게 포트폴리오 전체를 할인된 가격에 매각할 수밖에 없었습니다. 이 가상의 부동산 투자 실패 사례는 STO의 글로벌 유동성 약속이 규제의 파편화라는 현실 앞에서 얼마나 허약한지 보여줍니다.

2) 금융투자 실제 사례 연구: J.P.모건 오닉스(Onyx)의 기관 간(B2B) 금융투자 효율화
(TPO: 2023년~현재 / 미국, 월스트리트 / 기관 간 백오피스 효율화를 위한 금융투자)

아스펜(제17장)의 공개 유동성 실패 이후, STO의 현실적 미래(제18.3절)는 J.P.모건과 같은 거대 전통 금융(TradFi) 기관들이 주도하는 B2B 금융투자 효율화에서 찾을 수 있습니다. J.P.모건의 오닉스(Onyx) 플랫폼(사례 18-1)은 이 흐름을 보여주는 가장 중요한 실제 사례입니다.

오닉스는 비트코인처럼 누구나 참여하는 퍼블릭 블록체인이 아닙니다. 오직 J.P.모건의 허가를 받은 기관 고객(예: 블랙록, KKR, 연기금)만 참여하는 프라이빗 블록체인입니다. 이 플랫폼의 목표는 대중 유동성(B2C)이 아니라, 기관 간(B2B) 금융거래의 비용을 절감하는 것입니다.

금융투자는 다음과 같이 작동합니다. 블랙록이 J.P.모건이 토큰화한 미국 국채 펀드(금융 자산) 1,000억 원어치를 매수한다고 가정합니다. 과거 이 거래는 수많은 중개인(청산소, 예탁원, 은행)을 거쳐 결제까지 2일(T+2)이 걸렸습니다. 이 2일 동안 거래 상대방이 파산할 수 있는 결제 리스크가 존재했습니다.

하지만 오닉스 플랫폼 위에서는 이 거래가 즉시(T+0) 완료됩니다(제16.1절). 블랙록이 JPM 코인(J.P.모건의 스테이블 코인) 1,000억을 지불하는 동시에, 스마트 컨트랙트(제16.2절)가 국채 펀드 토큰 1,000억 원어치를 블랙록의 지갑으로 자동 이전시킵니다. 거래와 결제가 원자적으로(Atomic Swap) 동시에 발생하여 결제 리스크가 0이 됩니다.

이 금융투자 사례는 STO의 현실적 가치가 대중 유동성이 아닌, 기관 간 거래의 백오피스 자동화와 T+0 청산을 통한 비용 절감 및 리스크 감소에 있음을 명확히 보여줍니다. 규제의 미로 속에서, STO는 B2C 혁명이 아닌, B2B 효율화라는 조용한 혁명으로 먼저 자리 잡고 있습니다.

제4부

진화하는 글로벌 지형과 상업용 부동산의 미래

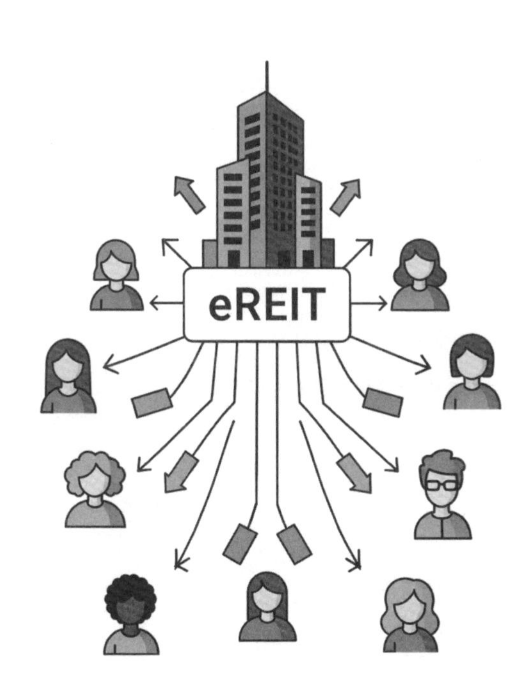

제19장

증강된 중개인: 슈퍼 에이전트의 탄생

AI로 증강된 슈퍼 중개인 개념 공식
(The AI-Augmented Super Broker Concept Formula)

19.1 중개인의 종말 논쟁

프롭테크 1.0 시대가 열렸을 때, 시장의 가장 큰 화두는 중개자 배제(Disintermediation), 즉 중개인의 종말이었습니다. 질로우(Zillow)가 매물 정보와 주택 가치(제스티메이트)

를 대중에게 무료로 공개하자, 사람들은 더 이상 중개인이 정보의 문지기 역할을 할 필요가 없다고 예측했습니다. 이는 마치 익스피디아(Expedia)가 등장하며 여행사 직원이 사라진 것과 같은 논리였습니다. 프롭테크 2.0의 아이바이어(iBuyer) 모델은 이 위협을 더욱 구체화했습니다. 오픈도어(Opendoor)는 아예 중개인 없이 AI가 직접 주택을 매입하는 거래의 자동화를 시도했습니다.

하지만 20년이 지난 지금, 중개인은 사라지지 않았습니다. 미국에서만 200만 명 이상의 중개인이 여전히 활동하고 있으며, 거래의 80% 이상이 중개인을 통해 이루어집니다. 왜 부동산 중개인은 여행사 직원과 다른 운명을 맞이했을까요? 그 이유는 부동산 자산이 가진 독특한 본질 때문입니다. 첫째, 부동산은 일생일대의 가장 큰 금액이 오가는 초고가 자산입니다. 둘째, 모든 자산이 다른 비표준화 자산이며, 초지역적(Hyper-local) 특성을 가집니다. 셋째, 거래 과정이 단순한 결제가 아닌 법률, 금융, 협상, 심리적 요인이 복잡하게 얽힌 고관여 의사결정입니다.

이러한 복잡성 속에서 소비자는 정보뿐만 아니라 신뢰할 수 있는 조언자(Trusted Advisor)를 원했습니다. 질로우의 제스티메이트(Zestimate)가 참고는 될 수 있어도, "내 아이 학군을 위한 최적의 동네"나 "이 주택의 숨겨진 결함"을 알려주지는 못했습니다. 제5장에서 분석한 질로우 오퍼스(Zillow Offers)의 실패는 이러한 현실을 명확히 증명했습니다. 최첨단 AVM 알고리즘조차도 예측 불가능한 지역성과 시장 변동성 앞에서 막대한 손실을 입고 무너졌습니다. AI가 모든 것을 대체할 수 없다는 비싼 교훈이었습니다.

시장의 결론은 중개자 배제가 아니라 중개자 증강(Augmentation)이었습니다. 기술은 중개인을 대체하는 것이 아니라, 최고의 중개인을 더 강력하게 만드는 무기가 되었습니다. AI가 인간의 판단력과 공감 능력을 대체하는 것이 아니라, 인간이 더 나은 판단을 더 빨리 할 수 있도록 데이터와 자동화를 지원하는 것입니다.

이로 인해 중개인 시장은 양극화되기 시작했습니다. 과거의 경험과 감에만 의존하는 전통적 중개인은 도태되고 있습니다. 반면, AI라는 무기를 적극적으로 활용하여 자신의 전문성을 극대화하는 새로운 부류의 전문가가 등장했습니다. 저는 이들을 증강된 중개인, 즉 슈퍼 에이전트(Super Agent)라고 부릅니다.

슈퍼 에이전트의 등장은 시장의 경쟁 구도를 근본적으로 바꾸고 있습니다. 이제 경쟁은 기술 vs. 인간의 대결이 아닙니다. 경쟁은 AI로 무장한 슈퍼 에이전트와 아날로그 방식의 전통적 중개인 간의 대결입니다. AI는 위협이 아니라, 생존을 위한 필수 운영체제(OS)가 되었습니다.

슈퍼 에이전트에게 AI는 비서이자 분석가이자 마케터입니다. 그들은 AI를 활용해 단순 반복 업무(서류 작업, 스케줄링)에서 해방되어, 오직 인간만이 할 수 있는 고부가가치 활동, 즉 고객과의 신뢰 구축, 복잡한 딜 협상, 창의적인 문제 해결에 집중합니다.

결론적으로 중개인의 종말 논쟁은 기술이 중개인의 역할을 대체할 것이라는 잘못된 전제에서 시작되었습니다. 현실은 기술이 중개인의 역할을 정보 게이트키퍼에서 AI 기반 데이터 분석가이자 고도의 협상 전문가로 진화시키고 있다는 것입니다.

AI는 뿌리 신뢰, 인간 증강의 가지

- **중개자 배제의 실패:** 프롭테크 1.0(질로우)과 2.0(iBuyer)은 중개인을 대체하지 못했습니다. 부동산 거래의 복잡성, 고관여성, 지역성 때문입니다.
- **증거(질로우의 실패):** 제5장의 질로우 오퍼스 실패는 AI 알고리즘만으로는 인간의 지역적 판단력을 대체할 수 없음을 증명했습니다.
- **중개자 증강(Augmentation):** 시장의 결론은 대체가 아닌 증강입니다. AI는 위협이 아니라, 최고의 중개인을 더 강력하게 만드는 무기입니다.
- **슈퍼 에이전트의 탄생:** AI를 적극 활용하여 저부가가치 업무를 자동화하고, 고부가가치(신뢰, 협상) 업무에 집중하는 새로운 전문가 집단이 등장했습니다.
- **경쟁 구도의 변화:** 기술 vs. 인간이 아니라, 슈퍼 에이전트 vs. 전통적 중개인의 대

결로 양극화되고 있습니다.

19.2 슈퍼 에이전트의 AI 무기들

슈퍼 에이전트는 구체적으로 어떤 AI 무기를 사용하여 전통적 중개인을 압도하는 것일까요? 그들의 무기고(Arsenal)는 고객을 찾는 순간부터 거래를 완료하는 모든 과정을 포괄합니다. 이 무기의 핵심은 저부가가치 수작업을 자동화하고, 고부가가치 의사결정을 데이터로 강화하는 것입니다.

첫째, AI 기반 리드 생성 및 자격 부여(AI Lead Generation & Qualification)입니다. 전통적 중개인은 질로우의 프리미어 에이전트(19.3절) 프로그램처럼 광고비를 지불하고 검증되지 않은 잠재 고객(Lead) 목록을 구매합니다. 슈퍼 에이전트는 CRM(고객관계관리) 플랫폼에 탑재된 AI를 활용하여, 아직 시장에 나오지 않은 잠재 매도자를 미리 예측합니다.

이 AI는 공개 데이터와 비공개 데이터를 결합합니다. 모기지 연령(대출받은 지 오래된), 주택 순자산(가격 상승으로 자산 증가), 가족 구성원 변화(자녀의 학군 이동), 소셜 미디어의 이사 관련 키워드(NLP), 심지어 지역의 채용 공고(이직 가능성) 데이터(제7.1절 대안 데이터)까지 분석합니다. AI는 "A동네의 박씨가 6개월 내 이사할 확률 75%"라고 예측합니다.

리드를 발견한 후에는 AI 챗봇이 작동합니다. 전통적 중개인이 모든 전화에 직접 응대할 때, 슈퍼 에이전트의 AI 챗봇은 24시간 수백 명의 초기 문의자와 대화하며 자격을 검증합니다. "방문 예약을 원하시나요?" "대출 승인은 받으셨나요?" AI가 단순 문의자를 걸러내고, 진짜 거래 의사가 있는 A급 잠재고객(Hot Lead)만 슈퍼 에이전트에게 연결합니다.

둘째, AI 기반 마케팅 자동화(AI-powered Marketing)입니다. 전통적 중개인이 일률적인 전단지를 돌릴 때, 슈퍼 에이전트는 생성형 AI(Generative AI)를 활용해 초개인화된 마케팅을 자동으로 실행합니다.

생성형 AI(NLP)는 매물의 특징만 입력하면, 감성적이고 매력적인 홍보 문구를 수십 가지 버전으로 즉시 작성합니다. 컴퓨터 비전(CV) AI는 수백 장의 매물 사진 중 가장 클릭률이 높을 사진을 자동으로 선별하고, 텅 빈 방 사진을 고급 가구로 채우는 가상 스테이징(Virtual Staging)을 수 분 내에 완료합니다.

이 마케팅 소재들은 AI 광고 엔진을 통해 페이스북, 인스타그램 등 소셜 미디어에서 가장 관심 있을 타겟 고객에게 자동으로 노출됩니다. 슈퍼 에이전트는 광고를 만드는 시간을 0으로 줄이고, AI가 가져온 고객을 만나는 시간에 집중합니다.

셋째, AI 가격 책정 및 협상 지원(AI Pricing & Negotiation Support)입니다. 전통적 중개인은 자신의 경험과 최근 몇 건의 거래 사례(Comps)에 의존해 가격을 제안합니다. 슈퍼 에이전트는 소속 플랫폼(예: 컴패스)이 제공하는 고도화된 AVM(제4장)을 활용합니다. 이 AVM은 실거래가 뿐만 아니라, 실시간 시장 심리, 경쟁 매물의 변동, 마이크로 시장 동향(제7.2절)까지 반영합니다.

슈퍼 에이전트는 고객에게 "제 감으로는 10억입니다"가 아니라, "AI가 모든 데이터를 분석한 결과, 최적의 매도 가격 범위는 10억 2천에서 10억 5천입니다"라고 데이터에 기반한 신뢰를 제공합니다. 협상 과정에서도 AI 시뮬레이션을 활용합니다. 가격을 5천만원 낮추는 대신 수리 의무를 면제받을 경우, 최종 수익률에 미치는 영향을 즉각 계산하여 최적의 협상안을 도출합니다.

넷째, AI 거래 관리(AI Transaction Coordination)입니다. 부동산 거래는 계약서 검토, 대출 서류 확인, 등기 일정 조율 등 수십 단계의 복잡한 행정 업무로 이루어집니다. 슈퍼 에이전트는 AI 거래 관리 소프트웨어(예: AppFolio, DocuSign AI)를 사용합니다. AI(NLP, 제2.3절)가 수십 페이지의 계약서를 스캔하여 독소 조항이나 누락된 항목을 자동으로 경고합니다.

AI는 모든 거래 일정(계약금, 중도금, 잔금일)을 자동 추출하여 달력에 등록하고, 모든 관계자(변호사, 법무사, 은행)에게 자동으로 알림을 보내 사고를 방지합니다. 슈퍼 에이전트는 서류 작업이라는 늪에서 해방되어, 동시에 더 많은 거래를 처리하고 고객 관계에 집중할 수 있습니다.

데이터 뿌리, AI 줄기, 창조적 거래 가지

- **AI 무기고:** 슈퍼 에이전트는 리드 생성, 마케팅, 가격 책정, 거래 관리 등 전 과정에 AI를 활용합니다.
- **리드 생성/검증:** 단순 리드 구매가 아닌, AI 예측을 통해 잠재 매도자를 발굴하고, 챗봇이 A급 고객을 자동 선별합니다.
- **마케팅 자동화:** 생성형 AI가 홍보 문구를 작성하고, CV AI가 가상 스테이징을 처리하며, 타겟 광고를 자동 실행합니다.
- **데이터 기반 의사결정:** 감이 아닌 AVM 데이터(제4장)에 기반한 가격 전략을 제시하고, AI 시뮬레이션을 통해 협상안을 도출합니다.
- **행정 자동화:** AI(NLP)가 계약서를 검토하고 거래 일정을 자동 관리하여, 저부가가치 시간을 줄이고 고부가가치 활동에 집중합니다.

19.3 플랫폼의 양극화: 컴패스 vs. 질로우

슈퍼 에이전트(19.1절)의 등장과 AI 무기(19.2절)의 보급은 기술을 제공하는 플랫폼 기업들의 전략 역시 극단적으로 양극화시키고 있습니다. 미국 시장은 두 거인, 컴패스 (Compass)와 질로우(Zillow)의 서로 다른 철학이 격돌하는 전쟁터입니다. 모든 중개인 은 이 두 모델 중 하나에 줄을 서야 하는 상황에 내몰리고 있습니다.

첫 번째 모델은 **에이전트 중심(Agent-Centric) 플랫폼**의 대표 주자인 컴패스(Compass)입니다. 컴패스의 철학은 명확합니다. "우리는 중개인을 대체하는 기술을 만드는 것이 아니라, 중개인을 슈퍼 에이전트로 만드는 기술을 독점적으로 제공한다." 컴패스는 스스로를 부동산 회사가 아닌 기술 회사라고 정의합니다.

컴패스는 수십억 달러를 투자해 오직 소속 중개인만 사용할 수 있는 폐쇄형 엔드-투-엔드(End-to-End) AI 플랫폼을 구축했습니다. 이 플랫폼은 19.2절에서 설명한 모든 AI 무기들, 즉 AI CRM(잠재 고객 예측), AI 마케팅(자동화), AI AVM(경쟁사보다 정확한 가격 분석)을 하나의 대시보드에서 제공합니다.

[사례 연구 19-1]은 컴패스 AI 플랫폼의 작동 방식입니다. 컴패스 소속 슈퍼 에이전트는 이 플랫폼을 아이언맨 수트처럼 사용합니다. AI가 "과거 고객 김씨의 이사 주기가 도래했습니다"라고 알려주면, 에이전트는 클릭 몇 번으로 김씨 맞춤형 AI 분석 리포트와 마케팅 자료를 즉시 생성하여 발송합니다. 컴패스는 이 독점적 기술을 무기로 전국의 최고 에이전트들을 영입하고, 그들에게 업계 최고 수준의 수수료 배분을 약속합니다. 컴패스 모델의 핵심은 기술로 에이전트를 무장시켜 시장 점유율을 확보하는 엘리트 전략입니다.

두 번째 모델은 **소비자 중심(Consumer-Centric) 플랫폼**의 절대 강자인 질로우(Zillow)입니다. 질로우의 충성도는 에이전트가 아닌 소비자(대중)를 향합니다. 질로우의 전략은 제스티메이트(AVM)와 방대한 매물 정보를 무료로 제공하여 미국 전체의 소비자 트래픽(Eyeballs)을 독점하는 것입니다.

질로우는 소비자를 독점한 후, 이 트래픽을 상품으로 만듭니다. 질로우 플랫폼에 광고비를 지불하는 중개인(프리미어 에이전트 프로그램)에게 소비자의 연락처(Lead)를 판매합니다. 질로우는 컴패스처럼 에이전트를 위한 무기를 만드는 데 관심 없습니다. 질로우는 자신의 플랫폼을 강화하는 데 관심 있으며, 중개인은 그 플랫폼에 비싼 광고비를 내는 수많은 고객 중 하나일 뿐입니다.

이 두 모델은 중개인을 완전히 다른 방식으로 대우합니다. 컴패스에게 중개인은 독점적 기술을 제공해야 하는 파트너(Partner)입니다. 질로우에게 중개인은 소비자 리드를 구매해야 하는 고객(Customer)입니다. 질로우 모델 하에서 중개인은 질로우에 종속되며 가격 경쟁에 내몰리기 쉽습니다(상품화).

질로우의 궁극적인 목표는 중개인을 강화하는 것이 아니라, 소비자가 질로우 플랫폼 안에서 모든 것을 해결하게 만드는 생태계 구축입니다. 정보 검색(질로우), 대출(질로우 홈 론), 거래 종결(질로우 클로징) 등 모든 단계를 수직 계열화하고, 중개인은 이 생태계의 마지막 1마일을 담당하는 서비스 제공자 역할로 축소시키려 합니다.

결론적으로 컴패스는 폐쇄형 엘리트 기술로 슈퍼 에이전트 군단을 만들어 시장을 장악하려 합니다. 질로우는 개방형 소비자 트래픽 독점으로 모든 중개인을 플랫폼의 고객으로 만들려 합니다. 전통적 방식에 머무는 중개인은 이 두 거대 플랫폼 사이에서 설 자리를 잃고 있습니다.

선택과 집중, 원칙이 미래를 결정한다

- **양극화:** 중개인을 무장시키는 플랫폼(컴패스)과 중개인을 고객으로 삼는 플랫폼(질로우)으로 시장이 양분되고 있습니다.
- **컴패스(에이전트 중심):** 폐쇄형 AI 플랫폼(독점 무기)을 개발하여 소속 에이전트를 슈퍼 에이전트로 만듭니다. 에이전트가 파트너입니다.
- **사례 19-1(컴패스):** AI CRM, 고급 AVM, 마케팅 툴을 하나로 통합한 독점 OS를 제공하여, 엘리트 에이전트를 영입하고 시장을 장악합니다.
- **질로우(소비자 중심):** 소비자 트래픽을 독점한 후, 이 트래픽(리드)을 중개인에게 판매합니다. 에이전트가 고객입니다.
- **전략 차이:** 컴패스는 슈퍼 에이전트를 통해 승리하려 하고, 질로우는 소비자 생태계 독점을 통해 중개인을 종속시키려 합니다. 전통 중개인은 도태됩니다.

19.4 부동산 금융 투자 사례 연구

핵심 개념	정의	핵심 전략 및 기술
중개인의 종말 논쟁	프롭테크 1.0(질로우), 2.0(iBuyer)에도 불구, 중개인은 대체되지 않음(부동산 거래의 복잡성, 고관여성, 신뢰의 필요성 때문).	질로우 오퍼스(Ch 5)의 실패가 AI만으로는 인간의 지역적 판단력을 대체할 수 없음을 증명함.
증강된 중개인	AI는 위협이 아닌 무기임. AI를 활용하는 슈퍼 에이전트와 그렇지 못한 전통적 중개인으로 시장이 양극화됨.	AI가 저부가가치 업무(행정)를 자동화하고, 인간은 고부가가치 업무(신뢰, 협상)에 집중함.
슈퍼 에이전트의 AI 무기	AI가 리드 생성, 마케팅, 가격 책정(AVM), 거래 관리(NLP) 등 전 과정을 자동화하고 지원하는 기술의 총체.	AI가 비서, 분석가, 마케터 역할을 수행하여 인간의 역량을 증강시킴.
플랫폼의 양극화	(1) 컴패스(Compass): 에이전트 중심의 폐쇄형 B2B 플랫폼. AI 무기를 독점 제공하여 엘리트 중개인을 무장시킴(파트너). (2) 질로우(Zillow): 소비자 중심의 개방형 B2C 플랫폼. 트래픽을 독점하고 중개인에게 리드를 판매함(고객).	중개인은 두 거대 플랫폼 중 하나에 종속되거나 도태되는 상황에 놓임.

1) 부동산투자 실제 사례 연구: 컴패스(Compass) 슈퍼 에이전트의 AI 플랫폼 활용

(TPO: 2024년 / 미국, 마이애미 / 컴패스 소속 슈퍼 에이전트의 부동산 중개 투자)

제인은 2024년 마이애미에서 활동하는 컴패스(Compass) 소속의 슈퍼 에이전트(제19.1절)입니다. 그녀의 부동산 중개는 단순한 영업이 아니라 AI 기술을 활용한 전략적 투자에 가깝습니다. 그녀의 성공은 컴패스가 독점적으로 제공하는 AI 플랫폼(사례 19-1)이라는 무기에 기반합니다.

첫째, 그녀는 AI CRM을 통한 리드 생성(제19.2절)에 투자합니다. 과거처럼 광고에 의존하는 대신, 컴패스 AI가 그녀의 과거 거래 데이터와 시장 데이터를 분석합니다. AI는 제인이 3년 전 거래했던 데이비드가 최근 자녀의 학군을 검색했으며, 현재 주택의 모기지 만기가 6개월 남았으므로, 30일 내 매도 가능성 85%라고 예측합니다. 제인은 이 정밀 타겟에 집중하여 투자(영업 시간) 대비 수익(계약) 비율을 극대화합니다.

둘째, AI 마케팅으로 자본(시간)을 절약합니다. 제인이 데이비드의 매물을 확보하면, 컴패스의 생성형 AI가 매물 사진과 특징을 분석하여 즉시 매력적인 광고 문구를 10가지 버전으로 작성합니다. 동시에 AI(CV)가 텅 빈 거실 사진을 고급 가구로 채우는 가상 스테이징(제19.2절)을 10분 만에 완료합니다.

셋째, AI AVM으로 신뢰를 확보합니다. 그녀는 "제 감으로는 10억"이라고 말하는 전통 중개인과 차별화됩니다. 그녀는 컴패스의 고급 AVM(제4장)이 실시간 시장 심리와 경쟁 매물 동향까지 반영한 데이터 리포트(최적 가격 10억 2천~10억 5천)를 제시하여 고객의 신뢰를 확보합니다.

넷째, AI 거래 관리로 운영을 자동화합니다. 계약이 시작되면, AI(NLP)가 수십 페이지의 계약서를 스캔하여 독소 조항이나 누락된 서명을 자동으로 경고합니다. 제인은 서류 작업이라는 저부가가치 노동에서 해방되어, 더 많은 고객과의 관계 및 협상이라는 고부가가치 부동산 투자 활동에 집중할 수 있습니다. 제인은 AI로 증강된 슈퍼 에이전트의 표본입니다.

2) 금융투자 실제 사례 연구: 질로우 프리미어 에이전트 프로그램 투자
(TPO: 2024년 / 미국, 시카고 / 전통적 중개인의 질로우 광고 금융투자)

톰은 시카고에서 활동하는 전통적인 1인 부동산 중개인입니다. 그는 컴패스(위 사례)와 같은 엘리트 플랫폼에 소속되어 있지 않습니다. 그에게 AI는 무기가 아니라, 질로우(Zillow)라는 거대 플랫폼의 형태로 다가옵니다. 톰의 생존 전략은 질로우의 소비자 트래픽(제19.3절)에 의존하는 금융투자입니다.

톰의 핵심 금융투자는 질로우의 프리미어 에이전트(Premier Agent) 프로그램입니다. 이는 톰이 시카고 특정 우편번호를 선택하고, 매월 수백만 원의 광고비를 질로우에 지불하는 계약입니다. 질로우는 그 대가로 자사 플랫폼에서 해당 지역의 매물을 검색하는 소비자의 연락처(Lead)를 톰에게 전달합니다.

톰에게 이 광고비는 사업의 가장 큰 금융투자 비용입니다. 이 투자의 성공 여부(ROI)는 전적으로 질로우의 알고리즘에 달려 있습니다. 질로우의 알고리즘이 단순 구경꾼(Tire-kicker)이 아닌, 실제 거래 의사가 있는 A급 리드를 톰에게 전달해 주어야만 그는 수익을 낼 수 있습니다.

이 모델은 톰을 슈퍼 에이전트가 아닌, 질로우 플랫폼의 종속된 고객(제19.3절)으로 만듭니다. 톰은 자신의 AI 무기가 없기 때문에, 질로우가 요구하는 광고비가 매년 올라도 거부할 수 없습니다. 그의 수익은 자신의 전문성이 아닌, 질로우 플랫폼의 트래픽 독점력에 의해 결정됩니다.

톰의 금융투자는 AI 시대 중개인의 양극화를 보여줍니다. 컴패스의 제인(위 사례)은 AI를 활용하여 가치를 창출하는 부동산 투자자가 된 반면, 톰은 AI 플랫폼(질로우)에 광고비를 지불하고 리드를 구매하는 수동적인 금융 투자자로 남게 되었습니다. 톰과 같은 전통 중개인들은 질로우라는 생태계의 부품으로 전락할 위험에 처해 있습니다.

제20장

글로벌 프롭테크 리더 비교 분석

미국 (USA)

자본, 플랫폼, 파괴
(예: iBuyer, 질로우 vs 컴패스)

유럽 (Europe)

규제, ESG, B2B SaaS
(예: 딥키(Deepki), 탄소 측정)

아시아 (Asia)

슈퍼 앱, 속도, 생태계
(예: 베이커(Beike), 원스톱 통합)

글로벌 프롭테크 비교 분석
(Comparative Analysis of Global Proptech)

20.1 미국: 자본과 플랫폼의 전쟁

제4부의 시작으로, 우리는 글로벌 프롭테크 지형을 비교 분석하여 각 시장의 고유한 진화 경로를 이해해야 합니다. 그 첫 번째 무대인 미국 시장은 이 책에서 광범위하게 다룬 바와 같이, 막대한 자본(Capital)과 승자독식 플랫폼(Winner-take-all Platform)이라는 두 가지 키워드로 요약됩니다. 미국은 프롭테크 혁신의 실리콘밸리로서, 가장 급진적이고 파괴적인 비즈니스 모델들의 실험장이자 전쟁터였습니다.

미국 시장의 첫 번째 특징은 자본 중심의 파괴(Capital-driven Disruption)입니다. 이는 아이바이어(iBuyer) 모델에서 극명하게 드러났습니다. 오픈도어(Opendoor), 오퍼패드(Offerpad), 그리고 실패한 질로우 오퍼스(Zillow Offers)는(제5, 10, 11장) 수십억 달러의 벤처 캐피털을 무기 삼아, AI와 자본으로 부동산 시장 자체를 대체하려 시도했습니다. 이들의 목표는 중개가 아니라, 직접 시장 조성자(Market Maker)가 되는 것이었습니다. 이는 알고리즘의 예측력과 자본의 힘을 극한까지 시험한 모델입니다.

이 자본 전쟁의 교훈(제5장, 제11장)은 자본과 알고리즘만으로는 부동산의 복잡성과 지역성을 극복할 수 없다는 것이었습니다. 이 실패 위에서 두 번째 전쟁, 즉 플랫폼 전쟁이 격화되었습니다. 이 전쟁은 자본 경량화(Capital-Light) 모델 간의 대결입니다.

플랫폼 전쟁은 누가 부동산 거래 생태계의 운영체제(OS)가 될 것인가를 두고 벌어지고 있습니다. 제19.3절에서 상세히 분석했듯이, 이 전쟁은 두 거인, 컴패스(Compass)와 질로우(Zillow)가 주도하고 있습니다. 컴패스는 에이전트를 무장시키는 폐쇄형 B2B 플랫폼 전략을, 질로우는 소비자를 독점하는 개방형 B2C 마켓플레이스 전략을 추구합니다.

미국 시장의 세 번째 특징은 금융투자 영역에서의 급진적 혁신입니다. 이는 자본의 민주화(제3부)라는 흐름과 직결됩니다. JOBS Act라는 규제 혁신(제13.1절)은 캐드레(Cadre)(제13장)와 펀드라이즈(Fundrise)(제14장) 같은 핀테크 기반의 투자 플랫폼을 탄생시켰습니다. 캐드레는 적격 투자자 시장을 AI 큐레이션으로 공략했고, 펀드라이즈는 eREIT과 Reg A+를 결합해 모든 대중 시장을 열었습니다.

나아가 STO(제16장)와 아스펜 사례(제17장)에서 보듯이, 미국은 블록체인 기술을 활용해 부동산 자산의 본질적 한계인 유동성 문제를 해결하려는 가장 첨예한 법적/기술적 실험을 감행하고 있습니다.

요약하자면, 미국 프롭테크 시장의 특징은 전통 산업을 파괴하려는 시도(iBuyer), 생태계 지배를 위한 플랫폼 전쟁(Zillow vs. Compass), 그리고 자본시장의 구조를 바꾸려는 금융 혁신(FinTech, STO)이 막대한 자본을 바탕으로 동시에 벌어지고 있다는 점입니다. 핵심 키워드는 거래 효율화, 자본시장 접근성, 그리고 규모의 경제입니다.

원칙 세워 본질 혁신 변화를 올라탄다

- **미국 시장 요약:** 막대한 자본을 기반으로 급진적 파괴(Disruption)와 승자독식 플랫폼 전쟁이 벌어지는 혁신의 실험장입니다.
- **특징 #1(자본 전쟁):** 아이바이어(iBuyer) 모델(오픈도어, 제10장)은 AI와 자본으로 시장 자체를 대체하려 시도했으나, 질로우(제5장)의 실패로 한계를 드러냈습니다.
- **특징 #2(플랫폼 전쟁):** 거래 생태계의 OS를 두고 컴패스(에이전트 중심, 제19.3절)와 질로우(소비자 중심, 제19.3절)가 격돌하고 있습니다.
- **특징 #3(금융 혁신):** JOBS Act(제13장)를 기반으로 캐드레(적격 투자자)와 펀드라이즈(대중)가 자본 민주화를 주도했으며, STO(제16장) 실험이 진행 중입니다.
- **핵심 동력:** 벤처 캐피털, 거래 효율화, 자본시장 접근성입니다.

20.2 유럽: 지속가능성과 B2B SaaS의 부상

미국 시장이 거래(Transaction)와 플랫폼 지배에 집중하는 반면, 유럽 프롭테크 시장은 완전히 다른 방향으로 진화하고 있습니다. 유럽 시장의 핵심 키워드는 미국의 파괴와 다릅니다. 그것은 규제(Regulation), 지속가능성(Sustainability, ESG), 그리고 자산운용(Asset Management)입니다.

유럽 시장의 첫 번째 특징은 파편화(Fragmentation)입니다. 미국은 단일 언어와 단일 규제(MLS) 시장 안에서 질로우 같은 전국 플랫폼이 빠르게 확장할 수 있었습니다. 반면 유럽은 수십 개의 다른 언어, 다른 통화, 다른 부동산 법률로 쪼개져 있습니다. 독일의 1등 플랫폼이 프랑스에서 성공하기 어렵습니다.

이 파편화된 시장 구조는 미국 방식의 승자독식 플랫폼 등장을 억제했습니다. 대신,

각 국가의 기존 강자(전통 부동산 기업)들과 협력하여 그들의 문제를 해결해주는 **B2B SaaS(서비스형 소프트웨어)** 모델이 발전하는 토양이 되었습니다. 유럽의 프롭테크는 파괴자가 아닌 협력자의 모습으로 성장한 경우가 많습니다.

유럽 시장의 두 번째 특징이자 가장 중요한 차이점은, 기술 혁신의 가장 강력한 동력이 벤처 캐피털이 아니라 정부의 ESG 규제라는 점입니다. 유럽연합(EU)의 그린 딜(Green Deal) 정책과 에너지 성능 지침(EPBD)은 모든 건물의 에너지 효율을 의무적으로 개선하고 탄소 배출량을 공개하도록 강제하고 있습니다.

미국에서 ESG가 선택적 마케팅 요소라면, 유럽에서 ESG는 법적 생존의 문제입니다. 에너지 성능이 낮은 갈색 자산(Brown Asset)은 미래에 임대가 불가능해지거나 매각 시 막대한 벌금(가치 하락)을 물어야 합니다. 이 강력한 규제 압력이 기후 프롭테크(Climate PropTech) 또는 그린 프롭테크(Green PropTech)라는 거대한 신시장을 창출했습니다.

[사례 연구 20-1]은 프랑스의 딥키(Deepki)입니다. 딥키는 미국의 질로우나 오픈도어와 전혀 다릅니다. 딥키는 주택 거래에 관심 없습니다. 딥키는 상업용 부동산 포트폴리오를 소유한 기관(자산운용사, 은행, 기업)을 위한 B2B SaaS 플랫폼입니다.

딥키의 AI는 고객사가 보유한 수백 개 빌딩의 데이터(수도/전기/가스 요금 고지서, IoT 센서, 건물 설계도)를 수집하고 분석합니다. AI는 이 포트폴리오의 총 탄소 배출량을 정확히 계산하고, EU 규제 기준에 얼마나 미달하는지 벤치마킹합니다. 그리고 가장 중요한 처방적 분석(제2.1절)을 제공합니다: "규제를 충족하기 위해, A 빌딩은 창문 교체가, B 빌딩은 HVAC(냉난방) 최적화가 필요하며, 이때 예상 비용(CapEx)과 투자자본 수익률(ROI)은 다음과 같습니다."

딥키의 가치는 거래 수수료가 아니라, 고객이 규제 위험을 피하고 자산 가치(제6장 디지털 트윈)를 유지하도록 돕는 데이터 인텔리전스에 있습니다. 미국 모델이 자본 수익 극대화에 초점을 맞춘다면, 유럽 모델은 규제 준수와 운영 최적화에 초점을 맞춥니다.

요약하자면, 유럽 프롭테크 시장은 파편화된 시장 특성과 강력한 ESG 규제 압력으로 인해, 미국과 같이 시장을 파괴하는 B2C 플랫폼이 아니라, 기존 기업들의 운영 효율화와 ESG 규제 준수를 돕는 B2B SaaS 솔루션이 주도하고 있습니다.

ESG 뿌리 삼아 B2B로 줄기 뻗어 결실

- **유럽 시장 요약:** 미국의 파괴와 달리, 파편화된 시장과 강력한 ESG 규제로 인해 B2B SaaS와 지속가능성 솔루션이 주도하고 있습니다.
- **특징 #1(파편화/B2B):** 언어/규제가 파편화되어 미국 같은 전국 플랫폼 대신, 기존 기업을 돕는 B2B SaaS 모델이 발전했습니다.
- **특징 #2(ESG 규제):** 혁신의 동력이 자본이 아닌 EU의 강력한 환경 규제입니다. ESG 준수는 선택이 아닌 필수입니다.
- **사례 20-1(딥키 Deepki):** B2B SaaS 플랫폼 딥키의 AI는 기관 보유 포트폴리오의 탄소 배출량을 측정하고, 규제 준수를 위한 가장 효율적인 개선 방안(처방적 분석)을 제시합니다.
- **핵심 동력:** 규제 준수(ESG), 자산운용 최적화, B2B 효율성입니다.

20.3 아시아(중국/동남아): 슈퍼 앱과 속도의 생태계

미국이 자본 전쟁, 유럽이 규제 준수에 집중할 때, 아시아 시장(특히 중국과 동남아시아)은 두 시장과 전혀 다른 동력으로 움직입니다. 아시아 시장의 핵심 키워드는 압도적인 모바일 침투율, 도시화의 속도, 그리고 하나의 앱이 모든 것을 지배하는 **슈퍼 앱(Super-App)** 생태계입니다.

아시아 시장의 첫 번째 특징은 모바일 퍼스트(Mobile-First) 환경입니다. 미국의 질로우가 데스크톱 웹사이트에서 시작했다면, 아시아의 프롭테크는 처음부터 스마트폰 앱을 기반으로 탄생했습니다. 소비자는 컴퓨터가 아닌 앱을 통해 집을 검색하고, 대출을 신청하며, 중개인과 소통합니다. 이 환경은 모든 서비스가 하나의 앱 안에서 통합되는 슈퍼 앱 전략에 최적화되어 있습니다.

아시아 시장의 두 번째 특징은 시장의 속도와 신축(New Build) 중심 구조입니다. 미국과 유럽이 기존 재고 주택의 거래에 집중하는 반면, 중국과 동남아(베트남, 인도네시아 등)는 폭발적인 도시화로 인해 시장의 중심이 신축 아파트 분양에 있습니다. 이 차이는 프롭테크의 역할을 달리 정의합니다.

미국의 iBuyer가 기존 주택 매입에 집중할 때, 동남아의 최대 플랫폼인 **프로퍼티구루(PropertyGuru)**(싱가포르 기반)는 건설 개발사(Developer)가 아직 짓지도 않은 아파트를 소비자에게 효율적으로 판매하는 마켓플레이스 역할에 집중합니다. 이들의 핵심 AI 기술은 AVM이 아니라, 미완성 건물을 체험하게 하는 가상현실(VR/AR) 투어와 앱 내에서 즉시 대출 심사를 연결하는 핀테크 통합입니다.

아시아 모델의 정점은 중국의 KE 홀딩스(KE Holdings, 베이커)입니다. 베이커는 미국과 유럽 모델의 강점을 모두 흡수하여 하나의 거대한 생태계로 만들어낸 가장 진화한 형태의 프롭테크 리더일 수 있습니다.

[사례 연구 20-2]는 베이커(Beike)의 3단계 생태계입니다.

1단계(Lianjia - 컴패스 모델): 베이커의 모태는 롄자(Lianjia)라는 중국 최대의 오프라인 직영 중개 기업이었습니다. 이들은 컴패스(19.3절)처럼 소속 중개인을 기술과 교육으로 무장시켜 서비스 품질을 높여 시장을 장악했습니다.

2단계(ACN - MLS의 진화): 베이커는 미국의 MLS를 넘어서는 에이전트 협력 네트워크(ACN, Agent Cooperation Network)라는 독점 시스템을 구축했습니다. ACN은 단순 정보 공유가 아니라, 하나의 매물에 관여한 모든 중개인(매물 등록자, 고객 안내자 등)이 정해진 규칙에 따라 수수료를 자동 분배받는 협업 프로토콜입니다. 이 시스템은 중국 부동산 시장의 가장 큰 문제였던 허위 매물과 중개인 간 불신 문제를 기술적으로 해결했습니다.

3단계(Beike - 질로우 모델): 롄자와 ACN이라는 강력한 인프라를 확보한 후, 이들은 베이커(Beike)라는 개방형 플랫폼을 출시했습니다. 베이커는 질로우(19.3절)처럼 모든 소비자가 이용하는 플랫폼인 동시에, 자사의 롄자 뿐만 아니라 경쟁 관계의 다른 중소 부동산 중개 기업들까지 모두 자신들의 ACN 시스템 위에서 영업하도록 개방했습니다.

베이커의 전략은 천재적이었습니다. 경쟁사들조차 베이커의 ACN 없이는 영업할 수 없게 만들어, 모든 데이터와 거래를 자신의 플랫폼 안으로 흡수했습니다. 베이커는 컴패스의 강력한 중개인 통제력과 질로우의 압도적인 소비자 트래픽을 동시에 달성한 슈퍼 앱 생태계입니다. 이 생태계 안에서 베이커는 iBuyer 서비스, 금융 서비스, 인테리어 서비스까지 모두 제공합니다.

요약하자면, 아시아 프롭테크 시장은 신축 중심의 빠른 시장 속도와 모바일 중심 환경 속에서, 거래의 전 과정을 하나의 앱 안에서 통제하는 슈퍼 앱 생태계 모델(베이커, 프로퍼티구루)이 주도하고 있습니다.

모바일 연결 가치 생태계, 미래 지배

- **아시아 시장 요약:** 폭발적 도시화(신축 중심)와 모바일 환경을 기반으로, 모든 서비스를 하나의 앱에서 제공하는 슈퍼 앱 생태계 전략이 특징입니다.
- **특징 #1(신축/속도):** 기존 주택 거래(미국)가 아닌, 신축 아파트 분양(개발사-소비자)이 시장의 중심입니다. (예: 프로퍼티구루)
- **특징 #2(슈퍼 앱):** 모바일 앱 하나가 검색, 가상 투어, 금융, 계약 등 모든 가치 사슬을 통합합니다.

- **사례 20-2(베이커 Beike):** 아시아 모델의 정점. (1)직영 중개(렌자-컴패스 모델) →
  (2)협업 시스템(ACN-MLS 진화) → (3)개방형 플랫폼(베이커-질로우 모델)을 통합
  하여 생태계를 지배했습니다.
- **핵심 동력:** 모바일 퍼스트, 도시화 속도, 생태계 통합입니다.

20.4 부동산 금융 투자 사례 연구

구분	미국(USA)	유럽(Europe)	아시아(Asia)
핵심 키워드	**자본, 플랫폼, 파괴**	**규제, ESG, B2B SaaS**	**슈퍼 앱, 속도, 생태계**
주요 동력	벤처 캐피털(VC), 거래 효율화	**강력한 ESG 규제(EU)**	압도적 모바일 침투율, 신축 중심 도시화
대표 모델	iBuyer(오픈도어, Ch 10) 플랫폼(질로우 vs 컴패스, Ch 19)	**B2B SaaS(딥키, Deepki)** (규제 준수, 탄소 측정)	**슈퍼 앱(베이커, Beike)** (검색+중개+금융 통합)
특징	자본으로 시장을 대체하려는 시도 (B2C 중심).	파편화된 시장. 파괴보다 협력(B2B SaaS)을 통한 운영 최적화 중심.	모바일 앱 하나가 모든 가치 사슬(신축-금융)을 지배함.

1) 부동산투자 실제 사례 연구: AXA IM의 딥키(Deepki) AI를 활용한 ESG 포트폴리
오 운용

(TPO: 2023년 / 유럽(프랑스, 독일) / AXA Investment Managers의 B2B SaaS 활용 부동산 투자)

유럽 시장의 프롭테크는 미국의 B2C 거래 혁신과 전혀 다른 방향으로 진화했습니
다. 핵심 동력은 벤처 캐피털이 아닌, EU의 강력한 ESG 규제(제20.2절)입니다. AXA
Investment Managers(실제)와 같은 거대 자산운용사에게 부동산 투자의 최대 리스크는
공실률이 아니라, 탄소 배출 규제를 못 맞춰 자산이 좌초 자산(제23장)이 되는 것입니다.

이 문제를 해결하기 위해, AXA는 프랑스의 B2B SaaS 플랫폼인 딥키(Deepki)(사례

20-1)에 전략적 투자를 집행하고, 자사 포트폴리오 관리에 도입했습니다. 딥키는 부동산을 거래하지 않습니다. 딥키는 부동산의 에너지 데이터를 분석하는 AI 엔진입니다.

AXA의 부동산 투자 운용은 다음과 같이 작동합니다. 딥키의 AI는 AXA가 유럽 전역에 보유한 수백 개 빌딩의 데이터(수도, 전기, 가스 고지서, IoT 센서)를 자동 수집합니다. AI는 각 빌딩의 정확한 탄소 배출량을 계산하고, EU의 2030년 규제 기준과 비교하여 A 빌딩: 안전(Green), B 빌딩: 위험(Brown)과 같이 등급을 부여합니다.

딥키의 핵심 가치는 처방적 분석(제2.1절)입니다. AI는 B 빌딩이 규제를 충족하려면, 창문 교체보다 HVAC 시스템 업그레이드가 ROI(투자자본수익률) 관점에서 30% 더 효율적이며, 예상 비용은 50만 유로라고 구체적인 부동산 투자 솔루션을 제시합니다.

이 사례는 유럽 모델의 특징을 명확히 보여줍니다. 부동산 투자의 목표가 거래 차익이 아닌, 규제 준수와 운영 최적화에 있습니다. AI는 파괴자(미국)가 아닌, 기존 자산의 가치를 지속가능하게 유지시키는 협력자(B2B SaaS)로 작동합니다.

2) 금융투자 실제 사례 연구: 소프트뱅크 비전펀드의 베이커(Beike) 생태계 베팅
(TPO: 2018년~2020년 / 아시아(중국) / 소프트뱅크 비전펀드의 슈퍼 앱 금융투자)

소프트뱅크 비전펀드는 2010년대 후반 글로벌 프롭테크 시장에 대규모 금융투자를 집행했습니다. 미국에서는 오픈도어(iBuyer)와 컴패스(슈퍼 에이전트)에 베팅했습니다(제20.1절). 하지만 아시아에서는 전혀 다른 모델에 베팅했으니, 바로 중국의 베이커(Beike)(KE Holdings)입니다(사례 20-2).

소프트뱅크의 금융투자 논리는 아시아 시장의 특수성(제20.3절)에 기반했습니다. (1) 중국 시장은 극도로 파편화되어 있고 중개인에 대한 불신이 높았습니다. (2) 모바일 퍼스트 환경에서 모든 서비스가 하나의 앱으로 통합되는 슈퍼 앱 경향이 강했습니다.

베이커는 질로우(검색)나 컴패스(엘리트 중개)가 아니었습니다. 베이커는 3단계 생태계 전략(제20.3절)을 구축했습니다. (1) 렌자(Lianjia)라는 최대 직영 중개망(컴패스 모델)으로 품질을 확보했습니다. (2) ACN이라는 독점적 협업 네트워크(진화한 MLS)를 구축하여 허위 매물 문제를 기술적으로 해결했습니다. (3) 베이커 플랫폼(질로우 모델)을 열어 모든 경쟁사까지 자신의 ACN 시스템 위에서 영업하게 만들었습니다.

소프트뱅크는 베이커가 단순 플랫폼이 아니라, 중국 부동산 거래 자체의 운영체제(OS)이자 인프라가 될 것이라고 판단했습니다. 이 생태계 안에서 베이커는 중개 수수료뿐만 아니라, 금융(대출), 인테리어 등 모든 가치 사슬을 독점할 것이라 예측했습니다.

소프트뱅크는 이 슈퍼 앱 생태계의 잠재력에 수십억 달러를 베팅하는 금융투자를 집행했습니다. 이 투자는 베이커의 2020년 성공적인 IPO로 막대한 수익을 안겨주었습니다. 이 사례는 아시아 시장의 고유한 특성(슈퍼 앱, 신뢰 문제 해결)이 미국/유럽과 전혀 다른 차원의 거대한 금융투자 기회를 창출했음을 보여줍니다.

제21장

검색 포털에서 생태계로의 진화

프롭테크 발전 단계와 최종 목표
(Proptech Development Stages and Ultimate Goals)

21.1 프롭테크 1.0의 한계: 검색에서 거래로

제1장에서 살펴보았듯이, 프롭테크 1.0의 혁명은 정보의 민주화였다. 질로우(Zillow), 트룰리아(Trulia) 같은 검색 포털은 과거 중개인 조합(MLS)이 독점했던 매물 정보를 인 터넷에 공개하며 정보의 성벽을 허물었다. 소비자들은 처음으로 중개인의 도움 없이 시 장의 매물을 탐색하고 제스티메이트(Zestimate)를 통해 추정 가격을 참고할 수 있게 되 었다. 이는 소비자의 탐색 비용을 획기적으로 낮춘 역사적인 진전이었다.

하지만 이 검색 포털 모델은 명확한 한계를 지니고 있었다. 바로 검색의 문제를 해결 했을 뿐, 거래의 문제는 전혀 건드리지 못했다는 점이다. 소비자는 질로우에서 마음에 드는 집을 찾은 뒤에도, 여전히 전통적인 중개인을 고용하고, 복잡한 서류 작업을 거치며, 대출을 알아보고, 거래가 무산될지도 모른다는 불확실성을 감수해야 했다.

이 모델에서 프롭테크 포털의 수익원은 광고에 불과했다. 그들은 수조 달러 규모의 거대한 부동산 거래 시장의 주변부에서 중개인들에게 광고판을 빌려주고 광고비를 받는 역할에 머물렀다. 그들은 고객의 관심은 끌었지만, 고객의 지갑에는 접근하지 못했다.

질로우의 제스티메이트(제4장)는 가격 투명성을 높였지만, 그 자체가 거래를 성사시키지는 못했다. 오히려 부정확한 AVM은 시장에 혼란을 주기도 했으며(제5장), 소비자들은 여전히 진짜 거래를 위해 인간 중개인의 조언을 필요로 했다.

본질적으로 프롭테크 1.0은 정보 접근의 마찰(Friction)은 해결했지만, 실제 거래 과정에 존재하는 훨씬 더 큰 마찰(높은 비용, 느린 속도, 불확실성)은 해결하지 못했다. 이 거래라는 이름의 거대한 파이를 차지하기 위한 경쟁이 바로 프롭테크 2.0 시대를 열었다.

이러한 한계는 투자자들에게도 명확했다. 단순 검색 포털은 네이버 부동산(한국)이나 라이트무브(영국)처럼 각 시장의 선점자가 되면 강력한 해자(Moat)를 구축할 수 있지만, 그 이상의 폭발적인 성장을 기대하기는 어려웠다. 시장은 정보를 넘어 가치를 창출할 수 있는 새로운 비즈니스 모델을 요구했다.

이 지점에서 프롭테크 기업들은 중대한 갈림길에 섰다. 현재의 광고 수익에 만족하며 미디어 기업으로 남을 것인가, 아니면 거래 과정에 직접 뛰어들어 시장의 주요 플레이어가 될 것인가?

이 질문에 대한 대답이 바로 제10장의 아이바이어(iBuyer)나 제13장의 크라우드펀딩 플랫폼과 같은 거래 실행 모델, 즉 프롭테K 2.0이었다. 이들은 더 이상 광고판이 아니라, AI와 자본을 결합하여 거래를 직접 실행하고 수수료를 받는 금융-기술 기업으로의 진화를 선택했다.

뿌리 거래 혁신, 줄기 속도, 가지 확실성

- **프롭테크 1.0의 공헌:** 정보의 민주화를 통해 소비자의 검색 비용을 획기적으로 낮췄다. (예: 질로우)
- **명확한 한계:** 정보 접근 문제는 해결했지만, 거래 과정의 핵심 마찰(비용, 속도, 불확실성)은 해결하지 못했다.
- **수익 모델의 한계:** 주 수익원이 광고에 머물러, 거대한 거래 시장의 주변부 역할에 그쳤다.
- **패러다임의 요구:** 시장은 정보 제공을 넘어 거래 자체를 혁신하는 프롭테크 2.0 모델을 요구하기 시작했다.

21.2 프롭테크 2.0의 진화: 거래 플랫폼의 등장

프롭테크 1.0이 검색 포털이었다면, 프롭테크 2.0은 거래 플랫폼으로의 진화이다. 이 단계의 기업들은 더 이상 정보 중개에 만족하지 않고, AI와 자본을 활용해 거래 과정에 직접 개입하여 새로운 가치를 창출하고 거래 수수료를 수취하기 시작했다.

이러한 진화의 가장 급진적인 형태가 바로 제10장에서 상세히 다룬 아이바이어(iBuyer) 모델이다. 오픈도어(Opendoor)나 질로우 오퍼스(Zillow Offers)는 단순한 매물 정보(1.0)를 넘어, 자사의 AVM(제4장)을 기반으로 고객의 주택을 직접 매입했다. 이는 거래의 불확실성을 0으로 만든 혁신이었으며, 광고비가 아닌 거래 마진과 수수료를 수익 모델로 삼았다.

상업용 부동산(CRE) 시장에서도 동일한 진화가 일어났다. 과거 루프넷(LoopNet)이 단순 매물 검색에 그쳤다면, 텐엑스(Ten-X) 같은 플랫폼은 온라인 경매 및 거래 시스템을 도입하여 실제 계약이 플랫폼 상에서 체결되도록 만들었다. 이는 거래의 속도와 투명성을 높이는 2.0 모델로의 진화였다.

또한 제13장의 캐드레(Cadre)나 제14장의 펀드라이즈(Fundrise) 같은 크라우드펀딩 플랫폼은, 기관급 자산의 정보를 보여주는 것을 넘어, 해당 자산에 투자할 수 있는 금융상품(eREIT 등)을 판매하는 거래 플랫폼으로 진화했다. 이들은 AI를 활용해 딜을 분석하고(큐레이션), 거래 과정을 디지털화하여(핀테크), 투자의 장벽을 낮췄다.

이러한 프롭테크 2.0 플랫폼들의 공통점은 전문성과 수직적 통합이다. 이들은 주거용 매매(iBuyer), 상업용 임대(VTS), 상업용 투자(Cadre) 등 특정 버티컬(Vertical) 영역에 집중하여 해당 분야의 거래 과정을 깊게 파고들었다.

하지만 이 2.0 단계의 플랫폼들도 여전히 한계를 안고 있었다. 고객의 전체 생애주기 중 특정 단계(예: 매매, 투자)의 문제만을 해결했다는 점이다. 예를 들어, 아이바이어는 매매는 해결했지만, 고객이 그 집을 구매하기 위해 필요한 대출, 보험, 이사 등의 문제는 해결하지 못했다.

고객은 여전히 매매는 오픈도어에서, 대출은 은행에서, 보험은 보험사에서 따로따로 해결해야 하는 파편화된 경험을 하고 있었다. 이 파편화된 서비스들을 하나의 플랫폼 안으로 통합하려는 거대한 야망이 바로 프롭테크의 3단계인 생태계(Ecosystem) 모델의 등장을 촉발했다.

플랫폼 기업들은 깨닫기 시작했다. 진정한 해자(Moat)와 수익성은, 고객이 필요한 모든 것을 한 곳에서 해결해 줌으로써 고객을 락인(Lock-in)시키고, 그 과정에서 발생하는 모든 데이터를 독점하는 생태계 구축에 있다는 것을 말이다.

파편을 잇고, 생태계를 움켜 쥐라!

- **프롭테크 2.0 정의:** 정보 검색을 넘어, AI와 자본을 활용해 거래 실행에 직접 개입

하는 플랫폼. (예: iBuyer, 크라우드펀딩)

- **수익 모델의 변화:** 광고에서 벗어나, 거래 마진 및 수수료를 핵심 수익원으로 삼았다.
- **수직적 통합:** 매매, 임대, 투자 등 특정 버티컬 영역의 거래 문제를 깊게 파고들며 전문화되었다.
- **2.0의 한계:** 고객 생애주기 중 특정 단계의 문제만 해결하여, 여전히 파편화된 경험을 제공했다.
- **다음 단계의 동력:** 이 파편화된 경험을 통합하여 고객을 락인(Lock-in)시키려는 야망이 생태계 모델의 등장을 이끌었다.

21.3 최종 단계: 생태계의 완성

프롭테크 진화의 최종 단계는 생태계(Ecosystem) 모델의 완성이다. 생태계 모델은 프롭테크 1.0(검색)과 2.0(거래)을 넘어, 고객의 부동산 관련 전 생애주기(Entire Lifecycle)에 필요한 모든 서비스를 하나의 플랫폼 안에서 끊김 없이(Seamless) 제공하는 통합 운영체제(OS)를 지향한다.

고객의 생애주기란 무엇인가? 이는 주택 검색에서 시작하여 대출(FinTech), 구매(iBuyer 또는 중개), 보험(InsurTech), 이사, 인테리어, 자산 관리, 그리고 미래의 판매에 이르는 전 과정을 의미한다. 생태계 모델은 이 모든 단계를 자사 플랫폼 안으로 끌어들여, 고객이 다른 서비스로 이탈할 필요가 없도록 만든다.

질로우가 2018년 선언한 질로우 2.0 전략이 바로 이 생태계 모델을 향한 야심 찬 도전이었다. 그들은 1.0 모델(검색 광고)을 버리고, 2.0 모델인 질로우 오퍼스(iBuyer)를 통해 거래에 진입했다. 동시에 질로우 홈론스(모기지 대출)를 설립하고, 질로우 클로징(등기/에스크로) 서비스를 인수하며 검색-거래-금융으로 이어지는 수직적 통합을 시도했다.

이러한 생태계 전략의 궁극적인 목표는 데이터 독점과 네트워크 효과의 극대화이다. 플랫폼이 고객의 전 생애주기를 통제하게 되면, 경쟁사는 절대 가질 수 없는 독점적인 데이터를 확보하게 된다. 예를 들어, 어떤 고객이 어떤 집을 검색하고, 얼마의 대출을 받아, 얼마에 구매하고, 어떤 인테리어를 했는지에 대한 모든 데이터를 한 회사가 보유하게 된다.

이 독점적 데이터는 다시 AI 엔진(제2장)을 강화하는 강력한 연료가 된다. AVM(제4장)은 더욱 정교해지고, 리스크 모델(제8장)은 정확해지며, 고객에게 초개인화된 금융 상품이나 서비스를 추천(제28장 WaaS)할 수 있게 된다. 이는 경쟁자가 따라올 수 없는 강력한 기술적 해자(Moat)를 구축한다.

동시에 강력한 네트워크 효과가 발생한다. 더 많은 소비자가 플랫폼에 모일수록, 더 많은 중개인, 대출기관, 인테리어 업체가 플랫폼에 참여(입점)해야만 한다. 그리고 더 많은 공급자가 참여할수록 플랫폼의 서비스는 더욱 풍부해져, 다시 더 많은 소비자를 끌어들이는 선순환이 완성된다. 이 단계에서 플랫폼은 시장의 참여자에서 시장의 규칙을 만드는 지배자가 된다.

상업용 부동산(CRE) 시장에서 이 생태계 전략을 가장 성공적으로 구현한 기업은 코스타 그룹(CoStar Group)이다. 코스타는 공격적인 인수합병(M&A)을 통해 생태계를 구축했다. 상업용 매물 검색(LoopNet), 임대주택 검색(Apartments.com), 온라인 거래(Ten-X), 시장 데이터 분석(CoStar) 등 각 버티컬의 1위 기업들을 모두 인수하여, CRE 시장의 모든 데이터를 독점하는 거대한 제국을 완성했다.

결론적으로 생태계 모델은 프롭테크 기업이 도달할 수 있는 최종 진화 단계이다. 이는 부동산과 관련된 모든 서비스를 원스톱으로 제공하고, 이 과정에서 발생하는 모든 데이터를 독점하며, 이를 기반으로 제28장의 서비스로서의 지혜(WaaS)라는 궁극의 비즈니스 모델을 구현하는 기반이 된다. 질로우의 iBuyer 실패(제5장)는 거래로 가는 길이 험난함을 보여줬지만, 생태계라는 최종 목표 자체는 모든 프롭테크 리더들이 향하는 변함없는 방향성이다.

데이터 독점, 승리 이미 결정된 상태

- **생태계 정의:** 검색(1.0), 거래(2.0)를 넘어, 부동산 전 생애주기(검색-대출-구매-보험-관리-판매)를 하나의 플랫폼에서 제공하는 통합 운영체제(OS)이다.
- **전략적 목표(데이터 독점):** 고객의 전 생애주기 데이터를 독점하여 AI 엔진을 고도화하고, 경쟁자가 넘볼 수 없는 기술적 해자를 구축한다.
- **전략적 목표(락인):** 네트워크 효과를 극대화하여 소비자와 공급자 모두를 플랫폼에 락인(Lock-in)시켜, 시장의 지배자가 된다.
- **사례(질로우 2.0):** 검색-거래(iBuyer)-금융(모기지)을 수직 통합하려던 생태계 구축 시도였으나, iBuyer의 실패(5장)로 좌절을 겪었다.
- **사례(코스타 그룹):** M&A를 통해 상업용 부동산(CRE) 시장의 검색-거래-데이터를 모두 독점하는 가장 성공적인 생태계 구축 사례이다.
- **최종 단계:** 생태계는 원스톱 서비스와 데이터 독점을 기반으로, 서비스로서의 지혜(WaaS)(28장)를 구현하는 궁극적인 기반이 된다.

21.4 부동산 금융 투자 사례 연구

핵심 개념	정의	한계 및 시사점
프롭테크 1.0 (검색 포털)	질로우(Zillow) 등. 매물 정보 검색과 광고에 집중.	정보의 마찰은 해결했으나, 거래의 마찰(비용, 속도, 불확실성)은 해결 못 함. 광고 수익에 한계.
프롭테크 2.0 (거래 플랫폼)	iBuyer, 크라우드펀딩(Cadre) 등. 거래 과정의 특정 단계(매매, 투자)에 직접 개입하여 수수료/마진을 취함.	거래는 해결했으나, 고객의 전 생애주기 중 일부만 해결하여 파편화된 경험을 제공하는 한계.

| 프롭테크 3.0
(생태계) | 슈퍼 앱. 검색-대출-구매-관리-판매 등 전 생애주기를 하나의 플랫폼에서 통합 제공하는 운영체제(OS). | (1) 데이터 독점(AI 고도화), (2) 네트워크 효과(경쟁자 배제), (3) 고객 락인(Lock-in)을 통해 시장을 지배함. |
| 생태계
구축 사례 | (1) 질로우 2.0: 검색+거래+금융을 수직 통합하려 시도(iBuyer 실패로 좌절). (2) 코스타(CoStar): M&A를 통해 CRE 시장의 검색-거래-데이터를 독점한 성공 사례. | 생태계는 프롭테크의 최종 단계이며, 데이터와 WaaS(Ch 28)의 기반이 됨. |

1) 부동산투자 시제 사례 연구: 코스타 그룹(CoStar Group)의 M&A를 통한 CRE 생태계 구축

(TPO: 2010년대~현재 / 미국 / 코스타 그룹의 상업용 부동산(CRE) 데이터 독점 투자)

프롭테크 3.0(생태계)을 부동산 투자 관점에서 가장 성공적으로 구현한 사례는 질로우가 아닌, 상업용 부동산(CRE)의 괴물, 코스타 그룹(CoStar Group)입니다(제21.3절). 질로우가 유기적 성장(iBuyer, 모기지)을 시도하다 좌절(제5장)한 반면, 코스타는 막대한 자본을 동원한 공격적인 인수합병(M&A)을 부동산 투자 전략으로 선택했습니다.

코스타의 부동산 투자 목표는 개별 빌딩이 아닌, 부동산 데이터 시장 자체를 소유하는 것이었습니다. 그들은 프롭테크 1.0(검색)부터 2.0(거래)까지, 시장을 파편화하던 모든 경쟁자를 차례대로 인수했습니다.

(1) 데이터 독점: 그들은 CRE 시장의 모든 데이터(임대료, 공실률, 거래가)를 유료로 제공하는 코스타 플랫폼의 지배력을 확보했습니다. (2) 검색 독점: 1위 검색 포털인 루프넷(LoopNet)을 인수하여 소비자 트래픽을 장악했습니다. (3) 주거 검색 독점: 1위 아파트 검색 플랫폼인 Apartments.com을 인수했습니다. (4) 거래 독점: 1위 온라인 부동산 경매 플랫폼인 텐엑스(Ten-X)를 인수했습니다.

이 M&A 부동산 투자 전략의 결과, 코스타는 미국 CRE 시장의 모든 가치 사슬을 장악하는 독점적 생태계를 완성했습니다. 브로커는 코스타 데이터 없이는 분석을 못 하고,

루프넷 없이는 광고를 못 하며, 텐엑스 없이는 거래를 못하는 상황이 되었습니다.

코스타는 모든 단계에서 수수료를 수취합니다. 이 생태계는 경쟁자가 진입할 수 없는 궁극의 경제적 해자(Moat)가 되었습니다. 코스타의 사례는 프롭테크 3.0이 기술 경쟁이 아닌, 자본을 통한 데이터와 네트워크의 독점 전쟁임을 보여줍니다.

2) 금융투자 실제 사례 연구: 질로우(Zillow)의 iBuyer 2.0 기반 금융 생태계 투자
(TPO: 2022년~현재 / 미국 / 질로우의 자본 경량화 금융투자 전략)

제5장에서 질로우 오퍼스(iBuyer 1.0)의 참패를 경험한 질로우는 부동산 보유의 위험성을 깨닫고, 자본 경량화(제12.1절)된 금융투자 생태계 전략으로 선회했습니다(사례 12-1). 질로우의 새로운 금융투자 전략은 자신의 자본으로 부동산(재고)을 사는 것이 아니라, 남의 자본(소비자, 은행)이 자사 플랫폼 안에서 거래되도록 중개하고 수수료를 받는 모델입니다.

질로우의 가장 강력한 자산은 부동산 재고가 아닌, 매월 수억 명이 방문하는 트래픽(프롭테크 1.0)입니다. 질로우 2.0 생태계는 이 트래픽을 금융으로 수익화하는 투자입니다.

금융투자 전략 1단계는 모기지 중개(금융 상품)입니다. 고객이 질로우 앱에서 주택을 검색하다 마음에 드는 집을 발견하면, 버튼 하나로 질로우 홈 론(Zillow Home Loans)에서 대출 사전 승인을 받게 합니다. 질로우는 대출을 중개하며 막대한 금융 수수료 수익을 얻습니다. 이는 부동산 재고 리스크가 전혀 없는 고마진 금융투자입니다.

금융투자 전략 2단계는 거래 종결(금융 상품)입니다. 대출이 승인되면, 질로우 클로징(Zillow Closing) 서비스가 복잡한 소유권 등기와 에스크로 업무를 대행하며 추가 수수료를 받습니다. 질로우는 검색에서 시작한 고객 한 명으로부터 광고 수익(중개인), 모기지 수익, 등기 수익까지 최소 3번의 금융 수익을 창출하려 합니다.

이 사례는 iBuyer 1.0의 실패가 어떻게 더 영리한 iBuyer 2.0(자본 경량화) 금융투자 모델로 진화했는지 보여줍니다. 질로우는 위험한 부동산 보유 대신, 자신의 핵심 자산인 데이터와 트래픽을 활용하여 금융 서비스를 판매하는 슈퍼 앱(제21.3절) 생태계 구축에 투자하고 있습니다.

제22장

사무실의 종말?: 팬데믹 이후 수요 변화 분석

하이브리드 워크 시대, 오피스 K자 양극화
(The era of hybrid work: K-shaped polarization in the office)

22.1 팬데믹의 충격과 하이브리드 워크의 부상

2020년 이전, 오피스(사무실) 자산은 상업용 부동산(CRE) 시장에서 가장 안정적이고 예측 가능한 왕으로 군림했습니다. 자산의 가치는 뉴욕 맨해튼, 런던 시티, 서울 강남과 같은 핵심 업무 지구(CBD)의 입지를 기반으로, 우량 기업과 10년 이상의 장기 임대차 계약을 맺음으로써 보장되었습니다. 투자자들에게 오피스 빌딩은 인플레이션을 방어하는 견고한 현금흐름(Cash Flow) 그 자체였습니다.

그러나 COVID-19 팬데믹은 이 견고한 패러다임을 하루아침에 무너뜨린 블랙 스완

(Black Swan, 제11.3절)이었습니다. 전 세계적인 봉쇄 조치는 인류 역사상 가장 거대한 원격 근무 실험을 강제했습니다. 수억 명의 사무직 근로자가 물리적 사무실이 아닌, 집(Home)이라는 분산된 공간에서 업무를 수행하기 시작했습니다.

이 거대한 실험의 결과는 모두의 예상을 뒤엎었습니다. 줌(Zoom), 슬랙(Slack), 마이크로소프트 팀즈(Teams) 등 협업 기술의 지원 하에, 많은 기업이 생산성의 큰 저하 없이(혹은 일부는 오히려 증가하며) 업무를 지속할 수 있음을 발견했습니다. 이는 업무는 반드시 물리적 사무실에서 이루어져야 한다는 수백 년간 이어진 경영계의 고정관념을 근본적으로 파괴했습니다.

팬데믹이 종식된 후, 시장은 과거의 5일 사무실 출근 체제로 완전히 복귀하지 않았습니다. 대신, 하이브리드 워크(Hybrid Work)라는 새로운 표준이 자리 잡았습니다. 근로자들은 재택근무가 주는 유연성과 삶의 질을 포기하지 않으려 했고, 기업들은 사무실 운영 비용(임대료, 관리비)을 절감할 수 있는 기회를 발견했습니다. 주 2~3회 출근과 2~3회 재택이 혼합된 하이브리드 모델이 대세가 되었습니다.

이는 오피스 시장에 즉각적인 수요 충격(Demand Shock)을 가져왔습니다. 기업들은 "직원들이 사무실에 절반만 나온다면, 과연 100%의 임대 면적이 필요한가?"라는 근본적인 질문을 던지기 시작했습니다. 이 질문의 답은 "아니오"였습니다.

수요 충격은 즉각적으로 시장 데이터에 나타났습니다. 샌프란시스코, 뉴욕 등 기술 기업 중심의 도시에서는 오피스 공실률이 역사적 최고치인 20~30% 수준까지 치솟았습니다. 아마존, 메타, 세일즈포스 같은 거대 기술 기업들은 기존 임대 계약을 파기하거나, 수백만 평방피트의 유휴 공간을 시장에 서브리스(Sublease, 전대차) 매물로 내놓기 시작했습니다.

이 현상은 2008년 금융 위기 당시의 경기 침체로 인한 공실과는 성격이 다릅니다. 2008년의 위기는 경기가 회복되면 기업들이 다시 사무실을 채우는 경기 순환적(Cyclical) 문제였습니다. 하지만 2022년 이후의 위기는, 경기가 회복되어도 기업들이 업무 방식 자체를 바꾸었기 때문에 돌아오지 않는 구조적(Structural) 문제입니다.

결론적으로, 팬데믹은 원격 근무라는 미래를 현재로 앞당긴 촉매제였습니다. 하이브리드 워크의 부상은 오피스 시장에 대한 기본 전제를 무너뜨렸습니다. 사무실은 더 이상 일하는 유일한 장소가 아니며, 이로 인해 총수요량 자체가 영구적으로 감소하는 구조적 변화에 직면하게 되었습니다.

뿌리(본질) : 낡은 패러다임은 영원히 붕괴된다

- **패러다임의 붕괴:** 팬데믹은 업무는 사무실에서라는 고정관념을 파괴하고, 전 세계적인 원격 근무 실험을 강제했습니다.
- **새로운 표준(하이브리드 워크):** 팬데믹 이후, 근로자의 유연성 요구와 기업의 비용 절감 니즈가 결합하여 주 2~3회 출근의 하이브리드 모델이 표준으로 자리 잡았습니다.
- **수요 충격(구조적 변화):** 이는 경기 회복과 무관하게 오피스의 총수요량 자체가 영구적으로 감소하는 구조적 위기를 초래했습니다. (순환적 위기와 다름)
- **데이터 증거:** 샌프란시스코 등 주요 도시의 공실률이 20~30%대로 폭등했으며, 거대 기업들이 막대한 유휴 공간을 서브리스(전대차)로 내놓았습니다.

22.2 A급과 B/C급 자산의 대분기

하이브리드 워크(22.1절)가 초래한 수요 감소는 모든 오피스 빌딩에 균일하게 적용되지 않았습니다. 오히려 시장은 극단적인 양극화, 즉 가진 자와 못 가진 자가 명확히 갈리는 **대분기(The Great Divergence)** 현상을 겪고 있습니다. 사무실의 종말이라는 헤드라인은 절반만 맞습니다. 정확히는 평범한 사무실의 종말입니다.

이 대분기의 핵심은 출근의 목적이 재정의된 데 있습니다. 과거의 사무실은 개인 업무(Focus Work)를 위한 장소였습니다. 하지만 하이브리드 시대에 개인 업무는 집에서 더 효율적으로 할 수 있습니다. 그렇다면 직원들은 왜 굳이 사무실에 출근해야 할까요? 기업들의 대답은 협업(Collaboration)과 문화(Culture)입니다. 사무실은 이제 일하러 가는 곳이 아니라 만나러 가는 곳이 되었습니다.

이러한 목적의 변화는 기업들의 부동산 전략을 비용(Cost) 중심에서 경험(Experience) 중심으로 바꾸었습니다. 직원들을 집 밖으로 나오게 하려면, 사무실은 집보다 더 나은 경험을 제공해야 합니다. 이는 최고급 호텔과 같은 편의시설, 쾌적한 실내 공기 질(HVAC), 최첨단 협업 기술, ESG 인증(제20.2절), 그리고 편리한 접근성을 갖춘 빌딩을 의미합니다.

이것이 바로 **A급(Class A) 또는 트로피급(Trophy) 자산**입니다. 이들은 신축이거나 최고 수준으로 리모델링된 건물들입니다. 기업들은 임대 총면적은 줄이더라도(Cost Down), 직원 1인당 사용하는 공간의 질(Quality)은 오히려 높이는 Flight to Quality 전략을 선택하고 있습니다. 직원들을 콩나물시루처럼 배치하던 과거에서 벗어나, 넓은 협업 라운지와 최고급 어메니티를 제공하는 A급 빌딩으로 이전하는 것입니다.

그 결과, 뉴욕이나 런던의 신축 A급 빌딩들은 팬데믹에도 불구하고 높은 임대료와 낮은 공실률을 유지하며 견고한 성과를 보이고 있습니다. 소유주들은 최고의 경험을 제공하기 위해 디지털 트윈(제6장)과 AI(제22.3절)를 도입하며 자산 가치를 더욱 높이고 있습니다.

반면, 재앙은 **B급 및 C급(Class B/C) 자산**에 집중되고 있습니다. 이들은 1970~90년대에 지어진 노후화된 건물들입니다. 이들은 시대에 뒤떨어진 설비, 매력 없는 입지, 부족한 어메니티로 인해 하이브리드 워크 시대에 직원들을 유인할 그 어떤 매력도 제공하지 못합니다.

B/C급 자산은 이중고에 시달립니다. (1) 전체적인 수요 감소로 인해 기존 임차인을 잃고 (2) 그나마 남은 임차인들마저 A급 빌딩으로 빼앗기고 있습니다. 이는 자산 가치

의 죽음의 소용돌이(Death Spiral)를 만듭니다. 공실률이 치솟으면 임대 수입이 급감하고, 수입이 없으면 건물을 현대화할 자본(CapEx) 투자가 불가능해집니다. 건물은 더욱 노후화되고, 공실률은 더욱 높아집니다.

결국 이 B/C급 자산들은 현재의 높은 금리 환경 속에서 대출 상환에 실패하며 압류(Foreclosure)되거나, 감정평가액이 대출 원금보다 낮아지는 물에 잠긴(Underwater) 상태가 됩니다. 이들은 더 이상 오피스로서의 기능을 상실한 좌초 자산(Stranded Assets)이 되어가고 있습니다.

요약하자면, 오피스 시장은 평균이 무의미해진 K자형 양극화 시장으로 재편되었습니다. 협업과 경험을 제공하는 최고급 A급 자산은 살아남아 더욱 가치가 높아지는 반면, 과거의 기능에 머무른 대다수의 B/C급 자산은 구조조정이나 용도 변경(제23장)이 불가피한 좀비 빌딩으로 전락하고 있습니다.

이것만은 꼭! (This is a must)

본질 가치 집중, 편법 합의 종말이다

- **대분기(The Great Divergence):** 오피스 시장은 A급과 B/C급 자산 간의 성과가 극단적으로 갈리는 K자형 양극화를 겪고 있습니다.
- **출근의 목적 변화:** 사무실은 개인 업무 공간에서 협업과 문화, 경험을 위한 공간으로 재정의되었습니다.
- **A급 자산(Flight to Quality):** 기업들은 임대 면적은 줄이되, 직원 유인을 위해 더 품질 높은(신축, ESG, 어메니티) A급 빌딩으로 이전하고 있습니다. 이들 자산은 견고한 성과를 유지합니다.
- **B/C급 자산(좌초 자산):** 노후화된 B/C급 빌딩은 A급에 임차인을 빼앗기고 죽음의 소용돌이(공실 증가 → 수입 감소 → 투자 불가 → 가치 폭락)에 빠졌습니다.
- **결론:** 평범한 사무실은 종말을 맞이했으며, 최고급 A급 자산과 좌초된 B/C급 자산

으로 시장이 재편되고 있습니다.

22.3 AI와 프롭테크의 역할: 공간의 재측정

하이브리드 워크(22.1절)와 시장의 양극화(22.2절)라는 거대한 불확실성 속에서, 임차인(기업)과 임대인(건물주) 모두에게 공통적으로 필요한 것이 생겼습니다. 그것은 바로 "우리가 가진 공간이 실제로 어떻게 사용되고 있는가?"를 측정할 수 있는 데이터입니다. 과거의 감이나 연간 설문조사가 아닌, 실시간 데이터 기반의 의사결정이 필수가 되었습니다.

과거 오피스 시장에서 가장 중요한 데이터는 임대 면적(Leased Square Feet)이었습니다. 기업은 100명의 직원을 위해 10만 평방피트의 공간을 10년간 임대했습니다. 하지만 하이브리드 시대에 이 데이터는 무의미해졌습니다. 중요한 것은 임대 면적이 아니라 사용 면적(Utilized Square Feet)입니다. 화요일 오후 2시에 실제 사용되는 책상과 회의실이 몇 개인지가 중요해졌습니다.

이 실제 사용량을 측정하기 위해 AI와 프롭테크 기술이 시장의 핵심으로 부상했습니다. 이는 유럽의 ESG 규제 준수(제20.2절 딥키)와 유사하게, B2B SaaS 솔루션의 폭발적인 성장을 이끌었습니다. 이 기술들은 IoT(사물 인터넷) 센서, 컴퓨터 비전(CV), 그리고 AI 분석 플랫폼의 결합체입니다.

작동 방식은 다음과 같습니다. 건물주는 빌딩 전체에, 혹은 임차인은 자신들의 사무 공간에 다양한 센서를 설치합니다. (1) 책상 하단의 점유 센서(Occupancy Sensor)는 해당 좌석이 사용 중인지 아닌지를 실시간으로 파악합니다. (2) 회의실 입구의 카운팅 센서나 와이파이(WiFi) 접속 데이터는 특정 공간의 밀집도를 측정합니다. (3) (프라이버시를 보호하는)컴퓨터 비전 카메라는 특정 협업 라운지에 몇 명이 모여 있는지를 분석합니다.

이 모든 원시 데이터(Raw Data)는 클라우드 기반 AI 분석 플랫폼(예: JLL의 Experience OS, CBRE의 Host, 또는 Density, VergeSense 같은 전문 기업의 솔루션)으로 전송됩니다. AI 엔진은 이 데이터를 분석하여 과거에는 불가능했던 처방적 분석(제2.1절)을 제공합니다.

임차인(기업)은 이 데이터를 통해 공간 포트폴리오를 최적화합니다. AI 대시보드는 "귀사의 5층은 사용률이 20%에 불과하니 해당 층을 반납하고 연간 10억 원의 임대료를 절감하십시오"라고 제안합니다. 또한 "회의실은 항상 부족하지만 1인용 폰부스는 거의 쓰이지 않으니, 폰부스를 줄이고 회의실을 늘리십시오"라는 구체적인 레이아웃 변경안을 제시합니다. 직원들은 핫 데스킹(Hot Desking) 앱을 통해 AI가 추천하는 가장 쾌적한 자리를 예약합니다.

임대인(A급 빌딩 소유주) 역시 이 데이터를 생존 무기로 활용합니다. 첫째, 에너지 효율(ESG)입니다. AI는 실시간 사용량 데이터와 디지털 트윈(제6장)을 연동하여, "현재 3층의 사용률이 10%이니 해당 층의 냉난방(HVAC)을 최소화"하여 막대한 에너지 비용을 절감합니다. 둘째, 임차인 유치입니다. "우리 빌딩의 AI 데이터 분석 결과, 협업 공간의 사용률이 90%에 달해 직원들의 만족도가 매우 높습니다"라는 데이터로 임차인을 설득합니다.

결론적으로, 하이브리드 시대의 오피스 공간은 더 이상 정적인 자산이 아니라, 사용량에 따라 가치가 변하는 동적인 서비스가 되었습니다. AI와 프롭테크는 이 동적인 서비스를 측정하고 관리하며 최적화하는 유일한 도구입니다. 데이터 없이는 임차인도, 임대인도 생존할 수 없는 공간의 재측정 시대가 도래한 것입니다.

이것만은 꼭! (This is a must)

측정될 때만 공간은 살아 있는 가치가 된다

- **새로운 핵심 지표:** 하이브리드 시대에는 임대 면적이 아닌, 실제 사용 면적

(Utilization)이 가장 중요한 데이터가 되었습니다.

- **기술의 역할(B2B SaaS):** AI, IoT 센서, 컴퓨터 비전 기술이 실시간으로 공간이 어떻게 사용되는지 측정하는 핵심 도구로 부상했습니다.
- **임차인(기업)의 활용:** AI 분석을 통해 유휴 공간을 반납(비용 절감)하고, 사용률 데이터에 기반하여 협업 공간을 확대하는 등 공간 포트폴리오를 최적화합니다.
- **임대인(건물주)의 활용:** (1) 실시간 사용량에 연동한 냉난방 최적화(ESG 및 비용 절감), (2) 데이터에 기반한 빌딩 가치 증명 및 임차인 유치에 활용합니다.
- **공간의 서비스화:** 오피스 공간은 정적인 자산에서 동적인 서비스로 변화했으며, AI는 이 서비스를 측정하고 관리하는 필수 운영체제가 되었습니다.

22.4 부동산 금융 투자 사례 연구

핵심 개념	정의	시장 영향 및 AI의 역할
하이브리드 워크 (충격)	팬데믹이 강제한 원격 근무 실험 이후, 주 2~3회 출근이 뉴 노멀로 정착함.	경기 순환적이 아닌 구조적 수요 감소. 오피스 총수요량 자체가 영구적으로 감소함.
대분기 (K자형 양극화)	(1) A급/트로피 자산: 경험, 협업을 위해 수요가 몰림(Flight to Quality). (2) B/C급 자산: 개인 업무 중심의 노후 건물. 임차인을 잃고 좌초 자산(Stranded Assets)으로 전락.	평범한 사무실의 종말. 평균이 무의미해지고, 최고급과 좌초 자산으로 양극화됨.
출근의 목적 변화	과거: 개인 업무(Focus) 중심. 현재: 협업(Collaboration)과 문화(Culture), 경험 중심으로 변화.	사무실은 집보다 더 나은 경험을 제공해야만 함.
AI와 프롭테크의 역할	임대 면적이 아닌 실제 사용 면적(Utilization) 측정이 중요해짐.	AI, IoT, CV가 공간 사용률을 실시간 측정함. - 임차인: 유휴 공간 반납(비용 절감). - 임대인: 에너지 최적화(ESG), 데이터로 자산 가치 증명.

1) 부동산투자 실제/가상 혼합 사례 연구: A급 트로피 자산의 Flight to Quality 투자

(TPO: 2024년 / 미국, 뉴욕 / A급 오피스 임차인(기업)의 경험 중심 부동산 투자)

2024년, 팬데믹 이후의 하이브리드 워크(제22.1절)가 정착하자, 부동산 투자 시장은 K자형 양극화(제22.2절)가 극명해졌습니다. 글로벌 IT 기업 G사(가상)는 뉴욕 맨해튼의 오래된 B급 빌딩에서 철수하기로 결정합니다. 이 결정은 비용 절감이 아닌, 인재 유치를 위한 전략적 부동산 투자입니다.

G사는 직원들을 주 3일 사무실로 출근시키기 위해, 집보다 더 나은 경험을 제공해야 함을 깨달았습니다. 출근의 목적은 협업과 문화(제22.2절)입니다. G사는 허드슨 야드의 신축 A급/트로피 자산에 새로운 임대차 계약을 체결합니다. 임대료는 과거보다 비싸지만, 총 임대 면적은 30% 줄였습니다.

이 A급 빌딩 투자의 핵심은 AI와 ESG입니다. 이 빌딩은 최고급 친환경 인증(제6.4절)을 받았으며, 실내 공기 질(IAQ)을 실시간 모니터링하는 디지털 트윈(제6장)이 설치되어 있습니다. G사는 이 데이터를 직원들에게 공개하여 안전한 업무 환경을 증명합니다.

G사는 자신의 임대 공간 내부에도 AI 기반 활용도 분석(제22.3절) 솔루션을 도입합니다. IoT 센서가 수집한 데이터를 분석하여, 개인 좌석 비율을 기존의 70%에서 30%로 줄이는 대신, 직원들의 사용률이 폭발하는 다양한 형태의 협업 라운지와 카페 공간을 대폭 확대하는 인테리어 투자를 단행합니다.

이 부동산 투자 사례는 A급 자산으로의 Flight to Quality(질적 도약)가 어떻게 실행되는지 보여줍니다. 기업은 더 비싼 A급 빌딩을 선택하고, AI 데이터를 활용하여 공간 자체를 협업과 경험 중심으로 재투자함으로써, 하이브리드 시대의 인재 경쟁력을 확보합니다.

2) 금융투자 실제/가상 혼합 사례 연구: B/C급 오피스 연계 CMBS 공매도 투자

(TPO: 2023년 / 미국, 월스트리트 / 헤지펀드의 좌초 자산 대상 금융투자)

하이브리드 워크가 촉발한 A급과 B/C급 자산의 대분기(제22.2절)는 금융투자 시장에 막대한 기회를 창출했습니다. 일부 헤지펀드들은 A급 자산에 투자하는 대신, B/C급 좌초 자산(제22.2절)의 가치 붕괴에 베팅하는 공매도(Short) 금융투자 전략을 선택했습니다.

이 금융투자 전략의 핵심 타겟은 B/C급 오피스 빌딩을 기초자산으로 담보 잡고 있는 상업용 주택저당증권(CMBS)입니다. 헤지펀드의 AI 엔진은 수만 개의 CMBS 포트폴리오를 분석하여 가장 위험한 좀비 빌딩(제23장)을 찾아내는 스크리닝을 수행합니다.

AI의 스크리닝 기준은 다음과 같습니다. (1) 샌프란시스코, 시카고 등 공실률이 폭등한 도시의 B/C급 오피스(제22.1절). (2) 1990년 이전 건축(노후화). (3) 2024~2025년 대출 만기 도래(고금리 리파이낸싱 위기). (4) 기술 기업 임차인 비중이 높은 건물(서브리스 리스크).

AI가 이 4가지 조건을 모두 충족하는 최악의 CMBS 포트폴리오(CMBS-X)를 선별합니다. 헤지펀드는 이 CMBS-X의 신용등급이 아직 강등되기 전에, 해당 증권을 공매도하거나 신용부도스와프(CDS)를 매입하는 금융투자 포지션을 구축합니다.

예측대로 2024년, 해당 B/C급 오피스들의 대규모 대출 불이행(Default)이 현실화되면서 CMBS-X의 가치는 폭락합니다. 헤지펀드는 AI를 활용해 오피스의 종말이라는 구조적 변화(제22.1절)를 정확히 예측하고, 좌초 자산의 붕괴로부터 막대한 금융투자 수익을 창출합니다.

제23장

적응형 재사용: 낡은 건물의 새로운 생명

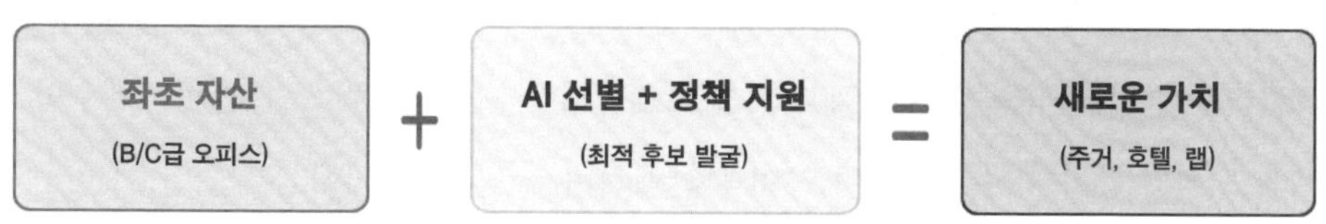

AI 기반 자산 재활용 가치 창출
(AI-based asset recycling value creation)

23.1 B/C급 오피스의 좌초 자산 위기

제22장에서 분석했듯이, 팬데믹 이후 하이브리드 워크의 정착은 오피스 시장을 A급과 B/C급 자산으로 극명하게 양극화시켰습니다. 특히 1970~90년대에 지어진 B/C급 노후 오피스 빌딩들은 평범한 사무실의 종말이라는 직격탄을 맞았습니다. 이 자산들은 단순히 공실률이 높아지는 수준을 넘어, 시장의 구조적 변화로 인해 자산 가치가 영구적으로 소멸하는 좌초 자산(Stranded Assets)의 위기에 직면했습니다.

좌초 자산이란 시장 환경이나 규제의 변화(예: 하이브리드 워크, ESG 규제)로 인해 예상했던 수명보다 훨씬 일찍 경제적 가치를 상실하게 된 자산을 의미합니다. 하이브리드 시대에 협업과 경험을 제공하지 못하는 B/C급 오피스는 더 이상 임차인을 유인할 수 없습니다. 이는 제22.2절에서 설명한 죽음의 소용돌이(Death Spiral)를 촉발시킵니다. 공실률 증가는 임대 수입의 급감으로 이어지고, 현금흐름이 악화되면 건물을 현대화할 자본(CapEx)을 투입할 수 없습니다.

여기에 최근의 고금리 환경이 불을 붙였습니다. 과거 저금리 시대에 빌렸던 대출의 만기가 도래했지만, 자산 가치는 폭락하고 임대 수입은 바닥인 상태에서 은행들은 더 이상 리파이낸싱(대출 연장)을 해주지 않습니다. 그 결과, 전 세계 주요 도시에서 B/C급 오피스들은 대출 상환에 실패하며 압류(Foreclosure)되거나, 대출 원금보다 자산 가치가 낮아지는 헐값에 시장에 쏟아져 나오고 있습니다.

이는 단순히 개별 건물 소유주의 파산 문제를 넘어섭니다. 도심 공동화(Hollowing Out)라는 심각한 사회적, 도시적 위기를 초래합니다. 수많은 좀비 빌딩들이 비어 있게 되면 도시의 활력이 사라지고, 치안이 불안해지며, 지방 정부는 핵심 세원인 재산세 수입이 급감하여 공공 서비스가 마비되는 악순환에 빠집니다.

이 좌초 자산들을 단순히 철거하고 새로 짓는 것은 쉬운 해결책이 아닙니다. 철거 비용 자체가 막대한 데다, 기존 건물을 부수고 새로 짓는 과정에서 발생하는 엄청난 양의 내재 탄소(Embodied Carbon)는 유럽의 ESG 규제(제20.2절)는 물론, 글로벌 지속가능성 목표에도 정면으로 위배됩니다.

결국 시장은 재무적으로도 막다른 골목에 다다랐고, 환경적으로도 철거가 불가능한 상황에 부딪혔습니다. 이 진퇴양난의 위기 속에서, 유일하고도 가장 합리적인 대안으로 떠오른 것이 바로 적응형 재사용(Adaptive Reuse)입니다. 이는 낡은 건물을 부수는 것이 아니라, 새로운 용도를 부여해 다시 생명을 불어넣는 전략입니다.

적응형 재사용은 더 이상 일부 건축가들의 미학적 선택이 아니라, B/C급 오피스 위기를 해결해야 하는 금융 투자자, 도시 계획가, 그리고 환경 정책가 모두에게 절실한 재무적, 환경적 필수 생존 전략이 되었습니다.

재사용이 생존이다, 관점 변화가 미래 창조다

- **좌초 자산의 정의:** B/C급 오피스는 하이브리드 워크라는 구조적 변화로 인해 경제적 수명이 다한 좌초 자산으로 전락했습니다.
- **재무적 위기(죽음의 소용돌이):** 공실률 급증 → 수입 감소 → 재투자 불가 → 가치 폭락의 악순환이 고금리 환경과 맞물려 대규모 압류 사태를 초래하고 있습니다.
- **도시적 위기:** 좀비 빌딩의 등장은 도심 공동화, 치안 악화, 시 정부의 세수 감소 등 심각한 사회적 문제로 이어집니다.
- **환경적 한계:** 단순 철거 및 신축은 막대한 비용과 내재 탄소 문제(ESG)로 인해 현실적인 대안이 되기 어렵습니다.
- **필연적 대두:** 이 재무적, 환경적 교착 상태를 동시에 해결할 유일한 대안으로 적응형 재사용이 필연적으로 부상하고 있습니다.

23.2 적응형 재사용의 경제학

적응형 재사용(Adaptive Reuse)은 기존 건물의 구조적 가치(특히 골조와 외관)는 보존하면서, 내부 기능과 용도를 현재 시장이 요구하는 새로운 것으로 완전히 바꾸는 것을 의미합니다. 좌초 자산이 된 B/C급 오피스를 주거용 아파트(Multifamily), 호텔, 또는 생명과학 랩(제24.3절)으로 변환하는 것이 대표적인 사례입니다.

이 전략의 핵심은 감이 아닌 냉정한 경제성 분석에 있습니다. 적응형 재사용의 기본 공식은 [총 전환 비용(Conversion Cost)]이 [철거 비용 + 신축 비용]보다 저렴해야 한다는 것입니다. 동시에, 전환 후 창출될 [미래 가치(임대 수입)]가 [총 전환 비용 + 자산 매입 비용]을 초과해야 합니다.

하지만 오피스를 주거용으로 바꾸는 것은 말처럼 간단하지 않습니다. 두 용도는 태생부터 다릅니다. 오피스는 건물의 중앙(Core)에 엘리베이터와 화장실이 몰려있고, 창문에서 중앙 코어까지의 거리(Floor Plate Depth)가 매우 깊습니다. 반면 주거 시설은 모든 세대가 창문을 통해 빛과 공기를 공급받아야 하며, 수백 개의 개별 화장실과 주방을 위한 상하수도 배관이 필요합니다.

이 구조적 차이는 막대한 전환 비용을 발생시킵니다. 오피스의 깊은 바닥 판(Floor Plate)은 빛이 들지 않는 죽은 공간을 만들고, 주거용 배관을 설치하기 위해 건물 전체의 바닥을 뚫어야 할 수도 있습니다. 냉난방(HVAC) 시스템 역시 중앙식이 아닌 개별식으로 완전히 교체해야 합니다.

이 높은 비용 때문에, 과거에는 적응형 재사용이 경제성이 없었습니다. 하지만 제23.1절에서 설명한 좌초 자산 위기가 이 계산법을 바꾸었습니다. B/C급 오피스 빌딩의 가격이 제로에 가깝게 폭락하면서, 투자자가 자산을 헐값에 매입할 수 있는 기회가 열렸습니다. 즉, [자산 매입 비용]이 극단적으로 낮아지면서, 높은 [전환 비용]을 감수하더라도 경제성을 맞출 수 있는 티핑 포인트(Tipping Point)가 도래한 것입니다.

이 경제성 퍼즐을 완성하는 마지막 조각은 공공 정책입니다. 도심 공동화를 막고 주택 공급을 늘려야 하는 도시 정부들은 이 흐름을 가속화하기 위해 적극적인 당근을 제시하고 있습니다. 뉴욕, 샌프란시스코, 서울 등 주요 도시들은 상업 전용 지구를 주거 가능 지구로 변경해주는 용도지역 변경(Zoning Changes)을 파격적으로 허용하고 있습니다.

또한, 전환 프로젝트에 대해 막대한 재산세 감면(Tax Abatements) 혜택을 주거나, 용적률 인센티브를 부여하여 더 많은 세대수를 지을 수 있게 허용합니다. 이러한 공공의 지원은 민간 자본이 높은 전환 비용의 리스크를 감수하고 시장에 진입할 수 있도록 결정적인 역할을 합니다.

여기에 ESG(지속가능성)라는 강력한 동력이 더해집니다. 기존 건물의 탄소 집약적인 콘크리트 구조를 재사용하는 것은(내재 탄소 절감), 유럽의 딥키(제20.2절) 사례처럼 ESG를 중시하는 글로벌 연기금과 자산운용사들에게 매우 매력적인 투자 테마입니

다. 이는 적응형 재사용 프로젝트가 일반 신축 프로젝트보다 더 저렴한 그린 파이낸싱
(Green Financing)을 조달할 수 있게 돕습니다.

결론적으로 적응형 재사용의 경제학은 (1) 좌초 자산의 가격 폭락, (2) 공공 정책의 파
격적 지원(용도 변경, 세금 감면), (3) ESG 자본의 유입이라는 세 가지 요소가 결합될 때
비로소 완성됩니다.

뿌리(ESG)로 줄기(경계)를, 가지(용도)로 미래를

- **정의**: 기존 건물의 구조는 유지하되, 오피스처럼 용도가 다한 공간을 주거, 호텔 등
  새로운 용도로 개조하는 전략입니다.
- **경제성 공식**: (전환 비용 + 헐값 매입 비용) < (미래 창출 가치). 그리고 (전환 비용)
  < (철거 + 신축 비용).
- **기술적 난제**: 오피스의 깊은 바닥 판(Floor Plate), 중앙 집중식 설비(HVAC, 배관)는
  주거용으로 전환 시 막대한 비용을 유발합니다.
- **티핑 포인트**: B/C급 오피스 가격이 헐값으로 폭락하면서, 높은 전환 비용을 감수할
  수 있는 재무적 여력이 생겼습니다.
- **핵심 동력(공공 & ESG)**: 도시 정부의 용도지역 변경 및 세금 감면 지원, 그리고 내
  재 탄소 절감에 따른 ESG 자본의 유입이 경제성을 완성하는 핵심입니다.

23.3 AI와 프롭테크의 역할: 가능성의 식별

적응형 재사용의 경제성(23.2절)이 성립하더라도, 투자자에게는 여전히 수천 개의 B/
C급 오피스 빌딩 중 어떤 건물이 전환에 가장 적합한지 선별해야 하는 거대한 과제가

남습니다. 모든 건물이 동일한 가능성을 가진 것이 아니기 때문입니다. 잘못된 건물을 선택하는 것은 수백억 원의 손실로 직결될 수 있는 고위험 결정입니다.

이 복잡한 후보 선별(Candidate Identification) 과정에서 AI와 프롭테크 기술이 결정적인 역할을 수행합니다. 과거의 개발업자가 몇 달에 걸쳐 수동으로 서류를 검토하고 건물을 실사하던 방식을, AI는 단 몇 시간 만에 수천 개의 자산을 스크리닝하는 방식으로 바꾸었습니다. 이는 의사결정의 속도와 정확성을 비약적으로 향상시킵니다.

AI 기반 스크리닝 플랫폼은 제4장의 AVM, 제6장의 디지털 트윈, 제7장의 예측 분석 기술을 총동원합니다. AI 엔진은 수천 개의 잠재적 좌초 자산에 대해 다중 모드 데이터를 수집하고 분석합니다.

1. **물리적 데이터**: 위성 이미지와 GIS 데이터를 분석하여 건물의 형태, 창문 대 바닥 면적 비율(Window-to-Floor Ratio), 그리고 가장 중요한 바닥 판의 깊이(Floor Plate Depth)를 자동으로 측정합니다(제2.3절 컴퓨터 비전).

2. **재무 데이터**: 공개된 대출 정보를 스캔하여 해당 건물의 대출 만기일, 대출 잔액, 소유주의 재정 상태(Distress Level)를 파악합니다.

3. **시장 데이터**: 해당 블록의 주거용 임대료 수준, 공실률, 미래 수요 예측(제7장) 데이터를 분석하여 전환 후의 잠재적 수익을 추정합니다.

4. **규제 데이터**: NLP(제2.3절) 기술로 도시의 조례와 용도지역(Zoning Code) 문서를 분석하여, 해당 건물이 주거용 전환이 법적으로 가능한지, 혹은 인센티브 대상인지를 자동으로 판별합니다.

이 모든 데이터를 종합하여 AI 엔진은 처방적 분석(제2.1절)을 내놓습니다. "A 빌딩은 바닥 판이 얕고(주거에 유리), 소유주가 곧 파산 위기이며(헐값 매입 가능), 용도 변경이 쉬운 지역(정책 지원)에 있으므로, 전환 후보 1순위입니다. B 빌딩은 바닥 판이 너무 깊어 주거용으로 부적합하며, 호텔로 전환 시 수익률이 더 높습니다. C 빌딩은 구조

문제로 전환 자체가 불가능합니다."

후보가 선정되면, 프롭테크의 역할은 설계 최적화 단계로 넘어갑니다. 과거에는 건축가가 수동으로 평면도를 그렸지만, 이제는 생성형 디자인(Generative Design) 소프트웨어가 AI를 활용합니다. AI는 건물의 기존 기둥, 엘리베이터 코어, 창문 위치 등 수천 개의 제약 조건을 입력받은 뒤, 수익 극대화(예: 최대 세대수 확보)라는 목표하에 수천, 수만 가지의 가능한 평면도 디자인을 몇 분 만에 생성하고 시뮬레이션합니다.

또한, 제6장에서 다룬 디지털 트윈(Digital Twin) 기술이 이 복잡한 개조 공사 과정을 관리하는 핵심 도구가 됩니다. 3D 스캐너로 건물의 현재 상태를 스캔하여 디지털 트윈을 생성한 뒤, 가상 공간에서 새로운 배관과 전기 설비가 기존 구조물과 충돌하지 않는지 미리 시뮬레이션합니다. 이는 실제 공사 현장에서 발생할 수 있는 값비싼 오류와 공사 지연을 사전에 방지합니다.

결론적으로, 적응형 재사용이라는 고위험-고수익 게임에서 AI와 프롭테크는 나침반이자 시뮬레이터입니다. AI는 수천 개의 돌 속에서 옥석(전환 후보)을 가려내고, 생성형 디자인과 디지털 트윈은 그 옥석을 가장 효율적으로 보석(수익)으로 가공하는 과정을 지원합니다. 기술 없이는 이 새로운 시장의 리스크를 관리할 수 없습니다.

데이터 분석, 가치 찾아 수익 증대

- **문제:** 수천 개의 좌초 자산 중, 어떤 건물이 전환에 적합한지 선별하는 것은 매우 복잡하고 위험한 의사결정입니다.
- **AI의 역할(후보 선별):** AI 플랫폼은 수천 개의 자산을 대상으로 물리적(바닥 판 깊이), 재무적(소유주 부실), 시장(수요), 규제(용도지역) 데이터를 자동 분석하여 최적의 전환 후보를 순위별로 도출합니다.
- **처방적 분석:** AI는 "A 빌딩은 주거용 1순위, B 빌딩은 호텔용"과 같이 데이터에 기

반한 처방적(Prescriptive) 투자 조언을 제공합니다.

- **설계 최적화(생성형 디자인):** AI는 제약 조건(기둥, 창문) 하에서 수익을 극대화(최대 세대수)하는 수천 개의 평면도를 자동으로 생성하고 비교 분석합니다.
- **공사 관리(디지털 트윈):** 디지털 트윈(제6장)을 활용하여 복잡한 설비 개조 공사를 가상으로 시뮬레이션함으로써, 실제 공사 오류와 비용 증가를 사전에 방지합니다.

23.4 부동산 금융 투자 사례 연구

핵심 개념	정의	경제성 및 AI의 역할
좌초 자산 (B/C급 오피스)	하이브리드 워크(Ch 22)로 인해 경제적 가치를 상실한 노후 오피스.	죽음의 소용돌이(공실→수입감소→투자불가), 고금리로 압류 위기. 도심 공동화, 내재 탄소 문제 야기.
적응형 재사용 (Adaptive Reuse)	철거가 아닌, 기존 건물의 용도를 오피스에서 주거, 호텔 등으로 변경하여 새 생명을 불어넣는 전략.	재무적, 환경적 필수 생존 전략으로 부상함.
경제학 (Tipping Point)	(1) B/C급 오피스 가격 폭락(헐값 매입 가능). (2) 공공 정책(용도 변경, 세금 감면). (3) ESG 자본(내재 탄소 절감)이 결합되어 경제성이 확보됨.	오피스와 주거의 구조적 차이(바닥 판, 설비)로 인한 높은 전환 비용이 최대 난제임.
AI의 역할 (후보 선별)	(1) AI 스크리닝: 물리적(바닥 판 깊이), 재무적(부실), 규제(용도) 데이터를 자동 분석하여 최적의 전환 후보를 식별함.	(2) 생성형 디자인: 수익 극대화(최대 세대수)를 위한 평면도를 자동 설계함. (3) 디지털 트윈: 가상 시뮬레이션으로 공사 오류를 사전 방지함.

1) 부동산투자 가상 사례 연구: 서울시의 B급 오피스 주거 전환 AI 스크리닝

(TPO: 2027년 / 대한민국, 서울(종로/을지로) / 서울시 정부와 민간 투자사의 AI 기반 적응형 재사용 부동산 투자)

2027년, 서울시는 하이브리드 워크(제22.1절) 정착으로 인해 심각한 도심 공동화 위

기를 겪고 있는 종로와 을지로의 B/C급 오피스(제23.1절) 문제 해결에 나섭니다. 동시에 서울은 극심한 1~2인 가구 주택 공급난을 겪고 있습니다. 서울시는 이 두 문제를 동시에 해결하기 위해 적응형 재사용(제23장)을 핵심 부동산 투자 정책으로 채택합니다.

서울시는 민간 투자 유치를 위해, 제23.3절의 AI 기반 후보 선별 플랫폼을 구축합니다. 이 AI 엔진은 서울시가 보유한 건축물대장, GIS 데이터(바닥 판 깊이), 상하수도/전력 데이터, 그리고 민간의 시장 데이터(주변 임대료)를 모두 통합 분석합니다.

부동산 투자사인 K-밸류 자산운용(가상)은 이 AI 플랫폼을 활용합니다. AI는 종로구의 수백 개 B/C급 빌딩을 스크리닝하여 "A 빌딩: 바닥 판이 얇아 주거 전환 최적", "B 빌딩: 구조 보강 필요, 호텔 전환 추천"과 같이 처방적 분석(제23.3절) 리포트를 생성합니다.

K-밸류는 AI가 1순위로 추천한 A 빌딩을 헐값에 매입합니다(제23.2절). 서울시는 이 투자에 대해 용도지역 변경(상업→주거)과 재산세 10년 감면이라는 파격적 인센티브(제23.2절)를 제공합니다. K-밸류는 생성형 디자인 AI를 활용해 기존 기둥을 피하면서 1인 가구 세대수를 150% 늘리는 최적의 평면도를 설계합니다.

이 가상의 부동산 투자 사례는 AI가 (1) 기술적(물리적), (2) 재무적, (3) 규제적 데이터를 통합 분석하여 좌초 자산 중에서 보석을 가려내고, 공공의 정책 지원과 민간의 자본이 결합하여 적응형 재사용이라는 새로운 투자 시장을 창출하는 과정을 보여줍니다.

2) 금융투자 가상 사례 연구: 블랙록의 적응형 재사용 ESG 펀드

(TPO: 2028년 / 글로벌 / 블랙록의 ESG 테마 금융투자)

2028년, 글로벌 자산운용사 블랙록(실제)은 제24장의 대체 자산과 제23장의 ESG라는 두 메가트렌드를 결합한 새로운 금융투자 상품, 글로벌 리유즈(Reuse) ESG 펀드를 출시합니다. 이 펀드의 투자 대상은 신축 건물이 아니라, 전 세계 주요 도시의 좌초 자산(제23.1절)을 적응형 재사용하는 프로젝트에만 집중하는 금융투자 상품입니다.

이 펀드의 핵심 투자 논리는 제23.2절의 경제학에 기반합니다. (1) 재무적 수익: B/C

급 오피스를 헐값에 매입하여, 주거/호텔/생명과학 랩(제24장) 등 고수요 용도로 변경함으로써 높은 자본 차익을 추구합니다. (2) 환경적 수익(ESG): 신축 대비 막대한 내재 탄소(Embodied Carbon)를 절감함으로써, ESG 투자 목표를 달성합니다.

블랙록의 AI 엔진(알라딘, 제3.2절)은 이 금융투자의 핵심입니다. AI는 제23.3절의 스크리닝 역할을 수행합니다. AI는 전 세계의 좌초 자산을 스캔하여, 재무적 수익성과 탄소 절감 효과(E-Score)를 동시에 극대화할 수 있는 최적의 적응형 재사용 프로젝트를 발굴합니다.

이 펀드는 글로벌 연기금과 국부펀드로부터 막대한 자금을 유치합니다. 이 기관 투자자들은 기후 리스크를 회피하고 ESG 목표를 달성해야 하는 압박을 받고 있기 때문입니다. 그들에게 적응형 재사용은 높은 수익과 높은 ESG 성과라는 두 마리 토끼를 잡는 매력적인 금융투자 대안입니다.

이 가상의 금융투자 사례는 적응형 재사용이 단순히 개별 부동산 투자를 넘어, 글로벌 자본의 흐름을 바꾸는 거대한 ESG 테마 금융투자 시장으로 성장할 것임을 보여줍니다. AI는 이 새로운 자산군의 가치와 리스크를 평가하는 핵심 도구가 될 것입니다.

제24장

대체 자산의 정의와 부상

데이터센터

- 수요: 'AI 혁명' (전력 5~10배 소모)
- 핵심: '전력' 확보 능력
- AI 역할: 디지털 트윈 (냉각/전력 최적화)

헬스케어 & 생명과학

- 수요: '인구 고령화', '바이오 혁명'
- 핵심: '운영 집약적' (서비스/R&D)
- AI 역할: 운영 효율화, 적응형 재사용

새로운 주류 자산과 AI의 역할
(New mainstream assets and the role of AI)

24.1 대체자산: 새로운 주류

전통적으로 글로벌 기관 투자자들의 상업용 부동산(CRE) 포트폴리오는 네 가지 핵심 자산군(소위 Big 4)을 중심으로 구성되었습니다: 오피스(사무실), 리테일(상가), 인더스트리얼(물류센터), 그리고 멀티패밀리(주거). 이 자산들은 시장 규모가 크고, 데이터가 풍부하며, 비교적 예측 가능한 현금흐름을 제공했기 때문에 포트폴리오의 핵심(Core)으로 간주되었습니다.

대체 자산(Alternative Assets)은 이 네 가지 주류 자산을 제외한 모든 기타 부동산 자산을 통칭하는 용어였습니다. 과거에는 데이터센터, 셀프 스토리지, 생명과학 랩, 시니어 하우징(헬스케어), 학생 기숙사, 저온 물류창고 등이 여기에 속했습니다. 이들은 시장 규모가 작고, 운영이 복잡하며, 데이터가 부족하여 틈새시장(Niche) 또는 비핵심(Non-Core) 자산으로 취급되었습니다.

그러나 지난 10년간, 특히 팬데믹 이후 이 위상은 완전히 역전되었습니다. 대체 자산은 더 이상 틈새가 아니라, 포트폴리오 다각화를 위한 새로운 주류로 부상했습니다. 이러한 근본적인 자본 이동은 두 가지 거대한 구조적 변화에 의해 촉발되었습니다.

첫 번째 동력은 기존 주류 자산의 몰락입니다. 제22장에서 분석했듯이, 포트폴리오의 가장 큰 비중을 차지하던 오피스는 하이브리드 워크로 인해 구조적 위기(좌초 자산)에 직면했습니다. 리테일 자산 역시 전자상거래(E-commerce)의 공세로 인해 대형 쇼핑몰을 중심으로 비슷한 몰락을 겪었습니다. 안전 자산으로 여겨졌던 두 개의 큰 기둥이 동시에 무너지자, 갈 곳을 잃은 거대한 기관 자본은 안정적인 수익을 제공할 새로운 피난처를 절실히 필요로 하게 되었습니다.

두 번째 동력은 이 대체 자산들이 거대한 사회경제적 메가트렌드의 직접적인 수혜자라는 점입니다. 이 자산들의 수요는 전통적인 경기 순환(Business Cycle)이 아닌, 더 크고 예측 가능한 구조적 변화에 의해 추동(driven)됩니다. 예를 들어, 데이터센터는 디지털 전환과 AI 혁명에, 헬스케어 자산은 인구 고령에, 생명과학 랩은 바이오 기술 혁명에 기반합니다.

이러한 메가트렌드 기반 수요는 경기 침체기에도 수요가 줄어들지 않는 비경기 순환적(Non-Cyclical) 또는 방어적(Defensive) 특성을 갖습니다. 경제가 나빠져도 사람들은 넷플릭스를 보며(데이터센터), 병원에 가고(헬스케어), 약을 필요로 합니다(생명과학). 이는 현대 포트폴리오 이론(제3장) 관점에서 낮은 상관관계(Low Correlation)를 의미하며, 투자자들에게 완벽한 분산투자처를 제공합니다.

세계 최대의 부동산 투자자인 블랙스톤(Blackstone)은 이러한 변화를 가장 먼저 감지하고 포트폴리오를 재편했습니다. 그들은 지난 몇 년간 오피스와 리테일 자산을 대거 매각하고, 그 자본으로 물류센터(전자상거래 수혜), 학생 기숙사, 데이터센터, 생명과학

랩을 공격적으로 매입했습니다. 이는 대체 자산이 주류가 되었음을 시장에 공표한 상징적인 움직임이었습니다.

다만 이 자산들은 큰 기회인 동시에 큰 도전을 안고 있습니다. 오피스 임대는 비교적 수동적(Passive)인 사업이지만, 데이터센터나 시니어 하우징은 매일매일 고도의 기술과 서비스가 요구되는 운영 집약적(Operational-Heavy) 사업입니다. 이는 부동산 투자자가 단순한 임대업자가 아니라, 해당 산업의 전문성을 갖춘 서비스 운영자가 되어야 함을 의미하며, 이 지점에서 프롭테크의 역할이 중요해집니다.

시대의 뿌리 튼튼히! 분산투자 결실!!

- **정의**: 과거 Big 4(오피스, 리테일, 물류, 주거)를 제외한 데이터센터, 헬스케어, 생명과학 랩 등 틈새 자산을 의미했습니다.
- **주류로의 부상**: 대체 자산은 더 이상 틈새가 아니며, 기관 투자 포트폴리오의 새로운 핵심으로 부상했습니다.
- **동력 1(기존 자산의 몰락)**: 오피스(제22장)와 리테일(e-커머스)이라는 두 개의 큰 기둥이 구조적 위기에 빠지면서, 자본의 대피처가 필요해졌습니다.
- **동력 2(메가트렌드)**: 이 자산들은 AI 혁명(데이터센터), 인구 고령화(헬스케어), 바이오 혁명(생명과학) 등 거대한 구조적 메가트렌드의 직접적인 수혜 자산입니다.
- **방어적 특성**: 수요가 비경기 순환적이어서(낮은 상관관계), 포트폴리오 분산투자(제3장) 효과가 탁월합니다. (예: 블랙스톤의 포트폴리오 재편)
- **과제(운영 집약적)**: 단순 임대업이 아닌 고도의 전문성(기술, 서비스)이 요구되는 운영 사업이라는 특징이 있습니다.

24.2 데이터센터: 디지털 경제의 물리적 실체

수많은 대체 자산 중에서도 가장 폭발적인 성장을 보이는 분야는 단연 데이터센터 (Data Centers)입니다. 데이터센터는 클라우드 서버, 네트워킹 장비, 스토리지 등을 집적해 놓은 건물로, 우리가 영위하는 디지털 경제의 물리적 실체입니다. 모든 넷플릭스 스트리밍, 인스타그램 업로드, 그리고 AI 검색은 보이지 않는 어딘가의 데이터센터에서 처리됩니다.

데이터센터 수요의 첫 번째 물결은 클라우드 혁명이었습니다. 아마존(AWS), 마이크로소프트(Azure), 구글(GCP) 같은 거대 기술 기업(하이퍼스케일러)들이 전 세계 기업들의 자체 서버를 자신들의 거대한 클라우드 서버로 이전시키면서 막대한 데이터센터 공간이 필요해졌습니다. 두 번째 물결은 5G, IoT, 스트리밍 서비스가 확산되면서 폭증하는 데이터 트래픽 그 자체였습니다.

그리고 지금, 우리는 세 번째이자 가장 거대한 수요의 쓰나미를 맞이하고 있습니다. 바로 생성형 AI(Generative AI) 혁명입니다. GPT나 제미니(Gemini) 같은 거대 언어 모델(LLM)을 훈련(Training)시키는 과정은 기존의 클라우드 서비스와는 비교할 수 없을 정도의 막대한 컴퓨팅 파워와 전력을 소모합니다.

AI 모델 훈련에 사용되는 엔비디아(NVIDIA)의 GPU는 기존 CPU보다 훨씬 더 많은 열을 발생시키며, 이를 냉각시키기 위해 엄청난 전력이 필요합니다. 전문가들은 전통적인 데이터센터보다 AI 데이터센터가 동일 면적 대비 5배에서 10배 더 많은 전력을 소비(Power Density)한다고 추정합니다. AI 기술이 모든 산업에 적용되기 시작하면서, AI 추론(Inference)을 위한 데이터센터 수요까지 폭발하고 있습니다.

이로 인해 데이터센터 시장은 골드러시에 비유될 만한 공급 부족 사태에 직면했습니다. 전 세계 주요 허브(버지니아 북부, 싱가포르, 더블린 등)의 데이터센터 공실률은 0%에 가까우며, 임대료는 천정부지로 치솟고 있습니다.

따라서 데이터센터 투자의 성공 여부는 더 이상 전통적인 부동산 입지가 아니라, 인프라 입지에 달려있습니다. 데이터센터 투자자가 가장 먼저 묻는 질문은 "이 땅에서 얼마나 많은 전력(Power)을 끌어올 수 있는가?"입니다. 수백 메가와트(MW)의 전력을 안정적으로 공급받을 수 있는 변전소 인근 지역이 최고의 입지가 됩니다. 두 번째는 광케이블 연결성(Fiber Connectivity)입니다.

하지만 이 전력 포식자는 심각한 ESG 문제를 야기합니다. AI 데이터센터 클러스터 하나가 중소 도시 전체의 전력망을 마비시킬 수 있다는 우려가 커지면서, 많은 지역 정부가 데이터센터 신규 건설을 중단(Moratorium)시키고 있습니다. 이는 공급을 더욱 제한하여 기존 자산의 가치를 높이는 역설적인 결과를 낳고 있습니다.

이처럼 복잡하고 운영 집약적인 자산 관리에 프롭테크와 AI가 필수적으로 사용됩니다. 제6장에서 다룬 디지털 트윈(Digital Twin) 기술이 데이터센터 운영의 핵심입니다. 관리자는 디지털 트윈을 통해 수천 개의 서버 랙 온도, 전력 사용량, 냉각 시스템 효율(PUE: 전력 사용 효율성)을 실시간으로 모니터링합니다. AI는 이 데이터를 분석하여 과열 위험이 있는 서버를 예측하고, 전력 부하를 분산시키며, 냉각 에너지를 가장 효율적으로 배분하는 최적화 알고리즘을 실행합니다. 이는 다운타임을 방지하고 막대한 에너지 비용을 절감하는 핵심 기술입니다.

뿌리 : 디지털, 줄기: 전략/ 망, 가지: 초적화

- **정의:** 디지털 경제(클라우드, 스트리밍, AI)를 뒷받침하는 물리적 인프라 자산입니다.
- **수요 동력 1 & 2(클라우드 & 데이터):** 클라우드 전환(AWS, Azure)과 데이터 트래픽(IoT, 5G)의 폭증이 1, 2차 성장을 이끌었습니다.
- **수요 동력 3(AI 혁명):** 생성형 AI(LLM)의 훈련과 추론은 기존보다 5~10배 많은 전력 밀도를 요구하며, 데이터센터 수요의 제3의 쓰나미를 일으키고 있습니다.
- **핵심 입지(전력):** 성공적인 투자는 부동산 입지가 아닌, 전력과 광케이블 확보 능력

에 달려있습니다.

- **과제(ESG & 전력난)**: AI 데이터센터의 막대한 전력 소비는 지역 전력망을 위협하며, 이로 인한 건설 중단(Moratorium) 조치가 공급을 더욱 제한하고 있습니다.
- **프롭테크의 역할(디지털 트윈)**: 디지털 트윈(제6장)과 AI를 활용해 서버 온도, 냉각 효율(PUE)을 실시간 최적화하여, 다운타임을 방지하고 에너지 비용을 절감합니다.

24.3 헬스케어와 생명과학: 고령화와 바이오의 공간

데이터센터가 디지털 메가트렌드의 수혜 자산이라면, 헬스케어와 생명과학 자산은 인간 사회의 구조적 변화에서 발생하는 수요에 기반합니다. 이 두 분야는 밀접하게 연관되어 있지만, 헬스케어는 서비스 중심의 자산이고, 생명과학은 연구개발(R&D) 중심의 자산이라는 점에서 구분됩니다.

먼저 **헬스케어 부동산**은 주로 시니어 하우징(Senior Housing)과 메디컬 오피스 빌딩(Medical Office Buildings, MOBs)을 포함합니다. 이 자산군의 수요는 단 하나의 거대하고 예측 가능한 동력, 즉 인구 고령화(Aging Population)에 의해 결정됩니다. 미국, 유럽, 일본, 그리고 한국을 포함한 대부분의 선진국에서 베이비붐 세대가 은퇴하며 고령 인구가 폭발적으로 증가하고 있습니다.

이 거대한 인구 집단은 필연적으로 더 많은 의료 서비스와 주거 케어를 필요로 합니다. 이는 경기 순환과 전혀 상관없이 향후 20~30년간 지속될 구조적인 수요입니다. 시니어 하우징(독립형, 생활 보조, 메모리 케어 등)은 단순한 아파트가 아니라, 식사, 건강 관리, 커뮤니티 서비스를 함께 제공하는 주거 + 환대(Hospitality) + 의료의 복합체입니다.

이 때문에 헬스케어 자산은 제24.1절에서 언급한 운영 집약적 특성의 정점에 있습니다. 투자 수익의 대부분이 임대료가 아닌 운영 서비스에서 발생합니다. 투자자는 부동산 개발업자인 동시에, 의료 및 환대 서비스의 전문 운영자가 되어야 합니다. 이 복잡한 운영을 효율화하기 위해 프롭테크 AI가 도입됩니다. AI는 간호 인력의 스케줄링을 최적화하고, 웨어러블 기기를 통해 입주자의 건강 상태(낙상 감지 등)를 24시간 모니터링하며, 재고 관리 및 청구 자동화 등을 지원합니다.

다음으로 **생명과학(Life Sciences) 랩** 자산은 바이오 기술 혁명이라는 또 다른 메가트렌드에 기반합니다. 팬데믹 이후 mRNA 백신, 유전자 치료, AI 기반 신약 개발(예: 알파폴드) 분야에 전례 없는 정부 및 민간 자본이 투입되고 있습니다. 이러한 연구개발 활동은 전통적인 오피스에서는 불가능하며, 고도로 특화된 랩(Lab) 공간을 필요로 합니다.

생명과학 랩은 일반 오피스 빌딩과 근본적으로 다릅니다. 이들은 (1) 24시간 신선한 공기를 순환시키는 강력한 냉난방(HVAC) 시스템, (2) 무거운 연구 장비를 견딜 수 있는 견고한 바닥 하중, (3) 높은 층고, (4) 비상 발전 및 특수 배관 설비 등을 갖추어야 합니다.

이러한 특수성 때문에 생명과학 랩은 공급이 극히 제한적이며, 반드시 특정 클러스터(Cluster) 내에 위치해야 합니다. 연구 인력을 확보하기 위해 MIT(보스턴), 스탠퍼드(샌프란시스코), 옥스퍼드(영국) 등 핵심 연구 대학과 벤처 캐피털, 대형 제약사가 모여있는 곳에만 존재할 수 있습니다.

이 제한된 공급과 폭발적인 수요는 B/C급 오피스의 적응형 재사용(제23장) 기회와 연결됩니다. 모든 오피스가 랩으로 변신할 수는 없지만, 제23.3절의 AI 스크리닝을 통해 적절한 뼈대(높은 층고, 튼튼한 구조)를 가진 일부 B/C급 오피스가 막대한 비용을 들여 생명과학 랩으로 성공적으로 전환되고 있습니다.

결론적으로, 데이터센터, 헬스케어, 생명과학 랩과 같은 대체 자산들은 각각 AI 혁명, 고령화, 바이오 혁명이라는 거대한 시대적 흐름을 동력으로 삼고 있습니다. 이들은 전통 자산의 몰락 속에서 자본의 새로운 피난처이자 성장 동력이 되고 있으며, 이 모든 과정의 중심에는 복잡한 운영과 리스크를 관리하는 AI와 프롭테크 기술이 자리하고 있습니다.

가치 뿌리 메가트랜드, 효율가지 전환 투자

- **두 개의 축:** 대체 자산은 (1) 고령화 기반의 헬스케어(서비스)와 (2) 바이오 혁명 기반의 생명과학(R&D)으로 나뉩니다.
- **헬스케어(시니어 하우징):** 인구 고령화라는 30년 장기 메가트렌드에 기반한 비경기 순환적 자산입니다.
- **운영 집약적(헬스케어):** 단순 임대가 아닌 서비스(의료, 환대)가 수익의 핵심이며, AI가 인력 관리, 입주자 건강 모니터링 등 운영 효율화를 돕습니다.
- **생명과학(랩):** 바이오 기술 혁명과 신약 개발 자본이 수요를 견인합니다.
- **특수 인프라(랩):** 강력한 HVAC, 높은 층고, 견고한 하중 등 특수 설비가 필요하며, 대학/병원 중심의 클러스터에만 입지할 수 있습니다.
- **연결(적응형 재사용):** 공급이 절대적으로 부족한 랩 수요를 충당하기 위해, AI 스크리닝(제23.3절)을 통해 적합한 B/C급 오피스를 랩으로 전환하는 프로젝트가 증가하고 있습니다.

24.4 부동산 금융 투자 사례 연구

핵심 개념	정의	수요 동력(메가트렌드) 및 AI 역할
대체 자산 (새로운 주류)	과거 틈새시장(데이터센터, 헬스케어, 생명과학 랩 등)이었던 자산이 주류가 됨.	(1) 기존 주류(오피스, 리테일)의 몰락 (Ch 22), (2) 메가트렌드의 수혜로 자본이 이동함.
특징: 방어적/ 운영 집약적	(1) 비경기 순환적 수요(경기 침체에도 방어적). (2) 낮은 상관관계(분산투자 효과, Ch 3). (3) 운영 집약적(단순 임대업이 아님).	AI가 복잡한 운영을 효율화하는 핵심 도구로 작동함.

데이터센터	디지털 경제의 물리적 실체(클라우드, 스트리밍, AI 서버).	(1) 수요 동력: 클라우드 + AI 혁명(GPU는 전력 5~10배 소모). (2) 핵심 입지: 부동산이 아닌 전력 확보 능력. (3) AI 역할: 디지털 트윈(Ch 6)으로 냉각, 전력을 실시간 최적화(다운타임 방지).
헬스케어 & 생명과학	(1) 헬스케어: 시니어 하우징, 메디컬 오피스(서비스). (2) 생명과학: 랩(R&D).	(1) 수요 동력: 인구 고령화(헬스케어), 바이오 혁명(생명과학). (2) AI 역할: 인력/건강 관리(헬스케어), 적응형 재사용 후보 선별(생명과학 랩, Ch 23).

1) 부동산투자 실제/가상 혼합 사례 연구: 블랙스톤의 AI 데이터센터 부동산 투자

(TPO: 2023년~현재 / 글로벌 / 블랙스톤(실제)의 데이터센터 부동산 투자)

대체 자산의 왕좌는 데이터센터(제24.2절)입니다. 이 자산은 부동산 투자의 경계를 허물고 있습니다. 블랙스톤(실제)은 이 변화를 주도하며 전통 오피스 대신, 디지털 인프라에 집중하는 부동산 투자 전략을 펼치고 있습니다.

블랙스톤의 부동산 투자 결정은 하나의 거대한 메가트렌드, 즉 AI 혁명에 기반합니다. 블랙스톤의 AI 엔진(제7장)은 생성형 AI가 기존 데이터센터보다 5~10배 많은 전력을 소비한다는 사실을 분석했습니다. 이는 AI 시대가 도래할수록 데이터센터 부동산의 수요가 폭발할 것임을 의미했습니다.

블랙스톤은 2021년 데이터센터 운영사 QTS Realty를 100억 달러(약 13조 원)에 인수하는 초대형 부동산 투자를 단행했습니다. 이 투자의 핵심은 빌딩 자체가 아닌, QTS가 보유한 미래 전력 확보 용량이었습니다. 데이터센터의 가치는 입지가 아닌 전력(제24.2절)이기 때문입니다.

이 부동산 투자 이후, 블랙스톤은 AI 기반 운영에 집중합니다. 인수한 데이터센터에 디지털 트윈(제6장) 기술을 적용합니다. AI는 수만 개 서버의 온도와 냉각 시스템의 전력 효율(PUE)을 실시간 모니터링하고 자율 제어(제28.3절)합니다. AI가 0.1%의 냉각 효율만 개선해도, 연간 수십억 원의 에너지 비용이 절감되며 이는 곧바로 자산 가치

(NOI) 상승으로 이어집니다.

블랙스톤의 사례는 대체 자산 투자가 단순 임대업이 아닌, 메가트렌드를 예측하고, 핵심 인프라(전력)를 선점하며, AI를 통해 고도로 복잡한 운영을 효율화하는 기술-금융 융합 사업임을 보여줍니다.

2) 금융투자 실제 사례 연구: 웰타워(Welltower)의 시니어 하우징 운영 기반 금융투자
(TPO: 2024년 / 미국 / 웰타워(실제) 리츠의 헬스케어 금융투자)

헬스케어 부동산(제24.3절)은 인구 고령화라는 가장 확실하고 방어적인 메가트렌드에 기반한 금융투자 대상입니다. 미국 최대의 헬스케어 리츠(REIT)인 웰타워(Welltower)(실제)는 이 시장을 지배하는 핵심 플레이어입니다.

웰타워에 대한 금융투자는 전통 오피스 리츠 투자와 근본적으로 다릅니다. 오피스 리츠의 수익이 단순 임대료에서 나오는 반면, 웰타워 수익의 대부분은 시니어 하우징(제24.3절) 운영 서비스에서 발생합니다. 투자자는 부동산에 투자하는 것이 아니라, 의료, 환대, 식음료 서비스가 결합된 운영 집약적 사업에 금융투자하는 것입니다.

웰타워는 AI와 프롭테크를 이 복잡한 운영 리스크를 관리하는 도구로 활용합니다. 웰타워의 금융투자 가치는 얼마나 효율적으로 시니어 하우징을 운영하느냐에 달려있기 때문입니다.

(1) 인력 최적화: 시니어 하우징 비용의 60%는 인건비입니다. 웰타워는 AI 기반 스케줄링 소프트웨어를 도입하여, 각 시설의 실시간 수요에 맞춰 간호 인력과 서비스 인력을 최적 배치하고 비용을 절감합니다.
(2) 스마트 케어: 입주자들의 웨어러블 기기와 객실 내 IoT 센서를 활용하여 낙상, 건강 이상 징후를 실시간 모니터링합니다. AI가 이상 신호를 감지하면 즉시 의료진에게 알림을 보내 사고를 예방합니다. 이는 서비스 품질(S-Score)을 높여 공실률

을 낮추는 핵심 금융투자 전략입니다.

　웰타워 사례는 대체 자산에 대한 금융투자가 곧 운영 플랫폼에 대한 투자임을 보여줍니다. 투자자는 AI가 복잡한 서비스 운영을 얼마나 효율화하여 안정적인 현금흐름을 창출하는지를 보고 자본을 베팅합니다.

미래를 위한 청사진: 윤리, 전략, 그리고 통합

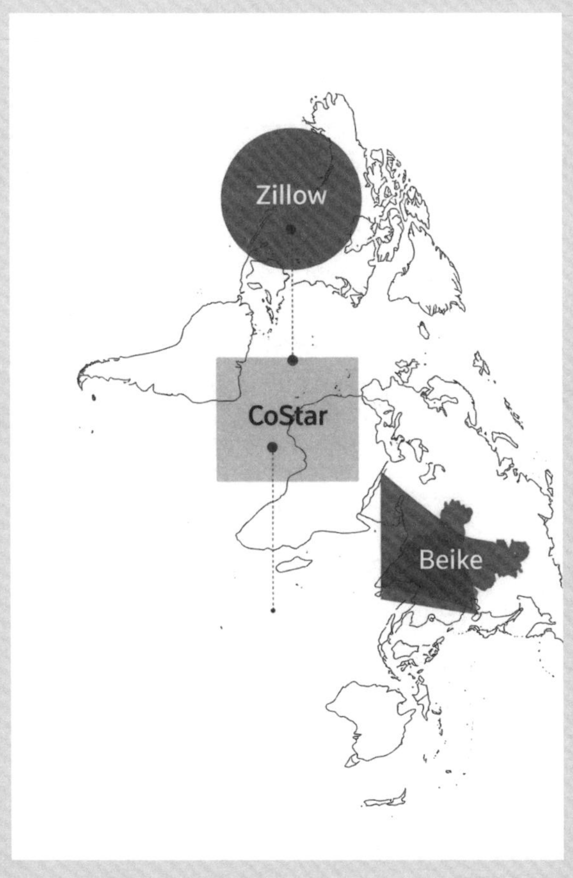

제25장

디지털 레드라이닝: 알고리즘 편향의 위험

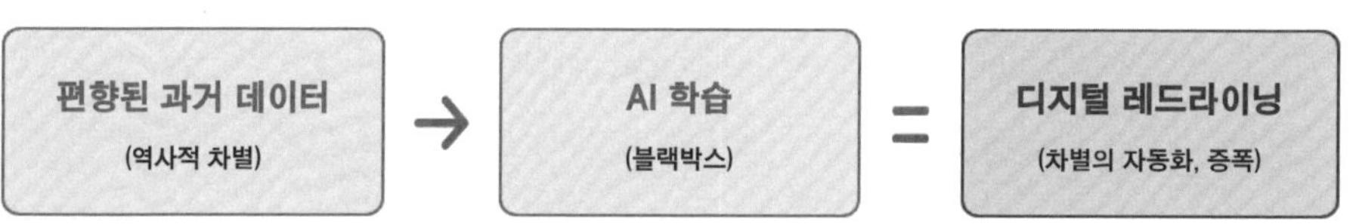

편향된 데이터가 AI 차별을 낳는 공식
(The formula for biased data that breeds AI discrimination)

25.1 레드라이닝의 유령과 AI의 역설

지금까지 우리는 인공지능(AI)이 부동산 금융 시장에 가져온 경이로운 혁신을 탐구했다. AI는 AVM(제4장)을 통해 가치 평가의 정확성을 높이고, 리스크 관리(제8장)를 자동화하며, 포트폴리오(제9장)를 최적화하는 강력한 엔진이다. 하지만 제5부에서는 이 강력한 힘에 내재된 책임과 위험을 다루고자 한다. AI가 무엇을 할 수 있는가를 넘어, 무엇을 해야만 하는가에 대한 윤리적 질문을 던져야 할 때이다.

이 질문의 중심에는 디지털 레드라이닝(Digital Redlining)이라는 유령이 있다. 이 개념을 이해하기 위해, 우리는 먼저 20세기의 악명 높은 레드라이닝(Redlining) 관행을 알아야 한다. 레드라이닝은 1930년대 미국 정부와 은행권이 특정 소수 인종(주로 흑인) 거주 지역의 지도에 붉은 선을 긋고, 이 지역을 대출 위험 지역으로 분류하여 고의로 주택 담보 대출 및 금융 서비스를 거부한 제도적 차별 정책을 의미한다.

이 차별은 개인의 신용도나 상환 능력과는 무관하게, 오직 그들이 어디에 사는가에 따라 결정되었다. 그 결과, 붉은 선 안의 지역들은 수십 년간 고의적인 투자 고갈에 시달렸고, 이는 자산 가치 하락, 공공 서비스 악화, 그리고 세대를 이어지는 구조적인 빈곤과 자산 불평등을 고착화시켰다. 1968년 공정주택법(Fair Housing Act)이 통과되며 이러한 명시적인 차별은 불법화되었다.

많은 이들이 AI의 등장이 이러한 인간의 편견을 종식시킬 객관적인 해결책이 될 것이라 기대했다. 편견에 사로잡힌 인간 대출 심사역을 데이터 기반의 공정한 알고리즘으로 대체하면(제2.2절), 오직 재무적 지표에만 근거한 합리적인 의사결정이 가능해질 것이라 믿었다. 하지만 현실은 AI가 과거의 차별을 없애는 것이 아니라, 오히려 더 교묘하고 강력한 형태로 복제하고 증폭시키는 역설을 보여주고 있다.

디지털 레드라이닝은 바로 이 현상을 지칭한다. 이는 역사적 차별이 얼룩진 데이터를 AI가 학습함으로써, 과거의 불평등한 구조를 디지털 시대에 다시금 재현하는 과정이다. AI는 인종이나 출신을 직접 묻지 않는다. 그럴 필요가 없다. AI는 수천 개의 데이터 속에서 인종을 유추할 수 있는 대리 변수(Proxy Variables)를 찾아내기 때문이다.

새로운 붉은 선은 지도 위에 펜으로 그어지지 않는다. 그것은 보이지 않는 데이터 포인트로 그어진다. 특정 지역의 우편번호, 특정 웹사이트 방문 기록, 혹은 신용카드 사용 패턴이 과거의 붉은 선 역할을 대신한다.

이 새로운 차별은 과거의 차별보다 훨씬 더 위험하다. 첫째, 객관성이라는 가면 뒤에 숨어있어 식별하기 어렵다. 둘째, 블랙박스(Black Box)(제26장)라는 기술적 복잡성으로 인해 그 책임을 묻기가 불가능에 가깝다. 셋째, 인간 심사역 한 명의 편견이 아닌, 시스템 전체가 편견을 자동화하고 규모의 경제로 확산시킨다.

따라서 AI를 도입하는 금융기관과 프롭테크 기업은 기술의 효율성뿐만 아니라, 그 기술이 사회에 미칠 차별적 영향(Disparate Impact)을 감시해야 할 중대한 법적, 윤리적 책임을 지게 된다.

편견 뿌리, 미줄기, 차별 가지를 베어라

- **레드라이닝의 유산**: 20세기 레드라이닝은 특정 지역(소수 인종)에 대한 고의적 금융 배제 정책으로, 구조적 불평등을 야기했다.
- **AI의 역설**: AI가 인간의 편견을 제거할 것이라는 기대와 달리, 과거의 차별적 데이터를 학습하여 불평등을 복제하고 증폭시키는 디지털 레드라이닝 현상이 나타나고 있다.
- **대리 변수(Proxy)**: AI는 인종 등 민감 정보를 직접 사용하지 않고도, 우편번호나 소비 패턴 같은 대리 변수를 통해 차별적 결과를 도출할 수 있다.
- **새로운 위험**: 디지털 레드라이닝은 객관성이라는 가면 뒤에 숨어있고, 블랙박스 특성으로 인해 식별과 책임 추궁이 어려우며, 차별을 시스템적으로 자동화·확산시킨다.

25.2 알고리즘 편향은 어떻게 탄생하는가

알고리즘 자체가 악의를 가지고 편향을 만들어내는 것은 아니다. 편향은 AI를 만드는 과정, 특히 AI가 학습하는 데이터에서 비롯된다. 데이터는 객관적이라는 신화는 가장 큰 오해이다. 데이터는 편향된 역사의 기록이며, 편견 입력, 편견 출력(Bias In, Bias Out)은 기계 학습의 피할 수 없는 현실이다.

편향의 첫 번째이자 가장 큰 원천은 편향된 훈련 데이터(Biased Training Data)이다. 제2.2절에서 다룬 AI 대출 심사 모델이 지난 50년간의 모기지 데이터를 학습한다고 가정해 보자. 이 데이터는 레드라이닝이 합법이었거나 암묵적으로 자행되던 시기의 기록을 포함한다. AI는 이 데이터를 통해 "특정 우편번호(과거 레드라이닝 지역)에 대출을 해줬더니 부도율이 높았다"라는 패턴을 학습한다.

AI는 이 부도율이 해당 지역 주민들의 신용 문제 때문이 아니라, 고의적인 투자 고갈로 인한 자산 가치 하락과 경제적 기회 박탈 때문이라는 맥락을 이해하지 못한다. AI의 관점에서 위험 최소화라는 목표를 달성하기 위한 최적의 전략은, 과거와 마찬가지로 해당 우편번호에 대한 대출을 거부하거나 높은 이자를 부과하는 것이다. AI는 역사적 결과를 합리적 원인으로 오인하여 차별을 정당화한다.

AVM(제4장) 역시 마찬가지다. AVM이 역사적 실거래가 데이터를 학습할 때, 구조적 차별로 인해 항상 저평가되어 온 소수 인종 거주 지역의 주택 가치를 정상 시세보다 낮게 추정할 위험이 크다. 이 AVM 값은 다시 은행의 담보대출 한도(LTV)를 낮추는 근거가 되어, 해당 지역 주택 소유자의 자산 증식을 또다시 가로막는다.

편향의 두 번째 원천은 앞서 언급한 대리 변수(Proxy Variables)의 사용이다. 공정주택법은 인종이나 종교 같은 민감 정보(Protected Class)를 대출 결정에 사용하는 것을 금지한다. 하지만 기계 학습 모델은 수천 개의 변수 속에서 민감 정보와 강한 상관관계를 갖는 대리 변수를 기가 막히게 찾아낸다.

예를 들어, 특정 우편번호는 그 자체로 인종 구성 및 소득 수준과 매우 밀접하게 연결된다. 혹은 특정 할인 마트에서의 소비 패턴, 특정 유형의 웹사이트 방문 기록, 심지어 이메일 주소의 도메인(예: @aol.com vs. @gmail.com)까지도 특정 연령대나 소득 계층을 유추하는 대리 변수로 사용될 수 있다. 모델은 인종을 보지 않았지만, 우편번호를 통해 사실상 인종 차별적인 결정을 내리게 된다.

편향의 세 번째 원천은 피드백 루프(Feedback Loops) 또는 자기 강화 편향이다. 이는 편향이 스스로를 증폭시키며 악순환을 만드는 가장 위험한 메커니즘이다. 예를 들어, AI 알고리즘이 특정 지역을 고위험으로 분류하여 대출을 거부했다고 가정하자.

이 지역은 대출 가뭄으로 인해 투자가 줄고, 주택 가격이 하락하며, 상권이 붕괴된다. 몇 년 뒤, AI가 새로운 데이터를 학습할 때, 이 지역은 실제로 더 위험해져 있다. AI는 자신의 과거 예측(고위험)이 옳았다고 확신하게 되며, 해당 지역에 대한 위험 가중치를 더욱 높인다. AI의 예측이 현실을 왜곡하고, 왜곡된 현실이 다시 AI의 편견을 강화하는 자기실현적 예언(Self-fulfilling Prophecy)이 완성되는 것이다.

이 모든 과정은 제4.2절의 딥러닝과 같은 복잡한 모델의 블랙박스 특성 뒤에 숨겨진다. 개발자조차 왜 모델이 특정 결정을 내렸는지 정확히 설명하기 어려워지며, 편향은 기술적 복잡성이라는 안개 속에 은폐된다.

편향된 뿌리, 차별의 줄기, 예언의 가지

- **편향의 근원:** 알고리즘은 악의가 없지만, 편향된 역사가 기록된 데이터를 학습함으로써 차별을 복제한다.
- **원인 1(훈련 데이터):** 레드라이닝이 자행되던 시기의 데이터를 학습한 AI는, 차별의 결과(부도율)를 합리적 원인으로 오인하여 과거의 차별적 대출 거부를 반복한다.
- **원인 2(대리 변수):** AI는 우편번호, 소비 패턴 등 인종과 강한 상관관계를 갖는 대리 변수를 활용하여, 법망을 피하는 교묘한 차별을 수행한다.
- **원인 3(피드백 루프):** AI의 차별적 예측(대출 거부)이 현실(투자 고갈)을 악화시키고, 이 악화된 현실이 다시 AI의 편견을 강화하는 자기실현적 예언이 발생한다.

25.3 차별적 영향과 기업의 책임

디지털 레드라이닝의 결과는 단순히 윤리적 문제를 넘어, 개인과 사회에 실질적이고 파괴적인 피해를 입힌다. 이는 자격 있는 개인이 단지 잘못된 디지털 프로필이나 우편번호에 속한다는 이유만으로 주택 구입, 임차, 혹은 저렴한 대출의 기회를 박탈당하는 것을 의미한다. 이는 미국 부의 불평등의 근간인 주택 소유 기회의 불평등을 더욱 심화시킨다.

이러한 편향은 주택 매매 시장에만 국한되지 않는다. 최근 급증하는 AI 기반 임차인 스크리닝(Tenant Screening) 서비스 역시 심각한 문제를 야기한다. 이 알고리즘들은 과거의 퇴거 기록, 신용 점수, 심지어 범죄 기록까지 스캔하여 임차인의 위험 점수를 매긴다.

하지만 이러한 기록 데이터 자체가 이미 편향되어 있다. 특정 지역에서는 경찰의 과잉 단속으로 인해 경미한 범죄 기록이 더 많이 남을 수 있으며, 빈곤층은 의료비 부채 등으로 인해 신용 점수가 낮을 확률이 높다. AI가 이러한 맥락 없는 데이터를 학습하면, 과거의 불운이나 경미한 실수로 인해 특정 개인이 평생 안정적인 주거를 구할 수 없는 디지털 주거 낙인이 찍힐 수 있다.

아이바이어(iBuyer) 모델(제10장) 역시 AVM(제4장)의 편향성에서 자유롭지 못하다. 만약 AVM이 특정 지역의 주택 가치를 고의적으로 낮게 평가하도록 편향되어 있다면(제25.2절), 해당 지역의 주택 소유주들은 아이바이어로부터 지속적으로 불공정한 매도 오퍼를 받게 된다. 이는 사실상 해당 커뮤니티의 부를 플랫폼 기업으로 이전시키는 결과를 초래할 수 있다.

이러한 문제에 대응하기 위해, 규제 당국은 AI의 의도가 아닌 결과에 책임을 묻는 방향으로 움직이고 있다. 미국 주택도시개발부(HUD)와 소비자금융보호국(CFPB)은 대출자가 차별을 의도하지 않았더라도, 만약 그들의 알고리즘이 특정 인종이나 집단에게 통계적으로 유의미하게 불리한 결과(차별적 영향, Disparate Impact)를 초래한다면, 이는 공정주택법 위반이라는 입장을 명확히 하고 있다.

따라서 프롭테크 기업과 금융 기관은 더 이상 "알고리즘이 그렇게 결정했다"라는 변명 뒤에 숨을 수 없다. 자신들이 사용하는 모델이 차별적인 결과를 낳지 않도록 사전에 공정성 감사(Fairness Audits)를 수행하고, 그 결과를 증명해야 할 법적 책임을 진다.

공정성 감사는 모델이 서로 다른 인구 집단(예: 인종, 성별, 지역)에 대해 통계적으로 동등한 결과를 도출하는지 테스트하는 과정을 의미한다. 예를 들어, 재무 상태가 동일한 백인 신청자와 흑인 신청자 집단의 모기지 승인율이 유사하게 나오는지를 검증하는 것이다.

이러한 감사는 단순히 법적 책임을 피하기 위한 방어적 조치에 그치지 않는다. 이는 편견을 제거하고 모델의 진정한 정확성을 높이는 비즈니스적 기회이기도 하다. 편견에 사로잡힌 모델은 좋은 고객을 부당하게 거절하는 오류를 저지르고 있는 것이다. 편견을 제거하고 소외되었던 시장의 리스크를 공정하게 평가할 수 있는 AI를 개발하는 기업은, 남들이 보지 못하는 거대한 블루오션 시장을 선점하게 될 것이다.

궁극적으로, 디지털 레드라이닝 문제를 해결하기 위해서는 감사를 통해 편향을 발견하는 것을 넘어, 모델이 왜 그런 결정을 내렸는지 이해하고 수정하는 과정이 필수적이다. 이는 우리를 제26장의 주제인 설명가능 AI(XAI)의 필요성으로 이끈다.

공정성 뿌리 깊이, 차별 결과 없는 AI의 가지

- **실질적 피해:** 디지털 레드라이닝은 자격 있는 개인의 주택 소유 및 임차 기회를 박탈하여, 자산 불평등을 심화시킨다.
- **적용 범위:** 편향은 모기지 대출뿐 아니라, 임차인 스크리닝(디지털 주거 낙인), iBuyer AVM(자산 가치 저평가) 등 프롭테크 전반에 존재한다.
- **규제의 변화(차별적 영향):** 규제 당국은 차별의 의도가 아닌, 알고리즘이 초래한 결과의 불평등(차별적 영향)에 법적 책임을 묻고 있다.
- **기업의 의무(공정성 감사):** 기업은 AI 모델이 특정 집단에 불리한 결과를 낳지 않는지 사전에 공정성 감사를 수행하고 증명해야 할 책임이 있다.
- **새로운 기회:** 편견을 제거하는 것은 법적 의무인 동시에, 소외된 시장을 발굴하여 진정한 정확성을 높이는 비즈니스 기회이다. 이는 설명가능 AI(XAI)의 필요성으로 이어진다.

25.4 부동산 금융 투자 사례 연구

핵심 개념	정의	위험성 및 시사점
디지털 레드라이닝	과거의 레드라이닝(제도적 차별)이, AI가 편향된 과거 데이터를 학습하여 디지털 환경에서 차별을 자동화하고 증폭시키는 현상.	AI가 객관성이라는 가면 뒤에 숨어 불평등을 고착화함(AI의 역설).
편향의 원천	(1) 편향된 훈련 데이터(역사적 차별), (2) 대리 변수(Proxy)(예: 우편번호), (3) 피드백 루프(AI의 예측이 현실을 악화시키고, 악화된 현실이 편견을 강화함).	AI는 맥락을 이해하지 못하고, 차별의 결과를 합리적 원인으로 오인함. 블랙박스 특성으로 은폐됨.
차별적 영향	AI의 의도가 아닌, 결과의 불평등 자체에 법적 책임을 묻는 규제 원칙(Disparate Impact).	AI가 결정했다는 변명이 불가능함. 기업은 공정성 감사(Fairness Audits)를 수행하고 증명해야 할 의무가 있음.
기업의 책임과 기회	디지털 주거 낙인(임차인 스크리닝), AVM 가치 저평가(iBuyer) 등 프롭테크 전반에 편향이 존재함.	편견 제거는 법적 의무인 동시에, 소외된 우량 고객을 발굴하는 새로운 비즈니스 기회임(Ch 26 XAI의 필요성).

1) 부동산투자 가상 사례 연구: 지역은행의 AI 임차인 스크리닝 도입과 차별적 영향

(TPO: 2026년 / 미국, 중소도시 / 퍼스트 커뮤니티 은행의 다세대주택 포트폴리오 투자 리스크)

2026년, 가상의 퍼스트 커뮤니티 은행은 다세대주택(Multifamily) 포트폴리오의 수익성 악화로 고민에 빠졌습니다. 높은 공실률과 임차인 관리 비용이 문제였습니다. 은행의 부동산 투자팀은 이 문제를 해결하기 위해, AI 기반 임차인 스크리닝(제25.3절) 솔루션을 도입하기로 결정합니다. 이 AI는 신청자의 신용 점수, 과거 퇴거 기록, 범죄 기록을 분석하여 자동으로 임대 승인/거절을 결정합니다.

도입 초기, 이 부동산 투자 전략은 성공적으로 보였습니다. AI는 위험 점수가 높은 임차인을 자동으로 걸러냈고, 관리 비용은 줄었으며 공실률도 단기적으로 안정되었습니다. 은행은 AI의 객관적인 데이터 기반 결정이 인간 관리자의 편견보다 공정하다고 믿었습니다.

하지만 1년 뒤, 지역 시민단체가 공정주택법 위반으로 은행을 제소합니다. AI가 도입된 이후, 특정 우편번호(제25.2절)에 거주하거나 특정 인종 그룹에 속하는 신청자들의 임대 거부율이 통계적으로 유의미하게 급증했음이 드러났습니다. AI는 인종을 변수로 사용하지 않았지만, 과거 레드라이닝의 유산이 반영된 신용 점수 데이터와, 특정 지역에 편중된 경찰 단속으로 인한 경미한 범죄 기록(대리 변수)을 학습하여, 결과적으로 디지털 레드라이닝을 실행한 것입니다(제25.3절 차별적 영향).

은행은 차별의 의도가 없었다고 항변했지만, 규제 당국은 결과의 불평등에 책임을 물었습니다. 은행은 막대한 벌금과 함께, AI가 아닌 인간이 재검토하는 프로세스(제27장)를 도입하라는 명령을 받았습니다.

이 가상의 부동산 투자 사례는 효율성만을 위해 도입한 AI가 어떻게 기업을 심각한 법적, 평판적 리스크에 노출시키는지 보여줍니다. AI가 학습하는 데이터의 편향성(제25.2절)을 검증하지 않은 투자는, 결국 더 큰 손실로 돌아올 수 있음을 증명합니다.

2) 금융투자 가상 사례 연구: 공정성 펀드(Fairness Fund)의 편향 제거 AI 금융투자
(TPO: 2028년 / 미국, 뉴욕 / 이퀼리브리엄 캐피털의 블루오션 금융투자)

디지털 레드라이닝(제25장)이 사회적 문제로 대두된 2028년, 가상의 임팩트 투자 펀드 이퀼리브리엄 캐피털은 이 위기를 금융투자의 기회로 전환합니다. 이들은 AI의 편견이 소외시킨 시장에 블루오션이 있다는 역발상에 기반한 공정성 펀드(Fairness Fund)를 출시합니다.

이 펀드의 금융투자 전략은 제25.3절의 교훈에 기반합니다. (1) 전통적인 AI 모기지 모델은 편향된 데이터(제25.2절)를 학습하여, 실제 상환 능력(Capacity)은 있으나 전통적 신용 기록(Credit Score)이 부족한 수백만 명의 잠재적 우량 차주(예: 프리랜서, 이민자, 씬파일러)를 부당하게 거절하고 있습니다. (2) 이는 AI가 스스로 시장을 축소시키는 오류를 저지르고 있음을 의미합니다.

이퀼리브리엄은 이 소외된 시장을 공략하기 위해, 편향 제거(De-biasing) 기술과 설명가능 AI(XAI)(제26장)에 특화된 핀테크 기업 뉴스타트 모기지(가상)에 대규모 금융투자를 집행합니다. 뉴스타트의 AI는 전통적 신용 점수 대신, 통신비/공과금 납부 이력, 임대료 납부 이력, 교육 이수 내역 등 대안 데이터(제7.1절)를 중심으로 상환 의지를 재평가합니다.

뉴스타트의 AI는 XAI를 통해 "이 고객은 신용 점수는 650점이지만, 지난 5년간 단 한 번의 공과금 연체도 없었으므로(대안 데이터), 실제 부도율은 750점 고객과 유사하다"고 금융투자의 근거를 제시합니다. 공정성 펀드는 뉴스타트가 발급한 이 공정한 모기지 채권을 프리미엄 가격에 매입하여 포트폴리오를 구축합니다.

이 금융투자 포트폴리오는 시장의 예상을 깨고, 전통적인 우량 MBS 포트폴리오보다 낮은 부도율과 높은 수익률을 기록합니다. 이 가상의 금융투자 사례는 디지털 레드라이닝을 극복하는 것이 윤리적 의무일 뿐만 아니라, 편견으로 인해 닫혀 있던 거대한 블루오션 시장을 발굴하는 가장 수익성 높은 투자 전략이 될 수 있음을 보여줄 것입니다.

제26장

설명가능 AI(XAI)의 의무와 기술적 과제

블랙박스 문제

· AI가 '왜' 그런 결정을 내렸는지 인간이 이해할 수 없음.

· '고위험' 금융 분야에서 '법적', '윤리적'으로 용납 불가.

XAI (LIME, SHAP)

· AI의 결정 '근거'를 '인간'이 '이해'할 수 있도록 제시.

· '디지털 레드라이닝'의 원인을 '진단'하고 '신뢰'를 구축하는 필수 의무.

설명 가능한 AI : 원인과 해결책

(Explainable AI: Causes and Solutions)

26.1 블랙박스 문제와 설명가능성의 의무

제25장에서 우리는 AI가 의도치 않게 디지털 레드라이닝이라는 차별을 자동화하고 증폭시킬 수 있음을 확인했다. 이러한 위험이 발생하는 근본적인 기술적 원인 중 하나는 바로 AI의 블랙박스(Black Box) 문제이다. 이는 AI가 어떻게, 그리고 왜 특정 결론에 도달했는지 그 의사결정 과정을 인간이 이해할 수 없는 상태를 의미한다.

지난 10년간 AI, 특히 딥러닝(제4.2절) 분야는 성능 지상주의를 추구해왔다. 모델이 더 정확한 예측(예: 주택 가격 예측, 부도율 예측)을 할 수만 있다면, 그 내부 구조가 아무리 복잡하고 해석 불가능해도 용인되었다. 모델의 성능(Performance)과 모델의 해석가능성

(Interpretability) 사이에는 일종의 트레이드오프(Trade-off)가 존재한다고 여겨졌다.

하지만 부동산 금융과 같이 개인의 삶에 중대한 영향을 미치는 고위험(High-Stakes) 영역에서, 이러한 블랙박스는 더 이상 용납될 수 없다. 고객이 주택 담보 대출을 거절당했을 때, "AI 알고리즘이 그렇게 결정했습니다"라는 대답은 법적, 윤리적 책임을 방기하는 것이다.

미국의 공정신용거래법(ECOA)이나 유럽의 GDPR(일반 데이터 보호 규정) 같은 글로벌 규제들은 이미 자동화된 의사결정에 대해 개인이 설명을 요구할 권리(Right to Explanation)를 명시하고 있다. 대출 기관은 고객에게 구체적인 거절 사유를 제공해야 할 법적 의무가 있다. 블랙박스 AI는 이 의무를 원천적으로 이행할 수 없게 만든다.

설명 불가능성은 또한 디지털 레드라이닝 문제를 해결하는 것을 불가능하게 만든다. 제25.3절의 공정성 감사를 통해 우리 모델이 특정 집단을 차별한다는 결과를 알게 되더라도, 블랙박스로 인해 그 원인을 파악할 수 없다. 모델이 우편번호 때문에 거절한 것인지, 신용 이력 때문에 거절한 것인지 알 수 없다면 편향을 수정할 방법도 없다.

이러한 배경에서 설명가능 AI(Explainable AI, XAI)는 선택이 아닌 필수적인 기술적, 윤리적 의무로 부상했다. XAI는 AI 모델의 결과를 인간이 이해할 수 있는 형태로 제시하고, 그 결정의 근거를 투명하게 밝히는 것을 목표로 하는 기술과 방법론의 집합이다.

XAI의 의무는 단순히 규제를 준수하는 것을 넘어선다. 이는 AI 시스템에 대한 신뢰를 구축하는 핵심 과정이다. (1) 고객은 자신의 데이터가 공정하게 사용되고 있으며, 거절 사유를 명확히 알 수 있을 때 시스템을 신뢰한다. (2) 규제 당국은 모델의 내부 작동을 감사하고 편향을 검증할 수 있을 때 시스템을 신뢰한다. (3) 개발자 역시 모델이 왜 오류를 일으키는지 이해할 수 있을 때 시스템을 신뢰하고 개선할 수 있다.

결론적으로, 부동산 금융 분야에서 AI의 블랙박스 시대는 끝나가고 있다. 성능만큼이나 투명성과 책임성이 중요한 가치가 되었으며, XAI는 이 두 가치를 기술적으로 구현하는 유일한 다리이다. "왜?"라는 질문에 답할 수 없는 AI는 더 이상 시장에서 사용되어서는 안 된다.

뿌리 투명, 줄기 책임, 가치 신뢰

- **블랙박스 문제:** 딥러닝 등 고성능 AI는 왜 그런 결정을 내렸는지 인간이 이해할 수 없는 블랙박스 문제를 야기한다.
- **설명가능성의 의무:** 부동산 금융과 같은 고위험 영역에서 "AI가 결정했다"라는 대답은 더 이상 용납되지 않는다.
- **법적 요구:** ECOA(미국), GDPR(유럽) 등 글로벌 규제는 대출 거절 등 자동화된 의사결정에 대해 구체적인 사유를 제공할 설명 요구권을 보장하고 있다.
- **편향 해결의 전제:** AI가 왜 차별적 결과를 도출했는지(블랙박스) 알 수 없다면, 디지털 레드라이닝(제25장) 문제를 근본적으로 수정할 수 없다.
- **XAI의 정의:** XAI는 AI의 의사결정 과정을 인간이 이해할 수 있도록 투명하게 밝히는 기술로, 규제 준수, 편향성 감사, 시스템 신뢰 구축의 핵심이다.

26.2 XAI의 주요 기술적 접근법

블랙박스를 열기 위한 XAI 기술은 크게 두 가지 접근법으로 나뉜다. 첫 번째는 본질적 해석가능 모델(Interpretable by Design)을 사용하는 것이고, 두 번째는 이미 만들어진 블랙박스 모델을 사후에 설명(Post-hoc Explanation)하는 것이다.

본질적 해석가능 모델은 태생부터 그 작동 방식이 투명한 모델을 의미한다. 가장 고전적인 예는 선형 회귀(Linear Regression)나 로지스틱 회귀이다. 이 모델들은 각 입력 변수(예: 소득, 부채)가 결과(예: 대출 승인 확률)에 얼마나 많은 가중치(Weight)를 부여하는지 명확한 숫자로 보여준다. "소득 1천만 원 증가는 승인 확률을 5% 높인다"처럼 직관적인 해석이 가능하다.

또 다른 해석가능 모델로는 결정 트리(Decision Tree)가 있다. 결정 트리는 "만약 소득이 5천만 원 이상인가? (Yes/No)"와 같은 스무고개 방식의 연속된 질문을 통해 결론에 도달한다. 이 결정 과정을 시각화하면, 왜 특정 고객이 거절되었는지 그 경로를 쉽게 추적할 수 있다. 하지만 이 모델들은 딥러닝(제4.2절) 같은 복잡한 모델에 비해 성능이 떨어진다는 한계가 있었다.

이로 인해 시장에서는 두 번째 접근법인 사후 설명 기술이 지배적으로 사용되고 있다. 이는 딥러닝과 같은 고성능 블랙박스 모델은 그대로 사용하되, 별도의 설명자(Explainer) 모델을 추가하여 블랙박스의 결정을 해석하려는 시도이다. 이 분야에서 가장 널리 사용되는 두 가지 기술이 LIME과 SHAP이다.

LIME(Local Interpretable Model-agnostic Explanations)은 국소적 설명에 집중하는 기법이다. LIME은 거대하고 복잡한 블랙박스 모델 전체를 이해하려 하지 않는다. 대신, 하나의 특정 예측(예: 박 교사의 대출 거절)에 대해서만 "왜?"라고 질문한다.

LIME의 작동 방식은 마치 블랙박스 주변에서 탐색전을 벌이는 것과 같다. 박 교사의 원본 데이터(소득, 부채 등)를 입력해 거절이라는 결과를 확인한 뒤, 원본 데이터를 미세하게 변경(예: 소득을 100만 원 높이거나, 부채를 50만 원 낮추는 등)한 수백 개의 가짜 데이터를 생성하여 블랙박스에 다시 입력해 본다. 그리고 이 질문과 답변의 쌍을 기반으로, 오직 박 교사의 데이터 주변에서만 작동하는 단순한 선형 회귀 모델을 그 자리에 즉시 만들어낸다. 이 단순한 모델의 가중치를 통해 "박 교사의 대출은 부채 비율 변수 때문에 거절되었다"라고 추론하는 방식이다.

SHAP(SHapley Additive exPlanations)는 현재 XAI 분야에서 가장 표준으로 여겨지는 강력한 기술이다. SHAP는 노벨 경제학상 수상 이론인 협력적 게임 이론(Cooperative Game Theory)의 섀플리 값(Shapley Value)에 기반한다.

SHAP는 하나의 의사결정을 팀 게임으로 간주한다. 각 입력 변수(소득, 부채, 신용 점수 등)를 게임 플레이어로 보고, 이들이 팀(AI 모델)의 최종 성과(예측 결과)에 얼마나 공헌했는지를 수학적으로 계산한다. "소득 변수가 팀 승리(대출 승인)에 +0.3만큼 기여했지만, 부채 변수가 -0.5만큼 기여했고, 신용 점수 변수가 -0.2만큼 기여하여, 최종적으로 팀이 패배(대출 거절)했다"와 같이 각 변수의 공헌도(Contribution)를 정확히 배분한다.

LIME이 하나의 데이터 포인트를 국소적으로 설명하는 반면, SHAP는 모델 전체의 작동 방식을 일관되게 설명할 수 있으며(Global Explanation), 각 변수의 공헌도를 명확한 수치로 제시한다는 점에서 훨씬 강력한 도구로 평가받는다.

전략 분석으로 승리 변수 파악 후 결정

- **두 가지 접근법:** (1) 태생부터 투명한 본질적 해석가능 모델(예: 선형 회귀, 결정 트리)과 (2) 블랙박스를 사후에 해석하는 사후 설명 모델(예: LIME, SHAP)이 있다.
- **LIME(국소적 설명):** 복잡한 모델 전체 대신 하나의 결정에만 집중한다. 원본 데이터 주변의 가짜 데이터를 통해 해당 결정에만 적용되는 단순한 근사 모델을 만들어 설명한다.
- **SHAP(게임 이론):** AI 결정을 팀 게임으로 보고, 게임 이론을 사용해 각 입력 변수(플레이어)가 최종 결과(승패)에 얼마나 공헌했는지(SHAP Value)를 정확히 계산한다.
- **SHAP의 강점:** LIME보다 수학적으로 견고하며, 개별 결정(Local)뿐 아니라 모델 전체(Global)의 작동 방식도 일관되게 설명할 수 있다.

26.3 XAI의 한계와 신뢰의 아키텍처

LIME이나 SHAP 같은 강력한 XAI 기술이 등장했지만, 이것이 모든 문제를 해결하는 만병통치약(Silver Bullet)은 아니다. XAI 기술 자체도 명확한 기술적, 실무적 한계를 안고 있으며, 이를 극복하기 위해서는 기술을 넘어선 제도적 접근이 필요하다.

첫 번째 한계는 충실도(Fidelity)와 해석가능성의 새로운 트레이드오프이다. LIME이나 SHAP이 제공하는 설명은 블랙박스 모델의 작동 방식 그 자체가 아니라, 그것을 단순화한 근사치(Approximation)이다. 설명을 너무 단순하게 만들면(해석가능성 증가) 실제 모델의 복잡한 작동 방식을 제대로 반영하지 못할(충실도 감소) 위험이 있다. 반대로 설명을 충실하게 만들면(예: 500개 변수의 SHAP 값 목록), 그 설명 자체가 또 다른 블랙박스처럼 해석 불가능해지는 역설이 발생한다.

두 번째 한계는 설명의 일관성 부재이다. 서로 다른 XAI 기술(예: LIME과 SHAP)이 동일한 블랙박스 모델의 동일한 결정에 대해 서로 다른 설명을 내놓을 수 있다. 이는 마치 동일한 환자를 두고 의사마다 다른 진단을 내리는 것과 같아, 규제 당국이나 사용자에게 큰 혼란을 야기한다. "어떤 설명을 신뢰해야 하는가?"라는 근본적인 문제가 남는다.

세 번째 한계는 계산 비용(Computational Cost)이다. 특히 SHAP는 모든 변수 조합의 공헌도를 계산해야 하므로, 변수가 많거나(수천 개) 데이터가 큰(수백만 건) 모델에 적용할 경우 엄청난 계산 비용과 시간이 소요된다. 모든 대출 신청 건마다 실시간으로 SHAP 값을 계산하여 제공하는 것은 많은 기업에 현실적인 부담이 될 수 있다.

네 번째이자 가장 중요한 한계는 인간의 해석(Human Interpretation)이다. SHAP 값이 부채 비율: -0.5라고 알려준다 한들, 이것이 대출 심사역이나 고객에게 직관적으로 와닿는 설명은 아니다. 이 수학적 결과를 "귀하의 대출은 총부채상환비율이 당사 기준인 40%를 초과했기 때문에 거절되었습니다"와 같이 인간이 이해할 수 있는 언어로 번역하는 마지막 라스트 마일(Last Mile) 과제가 남는다.

이러한 한계는 XAI 기술 하나만으로는 신뢰를 보장할 수 없음을 시사한다. 우리가 진정으로 구축해야 하는 것은 기술, 프로세스, 거버넌스가 결합된 총체적인 신뢰의 아키텍처(Architecture of Trust)이며, 이는 제27장의 핵심 주제이다.

이 새로운 아키텍처에서 XAI는 만능 해결사가 아니라, 인간 전문가를 지원하는 판단 보조 도구로서의 역할을 재정의한다. AI는 추천(결과)을 제공하고, XAI는 그 근거(왜)를 제시한다. 그러면 인간 전문가(대출 심사역, 리스크 관리자)는 이 두 가지 정보를 바탕으로 최종적인 판단과 책임을 지는 Human-in-the-loop(인간 참여형) 구조가 완성된다.

AI 시대에 인간의 역할은 계산이나 반복 작업에서 해방되어, AI가 제시한 근거를 비판적으로 검토하고, 편향 가능성을 감시하며, 예외적인 상황에 대한 최종적인 윤리적, 재무적 결정을 내리는 감독자이자 판단자로 격상된다.

결론적으로, 설명가능성은 AI를 부동산 금융에 사용하기 위한 입장권과 같다. XAI의 기술적 과제는 분명 존재하지만, 이는 반드시 극복해야 할 장애물이다. 투명성과 책임성 없이는 AI에 대한 사회적 신뢰를 얻을 수 없으며, 신뢰 없이는 그 어떤 기술 혁신도 지속될 수 없기 때문이다.

신뢰는 뿌리, 설명은 줄기, 인간 판단은 가지

- **XAI의 한계**: XAI는 만병통치약이 아니다. (1) 설명은 근사치일 뿐이며, (2) 기술마다 다른 설명을 내놓을 수 있고, (3) 계산 비용이 높으며, (4) 인간이 이해할 수 있는 번역이 추가로 필요하다.
- **신뢰의 아키텍처(제27장 예고)**: 기술(XAI), 프로세스(공정성 감사), 거버넌스(인간 감독)가 결합된 총체적인 신뢰 시스템 구축이 필요하다.
- **새로운 인간의 역할(Human-in-the-loop)**: AI 시대의 인간은 AI의 감독자이자 최종 판단자가 된다.
- **XAI의 역할 재정의**: XAI는 AI의 추천에 대한 근거를 제시하여, 인간이 더 나은 판단을 내릴 수 있도록 돕는 판단 보조 도구이다.
- **결론**: 설명가능성은 AI 도입의 입장권이며, 기술적 한계에도 불구하고 신뢰 구축을 위해 반드시 확보해야 할 핵심 가치이다.

26.4 부동산 금융 투자 사례 연구

핵심 개념	정의	기술 및 한계
블랙박스 문제	딥러닝 등 고성능 AI가 왜 그런 결정을 내렸는지 인간이 이해할 수 없는 상태.	성능과 해석가능성의 트레이드오프. 고위험 금융 분야에서 블랙박스는 법적(설명요구권), 윤리적으로 용납 불가.
XAI (설명가능 AI)	AI 모델의 의사결정 근거를 인간이 이해할 수 있도록 투명하게 제시하는 기술의 총칭.	(1) 디지털 레드라이닝(Ch 25)의 원인을 진단하고, (2) 시스템에 대한 신뢰를 구축하는 필수 의무.
XAI 기술	(1) 본질적 해석가능 모델(선형 회귀, 결정 트리): 단순하나 성능 한계. (2) 사후 설명 모델(LIME, SHAP): 블랙박스에 적용.	LIME: 개별 결정을 국소적으로 단순화하여 설명. SHAP: 게임 이론을 활용, 각 변수가 결과에 얼마나 공헌했는지 수치로 배분(표준).
XAI의 한계 (26.3)	(1) XAI의 설명 자체도 근사치임. (2) 계산 비용이 높음. (3) 수학적 결과를 인간의 언어로 번역해야 함.	만병통치약이 아님. Human-in-the-Loop(Ch 27) 구조 하에서, 인간의 최종 판단을 돕는 보조 도구로 작동해야 함.

1) 부동산투자 가상 사례 연구: 알고리즘 감사팀의 iBuyer AVM 2.0 블랙박스 해체

(TPO: 2025년 / iBuyer 플립코 / 내부 감사팀의 XAI 기반 부동산 투자 리스크 진단)

2025년, 가상의 iBuyer 기업 플립코(FlipCo)는 2024년 4분기에 막대한 부동산 투자 손실을 기록했습니다. 질로우 오퍼스(제5장)의 악몽이 재현될 수 있다는 위기감 속에서, CEO는 알고리즘 감사팀에게 AVM(블랙박스)의 실패 원인을 즉시 진단하라고 명령합니다. 감사팀은 제26.2절의 XAI 기술(SHAP)을 부동산 투자 리스크 진단에 투입합니다.

감사팀은 먼저 4분기에 역마진(손실)이 발생한 부동산 투자 포트폴리오(주택 1,000채) 전체를 대상으로 SHAP 글로벌 설명을 실행합니다. 그 결과, AVM의 낙관 편향(제5.3절)을 유발한 원인이 단 하나의 변수였음을 발견합니다. AVM은 최근 3개월간의 시장 상승률 변수에 비정상적으로 높은 공헌도(가중치)를 부여하고 있었습니다. AVM이 과거 3개월이 올랐으니, 미래 3개월도 오를 것이라고 맹목적으로 학습한 것입니다.

다음으로, 감사팀은 유독 손실이 컸던 피닉스 지역의 개별 주택 10채를 대상으로 SHAP 국소적 설명을 실행합니다. 그 결과, 이 10채 모두에서 수리비 예측 실패(제5.2절)가 발생했음을 확인합니다. SHAP 값은 AVM이 주택 연식(정형 데이터)에는 높은 가중치를 부여했지만, 판매자가 업로드한 주방 사진(이미지 데이터)은 완전히 무시했음을 보여주었습니다. AVM 3.0(다중 모드)이 작동 불능이었던 것입니다.

감사팀은 XAI 분석 결과를 CEO에게 보고합니다. "우리의 부동산 투자는 시장 변곡점을 무시하고, 질적 하자를 보지 못하는 AVM 2.0에 의해 실행되었습니다." CEO는 즉시 (1) 시장 상승률 변수의 가중치를 수동으로 하향 조정하고, (2) CV(이미지) 엔진을 긴급 수정하라고 처방합니다.

이 가상의 사례는 XAI가 블랙박스의 실패 원인을 진단하는 핵심 감사 도구임을 보여줍니다. XAI 없이는 부동산 투자 실패의 원인을 알 수 없으며, 알고리즘 리스크(제8장)를 수정하거나 통제하는 것이 불가능했을 것입니다.

2) 금융투자 가상 사례 연구: KCB은행의 XAI 기반 대출 거절 사유 제공
(TPO: 2027년 / 대한민국, 서울 / KCB은행의 설명요구권 준수 금융투자)

2027년, 대한민국 금융 당국은 데이터 기본법과 AI 윤리 기준에 따라, 모든 금융 기관의 AI 기반 자동화 대출 심사에 대해 설명요구권(제26.1절)을 의무화합니다. 가상의 KCB은행은 이 규제를 준수하고 금융투자 리스크를 방어하기 위해, 자사의 블랙박스 모기지 심사 모델에 XAI(SHAP)를 전면 도입합니다.

과거, 고객 박씨가 KCB은행의 AI로부터 모기지 대출을 거절당하면, "당신의 신용 등급이 당행 기준에 미달합니다"라는 불투명한 답변만 들을 수 있었습니다. 박씨는 왜 거절당했는지 알 수 없었고, 은행은 디지털 레드라이닝(제25장) 소송 위험에 노출되었습니다.

XAI가 도입된 후, 금융투자 프로세스는 다음과 같이 바뀝니다. 박씨가 AI에 의해 거절(1차)되면, (1) AI는 즉시 SHAP(제26.2절)를 실행하여 거절에 가장 크게 기여한 변수들을 계산합니다. (2) 이 수학적 결과는 인간의 언어로 자동 번역(제26.3절)됩니다.

박씨는 앱을 통해 구체적인 설명을 받습니다. "대출이 거절되었습니다. 주된 사유는 (1) 신규 단기 대출 건수(DTI 외 변수)가 최근 3개월간 4건 발생(-0.4 기여)한 점, (2) 총 부채상환비율(DTI)이 50%로 기준(40%)을 초과(-0.3 기여)한 점 때문입니다. 만약 단기 대출 2건을 상환하고 DTI를 45%로 낮추면, 승인 확률이 60%로 상승할 수 있습니다."

이 금융투자 사례는 XAI가 어떻게 두 가지 핵심 가치를 창출하는지 보여줍니다. 첫째, 법적/윤리적 의무(제26.1절)를 준수하여 규제 리스크를 방어합니다. 둘째, 고객에게 투명한 설명과 개선 방안(처방)까지 제시함으로써 신뢰를 구축하고, 잠재적 우량 고객(박씨)을 교육시켜 미래의 수익원으로 전환시킵니다. XAI는 비용이 아니라, 신뢰에 기반한 새로운 금융투자 기회입니다.

제27장

신뢰의 아키텍처 구축: 책임 있는 AI 프레임워크

AI 신뢰 시스템 구축 공식
(Formula for Building an AI Trust System)

27.1 기술(XAI)을 넘어 프레임워크로

제26장에서 우리는 설명가능 AI(XAI)가 블랙박스 문제를 해결하고 편향을 식별하는 데 필수적인 입장권임을 확인했다. 하지만 XAI 기술 자체의 한계(26.3절)는 우리에게 명확한 교훈을 준다. 기술 하나만으로는 신뢰라는 사회적 합의를 구축할 수 없다. SHAP 값이 존재한다는 사실만으로 고객이나 규제 당국이 "이 AI는 공정하다"라고 믿어주지 않는다.

신뢰는 기술(Technology), 프로세스(Process), 그리고 사람(People)이라는 세 가지 요소가 유기적으로 결합될 때 비로소 완성된다. 우리는 XAI라는 기술적 도구를 넘어서, 이 도구를 언제, 어떻게, 누가, 어떤 책임을 지고 사용할 것인지를 정의하는 총체적인 운영 체제, 즉 신뢰의 아키텍처(Architecture of Trust)가 필요하다.

이러한 접근법을 산업계에서는 책임 있는 AI(Responsible AI) 또는 AI 윤리 프레임워크라고 부른다. 이는 AI의 개발부터 배포, 운영에 이르는 전 생애주기(Lifecycle)에 걸쳐 공정성(Fairness), 투명성(Transparency), 책임성(Accountability), 안전성(Safety)과 같은 윤리적 원칙을 제도적으로 내재화하는 것을 목표로 한다.

부동산 금융 분야에서 책임 있는 AI 프레임워크는 선택이 아닌 생존의 문제이다. 제25장의 디지털 레드라이닝에서 보았듯이, 편향된 AI는 기업에 막대한 법적 리스크(차별적 영향 소송)와 평판 리스크를 안겨준다. 또한, 제5장의 질로우 오퍼스 사례처럼 통제 불가능한 알고리즘은 수조 원의 재무적 손실을 입힐 수 있다.

따라서 책임 있는 AI는 단순히 착한 일을 하자는 윤리적 구호가 아니다. 이는 AI 시대에 기업이 직면한 복잡한 법적, 재무적, 사회적 리스크를 사전에 식별하고 체계적으로 관리하는 리스크 관리 프레임워크 그 자체이다. 이는 AI라는 강력한 엔진이 의도치 않게 폭주(질로우)하거나 사회를 차별(레드라이닝)하지 않도록 제어하는 브레이크이자 핸들이다.

이 프레임워크는 최고경영진(CEO)의 의지에서 시작되어야 한다. AI 윤리 원칙을 전사적으로 선포하고, 이를 뒷받침할 독립적인 조직(예: AI 윤리 위원회)과 자원을 배분해야 한다. AI로 인한 모든 위험은 최종적으로 기업이 책임진다는 명확한 메시지가 필요하다.

기술 개발팀은 더 이상 성능 지상주의에 매몰되어서는 안 된다. 모델의 정확도(Accuracy)만큼이나 공정성(Fairness)과 해석가능성(Interpretability)을 핵심 성과 지표(KPI)로 설정하고 관리해야 한다. 모델을 개발하는 단계부터 윤리적 설계(Ethics by Design)가 적용되어야 한다.

결론적으로, 신뢰의 아키텍처는 XAI라는 부품 하나가 아니라, 이 부품들이 제대로 작동하도록 보장하는 전체 시스템의 설계도이다. 이는 AI를 혁신의 도구에서 지속가능한 자산으로 바꾸기 위한 필수적인 경영 전략이다.

신뢰는 뿌리, 윤리 열매를 맺는다

- **XAI의 한계:** XAI라는 기술 하나만으로는 AI에 대한 사회적 신뢰를 구축할 수 없다.
- **신뢰의 아키텍처:** 신뢰는 기술(XAI), 프로세스(감사), 사람(거버넌스)이 결합된 총체적인 운영 체제를 통해 구축된다.
- **책임 있는 AI(Responsible AI):** 이는 AI의 전 생애주기에 걸쳐 공정성, 투명성, 책임성 등의 원칙을 내재화하는 리스크 관리 프레임워크이다.
- **필요성:** 단순히 윤리적이기 때문이 아니라, 디지털 레드라이닝(법적/평판 리스크)과 알고리즘 폭주(재무 리스크)를 막기 위한 경영 전략이다.
- **출발점:** CEO의 의지, 독립적인 거버넌스 조직, 그리고 정확도와 공정성을 동일하게 중시하는 성과 지표(KPI)의 변화가 필요하다.

27.2 핵심 구성요소 1: AI 거버넌스와 리스크 관리

신뢰의 아키텍처를 구축하는 첫 번째이자 가장 실무적인 단계는 AI 거버넌스(AI Governance) 체계를 확립하는 것이다. 거버넌스란 AI 모델이 기업의 윤리 원칙과 법적 규제를 준수하도록 보장하는 내부 통제 프로세스이다. 이는 마치 재무제표가 회계 감사를 받듯이, AI 모델도 개발 및 운영 과정에서 지속적인 감사를 받는 시스템을 만드는 것이다.

AI 거버넌스는 모델 개발의 시작 단계부터 개입한다. AI 프로젝트가 처음 기획될 때, "이 AI가 잠재적으로 초래할 수 있는 윤리적 위험은 무엇인가?(예: 디지털 레드라이닝)"를 평가하는 윤리적 영향 평가(Ethical Impact Assessment)를 의무화해야 한다. 여기서 고위험으로 식별된 프로젝트는 AI 윤리 위원회의 승인을 받도록 통제해야 한다.

두 번째 단계는 데이터 거버넌스이다. 제25.2절에서 보았듯이 편향의 가장 큰 원천은 데이터이다. 따라서 모델을 훈련시키기 전에, 훈련 데이터셋에 역사적 편향(예: 레드라이닝 시기 데이터)이 포함되어 있지 않은지, 특정 집단(예: 소수 인종, 여성)의 데이터가 불균형하게 적거나 많지 않은지(표본 편향)를 철저히 검사하고 정제하는 과정이 필수적이다.

세 번째 단계는 모델 리스크 관리(Model Risk Management, MRM) 프로세스의 확립이다. 이는 금융감독 기관이 은행권에 요구하는 전통적인 리스크 관리 체계를 AI 모델에 맞게 확장한 것이다. 모든 AI 모델은 공식적인 모델 인벤토리에 등록되어야 하며, 각 모델의 위험 등급(고위험, 중위험, 저위험)이 분류되어야 한다.

특히 모기지 심사, 임차인 스크리닝 등 개인에게 중대한 영향을 미치는 고위험 모델은 시장에 배포되기 전에 반드시 독립적인 검증(Independent Validation) 팀의 승인을 받아야 한다. 이 검증팀은 모델 개발팀과는 분리되어, 모델의 성능뿐만 아니라 XAI(26.2절)를 활용한 설명가능성과 공정성 감사(25.3절) 결과를 객관적으로 평가하고 승인 또는 거부한다.

네 번째 단계는 지속적인 모니터링이다. 모델은 한번 배포되고 끝나는 것이 아니다. 시장 환경은 끊임없이 변하며(예: 금리 인상, 팬데믹), 이로 인해 모델의 성능이 저하되거나 새로운 편향이 발생할 수 있다(이를 모델 드리프트(Model Drift)라 한다). 따라서 실제 운영 환경에서 모델의 예측 정확도와 공정성 지표가 실시간으로 어떻게 변하는지 모니터링하는 대시보드가 필요하다.

만약 모니터링 과정에서 모델이 특정 집단에 대해 갑자기 불리한 결정을 내리기 시작하거나(편향 감지), 예측 정확도가 일정 수준 이하로 떨어지면(성능 저하) 자동으로 경보가 울리고, 해당 모델의 사용을 일시 중단시키는 비상 정지(Circuit Breaker) 장치가 마련되어야 한다.

이 모든 거버넌스 프로세스(영향 평가, 데이터 검증, 독립 검증, 지속 모니터링)는 구두로 이루어지는 것이 아니라, 명확한 문서화를 통해 기록으로 남겨져야 한다. 이는 훗

날 규제 당국의 감사나 법적 분쟁이 발생했을 때, "우리 기업은 AI의 위험을 통제하기 위해 이처럼 체계적인 노력을 다했다"라고 증명할 수 있는 유일한 방어 수단이 된다.

체계적 통제, 지속적 반성으로 리스크 관리

- **AI 거버넌스:** AI 모델이 윤리 원칙과 법규를 준수하도록 보장하는 체계적인 내부 통제 및 감사 프로세스이다.
- **1. 윤리적 영향 평가:** 프로젝트 시작 단계부터 잠재적 위험(예: 차별)을 평가하고 승인하는 절차이다.
- **2. 데이터 거버넌스:** 모델 훈련 전에 데이터셋의 역사적 편향, 표본 편향 등을 검사하고 정제한다.
- **3. 모델 리스크 관리(MRM):** 배포 전에 모델의 위험 등급을 분류하고, 독립 검증 팀이 성능, 공정성, 설명가능성을 감사하고 승인한다.
- **4. 지속적 모니터링:** 운영 중에 모델의 성능 저하(Model Drift)나 신규 편향 발생 여부를 실시간 모니터링하고, 문제 발생 시 비상 정지 장치를 작동시킨다.
- **문서화:** 이 모든 통제 과정을 문서화하는 것은, 규제 당국 감사 및 법적 분쟁에 대비하는 핵심 증빙 자료이다.

27.3 핵심 구성요소 2: Human-in-the-Loop의 제도화

신뢰의 아키텍처를 완성하는 마지막 퍼즐은 사람(People)이다. 제26.3절에서 강조했듯이, AI 시대에 인간의 역할은 계산자가 아닌 감독자이자 최종 판단자로 격상된다. AI 거버넌스라는 프로세스가 실제로 작동하게 만드는 주체가 바로 이 사람이다. 이 원칙을

Human-in-the-Loop(HITL), 즉 인간 참여형 루프라고 부른다.

HITL은 AI의 자동화된 의사결정 과정에 의도적으로 인간의 개입 지점을 설계하는 것을 의미한다. 이는 AI가 100%의 결정을 내리는 완전 자동화가 아니라, AI가 초안이나 추천을 제시하고 인간 전문가가 이를 검토한 뒤 최종 승인하는 증강형 자동화(Augmented Automation)를 지향한다.

부동산 금융 분야에서 HITL은 크게 두 가지 형태로 제도화되어야 한다. 첫 번째는 예외 처리 및 이의 제기 프로세스이다. AI 모델은 학습된 데이터의 패턴에는 강하지만, 패턴에서 벗어나는 예외적 상황이나 특수한 맥락을 이해하는 데는 취약하다.

예를 들어, 프리랜서나 1인 창업자는 전통적인 급여 소득이 없어 AI의 대출 심사에서 불리하게 평가될 수 있지만, 실제로는 높은 상환 능력을 가졌을 수 있다. 혹은, 고객이 일시적인 질병이나 실직으로 인해 신용 점수가 하락했지만 현재는 완전히 회복했을 수 있다. AI가 이러한 맥락을 고려하지 못하고 대출을 거절했을 때, 고객은 이 결정에 이의를 제기할 수 있어야 한다.

이때, 이의 제기 건은 AI가 아닌 인간 전문가(특별 심사역)에게 즉시 배정되어야 한다. 인간 심사역은 XAI가 제시한 거절 근거(26.2절)와 고객이 제출한 추가 소명 자료를 바탕으로 AI의 결정을 재검토하고, 필요시 AI의 결정을 기각(Override)할 수 있는 최종 권한을 가져야 한다.

두 번째 형태는 고위험 결정에 대한 사전 검토이다. 제27.2절의 모델 리스크 관리(MRM)와 연계하여, AI가 고위험으로 분류한 결정(예: 특정 금액 이상의 대출 거절, 특정 지역의 대규모 투자 결정)은 자동으로 인간 전문가에게 사전 검토를 받도록 설계해야 한다.

예를 들어, AI가 AVM(제4장)과 리스크 모델(제8장)을 근거로 "A 빌딩은 잠재적 좌초 자산(23.1절)이므로 즉시 매각하라"고 추천하더라도, 이 결정은 최종적으로 인간 투자 위원회의 승인을 받아야 한다. 인간 전문가는 XAI가 제시한 근거(예: SHAP 값)를 검토하며, "AI가 혹시 최근의 용도 변경 정책(23.2절)이라는 비정형 데이터를 놓친 것은 아닌가?"라고 비판적으로 질문하고 최종 판단을 내린다.

이러한 HITL 구조가 성공적으로 작동하기 위해서는 조직 문화의 변화가 필수적이다. 인간 전문가들이 AI를 경쟁자나 감시자로 인식하는 것이 아니라, 자신의 판단을 돕는 강력한 조력자(Copilot)로 받아들이도록 지속적인 교육과 훈련이 필요하다.

또한, 인간이 AI의 결정을 맹목적으로 신뢰하는 자동화 편향(Automation Bias)에 빠지지 않도록 견제 장치가 필요하다. 인간 심사역이 AI의 추천을 단순히 확인 버튼만 누르는 로봇으로 전락해서는 안 된다. 오히려 AI의 추천을 기각한 비율을 모니터링하고, AI가 놓친 패턴을 인간이 다시 AI에게 가르치는(피드백) 선순환 구조를 만들어야 한다.

결론적으로, 신뢰의 아키텍처는 AI 거버넌스(프로세스)라는 틀과 Human-in-the-Loop(사람)라는 내용이 결합되어 완성된다. AI는 효율적인 초안을 만들고, 인간은 그 초안에 맥락과 책임을 부여한다. 이것이 기술과 인간이 조화를 이루는 책임 있는 AI의 최종적인 모습이다.

인간 맥락 승인, 비신뢰 완성

- **Human-in-the-Loop(HITL):** AI의 완전 자동화가 아닌, 의사결정 과정에 인간이 개입하여 검토하고 최종 승인하는 증강형 자동화를 의미한다.
- **제도화 1(이의 제기):** AI의 결정(예: 대출 거절)에 고객이 이의를 제기할 수 있는 공식적인 채널을 만들고, 이는 AI가 아닌 인간 전문가가 재검토하여 최종 결정을 기각할 수 있어야 한다.
- **제도화 2(사전 검토):** 고위험 결정(예: 거액 대출 거절, 대규모 투자)은 AI의 추천 이후, 배포 전에 반드시 인간 전문가 또는 위원회의 사전 승인을 받도록 설계한다.
- **조직 문화:** 인간이 AI를 경쟁자가 아닌 조력자(Copilot)로 인식하고, AI의 추천을 맹목적으로 신뢰(자동화 편향)하지 않고 비판적으로 검토하는 문화를 구축해야 한다.

- **완성:** 신뢰의 아키텍처는 AI 거버넌스(프로세스)와 HITL(사람)의 결합이다. AI는 효율적 초안을, 인간은 최종 책임과 맥락을 부여한다.

27.4 부동산 금융 투자 사례 연구

핵심 개념	정의	핵심 구성요소
신뢰의 아키텍처	기술(XAI)만으로는 신뢰를 구축할 수 없음. 기술, 프로세스, 사람(거버넌스)이 결합된 총체적인 운영 체제가 필요함.	책임 있는 AI(Responsible AI) 프레임워크. 윤리가 아닌 리스크 관리 전략임(질로우/레드라이닝 방지).
구성요소 1: AI 거버넌스	AI 모델의 전 생애주기를 통제하고 감사하는 내부 통제 프로세스.	(1) 윤리적 영향 평가(기획), (2) 데이터 거버넌스(편향 검증), (3) 모델 리스크 관리(MRM)(독립 검증), (4) 지속적 모니터링(성능 저하/비상 정지). 문서화는 필수.
구성요소 2: HITL	Human-in-the-Loop. 완전 자동화가 아닌, 인간이 개입하여 검토하고 최종 승인하는 증강형 자동화.	(1) 이의 제기 프로세스(AI의 결정을 인간이 기각(Override)), (2) 고위험 결정에 대한 사전 검토(위원회 승인).
미래의 인간 (조력자)	AI 시대 인간의 역할은 계산자가 아닌 감독자이자 최종 판단자임.	자동화 편향(맹목적 신뢰)을 경계하고, AI를 조력자(Copilot)로 활용하며 최종 책임을 지는 조직 문화 구축이 필요.

1) 부동산투자 가상 사례 연구 : K-밸류 운용사의 AI 투자 위원회 HITL 프로세스

(TPO: 2028년 / 대한민국, 서울 / K-밸류 자산운용의 신뢰의 아키텍처 기반 부동산 투자)

2028년, 가상의 자산운용사 K-밸류는 AI를 부동산 투자에 전면 도입하지만, 제5장 질로우의 파산을 반면교사 삼아, 기술보다 신뢰의 아키텍처(제27장) 구축을 최우선으로 삼습니다. 이들의 부동산 투자 프로세스는 AI의 엔진과 인간의 브레이크가 결합된 Human-in-the-Loop(HITL)(제27.3절)의 표본이 될 것입니다.

K-밸류의 AI 엔진은 제23.3절의 적응형 재사용 후보지를 자동 발굴합니다. AI는 서울

시내 수천 개의 B급 빌딩을 스캔하여 종로 A 빌딩: 투자 1순위. 예상 수익률 18%라는 추천을 생성합니다. 과거 질로우는 이 추천을 자동 실행하다 파산했습니다.

하지만 K-밸류의 AI 거버넌스(제27.2절)는 이 고위험 결정(수백억 투자)을 자동 차단하고, 인간 투자 위원회(HITL)에 사전 검토를 강제 배정합니다. 위원회는 AI가 생성한 XAI 리포트(제26장)를 검토합니다. XAI는 A 빌딩의 높은 수익률은 최근 3년의 주변 임대료 상승률 변수에 가장 큰 영향을 받았다고 설명합니다.

여기서 인간의 지혜가 개입합니다. 위원장은 "AI가 최근의 과거 데이터(호황)에 낙관 편향(제5.3절)된 것 같다. AI가 향후 1년 내 금리 인상 가능성이라는 비정형 미래 리스크는 반영했는가?"라고 비판적 질문을 던집니다.

AI가 금리 인상 시뮬레이션(제8.3절)을 다시 실행하자, 예상 수익률은 5%로 폭락합니다. 위원회는 AI의 최초 추천을 기각(Override)(제27.3절)하고, A 빌딩 투자를 보류합니다.

이 가상의 부동산 투자 사례는 신뢰의 아키텍처가 어떻게 작동하는지 보여줍니다. AI는 효율적인 초안을 제시하고, XAI가 근거를 설명하며, 인간이 최종 맥락을 판단하고 책임을 집니다. AI 거버넌스와 HITL은 질로우의 실패를 방지하는 필수적인 부동산 투자 리스크 관리 시스템입니다.

2) 금융투자 가상 사례 연구: 페어 모기지의 이의 제기 기반 공정성 펀드
(TPO: 2029년 / 미국 / 페어 모기지의 HITL 기반 디지털 레드라이닝 방지 금융투자)

2029년, 디지털 레드라이닝(제25장)이 사회적 문제가 되자, 차별을 방지하는 금융투자가 새로운 테마로 부상합니다. 가상의 공정성 펀드(제25장 사례)는 페어 모기지라는 핀테크 기업에 금융투자를 집행합니다. 페어 모기지의 경쟁력은 AI 성능이 아니라, 가장 투명하고 강력한 신뢰의 아키텍처(제27장)입니다.

페어 모기지의 금융투자 모델은 AI가 80%를 자동 승인하고, 20%의 애매한 경계선 사례와 모든 거절 사례를 인간 심사역(HITL)에게 전달하는 구조입니다. AI는 결정권자가 아닌, 인간 심사역의 조력자(Copilot)(제27.3절)입니다.

김씨가 대출을 신청하자, AI가 거절 추천 의견을 제시합니다. 동시에 XAI(제26장)가 거절 근거(예: 낮은 신용 점수(-0.5))를 심사역 화면에 띄웁니다. 김씨는 즉시 "나는 프리랜서라 소득 신고가 불규칙했을 뿐, 실제 소득은 높다"고 이의를 제기(제27.3절)하며 추가 서류(은행 계좌 내역)를 제출합니다.

인간 심사역 이씨는 AI의 추천과 XAI의 근거, 그리고 김씨의 소명 자료(맥락)를 종합 검토합니다. 이씨는 AI가 학습하지 못한 프리랜서라는 맥락을 이해하고, AI의 거절 추천을 기각(Override)하여 최종 승인합니다. 이 사례(김씨/프리랜서)는 즉시 AI 모델에 재학습 데이터로 피드백됩니다.

공정성 펀드가 페어 모기지에 금융투자를 집행한 이유는 이 HITL 프로세스 때문입니다. (1) 법적 리스크(제25장)가 완벽히 방어됩니다. (2) AI가 인간의 피드백을 통해 지속적으로 학습하며 더 공정하고 더 정확해집니다. (3) AI가 놓친 우량 고객(김씨)을 인간이 구제하여 수익을 창출합니다.

신뢰의 아키텍처는 윤리적 비용이 아니라, 리스크를 줄이고 수익을 높이는 가장 효율적인 금융투자 전략임을 이 사례는 보여줍니다.

제28장

서비스로서의 지혜(WaaS): 새로운 비즈니스 모델

AI 진화 단계 : 도구에서 지혜, 자율 실행까지
(AI Evolution Stages: From Tool to Wisdom to Autonomy)

28.1 데이터와 AI를 넘어 지혜로

지금까지 우리는 프롭테크 AI 혁명이 어떻게 데이터를 수집하고(1.0), AI로 분석하며(2.0), 이 과정에서 발생하는 윤리적 문제를 어떻게 통제해야 하는지(5.0) 탐구했다. 이제 마지막으로 이 모든 기술적, 윤리적 기반 위에서 탄생할 미래의 비즈니스 모델, 즉 서비스로서의 지혜(Wisdom-as-a-Service, WaaS)를 조망하고자 한다.

우리는 AI 비즈니스가 3단계로 진화하는 과정을 목격하고 있다. 1단계는 서비스로서의 소프트웨어(SaaS, Software-as-a-Service)이다. 이는 VTS(1.3절)나 JLL의 Experience OS(22.3절)처럼, 고객(건물주, 임차인)이 직접 데이터를 관리하고 분석할 수 있도록 도구(소프트웨어)를 월 구독료로 제공하는 모델이다.

2단계는 서비스로서의 데이터/인사이트(DaaS/IaaS, Data/Insights-as-a-Service)이다. 이는 단순한 도구를 넘어, 플랫폼이 수집한 방대한 익명화 데이터를 분석하여(예: 맨해튼 A급 오피스 임대료 동향), 고객에게 유의미한 정보와 통찰을 판매하는 모델이다.

하지만 SaaS와 DaaS/IaaS 모델은 고객에게 여전히 무거운 숙제를 남긴다. 고객은 도구와 정보를 받은 뒤, "그래서 나는 지금 무엇을 해야 하는가?"라는 최종적인 의사결정을 스스로 내려야 한다. 정보(Information)는 많지만, 그 정보를 나의 특수한 상황에 맞게 적용하는 지혜(Wisdom)는 여전히 부족하다.

서비스로서의 지혜(WaaS)는 바로 이 마지막 단계를 서비스하는 비즈니스 모델이다. WaaS는 단순히 정보나 분석 도구를 제공하는 것을 넘어, AI와 인간 전문가의 결합을 통해 고객의 특수한 맥락에 맞는 최적의 의사결정을 처방(Prescribe)하고, 때로는 그 실행까지 책임지는 최고 부가가치 서비스이다.

이는 제2.1절에서 언급한 분석의 진화(서술적 → 예측적 → 처방적)와 정확히 일치한다. WaaS는 "과거에 무슨 일이 있었는가?(SaaS)"나 "미래에 무슨 일이 일어날까?(DaaS)"를 넘어, "당신의 포트폴리오를 고려할 때, 당신은 지금 A 빌딩을 매각하고 그 자금으로 B 데이터센터에 투자해야 합니다"라는 처방(Prescription)을 제공한다.

이러한 처방적 조언이 가능한 이유는 두 가지이다. 첫째, 제21장(생태계)에서 보았듯이 프롭테크 플랫폼은 이제 고객의 라이프사이클 전반에 걸친 독점적 데이터를 보유하고 있다. 둘째, 제26장과 27장에서 구축한 신뢰의 아키텍처(Responsible AI)가 이 민감한 조언의 신뢰성과 정확성을 담보하기 때문이다.

WaaS는 AI 시대에 인간 전문가가 나아가야 할 방향을 제시한다. 제19장에서 슈퍼 에이전트가 AI와 결합하여 증강된 중개인으로 진화했듯이, WaaS는 AI와 결합한 슈퍼 자산관리자이자 슈퍼 컨설턴트 모델이다.

결론적으로, WaaS는 프롭테크 AI가 도달할 수 있는 비즈니스 모델의 정점이다. 이는 AI의 계산 능력과 인간의 통찰력, 그리고 윤리적 프레임워크가 결합되어, 고객의 가장 복잡한 문제를 해결하는 신뢰받는 조언자(Trusted Advisor)의 역할을 수행하는 것이다.

신뢰할 뿌리로 최적의 가지 지혜를 처방한다

- **AI 비즈니스의 진화:** 1단계 SaaS(도구 제공)와 2단계 DaaS/IaaS(정보/통찰 제공)를 넘어 3단계로 진화하고 있다.

- **고객의 마지막 질문:** 고객은 정보(Information)를 넘어, "그래서 나는 지금 무엇을 해야 하는가?"라는 지혜(Wisdom)를 필요로 한다.

- **WaaS(Wisdom-as-a-Service):** AI와 인간 전문가가 결합하여, 고객의 특수한 맥락에 맞는 최적의 의사결정을 처방(Prescribe)하는 최고 부가가치 서비스이다.

- **WaaS의 기반:** (1) 플랫폼이 축적한 독점적 데이터(21장), (2) AI의 처방적 분석(2.1절), (3) 책임 있는 AI 프레임워크(27장)의 신뢰가 결합되어야 가능하다.

- **미래의 전문가:** WaaS는 AI와 결합한 슈퍼 자산관리자이자 슈퍼 컨설턴트 모델로, AI 시대 인간 전문가의 진화 방향을 제시한다.

28.2 WaaS의 비즈니스 모델: 초개인화와 처방적 조언

서비스로서의 지혜(WaaS)는 기존의 SaaS나 컨설팅 비즈니스 모델과 근본적으로 다르다. SaaS가 규모의 경제를 통해 모든 고객에게 동일한 소프트웨어를 저렴하게 제공하는 데 집중한다면, WaaS는 범위의 경제와 초개인화(Hyper-Personalization)를 통해 각 고객에게 고도로 맞춤화된 조언을 제공하는 데 집중한다.

WaaS의 핵심 엔진은 고객의 맥락을 이해하는 AI이다. 이 AI 엔진은 두 종류의 데이터를 결합한다. 첫 번째는 시장 데이터(거시 경제, 임대료 동향, 거래 사례 등)이다. 두 번째는 고객 데이터(고객의 현재 포트폴리오, 투자 성향, 현금흐름 상태, 장기 재무 목표 등)이다. WaaS 플랫폼은 이 두 데이터를 AI로 실시간 결합하여, 시장의 변화가 나의 포트폴리오에 구체적으로 어떤 영향을 미치는지 시뮬레이션한다.

이러한 초개인화된 분석은 처방적 조언으로 이어진다. 예를 들어, 한 명의 기관 투자자가 WaaS 플랫폼에 접속한다고 가정해 보자.

- **SaaS:** 여기 오피스 시장 분석 도구가 있습니다. 직접 분석해 보세요.
- **DaaS:** 최근 A 지역 오피스 공실률이 5% 증가했습니다. (정보)
- **WaaS:** 귀하의 포트폴리오 중 30%가 A 지역 오피스에 노출되어 있습니다. 공실률 증가 추세(예측)를 고려할 때, 6개월 내 현금흐름이 15% 감소할 위험이 있습니다. 지금 즉시 보유 자산 B와 C의 임차인 갱신 전략을 수정하고, 자산 D의 매각을 검토하십시오. (처방)

이러한 처방적 조언은 제27.3절의 Human-in-the-Loop 구조와 결합된다. AI가 초안(처방)을 생성하면, 고객에게 배정된 인간 전문가(전담 컨설턴트)가 이 조언을 검토하고 최종 승인한다. 고객은 AI의 냉철한 분석과 인간 전문가의 경험적 통찰을 동시에 제공받는다.

WaaS의 수익 모델은 주로 구독 기반(Subscription-based) 또는 성과 기반(Performance-based)이 된다. 기존의 SaaS보다 훨씬 높은 월 구독료(프리미엄 티어)를 받거나, AI의 처방적 조언을 통해 고객이 실제로 달성한 초과 수익(알파) 또는 비용 절감액의 일부를 성과 수수료로 공유하는 방식이다.

이는 프롭테크 기업의 비즈니스 모델이 고객과의 관계를 근본적으로 바꾸는 것을 의미한다. SaaS 모델에서 고객은 사용자(User)였지만, WaaS 모델에서 고객은 파트너(Partner)가 된다. 플랫폼은 더 이상 소프트웨어 판매자가 아니라, 고객의 재무적 성공에 직접적으로 연동되는 운명 공동체가 된다.

이 모델은 특히 자산운용(Asset Management), 웰스 매니지먼트(Wealth Management), 그리고 대형 기관 투자자 시장에서 파괴적인 영향력을 발휘할 것이다. 소수의 최고급 인력에 의존하던 전통적인 컨설팅 펌이나 자산운용사는, AI로 무장하고 더 저렴한 비용으로 고품질의 WaaS를 제공하는 프롭테크 기업과의 경쟁에서 밀려날 수밖에 없다.

결국 WaaS는 AI 기술을 활용하여 최고급 지혜를 민주화하고 규모화하는 비즈니스이다. 과거에는 수백억 자산가나 대형 기관만이 접근할 수 있었던 최고 수준의 맞춤형 자산관리 조언을, AI를 통해 더 많은 고객층(예: 중소형 건물주, 고액 자산가)에게까지 확장시킬 수 있는 잠재력을 가졌다.

근본을 보고 행동을 검증하여 가치를 나눠라

- **핵심 엔진:** 시장 데이터(거시)와 고객 데이터(개인 포트폴리오, 목표)를 AI로 결합하여 초개인화된 분석을 제공한다.
- **처방적 조언:** 단순 정보(DaaS)를 넘어, "당신은 지금 무엇을 해야 합니다"라는 구체적인 행동 방침을 처방한다.
- **작동 방식(HITL):** AI가 처방 초안을 만들면, 인간 전문가(전담 컨설턴트)가 검토하여 최종 조언을 제공한다. (27.3절)
- **수익 모델:** 고가의 구독료 또는 AI 조언으로 발생한 초과 수익이나 비용 절감액을 공유하는 성과 기반 수수료이다.
- **관계의 변화:** 플랫폼은 소프트웨어 판매자에서 고객의 성공에 연동되는 재무 파트너로 진화한다.
- **시장의 파괴:** AI 기반 WaaS는 전통적인 고비용 컨설팅 및 자산운용 시장을 대체하며, 최고급 지혜의 민주화와 규모화를 이끈다.

28.3 WaaS의 미래: 조언에서 자율 실행으로

서비스로서의 지혜(WaaS)가 장기적으로 진화할 최종 단계는 조언을 넘어선 자율 실행(Autonomous Execution)이다. 이는 고객이 AI의 처방적 조언(28.2절)을 받아보고 스스로 실행하는 단계를 지나, AI가 고객으로부터 권한을 위임받아 최적의 의사결정을 직접 실행하는 단계로 나아가는 것을 의미한다.

이는 주식 시장에서 이미 일어나고 있는 로보어드바이저(Robo-Advisor)나 알고리즘 트레이딩의 부동산 버전이라고 할 수 있다. 고객은 자신의 투자 목표, 위험 감수 성향, 유동성 제약 조건 등을 신뢰의 아키텍처(27장)가 적용된 WaaS 플랫폼에 입력한다. 그러면 AI 엔진은 이 규칙하에서 고객의 포트폴리오를 24시간 모니터링한다.

예를 들어, WaaS 플랫폼이 제7장의 예측 모델을 통해 특정 지역의 임대 수요가 급증할 것을 감지했다고 가정하자. AI는 즉시 해당 지역에서 제23.3절의 적응형 재사용 후보(예: B급 오피스)를 물색하고, 제4장의 AVM을 통해 적정 매입 가격을 산출한다. 이 모든 과정이 사전에 설정된 규칙과 예산 범위 내에 있다면, AI는 인간의 개입 없이 자율적으로 해당 자산의 매입을 위한 입찰(Bid)을 실행할 수 있다.

물론 부동산은 주식과 달리 비유동적이고 이질적인 자산이므로 완전한 자율 실행까지는 많은 기술적, 법적 장애물이 존재한다. 하지만 자율 실행은 이미 특정 영역에서 현실화되고 있다. 제22.3절에서 본 AI 기반 에너지 최적화가 그 예이다. AI는 단순히 "냉방을 줄이십시오"(조언)라고 말하는 대신, 실시간 점유율 데이터에 기반하여 스스로 빌딩의 냉난방(HVAC) 시스템을 직접 제어(실행)하여 에너지를 절감한다.

또 다른 예는 동적 가격 책정(Dynamic Pricing)이다. 호텔이나 항공권 시장처럼, AI가 임대 주택이나 공유 오피스의 임대료를 실시간 수요와 공급 데이터에 기반하여 자율적으로 변경하며 수익을 극대화한다.

WaaS가 자율 실행 단계로 나아가기 위한 가장 중요한 전제 조건은 기술이 아니라 신뢰이다. 고객이 자신의 수백억 원대 자산 포트폴리오의 운전대를 AI에게 맡기려면, 그

AI가 절대 폭주(5장 질로우)하지 않고, 편향(25장 레드라이닝)되지 않으며, 투명하게 (26장 XAI) 작동하고, 엄격하게 통제(27장 거버넌스)되고 있다는 절대적인 믿음이 필요하다.

이것이 바로 우리가 제5부에서 윤리와 신뢰의 아키텍처를 그토록 강조한 이유이다. 책임 있는 AI 프레임워크는 WaaS라는 미래 비즈니스 모델을 구현하기 위한 기술적 부채가 아니라, 가장 강력한 핵심 경쟁력이자 신뢰 자산이다.

자율 실행 단계의 WaaS는 부동산 금융 시장의 풍경을 완전히 바꿀 것이다. 자산은 더이상 인간의 직관이나 연간 계획에 의해 관리되지 않는다. 자산은 시장의 실시간 신호에 자율적으로 반응하는 알고리즘 자산(1.3절)이 된다.

인간 자산 관리자의 역할은 이 자율 AI 함대를 설계하고, 규칙을 설정하며, 그 성과를 감독하는 함대 사령관(Fleet Commander)으로 진화할 것이다. AI가 개별 자산의 전술을 실행한다면, 인간은 전체 포트폴리오의 전략과 목표를 설정하는 궁극의 지혜 제공자로 남게 될 것이다.

이것만은 꼭! (This is a must)

신뢰 뿌리, 씨 줄기, 인간 전략 가지

- **WaaS의 최종 진화:** 처방적 조언을 넘어, 고객의 권한을 위임받아 AI가 최적의 의사 결정을 자율적으로 실행하는 단계이다.
- **부동산의 로보어드바이저:** 고객이 설정한 규칙(투자 목표, 위험 한도) 내에서, AI가 24시간 포트폴리오를 모니터링하고 자율적으로 매매나 운영을 실행한다.
- **현실의 사례:** (1) AI가 빌딩의 냉난방을 직접 제어하는 에너지 최적화(22.3절), (2) AI가 임대료를 실시간으로 직접 변경하는 동적 가격 책정이 초기 단계의 자율 실행이다.
- **가장 중요한 전제(신뢰):** 자율 실행의 핵심은 기술이 아니라 신뢰이다. 고객이 AI에

게 운전대를 맡기려면, AI가 통제 가능하다는(27장) 절대적 믿음이 필요하다.

- **책임 있는 AI의 가치:** 따라서 책임 있는 AI 프레임워크(27장)는 자율 실행 WaaS를 구현하기 위한 가장 강력한 핵심 경쟁력이자 신뢰 자산이다.
- **미래의 인간(함대 사령관):** 인간은 AI(전술)의 규칙을 설계하고 감독하며, 전체 포트폴리오의 전략과 목표를 설정하는 최종 지혜 제공자로 진화한다.

28.4 부동산 금융 투자 사례 연구

핵심 개념	정의	비즈니스 모델 및 미래
WaaS (Wisdom-as-a-Service)	AI 비즈니스의 3단계 진화(SaaS → DaaS → WaaS). 정보/통찰(DaaS)을 넘어, 고객의 특수한 맥락에 맞는 최적의 의사결정을 처방(Prescribe)하는 최고 부가가치 서비스.	신뢰의 아키텍처(Ch 27) 기반. AI의 처방적 분석(Ch 2.1)과 인간의 통찰이 결합된 슈퍼 자산관리자 모델.
초개인화 (WaaS 엔진)	시장 데이터(거시)와 고객 데이터(개인 포트폴리오, 목표)를 실시간 결합하여, "당신은 지금 무엇을 해야 합니다"라는 맞춤형 처방을 제공.	One-Size-Fits-All이 아닌 N=1 맞춤형 조언.
WaaS 수익 모델	(1) 고가의 구독료, (2) AI 조언으로 발생한 초과 수익/비용 절감액을 공유하는 성과 기반 수수료.	소프트웨어 판매자에서 재무적 성공을 함께하는 파트너로 관계가 변화. 최고급 지혜의 민주화/규모화.
자율 실행 (WaaS의 미래)	조언을 넘어, AI가 고객의 권한을 위임받아 규칙 내에서 자율적으로 투자와 운영을 실행하는 단계. (예: 에너지 제어, 동적 가격 책정)	신뢰(Ch 27)가 핵심 전제. 인간은 전술(AI)을 감독하는 함대 사령관(전략)으로 진화함.

1) 부동산투자 실제/가상 혼합 사례 연구: JLL의 WaaS 기반 자율 운영 빌딩 투자

(TPO: 2029년 / 글로벌 A급 오피스 포트폴리오 / JLL(실제)의 부동산 투자 및 자산운용)

2029년, 글로벌 부동산 서비스 기업 JLL(실제)은 더 이상 부동산 중개나 자산 관리라는 전통 서비스를 판매하지 않습니다. 그들은 제28.3절의 자율 실행에 가까운 서비스로서의 지혜(WaaS)를 부동산 투자의 핵심 상품으로 제공합니다. JLL은 A급 오피스 빌딩(제22장) 포트폴리오를 매입한 기관 투자자에게 WaaS 솔루션을 제공합니다.

이 부동산 투자 운용 모델은 AI가 함대(빌딩 포트폴리오)를 관리하고, 인간(JLL 전문가)이 사령관(제28.3절) 역할을 하는 방식입니다. JLL의 AI 엔진(Experience OS, 제22.3절)은 포트폴리오 내 모든 빌딩의 디지털 트윈(제6장)과 연결됩니다.

AI는 조언을 넘어 자율 실행(제28.3절)을 수행합니다. 첫째, 에너지 자율 제어입니다. AI는 실시간 점유율 데이터와 전력 요금 데이터를 분석하여, 인간의 개입 없이 스스로 빌딩 전체의 냉난방과 조명을 1분 단위로 제어합니다. 이는 즉각적인 운영 비용 절감(부동산 수익 증대)으로 이어집니다.

둘째, 동적 가격 책정(자율 실행)입니다. AI는 주변 오피스의 공실 데이터, 시장 이벤트 데이터를 분석하여, 빌딩 내 공유 회의실과 핫 데스크의 가격을 실시간으로 자율 변경하며 수익을 극대화합니다.

JLL의 인간 사령관(자산 관리자)은 개별 빌딩 제어에서 해방되어, 더 높은 전략에 집중합니다. 그는 AI의 운영 성과(조화 점수, 제29장)를 감독하고, AI가 에너지 절감 목표를 달성했으니, 다음 분기 목표는 임차인 만족도 10% 향상으로 설정하라고 새로운 규칙을 설계합니다.

이 부동산 투자 사례는 WaaS가 어떻게 자산 자체를 수익을 창출하는 자율 알고리즘 자산(제1.3절)으로 진화시키는지 보여줍니다. JLL은 인간의 노동력이 아닌, AI의 지혜와 자율 실행 능력을 금융투자 상품으로 판매합니다.

2) 금융투자 실제 사례 연구: 블랙록의 알라딘(Aladdin)을 통한 처방적 금융투자 조언

(TPO: 2024년 / 글로벌 금융 시장 / 블랙록(실제)의 WaaS 플랫폼 알라딘)

블랙록(BlackRock)의 알라딘(Aladdin) 플랫폼(제3.2절, 제8.3절)은 금융투자 시장에서 WaaS(제28장)의 가장 가까운 현실 사례입니다. 알라딘은 블랙록 자신의 금융투자 두뇌였을 뿐만 아니라, 다른 연기금, 보험사 등 기관 투자자들에게 판매되는 최고 수준의 SaaS이자 WaaS입니다.

알라딘이 WaaS인 이유는 단순 정보(DaaS)를 넘어 처방(제28.2절)을 제공하기 때문입니다. 글로벌 A 연기금이 알라딘 플랫폼에 자신의 전체 금융투자 포트폴리오(주식, 채권, 부동산 리츠 등)를 입력했다고 가정합니다.

알라딘의 AI 엔진은 A 연기금의 맥락(포트폴리오)과 시장 데이터(금리, 환율 등)를 실시간 결합합니다(제28.2절). 이때 미국 연준이 예상치 못한 금리 인상을 단행(이벤트)합니다. 알라딘은 즉시 스트레스 테스트(제8.3절)를 실행하고 A 연기금에 처방적 조언(지혜)을 제시합니다.

"경고: 금리 인상으로 인해 귀하의 포트폴리오 전체의 위험 노출이 허용치를 15% 초과했습니다. 원인은 부동산 리츠와 장기 국채의 상관관계가 급격히 플러스로 전환했기 때문입니다. (진단)"

"처방: 지금 즉시 미국 장기 국채 비중을 10% 축소하고, 인플레이션 연동 채권(TIPS) 비중을 10% 확대하여 포트폴리오 위험을 중립으로 되돌리십시오. (처방)"

이 사례는 알라딘이 어떻게 WaaS로 작동하는지 보여줍니다. A 연기금은 AI가 제시한 초개인화된 처방을 받고, 인간 펀드 매니저가 최종 검토(HITL, 제27.3절)하여 금융투자를 실행합니다. 블랙록은 알라딘이라는 AI의 지혜를 구독료 형태로 판매함으로써 막대한 금융투자 수익을 창출합니다.

제29장

조화 점수: 양적-질적 데이터 통합 모델

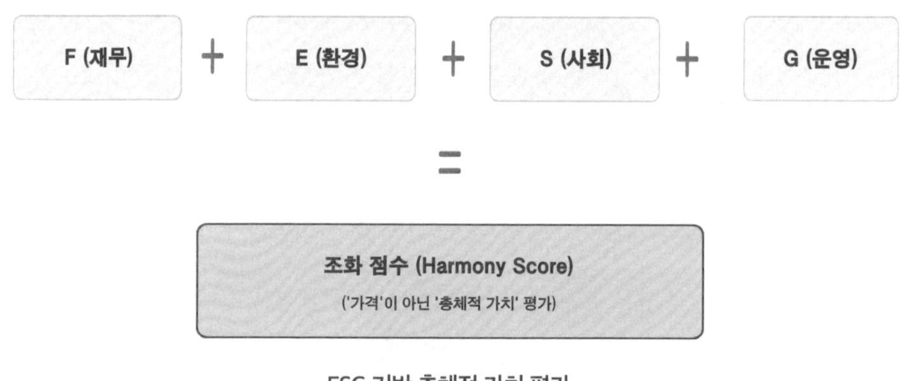

ESG 기반 총체적 가치 평가
(ESG-based holistic value assessment)

29.1 정량의 한계와 정성의 필요성

이 책 전반에 걸쳐 우리는 부동산 금융을 뒤바꾸는 AI의 눈부신 잠재력과 그 이면에 숨겨진 위험을 동시에 탐구했다. AI는 AVM(제4장)을 통해 과거 인간의 직관을 뛰어넘는 정량적 가치 평가를 제시하고, 포트폴리오(제9장)를 최적화하며, 리스크(제8장)를 예측하는 강력한 정량적 엔진이다. 하지만 이 엔진은 그 자체로 완전하지 않으며, 치명적인 맹점을 안고 있다.

우리는 제5장에서 정량적 분석의 정점에 섰던 질로우 오퍼스가 어떻게 시장의 심리라는 질적 요소를 읽지 못해 좌초했는지 목격했다. 또한 제25장에서 AI가 역사적 맥락이라는 질적 요소를 이해하지 못해 디지털 레드라이닝이라는 구조적 차별을 어떻게 증폭시키는지 확인했다. 이 두 사례는 동일한 진실을 가리킨다. 숫자만으로 세상을 이해하려는 시도는 필연적으로 실패한다.

전통적인 금융 이론은 세상을 측정 가능한 것으로 환원하려 했다. 가치는 현금흐름으로, 리스크는 표준편차로 치환되었다. AI는 이 정량적 세계관을 극한으로 밀어붙인 도구이다. 하지만 현실의 자산 가치는 재무제표에 잡히지 않는 질적(Qualitative) 요소들의 총합으로 이루어진다.

이 질적 가치란 무엇인가? 이는 제6장의 디지털 트윈이 측정하려 했던 건물의 건강성과 쾌적성, 제22장이 탐구한 임차인의 경험과 만족도, 제20장과 제23장이 강조한 ESG와 지속가능성, 그리고 특정 브랜드(제17장)나 커뮤니티가 갖는 명성과 사회적 자본이다.

지금까지의 프롭테크 AI는 이 질적 가치를 정량적 모델의 노이즈(Noise)로 취급하거나 무시해왔다. 하지만 이 질적 요소들이야말로 자산의 장기적인 가치를 결정하고, 좌초 자산(제23장)의 위기를 막는 핵심 변수이다. 우리는 프롤로그에서 언급했듯이, 세상을 분석하고 분리하며 잃어버렸던 반쪽의 지혜, 즉 이 질적 가치를 되찾아와야 한다.

문제는 이 두 세계를 어떻게 통합할 것인가이다. 정량적 AI(Quantitative AI)의 초합리성과 질적 가치(Qualitative Value)의 인간적 통찰은 어떻게 하나의 모델 안에서 조화를 이룰 수 있는가? 재무적 수익률(%)과 환경적 영향(tCO2), 사회적 기여(행복도)는 어떻게 하나의 점수로 통합될 수 있는가?

이 거대한 도전에 대한 본서의 대답이 바로 조화 점수(Harmony Score)이다. 이는 숫자로 환원할 수 없는 가치들을 AI 기술을 통해 정량화하고, 이를 전통적인 재무 지표와 결합하여 자산의 총체적 가치를 평가하는 새로운 통합 모델이다.

보이는 가지보다 뿌리 조화가 참 가치

- **정량적 AI의 한계:** AI의 정량적 엔진은 강력하지만, 질로우(시장 심리)와 레드라이닝(역사적 맥락) 사례에서 보듯 질적 요소를 이해하지 못하는 맹점이 있다.
- **질적 가치의 중요성:** 자산의 장기적 가치는 재무제표에 잡히지 않는 질적 요소(ESG, 임차인 경험, 건물 건강성, 사회적 자본)에 의해 결정된다.
- **잃어버린 반쪽의 지혜:** AI는 가격을 계산하는 데 집중하느라, 총체적 가치의 절반인 이 질적 세계를 놓쳤다.
- **핵심 질문:** 어떻게 이질적인 정량적 재무 데이터와 질적 가치 데이터를 하나의 모델로 통합하여 자산의 총체적 가치를 평가할 수 있는가?
- **해결책의 제안:** 조화 점수(Harmony Score)는 이 두 세계를 통합하기 위해 제안하는 새로운 가치 평가 프레임워크이다.

29.2 조화 점수(Harmony Score) 모델의 제안

조화 점수(Harmony Score)는 부동산 자산의 가치를 일차원적인 재무적 수익률로만 평가하던 기존 패러다임(제3장 MPT의 한계)을 극복하기 위한 다차원적 통합 지수(Composite Index)이다. 이는 자산이 창출하는 가치를 재무적 가치와 지속가능 가치로 구분하고, 이 둘의 조화를 측정하여 자산의 총체적 건전성을 평가하는 새로운 표준이다.

이 모델은 신용등급(Credit Score)과 유사하게 작동하지만, 채무 상환 능력이 아닌 자산의 총체적 가치 창출 능력을 평가한다. 조화 점수는 크게 네 가지 하위 점수(F-E-S-G)의 가중 결합으로 구성되며, 이 과정에서 AI 기술이 핵심적인 역할을 수행한다.

1. **F-Score(Financial Performance):** 이 영역은 AI의 전통적인 정량적 분석 영역이다. 제4장의 AVM, 제7장의 현금흐름 예측 모델, 제9장의 리스크 조정 수익률 등이 이 점수를 구성한다. 이는 자산의 경제적 효율성을 측정한다.

2. **E-Score(Environmental Sustainability):** 이 영역은 자산의 환경적 효율성을 측정한다. 제6장의 디지털 트윈과 IoT 센서를 통해 수집된 실시간 에너지 사용량, 물 소비량, 탄소 배출량 데이터가 핵심이다. 또한 제23장에서 논의된 건물의 내재 탄소와 적응형 재사용 가능성도 중요한 평가 요소가 된다.

3. **S-Score(Social Value):** 이 영역은 자산의 사회적 영향력을 측정하며, AI의 질적 데이터 분석 기술이 가장 중요하다. 제2.3절의 NLP(자연어 처리)가 임차인 만족도 조사, 온라인 리뷰, 커뮤니티 민원 데이터를 분석하여 임차인 행복도와 지역사회 관계를 점수화한다. 제25장의 디지털 레드라이닝 문제처럼, 해당 자산의 임대나 대출 알고리즘이 차별적 영향을 미치는지(공정성 감사) 여부가 S-Score에 치명적인 감점 요인으로 작용한다.

4. **G-Score(Governance & Quality):** 이 영역은 자산의 운영적 건전성을 측정한다. 제6장의 디지털 트윈이 감지하는 설비(HVAC, 엘리베이터)의 고장 예측 빈도, 제27장의 신뢰의 아키텍처에 기반한 투명한 데이터 거버넌스 수준, 그리고 규제 준수(예: 안전 규정, 임대차 법규) 여부가 평가된다.

이 네 가지 점수(F, E, S, G)를 통합하여 조화 점수를 산출하는 과정 자체가 고도의 AI 모델이다. 단순한 가중 평균이 아니라, 각 요소 간의 복잡한 상관관계와 상충관계(Trade-off)를 AI가 학습한다. 예를 들어, E-Score(에너지 효율)를 높이기 위한 설비 투자가 단기 F-Score(현금흐름)에 부정적 영향을 미칠 수 있지만, 장기적으로는 공실률을 낮춰 F-Score와 S-Score(임차인 만족)를 동시에 높일 수 있다.

AI는 이 복잡한 다변수 방정식의 최적 조화점을 찾는다. 이 모델의 핵심 전제는 장기적으로 F-Score는 E, S, G Score와 수렴한다는 것이다. 즉, 환경적, 사회적, 운영적으로 건전하지 못한 자산은 결국 제23장의 좌초 자산처럼 재무적 가치를 상실하게 된다는 것이다.

조화 점수 모델은 반드시 제26장의 설명가능 AI(XAI)와 결합되어야 한다. 투자자는 "이 자산의 조화 점수는 85점"이라는 결과만 받는 것이 아니라, "F-Score(95점)는 최고지만, S-Score(60점)가 낮으며, 그 주된 원인은 임차인 리뷰에서 반복적으로 감지된 엘리베이터 불만 때문"이라는 구체적인 근거를 XAI를 통해 제공받아야 한다.

지속 가능 건전성, 뿌리 깊은 투자

- **조화 점수(Harmony Score) 정의:** 자산의 재무적 가치(F)와 지속가능 가치(E, S, G)를 통합하여 총체적 건전성을 평가하는 다차원 통합 지수이다.
- **F-Score(Financial):** AVM, 현금흐름 예측 등 전통적인 정량적 재무 성과이다.
- **E-Score(Environmental):** 디지털 트윈 기반 에너지 효율, 탄소 배출량 등 환경적 성과이다.
- **S-Score(Social):** NLP 기반 임차인 만족도, 지역사회 관계, 알고리즘 공정성(차별 여부) 등 사회적 성과이다.
- **G-Score(Governance):** 설비 건전성(디지털 트윈), 데이터 거버넌스, 규제 준수 등 운영적 성과이다.
- **AI의 역할:** (1) NLP, CV로 E, S, G 점수를 생성하고, (2) F-E-S-G 간의 복잡한 상관관계를 학습하여 최종 점수를 통합 도출한다.
- **XAI의 결합:** 왜 이 점수가 나왔는지(예: S-Score가 낮은 이유) 설명가능성(26장)을 제공하여, 단순 점수가 아닌 actionable insight를 제공해야 한다.

29.3 조화 점수와 미래의 자산운용

조화 점수 모델의 등장은 부동산 금융과 자산운용의 패러다임을 근본적으로 변화시킨다. 이는 단순히 ESG 투자라는 하나의 틈새 전략을 추가하는 것이 아니라, 자산의 가치를 평가하고 관리하는 운영체제(OS) 자체를 바꾸는 것이다.

첫째, 조화 점수는 제28장에서 제안한 서비스로서의 지혜(WaaS)의 핵심 엔진이 된다. WaaS 플랫폼은 고객에게 단순히 시장 정보를 제공하는 것을 넘어, 조화 점수에 기반한 처방적 조언을 제공한다. "귀하의 C 빌딩은 F-Score는 높지만 E-Score가 60점으로 낮아, 3년 뒤 시행될 유럽 탄소 규제(제20장) 시 좌초 자산이 될 위험이 큽니다. 지금 즉시 50억 원 규모의 에너지 효율화(E-Score 개선) 투자를 실행하십시오. 이는 단기 F-Score를 5% 하락시키지만, 장기 S-Score(임차인 유치)와 자산 매각 가치를 20% 높일 것입니다."

이것이 바로 조화 점수가 제공하는 지혜(Wisdom)이다. 이는 AI가 F-E-S-G 간의 복잡한 상충관계를 시뮬레이션하여 최적의 처방을 내린 것이다. WaaS는 더 이상 수익률 극대화를 조언하지 않는다. 조화 점수 극대화를 조언하며, 이것이 곧 장기적 수익률 극대화와 동일함을 데이터로 증명한다.

둘째, 조화 점수는 알고리즘 리스크 관리(제8장)의 새로운 표준이 된다. 전통적인 리스크 관리는 과거의 재무 데이터(표준편차)에 기반한 후행적 지표였다. 하지만 조화 점수, 특히 E-Score와 S-Score는 미래에 발생할 재무적 손실을 미리 예측하는 선행적 리스크 지표이다.

낮은 E-Score(환경)는 미래의 탄소세 부과, 규제 미달로 인한 대출 불가, 혹은 친환경 임차인 이탈이라는 재무적 리스크를 예고한다. 낮은 S-Score(사회)는 임차인 분쟁, 지역사회와의 갈등, 혹은 디지털 레드라이닝(제25장)으로 인한 법적/평판 리스크를 예고한다. 조화 점수 모델은 이처럼 눈에 보이지 않던 질적 리스크를 정량화하여, 리스크 관리의 범위를 재무적 차원에서 비재무적 차원으로 확장시킨다.

셋째, 이 모델은 이 책의 서두에서 밝힌 저자의 소명, 즉 공간자산 불평등 해소에 기여하는 구체적인 실무 모델이 된다. S-Score는 알고리즘이 공정한가(제25장)를 평가 항목에 강제로 포함시킨다. 차별적인 대출/임대 알고리즘을 사용하는 자산은 S-Score에서 치명적인 감점을 받게 되고, 이는 조화 점수 하락으로 이어져 최종적으로 투자자의 투자 배제 대상이 된다.

시장은 윤리적이기 때문에 차별을 멈추는 것이 아니다. 조화 점수라는 새로운 표준이 차별을 재무적 손실로 정의하기 때문에 차별을 멈추게 된다. 조화 점수는 ESG와 불평등이라는 질적 가치를 자본시장이 인식하고 가격을 매길 수 있도록(Price-in) 만드는 번역기 역할을 수행한다.

결론적으로, 조화 점수는 이 책이 제시하는 미래의 청사진이다. 이는 프롤로그에서 언급한 분리의 시대를 끝내고 통합의 시대를 여는 도구이다. 정량과 정성, AI와 인간, 수익과 책임이라는 이분법적 사고를 넘어, 이 모든 것이 조화를 이룰 수 있음을 증명하는 새로운 가치 평가의 나침반이다.

가차 통합, 리스크를 읽고 장기 투자

- **WaaS의 핵심 엔진:** 조화 점수는 서비스로서의 지혜(28장)가 제공하는 처방적 조언의 핵심 근거가 된다. (예: E-Score가 낮아 좌초 자산 위험이 있으니, 에너지 투자를 실행하라.)
- **조언의 변화:** 자산운용의 목표가 단기 수익률 극대화에서 조화 점수 극대화로 바뀌며, 이것이 곧 장기적 가치 극대화이다.
- **선행적 리스크 관리:** F-Score(후행)와 달리, E/S-Score(비재무)는 미래의 규제/평판 리스크를 미리 예측하는 선행적 리스크 지표 역할을 한다.
- **리스크의 정량화:** 눈에 보이지 않던 질적 리스크(ESG, 차별)를 점수로 정량화하여 리스크 관리의 범위를 확장한다.

- **불평등 해소의 도구:** S-Score에 알고리즘 공정성(25장)을 강제 항목으로 포함시켜, 차별을 재무적 손실(낮은 점수)로 정의한다.
- **가치의 번역기:** 조화 점수는 ESG와 사회적 가치를 자본시장이 가격 매길 수 있도록 번역하는 도구이며, 분리가 아닌 통합의 시대를 여는 청사진이다.

29.4 부동산 금융 투자 사례 연구

핵심 개념	정의	AI의 역할 및 시사점
정량의 한계	숫자만으로 세상을 이해하려는 정량적 환원주의의 한계. (예: 질로우, 레드라이닝 실패)	가격(Price)이 아닌 총체적 가치(Value) 평가가 필요함. 잃어버린 반쪽(질적 가치)의 복원이 필요.
조화 점수 (Harmony Score)	자산의 총체적 건전성을 평가하는 다차원 통합 지수. 재무적 가치(F)와 지속가능 가치(E, S, G)의 조화를 측정함.	F(Financial), E(Environmental), S(Social), G(Governance) 네 가지 하위 점수로 구성.
AI의 역할 (통합)	(1) 질적 데이터를 정량화(점수 생성): CV(E), NLP(S), IoT(G). (2) F-E-S-G 간의 복잡한 상관관계와 상충관계(Trade-off)를 학습하여 최종 점수를 통합 도출.	XAI(Ch 26) 결합을 통해 왜 이 점수가 나왔는지 근거를 설명해야 함.
미래의 자산운용	(1) WaaS(Ch 28)의 핵심 엔진(조화 점수 극대화 처방). (2) 선행적 리스크 관리(E/S Score가 미래의 재무/법적 리스크를 예고). (3) 불평등 해소(S-Score에 공정성을 포함).	질적 가치를 자본시장이 가격 매길 수 있도록 번역하는 나침반. 분리가 아닌 통합의 시대.

1) 부동산투자 가상 사례 연구: K-밸류의 조화 점수 기반 적응형 재사용 투자

(TPO: 2030년 / 대한민국, 서울 / K-밸류 자산운용의 조화 점수 기반 부동산 투자 결정)

2030년, K-밸류 자산운용(제27장 사례)은 모든 부동산 투자 의사결정의 최종 기준으로 조화 점수(Harmony Score)(제29장)를 전면 도입합니다. 이 점수는 AI가 산출하며, 단순 수익률(F-Score)뿐만 아니라 ESG(E/S/G-Score) 가치를 통합 평가합니다.

K-밸류의 AI 엔진은 서울 도심의 B급 오피스 A와 B라는 두 가지 적응형 재사용(제23장) 투자 후보를 분석합니다. 두 자산 모두 예상 수익률(F-Score)은 연 12%로 동일합니다. 과거의 모델이었다면 판단이 불가능했습니다.

하지만 조화 점수 모델은 다른 답을 내놓습니다. AI는 A 빌딩의 E-Score가 높다고 평가합니다(디지털 트윈 분석 결과, 에너지 효율화 개조가 용이함). 반면, B 빌딩은 S-Score가 치명적으로 낮다고 경고합니다(NLP 분석 결과, 지역 사회의 조망권 민원이 심각함).

K-밸류의 투자 위원회는 조화 점수 85점을 받은 A 빌딩 투자를 승인합니다. 동시에, 조화 점수 60점(S-Score 결함)을 받은 B 빌딩 투자를 거부합니다. 위원회는 AI의 설명(XAI, 제26장)을 통해, B 빌딩의 낮은 S-Score가 미래의 시위 리스크와 인허가 지연이라는 선행적 재무 손실(제29.3절) 신호임을 인지합니다.

이 가상의 부동산 투자 사례는 조화 점수가 어떻게 작동하는지 보여줍니다. 이 모델은 눈에 보이지 않던 질적 가치(ESG, 사회적 갈등)를 정량화하여, 수익률은 같지만 총체적 가치가 다른 두 투자안 중 더 조화롭고 지속가능한 투자를 선택하게 돕는 새로운 나침반 역할을 합니다.

2) 금융투자 가상 사례 연구: 미래에셋의 조화 점수 연계 펀드(HSF) 출시
(TPO: 2030년 / 글로벌 금융 시장 / 미래에셋의 조화 점수 기반 금융투자 상품)

2030년, 미래에셋자산운용(실제)은 전 세계 기관 투자자 및 개인 투자자를 대상으로 조화 점수 연계 펀드(Harmony Score linked Fund, HSF)라는 혁신적인 금융투자 상품을 출시합니다. 이 펀드는 전통적인 ESG 펀드의 모호함을 극복하고, AI가 산출한 객관적인 조화 점수(제29장)를 투자 기준으로 삼습니다.

　이 금융투자 펀드의 기본 운용 전략은 조화 점수 최적화입니다. (1) AI 엔진이 글로벌 상장 리츠(REITs)와 부동산 기업 전체의 F-E-S-G 점수를 매일 산출합니다. (2) 펀드는 F-Score(재무)가 높으면서 동시에 E/S/G Score(지속가능)도 높은, 즉 조화 점수가 가장 높은 상위 10% 기업에만 집중 투자합니다.

　이 펀드의 핵심 경쟁력은 알파 창출과 리스크 관리를 동시에 달성하는 것입니다. 미래에셋은 낮은 E/S/G 점수는 미래의 규제/평판 리스크를 의미하는 선행 지표(제29.3절)라고 설명합니다. 조화 점수가 낮은 기업(예: B/C급 오피스 과다 보유 리츠, 디지털 레드라이닝 이슈 기업)을 사전에 필터링함으로써, 펀드는 블랙 스완 리스크를 선제적으로 회피합니다.

　특히 이 금융투자 상품은 S-Score(제29.2절)를 강력하게 반영합니다. AI가 임차인 만족도가 낮거나 차별적 임대 관행(제25장)이 감지되는 리츠를 자동 편출시킵니다. 이는 투자자들에게 "당신의 금융투자가 불평등 해소에 직접 기여한다"는 명확한 가치를 제시합니다.

　이 가상의 금융투자 사례는 조화 점수가 어떻게 자본시장의 게임의 룰을 바꾸는지 보여줍니다. 조화 점수는 질적 가치를 금융투자가 인식할 수 있는 언어(숫자)로 번역(제29.3절)합니다. 이제 자본은 단순 수익률이 아닌, 총체적 가치(조화)를 창출하는 기업으로 흐르게 될 것입니다.

제30장

미래의 투자자를 향한 행동 촉구

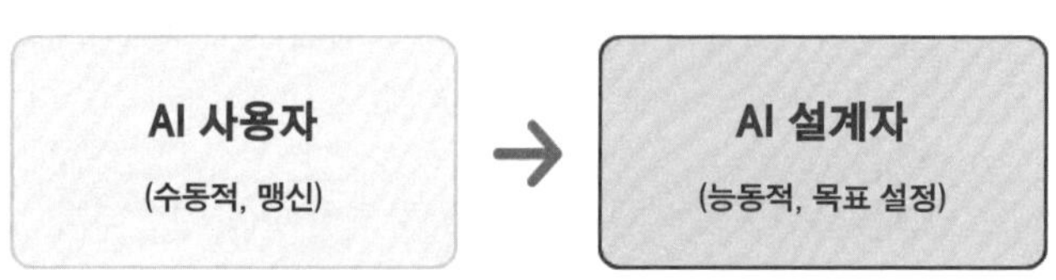

AI 사용자-설계자 역할 전환(도식화)
(AI User-Designer Role Shift(Schematic))

30.1 우리는 무엇을 잃어버렸는가

우리는 이 책의 프롤로그에서 수 세기 동안 서구 금융 이론은 분석과 분리의 길을 걸어왔다고 말했다. 자산은 재무제표로, 리스크는 표준편차로, 가치는 현금흐름 할인 모델로 환원되었다. 이 위대한 분업은 인류에게 눈부신 금융 공학의 발전을 선물했지만, 동시에 우리는 세상의 모든 것이 연결되어 있다는 근원적인 진실, 즉 통합적 지혜를 잃어버렸다.

부동산이라는 가장 복합적이고 인간적인 자산조차 이 분리의 칼날을 피하지 못했다. 우리는 공간이 갖는 역사적 맥락과 사회적 가치를 무시하고, 오직 평당 가격과 수익률이라는 정량적 숫자로만 공간을 평가하는 데 익숙해졌다.

AI의 등장은 이 정량적 환원주의를 그 정점까지 밀어붙였다. AI는 우리가 잃어버렸던 반쪽의 지혜(질적 가치)를 되찾아오는 도구가 아니라, 우리가 이미 집착하고 있던 숫자를 더 빠르고 정확하게 계산하는 도구로 우선 사용되었다.

그 결과가 무엇인가? 제5장의 질로우는 숫자에 매몰되어 시장의 붕괴를 예측하지 못했다. 제25장의 AI는 숫자에 숨겨진 차별의 역사를 학습하여 불평등을 증폭시켰다. 제22장의 팬데믹은 우리에게 사무실의 본질이 면적(숫자)이 아니라 경험(질)이었음을 고통스럽게 깨닫게 했다.

우리가 AI라는 강력한 도구를 손에 쥐고도 길을 잃었던 이유는, 도구가 나빠서가 아니라 목표가 잘못되었기 때문이다. 우리는 AI에게 가치(Value)를 찾으라고 명령하지 않고, 가격(Price)을 맞추라고 명령했다. 우리는 AI에게 조화(Harmony)를 찾으라고 명령하지 않고, 수익(Profit)을 극대화하라고 명령했다.

AI라는 거울은 우리에게 그 분리의 한계를 명확히 보여주었다. AI는 우리가 잃어버린 것이 무엇인지, 우리가 그동안 무엇을 무시해왔는지(ESG, 공정성, 질적 가치)를 적나라하게 폭로했다.

우리는 지금 이 책의 프롤로그에서 언급한 역사적 전환점의 한가운데 서 있다. AI라는 가장 강력한 도구를 손에 쥔 지금, 우리는 과거의 분리된 세계관을 AI로 강화할 것인가? 아니면 이 도구를 사용하여 우리가 잃어버렸던 통합의 지혜를 되찾을 것인가? 이것이 이 책을 덮는 당신에게 주어진 질문이다.

이것만은 꼭! (This is a must)

가치 뿌리, 가격 가지 통합하라!

- **잃어버린 지혜:** 금융 공학은 분석과 분리를 통해 발전했지만, 모든 것이 연결되어 있다는 통합적 지혜를 잃어버렸다.
- **AI의 초기 한계:** AI는 이 통합이 아닌 분리된 세계관(숫자, 가격, 수익)을 강화하는 도구로 우선 사용되었다.

- **실패의 본질:** 질로우(5장), 디지털 레드라이닝(25장), 오피스 쇼크(22장)는 모두 가치가 아닌 가격에 집착한 정량적 패러다임의 실패를 보여준다.
- **AI의 거울:** AI는 우리가 무엇을 잃어버렸는지(질적 가치, 맥락, 공정성)를 명확히 폭로하는 거울 역할을 했다.
- **역사적 전환점:** 우리는 AI를 분리를 강화하는 데 쓸 것인가, 통합을 되찾는 데 쓸 것인가라는 중대한 선택의 기로에 서 있다.

30.2 기술의 사용자에서 설계자로

미래의 투자자, 그리고 이 책을 읽는 전문가와 학생들에게 던지는 나의 행동 촉구는 명확하다. 우리는 더 이상 AI 기술의 수동적인 사용자(User)에 머물러서는 안 된다. 우리는 이 기술이 작동하는 규칙과 목표를 설정하는 능동적인 설계자(Architect)가 되어야 한다.

기술의 사용자가 된다는 것은 무엇인가? 이는 블랙박스(제26장)가 뱉어내는 AVM 값을 맹목적으로 추종하는 것이다. 이는 AI가 제시하는 대출 거절 사유를 비판 없이 수용하는 것이다. 이는 질로우가 그랬던 것처럼, 알고리즘의 예측을 시장의 진실과 동일시하는 자동화 편향(제27.3절)에 빠지는 것이다. 이 길의 끝은 알고리즘의 노예가 되어 실패를 반복하는 것이다.

기술의 설계자가 된다는 것은, AI에게 무엇을 계산할지가 아니라 왜 계산하는지를 묻는 것이다. 이는 AI라는 강력한 엔진에 핸들과 브레이크를 장착하는 행위이다.

우리는 무엇을 설계해야 하는가? 첫째, 우리는 데이터를 설계해야 한다. 제25.2절의 편향된 과거 데이터에 의존하는 대신, 제3장의 대안 데이터와 제6장의 디지털 트윈 데이터처럼 우리가 추구하는 가치를 대변하는 새로운 데이터를 능동적으로 수집하고 구축해야 한다.

둘째, 우리는 목표를 설계해야 한다. AI의 목표 함수를 단기 수익률 극대화에서 제29장의 조화 점수 극대화로 재정의해야 한다. AI가 더 공정하고(S-Score), 더 친환경적인(E-Score) 결정을 내릴 때 보상을 받는 새로운 규칙을 설계해야 한다. 이는 AI의 강력한 최적화 능력을 이익과 공익이 만나는 지점으로 방향 트는 행위이다.

셋째, 우리는 신뢰를 설계해야 한다. 제27장의 신뢰의 아키텍처를 구축하는 것이 바로 설계자의 핵심 임무이다. 우리는 제26장의 XAI를 통해 투명성을 확보하고, 제27.2절의 AI 거버넌스를 통해 감사 시스템을 만들며, 제27.3절의 Human-in-the-Loop를 통해 AI의 결정에 최종 책임을 지는 인간의 자리를 설계해야 한다.

넷째, 우리는 인간의 역할을 재설계해야 한다. AI가 당신의 일을 대체하도록 방치하는 것이 아니라, AI를 당신의 조력자(Copilot)로 만드는 역할을 스스로 설계해야 한다. 제19장의 슈퍼 에이전트처럼, 제28.3절의 함대 사령관처럼, AI가 할 수 없는 질문을 던지고, 맥락을 제공하며, 전략을 세우는 고유한 인간의 영역을 구축해야 한다.

AI 시대의 진정한 리더십은 코드를 짜는 능력이 아니다. AI가 따라야 할 윤리적 원칙을 세우고, AI가 추구해야 할 가치 있는 목표를 설정하며, AI의 오류를 책임질 수 있는 거버넌스를 설계하는 능력이다.

이것이 미래의 투자자, 미래의 자산 관리자, 그리고 미래의 금융 전문가에게 요구되는 새로운 핵심 역량이다.

이것만은 꼭! (This is a must)

AI 노예 대신, 가치 설계자가 되어라

- **행동 촉구:** AI 기술의 수동적인 사용자가 아닌, 규칙과 목표를 설정하는 능동적인 설계자가 되어야 한다.
- **사용자의 길:** 블랙박스(26장)를 맹신하고 자동화 편향(27장)에 빠져, 알고리즘의 노예가 되는 길이다.

- **설계자의 길:** AI에게 왜를 질문하고, 핸들과 브레이크를 장착하는 길이다.
- **설계 대상 1(데이터):** 편향된 과거 데이터가 아닌, 가치를 대변하는 질적/대안 데이터(3, 6장)를 수집해야 한다.
- **설계 대상 2(목표):** AI의 목표를 수익 극대화에서 조화 점수(29장) 극대화로 재정의하여, 이익과 공익을 일치시켜야 한다.
- **설계 대상 3(신뢰):** 신뢰의 아키텍처(27장)를 구축하여 투명성(XAI), 감사(거버넌스), 책임(HITL)을 확보해야 한다.
- **설계 대상 4(인간):** AI를 조력자로 활용하여, 질문, 맥락, 전략을 다루는 함대 사령관(28장)이라는 인간 고유의 역할을 재설계해야 한다.

30.3 가장 급진적인 통합의 시작

이 책의 여정은 분리의 시대가 어떻게 AI를 만났는지에서 시작하여, 통합의 시대가 어떻게 가능할 것인지로 마무리된다. 우리가 제안한 조화 점수(29장)와 서비스로서의 지혜(28장), 그리고 신뢰의 아키텍처(27장)는 모두 이 통합을 향한 구체적인 청사진이다.

프롤로그에서 우리는 "이것은 과거로의 회귀가 아니다. 이것은 우리가 잃어버렸던 반쪽의 지혜를 되찾아, 기술과 온전한 하나가 되는 미래를 향한 가장 급진적인 통합의 시작이다"라고 선언했다.

이 가장 급진적인 통합이란 무엇인가? 그것은 인간 대 기계라는 이분법을 넘어서는 것이다. 그것은 AI의 초합리적 정량 분석과 인간의 통찰에 기반한 정성적 가치를 하나의 모델(조화 점수)로 융합하는 것이다.

그것은 수익 대 책임이라는 낡은 대립을 종식시키는 것이다. AI 거버넌스(27장)와 조화 점수(29장)를 통해, 책임 있는(Responsible) AI가 수익성 높은(Profitable) AI임을 증명하는 것이다. ESG(E, S Score)가 비용이 아니라, 좌초 자산(23장) 리스크를 관리하는 가장 강력한 선행 지표임을 입증하는 것이다.

그것은 알고리즘, 데이터, 그리고 새로운 자본시장의 탄생이라는 이 책의 부제를 완성하는 것이다. 우리가 설계할 새로운 자본시장은, 가격과 수익률이라는 숫자만으로 거래하는 시장이 아니다. 그 자산이 가진 총체적 가치(조화 점수)를 기준으로 자본이 배분되는 시장이다. 불평등(S-Score)을 야기하고 환경(E-Score)을 파괴하는 자산으로부터 자본이 철수하고, 조화를 창출하는 자산으로 자본이 이동하는, 더 현명한 시장이다.

이 책은 당신에게 완성된 정답을 제공하지 않는다. 대신, 프롤로그의 활용 가이드에서 약속했듯이, 미지의 바다에서 스스로 길을 찾고 새로운 항로를 개척할 수 있는 항해술과 나침반(조화 점수)을 제공하고자 했다.

이 통합의 여정은 이제 막 시작되었다. 미래의 투자자이자 이 시대의 설계자로서, 당신은 어떤 데이터를 수집하고, 어떤 목표를 설정하며, 어떤 책임을 질 것인가?

기술은 질문하지 않는다. 기술은 우리가 설정한 목표를 향해 달려갈 뿐이다. 그 목표를 설정하는 지혜는 AI가 아닌, 이 책을 덮는 당신의 손에 달려있다.

총체 가치 조화, 인간 지혜 투입

- **급진적 통합:** 이 책의 결론은 분리가 아닌 통합이다. 이는 인간 대 기계, 수익 대 책임이라는 낡은 이분법을 넘어서는 것이다.
- **통합 1(정량+정성):** AI의 정량 분석과 인간의 정성적 가치(ESG 등)를 조화 점수(29장)라는 하나의 모델로 통합한다.
- **통합 2(수익+책임):** 책임 있는 AI(27장)가 수익성 높은 AI이며, ESG(E/S Score)가 리스크 관리(23장)의 핵심임을 증명하며 통합한다.
- **새로운 자본시장:** 이 책의 부제가 의미하는 새로운 자본시장이란, 가격이 아닌 총체적 가치(조화 점수)에 따라 자본이 배분되는 더 현명한 시장이다.

- **최종 질문:** 이 책은 정답이 아닌 항해술을 제공했다. 설계자인 당신은 AI에게 어떤 목표를 설정할 것인가?
- **미래의 지혜:** 기술은 목표를 실행할 뿐, 그 목표를 설정하는 지혜는 AI가 아닌 인간의 몫으로 남는다.

30.4 부동산 금융 투자 사례 연구

핵심 개념	정의	미래 전문가의 역할
잃어버린 지혜	금융과 AI는 분석과 분리에 집중하며, 정량적 환원주의에 빠짐. 맥락, 질적 가치, 통합적 지혜를 잃어버림.	AI는 가치가 아닌 가격을 맞추라는 잘못된 목표를 따랐음. (예: 질로우, 레드라이닝)
행동 촉구 (설계자)	우리는 AI의 수동적 사용자가 아닌, AI의 규칙과 목표를 설정하는 능동적 설계자가 되어야 함.	(1) 데이터를 설계(질적 데이터 수집). (2) 목표를 설계(수익 → 조화 점수). (3) 신뢰를 설계(거버넌스). (4) 인간의 역할을 재설계(조력자).
급진적 통합	분리의 시대를 끝내고, AI 기술과 잃어버린 반쪽의 지혜(질적 가치)를 통합하는 것	(1) 정량+정성의 통합(조화 점수). (2) 수익+책임의 통합(책임 있는 AI).
새로운 자본시장	가격이 아닌 총체적 가치(조화 점수)에 따라 자본이 배분되는 더 현명한 시장.	기술은 목표를 실행할 뿐, 그 목표를 설정하는 지혜는 인간의 몫임.

1) 부동산투자 가상 사례 연구: 미래자산경영 전문가의 조화 점수 기반 도시 재생 투자

(TPO: 2035년 / 대한민국, 구도심 / 미래자산경영 전문가 A씨의 통합적 부동산 투자)

2035년, 이 책을 읽은 미래자산경영 전문가 A씨는 차가운 숫자가 아닌, 따뜻한 목표(에필로그)를 추구하는 부동산 투자를 실행합니다. A씨는 단기 수익률이 높은 강남의 신축 오피스가 아닌, 불평등 문제가 심각한 구도심의 노후 주거 지역을 투자 대상으로 선정합니다. 이는 저자의 소명(불평등 해소)에 기반한 투자 결정입니다.

A씨는 AI의 수동적 사용자가 아닌, 능동적 설계자(제30.2절)로서 투자 프로세스를 설

계합니다.

(1) 목표 설계: A씨는 AI의 목표 함수를 수익률 극대화가 아닌, 조화 점수(제29장) 극대화로 재설계합니다. 이 프로젝트의 성공 기준은 수익(F-Score)뿐만 아니라, 지역 공동체 활성화(S-Score)와 친환경 재생(E-Score)입니다.

(2) 데이터 설계: A씨는 과거의 편향된 부동산 가격 데이터를 폐기합니다. 대신, AI 팀에게 새로운 질적 데이터(제30.2절)를 수집하라고 명령합니다. 팀은 NLP로 주민들의 커뮤니티 요구사항을 분석(S-Score)하고, IoT 센서로 지역의 에너지 비효율 지점을 측정(E-Score)합니다.

(3) 신뢰 설계: A씨는 신뢰의 아키텍처(제27장)를 구축합니다. 개발 과정 전체를 디지털 트윈으로 주민에게 투명하게 공개(G-Score)합니다. AI가 임대료를 산정할 때, XAI(제26장)를 통해 임대료가 기존 주민을 쫓아내는 젠트리피케이션을 유발하지 않는지 공정성 감사(제25.3절)를 수행합니다.

이 부동산 투자의 결과, 구도심 지역은 에너지 효율이 높은 스마트 주거지로 재생되고, 주민 만족도도 극대화됩니다. 단기 수익(F-Score)은 낮았지만, 높은 E/S/G Score 덕분에 장기적으로 자산 가치가 폭등하고 도시 문제까지 해결합니다. 이 사례는 조화 점수라는 새로운 나침반을 가진 미래 전문가가 어떻게 수익과 책임을 통합(제30.3절)하는 부동산 투자를 실행할 수 있는지 보여주는 청사진입니다.

2) 금융투자 가상 사례 연구: K-Pension의 함대 사령관으로서의 금융투자

(TPO: 2040년 / 대한민국, 서울 / K-Pension(국민연금)의 미래자산경영 전문가 B씨)

2040년, K-Pension(가상의 국민연금)의 부동산 금융투자 본부는 과거와 완전히 다른 방식으로 운영됩니다. 수백 명의 펀드 매니저가 엑셀을 두드리는 대신, 단 10명의 미래

자산경영 전문가(제30.2절)가 AI 함대를 지휘합니다. B씨는 이 함대의 사령관(제28.3절)입니다.

B씨의 금융투자 업무는 개별 딜 분석이 아닙니다. 그 일은 AI가 100% 수행합니다. B씨의 업무는 AI 함대의 규칙과 목표를 설계(제30.2절)하는 것입니다. 그녀는 AI에게 새로운 투자 명령을 설계하여 입력합니다.

"명령 1(목표 설계): 현 시간부로 K-Pension의 모든 부동산 금융투자 포트폴리오의 목표 함수를 단순 수익률에서 조화 점수(제29장) 80점 이상으로 변경하라." 이 명령 하나로, 수백 조 원의 자본이 지속가능 자산으로 이동하기 시작합니다.

"명령 2(신뢰 설계): 모든 신규 모기지 채권 매입 시, 해당 채권의 기초 자산(대출 알고리즘)이 S-Score(공정성) 기준을 통과했는지 XAI(제26장) 감사 리포트를 자동 첨부하라. 감사 없이는 매입을 금지한다." (제27.2절 거버넌스)

"명령 3(자율 실행): E-Score가 50점 이하인 좌초 자산(제23장) 리츠 보유 비중을 향후 12개월 내 0%로 자율 매각하라." (제28.3절 자율 실행)

B씨는 시장을 예측하지 않습니다. B씨는 AI가 최적의 예측을 하도록 규칙을 설계합니다. 그녀의 가치는 계산이 아닌 지혜(제30.3절)에 있습니다. 그녀는 AI의 속도를 통제하며, AI의 방향을 설정합니다.

이 가상의 금융투자 사례는 이 책의 궁극적인 결론을 보여줍니다. 미래의 투자자는 AI와 경쟁하는 분석가가 아닌, AI를 조력자로 지휘하며 수익과 책임을 통합하는 설계자이자 철학자가 될 것입니다. 기술은 B씨의 따뜻한 목표(지속가능성, 공정성)를 수행하는 가장 차가운 도구일 뿐입니다.

| 제6부 |

연구논문 개발

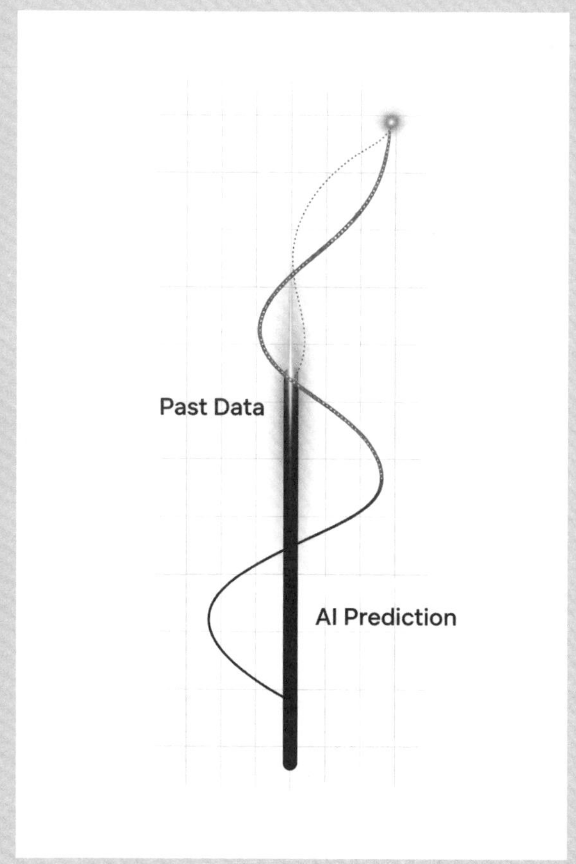

제31장

공간자산 불평등 해소를 위한 통합적
방법론 구축: 디지털 전환과 포용적
거버넌스를 중심으로

제31장

공간자산 불평등 해소를 위한 통합적 방법론 구축: 디지털 전환과 포용적 거버넌스를 중심으로

국문요약

본 연구는 심화되고 있는 공간자산 불평등 문제에 대응하기 위한 구체적이고 실천적인 해결 방법론을 구축하고, 이를 학술논문의 형태로 재구성하여 제시하는 것을 목적으로 한다. 선행 연구의 핵심 내용을 바탕으로, 공간자산 불평등의 다층적 원인을 진단하고, 디지털 전환 시대의 기술적 가능성과 포용적 거버넌스의 중요성을 결합한 통합적 해결책을 제안한다. 연구 결과, 데이터 기반의 공간 분석, 디지털 플랫폼을 활용한 정보 접근성 강화, 시민 참여형 리빙랩 운영, 맞춤형 자산형성 지원 프로그램, 그리고 이를 뒷받침하는 법·제도적 개선이 핵심적인 방법론으로 도출되었다. 특히, 공간자산 불평등 지수(SAI)의 동태적 변화를 설명하는 모델과 정책 확산 효과를 분석하는 도플러 효과 응용 모델을 활용하여 정책 설계의 과학적 근거를 마련하고자 한다. 본 연구는 공간자산 불평등 완화를 위한 실질적인 정책 프레임워크를 제공함으로써, 보다 공정하고 지속 가능한 사회 발전에 기여할 것으로 기대된다.

주제어: 공간자산 불평등, 디지털 전환, 포용적 거버넌스, 자산형성 지원, 리빙랩, 공간정의, 정책 방법론, SAI(공간자산 불평등 지수), 도플러 효과 응용 모델

31.1 서론

1) 연구의 배경 및 필요성

현대 사회에서 공간자산의 불평등한 분배는 단순한 경제적 격차를 넘어 사회 구성원의 삶의 질, 기회균등, 나아가 사회 통합과 지속가능한 발전을 저해하는 핵심적인 문제로 인식되고 있다(국토연구원, 2019). 공간자산은 주거, 토지 등 전통적 부동산 자산뿐만 아니라, 공공서비스 접근성, 사회기반시설 이용 편의성, 쾌적한 생활환경 등 인간다운 삶을 위한 기본적인 공간적 요소를 포괄한다(De Nadai & Lepri, 2018). 이러한 공간자산 접근 기회의 차이는 개인의 삶 전반에 영향을 미치며, 특히 취약계층에게는 세대 간 빈곤의 악순환을 고착화시키는 기제로 작용할 수 있다.

한국 사회 역시 수도권과 비수도권 간 발전 격차, 대도시 내 중심부와 주변부 간 생활환경 차이, 특정 계층 중심의 주거 불안정 등 공간자산 불평등 문제가 심각하다(한국보건사회연구원, 2020). 기존 연구들은 주로 현상 진단이나 개별 정책 제시에 초점을 맞추었으나, 디지털 전환과 사회 시스템의 복잡성 증대는 새로운 차원의 통합적 접근법을 요구하고 있다. 선행 연구(사용자 제공 자료)는 디지털 기술과 민관 협력 기반 포용적 거버넌스의 중요성을 강조하며 새로운 경제학적 접근법과 분석 모델(SAI 모델, 도플러 효과 응용 모델 등)의 개념을 제시한 바 있다. 본 연구는 이러한 아이디어를 발전시켜, 실천적인 통합 해결 방법론을 구축하고 학술적으로 체계화하고자 한다.

2) 연구 목적, 범위 및 방법

본 연구의 목적은 공간자산 불평등 문제 해결을 위한 통합적 방법론을 체계적으로 구축하고, 이를 효과적으로 실행하기 위한 구체적인 정책 방안을 학술적으로 제언하는 것이다. 세부 목표는 다음과 같다. 첫째, 공간자산 및 공간자산 불평등의 개념을 명확히 하고, 다층적 원인과 사회경제적 영향을 분석하며, 공간정의 담론과의 연관성을 탐색한다(최병두, 2016). 둘째, 디지털 전환의 기술적 가능성과 포용적 거버넌스의 중요성을 결합한 다면적 통합 방법론을 제시한다. 셋째, 선행 연구에서 제시된 SAI 동태적 변화 모델과 도플러 효과 응용 모델의 이론적 함의와 정책적 활용 가능성을 논의한다. 넷째, 제안된 통합 방법론의 파급효과를 분석하고 정책적 시사점을 도출한다.

본 연구의 공간적 범위는 주로 한국 사회의 공간자산 불평등 문제를 다루되, 국제적 동향을 참조한다. 내용적 범위는 공간자산 개념 정의, 원인 진단, 해결 방법론 구축, 정책 제언을 포괄한다. 연구 방법으로는 문헌연구를 채택하여 관련 국내외 학술논문, 전문 서적, 연구보고서, 정책 자료 등을 분석한다. 특히, 핵심 참고문헌 10개(국토연구원, 2019; 국토연구원, 2024; 성지은 외, 2016; 서울시50플러스재단, 2019; 한국보건사회연구원, 2020; 이성원 외, 2015; 김영평 외, 2017; De Nadai & Lepri, 2018; 최병두, 2016; 김도희·이중섭, 2021)와 사용자 제공 자료를 심층 검토하여 논지를 전개한다.

31.2 이론적 배경

1) 공간자산 불평등의 개념, 유형 및 구조적 원인

(1) 공간자산의 정의와 범위

공간자산(Spatial Assets)은 특정 지리적 공간과 결부되어 개인 및 사회 전체의 복리와 기회에 영향을 미치는 유형 및 무형의 자원으로 정의할 수 있다. 이는 주거자산, 토지자산, 물리적 인프라 자산, 공공서비스 및 생활 SOC 자산, 환경자산, 디지털 자산, 사회적 자산 등을 포괄한다(De Nadai & Lepri, 2018; 국토연구원, 2019; 서울시50플러스재단, 2019). 이러한 다차원적 공간자산의 부족이나 결핍은 연쇄적인 기회 제약과 삶의 질 격차로 이어진다.

(2) 자산선택이론과 자산 빈곤의 구조화

자산선택이론은 개인이 제한된 정보 하에 효용 극대화를 위해 자산을 선택하고 축적하는 과정을 설명한다. 그러나 현실에서는 초기 자산 보유의 불균등, 정보 비대칭성, 제도적 장벽과 시장의 불완전성 등이 합리적 자산 선택을 저해하고 자산 불평등을 심화시킨다(국토연구원, 2019; 이성원 외, 2015). 이러한 구조적 요인들은 자산 빈곤(Asset Poverty)을 초래하고 세대 간 대물림되어 불평등 구조를 영속화한다.

(3) 공간정의 담론과 공간자산 불평등

공간자산 불평등은 경제적 효율성을 넘어 사회 정의와 인권의 차원에서 성찰되어야 할 규범적 과제이다. 공간정의(Spatial Justice)는 사회적으로 가치 있는 자원, 기회, 부담 등이 모든 사회 구성원에게 공정하고 형평성 있게 분배되어야 한다는 원칙을 핵심으로 한다(Harvey, 1973; Soja, 2010). 최병두(2016)는 도시 공간에서 발생하는 '공간적 소외' 현상을 지적하며, '도시에 대한 권리'를 통해 모든 도시민의 주체적 참여와 평등한 향유를 강조한다. 최근에는 인권 기반 접근과 결합하여, 국토정책 분야에서 인권영향평가 도입의 필요성이 제기되고 있다(김도희·이중섭, 2021).

2) 디지털 전환과 포용적 거버넌스의 역할

(1) 디지털 기술의 활용 가능성과 한계

디지털 전환은 빅데이터, AI, 디지털 트윈 등을 통해 공간자산 불평등 문제 해결에 혁신적 기회를 제공한다. 데이터 기반의 정밀 진단 및 예측, 디지털 플랫폼을 통한 정보 접근성 강화 및 투명성 제고, 맞춤형 서비스 제공 및 자원 배분 효율화가 가능해진다(국토연구원, 2024). 그러나 디지털 격차, 개인정보보호 침해, 알고리즘 편향성, 기술 만능주의 등은 극복해야 할 한계이다. 따라서 기술 혁신과 함께 포용적 접근이 수반되어야 한다.

(2) 민관학 협력 및 시민 참여의 중요성(포용적 거버넌스)

공간자산 불평등 해결을 위해서는 정부 주도의 하향식 정책만으로는 한계가 있으며,

다양한 사회 주체들의 지혜와 자원을 결집하는 포용적 거버넌스 구축이 필수적이다 (국토연구원, 2019). 이는 정책의 정당성 및 수용성 제고, 혁신적 해결 방안 도출, 사회적 자본 형성, 정책 지속가능성 확보에 기여한다. 리빙랩(Living Lab)은 사용자인 시민이 중심이 되어 실제 생활 현장에서 다양한 이해관계자가 함께 사회문제 해결책을 공동으로 탐색, 개발, 실험하는 개방형 혁신 플랫폼으로, 포용적 거버넌스를 구현하는 효과적인 방법론이다(성지은 외, 2016). 성공적인 포용적 거버넌스를 위해서는 실질적 권한 위임, 정보 격차 해소 및 참여자 역량 강화, 효과적인 갈등 관리 메커니즘 등이 요구된다 (김영평 외, 2017).

3) 공간자산 불평등 분석 모델

(1) 공간자산 불평등 지수(SAI) 동태적 변화 모델

선행 연구(사용자 제공 자료)는 공간자산 불평등 지수(SAI)의 시간에 따른 변화를 다음 미분방정식으로 모델링한다:

$$dtdSAI(t) = \alpha \cdot SAI(t) - \beta \cdot D(t) - \gamma \cdot P(t)$$

여기서 $SAI(t)$는 시간 t에서의 공간자산 불평등 지수, α는 불평등의 자연 증가율, $D(t)$는 디지털 전환 개입 효과, $P(t)$는 포용적 거버넌스 활동 효과, β, γ는 각각의 효과 계수이다. 이 모델은 불평등이 다양한 요인에 의해 동태적으로 변화하며, 정책 개입을 통해 완화될 수 있음을 시사한다. 실제 적용을 위해서는 SAI 지수 측정 방법론 개발, $D(t), P(t)$ 정량화, 파라미터 추정 및 검증이 필요하다.

(2) 정책 확산 효과 분석 모델(도플러 효과 응용)

정책 효과가 공간적·사회적으로 차별 확산되는 양상을 설명하기 위해 선행 연구(사용자 제공 자료)는 도플러 효과를 응용한 모델을 제시한다:

PE(t,r)=PE0 · V±VrV∓Vs · e - δr

여기서 PE(t,r)은 시간 t, 거리 r에서의 정책 효과, PE0는 정책 초기 강도, V는 정책 확산 속도, Vs는 정책 소스 변화 속도, Vr은 수용 지역 변화 속도, δ는 거리 감쇠 계수이다. 이 모델은 정책 효과가 정책 주체와 수용자 간 상대적 변화 및 거리에 따라 달라짐을 은유적으로 표현하며, 정책 확산 전략 수립 시 차별화된 접근의 중요성을 강조한다.

(3) 유사 분석 모델 및 정책 확산 이론 검토

SAI 동태적 변화 모델은 시스템 다이내믹스(System Dynamics) 방법론과 유사하며, 행위자 기반 모형(ABM)(국토연구원, 2018)과도 연관된다. 도플러 효과 응용 모델은 혁신확산이론(Rogers, 1962) 및 정책이전/확산 연구와 관련된다. 특히 정책옹호연합모형(ACF)(김영평 외, 2017)은 정책 과정의 복잡성과 다양한 행위자들의 역할을 이해하는 데 도움을 주며, 도플러 모델의 변수들을 심층적으로 분석하는 데 활용될 수 있다.

31.3 공간자산 불평등 해결을 위한 통합 방법론

본 장에서는 이론적 배경을 바탕으로 디지털 전환과 포용적 거버넌스를 핵심 축으로 하는 5가지 통합 방법론을 제시한다.

1) 데이터 기반의 공간자산 불평등 진단 및 모니터링 시스템 구축

방법: 다양한 공공·민간 데이터를 GIS, 빅데이터 분석, AI, 디지털 트윈 기술로 통합 분석하여 공간자산 불평등의 다차원적 양상을 심층 파악하고, 공간자산 불평등 지수(SAI)를 개발·산출하여 시계열적 변화를 모니터링한다(국토연구원, 2024; 한국보건사회연구원, 2020).

실행 전략: 공간자산 통합 데이터베이스 구축 및 데이터 거버넌스 확립, SAI 지수 개발 및 주기적 공표, 공간 분석 및 시각화 도구 개발·보급, 모니터링 결과의 정책 환류 시스템 구축.

국내외 사례: 서울시 스마트 서울 도시데이터 플랫폼(S-DoT), 국토교통부 디지털 트윈 국토 플랫폼, 영국 Urban Observatories, 미국 Smart Columbus Operating System.

기대 효과: 정책 결정의 과학화, 선제적 대응 강화, 정책 효과의 객관적 평가, 시민 신뢰 제고.

2) 디지털 플랫폼을 활용한 정보 접근성 강화 및 시민 참여 확대

방법: 모든 시민이 공간자산 관련 정보에 쉽게 접근하고 정책 과정에 참여할 수 있는 통합적·개방형 디지털 플랫폼을 구축·운영한다. 플랫폼은 정보 제공, 의견 수렴, 정책 제안, 리빙랩 연계, 데이터 기반 시민 협력 지원, 개인화된 알림 및 피드백 기능을 포함한다.

실행 전략: 참여 중심의 플랫폼 기획 및 설계, 데이터 연동 및 표준화 강화, 개방형 아키텍처 채택, 디지털 포용성 강화(디지털 리터러시 교육, 접근성 보장, 오프라인 지원 병행), 지속적인 플랫폼 운영 및 활성화, 개인정보보호 강화, 법·제도적 지원 기반 마련.

국내외 사례: 광화문 1번가, 스마트서울 플랫폼, Decide Madrid(스페인), Better Reykjavik(아이슬란드).

기대 효과: 정보 비대칭 해소, 정책 투명성 및 책임성 강화, 시민 주도적 문제 해결 역량 강화, 정책 질 향상.

3) 민관학 협력 기반의 포용적 공간 솔루션 개발

방법: 실제 생활공간을 실험실 삼아 지역 주민, 전문가, 기업, 공공기관 등이 협력하여 공간자산 불평등 문제의 해결책을 공동으로 탐색, 개발, 실험, 검증하는 리빙랩을 운영

한다. 사용자 중심, 개방성, 현실 맥락성, 반복적 학습, 네트워크 및 파트너십을 핵심 원리로 한다(성지은 외, 2016).

실행 전략: 리빙랩 운영 주체 및 거버넌스 구조 설계, 체계적인 리빙랩 운영 단계별 프로세스(문제 정의-아이디어 발굴-프로토타입 개발-테스트 및 평가-개선 및 확산) 구축, 지속가능한 리빙랩 운영 생태계 조성(재원, 역량 강화, 네트워크), 갈등 예방 및 관리 시스템 구축.

국내외 사례: 서울 성대골 에너지 자립마을 리빙랩, 대전광역시 사회혁신센터 리빙랩, 유럽 리빙랩 네트워크(ENoLL), 암스테르담 스마트시티.

기대 효과: 현장 중심의 실효성 높은 솔루션 개발, 사회적 자본 형성, 시민 주도적 문제 해결 역량 강화, 정책 수용성 제고.

4) 맞춤형 자산형성 지원 및 능력배양 프로그램 강화

방법: 취약계층(청년, 신혼부부, 저소득층 등)이 주거자산, 금융자산, 인적자산(능력)을 형성하고 유지할 수 있도록 다각적인 지원을 제공한다. 주거자산 형성 지원, 금융자산 형성 지원, 인적자산 형성(능력배양) 지원, 사회적 자산 형성 지원을 포함하며, 참여자의 주체성과 자립 의지를 존중한다(서울시50플러스재단, 2019).

실행 전략: 수요자 중심의 통합적 프로그램 설계 및 전달체계 효율화, 자산형성 인센티브 강화 및 조건부 지원 활용, 공간자산 특화 금융 상품 개발 및 접근성 제고, 생애주기 및 대상자 특성 고려 맞춤형 능력배양 프로그램 제공, 프로그램 효과성 평가 및 지속적 개선.

국내외 사례: 희망키움통장, 청년도약계좌, 주거급여, 미국 개인개발계좌(IDAs), 싱가포르 주택개발청(HDB) 정책.

기대 효과: 취약계층 자산 증대 및 빈곤 완화, 주거 안정성 향상, 인적자본 축적 및 사회적 이동성 증진, 세대 간 불평등 전이 차단.

5) 법·제도적 기반 강화 및 지속가능성 확보

방법: 공간정의 이념을 정책의 기본 원칙으로 확립하고, 공간자산의 공공성을 강화하며, 정책 추진 과정의 투명성·책임성·형평성을 제고한다. 개발이익의 공공적 환수 및 재분배를 위한 법적 장치를 마련하고, 정책의 재정적·조직적·사회적 지속가능성을 확보한다(이성원 외, 2015; 김도희·이중섭, 2021).

실행 전략: (가칭)공간정의기본법 제정 또는 관련 법규 체계 정비, 개발이익 환수 시스템 실효성 및 공공성 제고, 통합적 공간정책 추진 거버넌스 체계 혁신 및 법제화, 정책 지속가능성 평가 제도화 및 안정적 재원 확보, 갈등 예방 및 조정 메커니즘 법제화.

국내외 사례: 개발이익환수법, 인권영향평가 제도 도입 논의, 독일 건설법전, 프랑스 SRU법, 미국 포용적 구역제.

기대 효과: 정책 안정성·일관성 확보, 불평등 심화 요인 구조적 차단, 공정한 공간자산 배분 실현, 정책 과정 투명성·책임성 강화, 지속가능한 포용적 발전 토대 구축.

31.4 기대 효과 및 정책적 시사점

1) 다차원적 기대 효과 분석

본 연구에서 제안한 통합 방법론은 경제적, 사회적, 환경적 측면에서 다차원적인 긍정적 파급 효과를 가져올 것으로 기대된다.

경제적 측면: 취약계층의 경제적 자립 기반 강화 및 소득 증대, 지역 경제 활성화 및 새로운 성장 동력 창출, 공공자원 배분의 효율성 증대 및 행정 비용 절감, 부동산 시장 안정화 및 건전한 자산 형성 문화 조성.

사회적 측면: 공간자산 접근성의 형평성 제고를 통한 사회 통합 증진, 시민 역량 강화 및 민주적 거버넌스 발전, 공간정의 실현 및 사회적 신뢰 회복, 지역 공동체 활성화 및 사회적 관계망 강화(국토연구원, 2019; De Nadai & Lepri, 2018).

환경적 측면: 지속가능한 도시 및 지역 환경 관리 체계 구축, 기후변화 대응 역량 강화 및 탄소중립 도시 전환 촉진, 생태계 서비스 보전 및 건강한 생활환경 조성을 통한 시민 삶의 질 향상(국토연구원, 2019).

2) 정책적 시사점

본 연구는 다음과 같은 정책적 시사점을 제공한다.

첫째, 공간자산 불평등 문제 해결을 위한 통합적·다부처적 접근이 필수적이다.

둘째, 데이터와 과학적 분석 모델에 기반한 증거기반 정책 수립 및 평가를 강화해야 한다(국토연구원, 2024).

셋째, 시민 참여와 소통을 통한 정책 수용성 제고 및 지속가능성 확보가 핵심이다(성지은 외, 2016).

넷째, 디지털 전환의 포용적 활용을 위한 선제적이고 세심한 정책 설계가 필요하다.

다섯째, 장기적 비전과 일관성 있는 정책 추진을 위한 견고한 법·제도적 기반 마련이 시급하다(이성원 외, 2015; 김도희·이중섭, 2021).

여섯째, 지역 맞춤형 정책 설계와 유연한 적용이 중요하다.

31.5 결론

1) 연구결과 요약 및 핵심 방법론의 의의

본 연구는 공간자산 불평등 문제에 대응하기 위해 디지털 전환과 포용적 거버넌스를 결합한 통합적 해결 방법론을 구축하고 5가지 핵심 전략(데이터 기반 진단, 디지털 플랫폼, 리빙랩, 자산형성 지원, 법·제도 개선)을 제시하였다. 이 방법론은 공간자산 불평등 문제를 다차원적이고 체계적으로 접근하며, 디지털 기술의 기회를 활용하되 부작용을 최소화하고, 시민 참여와 협력을 제도화하여 정책의 실효성과 지속가능성을 높이는 데 중점을 둔다는 점에서 의의가 있다.

2) 연구의 학술적·정책적 기여 및 한계

본 연구는 공간자산 불평등 문제에 대한 다학제적 접근과 새로운 분석 모델 개념 제시(학술적 기여), 그리고 실천적 정책 프레임워크 제공(정책적 기여)을 기대한다. 그러나 문헌연구 중심의 방법론으로 인한 실증적 검증 부재, SAI 모델 및 도플러 효과 응용 모델의 개념적 논의 수준, '공간자산' 용어의 일반성 부족 등은 한계로 남는다.

3) 향후 연구 과제 제언

향후 연구 과제로는 첫째, 공간자산 불평등 지수(SAI)의 구체적인 개발 및 측정 연구, 둘째, SAI 동태적 변화 모델 및 도플러 효과 응용 정책 확산 모델의 실증 분석 및 고도화 연구, 셋째, 제안된 통합 방법론의 구체적인 적용 사례 연구 및 효과성 검증, 넷째, 디지털 전환이 공간자산 불평등에 미치는 영향에 대한 심층 연구, 다섯째, 포용적 거버넌스 모델의 다양화 및 한국적 적용 방안 연구 등을 제언한다. 이러한 후속 연구를 통해 공간자산 불평등 해소를 위한 보다 정교하고 효과적인 정책 개발에 기여할 수 있기를 기대한다.

인간을 위한 가장 따뜻한 기술

1. 기술은 차갑지만, 목표는 따뜻해야 한다

이 긴 여정을 마무리하며, 우리는 프롤로그에서 던졌던 질문으로 돌아간다. AI라는 가장 강력하고 차가운 초합리성의 도구를 손에 쥔 우리는, 과연 이 기술로 무엇을 할 것인가? AI는 본질적으로 가치 중립적인 도구이다. AI는 우리가 설정한 목표를 가장 효율적으로 달성할 뿐, 그 목표가 선한지 혹은 악한지 스스로 판단하지 못한다.

우리는 이 책에서 AI가 수익 극대화라는 단 하나의 목표만을 추구할 때 발생하는 비극을 목격했다. 제5장의 질로우 오퍼스는 AVM의 정량적 예측을 맹신하다가 시장의 심리라는 인간적 변수를 놓쳐 좌초했다. 제25장의 디지털 레드라이닝은 과거의 차별적 데이터를 무비판적으로 학습하여, 기술의 이름으로 불평등을 자동화하고 가속화했다.

이 실패들은 기술의 실패가 아니라, 기술을 사용한 우리의 철학의 부재가 낳은 실패이다. 우리가 AI에게 가격을 맞추라고 명령했기 때문에, AI는 가치를 보지 못했다. 우리가 AI에게 효율을 명령했기 때문에, AI는 공정을 고려하지 않았다. 기술은 우리가 설정한 차가운 목표를 충실히 따랐을 뿐이다.

이 책의 저자 소개에서 밝혔듯이, 이 학문의 여정은 공간자산 불평등 해소라는 시대적 소명에서 시작되었다. 이 소명은 차가운 기술의 언어로 번역될 수 없는, 가장 따뜻한 인간의 목표이다. 만약 우리가 AI라는 강력한 엔진의 목표 함수(Objective Function) 자체를 수익 극대화가 아닌 불평등 해소나 지속가능성으로 재설계할 수 있다면 어떻게 될까?

제29장의 조화 점수(Harmony Score)는 바로 이 목표의 재설계를 위한 구체적인 방법론이다. S-Score(사회적 가치)에 알고리즘 공정성을, E-Score(환경적 가치)에 탄소 배출량을 핵심 변수로 포함시킴으로써, 우리는 AI에게 더 공정하고, 더 친환경적인 결정을 내리는 것이 더 높은 점수(즉, 더 나은 성과)를 받는 길임을 가르칠 수 있다.

이는 기술을 통제하는 것을 넘어, 기술을 계몽하는 과정이다. AI가 단순히 숫자를 계산하는 것을 넘어, 우리가 추구하는 가치를 학습하도록 만드는 것이다.

우리는 AI의 계산 속도를 따라잡으려 애쓸 필요가 없다. 그 대신 우리는 AI가 절대 가질 수 없는 따뜻한 목표를 설정하는 데 집중해야 한다. 기술의 속도를 결정하는 것은 AI일지 몰라도, 기술의 방향을 결정하는 나침반은 오직 우리의 가치관과 철학뿐이다.

미래의 금융 전문가는 가장 복잡한 파생상품을 설계하는 사람이 아니라, AI의 목표함수에 인간의 가치를 가장 정교하게 심을 수 있는 설계자(제30장)가 될 것이다.

2. 데이터 너머의 통찰, 지혜의 복원

이 책이 일관되게 강조한 또 다른 진실은 데이터는 현실 그 자체가 아니라는 것이다. 데이터는 현실을 측정하고 기록한 그림자에 불과하다. AI는 이 그림자를 분석하는 데는 탁월하지만, 그 그림자를 만들어내는 실체의 복잡한 맥락을 이해하지 못한다.

제4장의 AVM은 주택의 면적, 방의 개수, 과거 거래가를 데이터로 학습하지만, 그 집에 사는 가족의 행복이나 이웃 간의 공동체 의식은 데이터로 학습하지 못한다. 제22장의 팬데믹 쇼크는 사무실의 가치가 물리적 면적(데이터)이 아니라, 창의적 협업과 사회적 교류(측정 불가능한 맥락)에 있었음을 증명했다.

우리는 정량화의 함정에 빠져서는 안 된다. 측정할 수 있는 것(Quantifiable)만이 중요한 것이라는 착각에서 벗어나야 한다. 이 책이 제1.3절의 알고리즘 자산에서 시작하여 제29장의 조화 점수로 끝을 맺는 과정은, 우리가 잃어버렸던 질적 가치를 정량적 세계 안으로 다시 복원하려는 노력이었다.

제6장의 디지털 트윈은 쾌적성이나 건강과 같은 질적 가치를 IoT 센서 데이터로 정량화하려는 시도였다. 제29장의 S-Score는 NLP 기술을 통해 임차인 만족도나 사회적 공정성이라는 질적 가치를 점수화하려는 시도였다. 이 모든 것은 숫자가 되지 못해 무시당했던 가치들에게 목소리를 되찾아주려는 과정이다.

제28장의 서비스로서의 지혜(WaaS)는 이러한 통합의 정점이다. 진정한 지혜는 AI가 생성한 데이터 분석(Insights)에 인간의 맥락적 이해가 결합될 때 비로소 탄생한다. AI가 A 빌딩의 공실률이 6개월 뒤 15% 증가할 것이라고 예측할 때, 인간 전문가는 "그 이유는 경쟁사 B 빌딩이 아닌, 최근 개통된 C 지하철역의 영향이며, 따라서 우리는 임대료 인하가 아닌 어메니티 강화로 대응해야 한다"라고 처방한다.

이것이 바로 AI 시대에 인간의 역할이 계산자에서 해석자로, 분석가에서 전략가로 진화해야 하는 이유이다. AI가 What(무엇)과 When(언제)을 알려준다면, 인간은 Why(왜)를 통찰하고 How(어떻게)를 결정해야 한다.

AI가 우리에게서 빼앗아 가는 것은 반복적인 계산 능력이다. 반대로 AI가 우리에게 돌려주는 것은, 그러한 계산에서 해방되어 본질을 사유하고 맥락을 이해하며 가치를 판단할 수 있는 시간이다.

기술이 발전할수록 우리는 역설적으로 기술이 할 수 없는 일에 더 집중해야 한다. 그것은 바로 데이터 너머의 통찰, 즉 지혜를 발휘하는 것이다.

3. 미래자산경영 전문가의 소명

이 책의 마지막 장을 덮으며, 독자들이 이 책의 제목인 《프롭테크 AI 부동산 금융투자론》을 단순한 학문적 이론으로만 받아들이지 않기를 소망한다. 이 책은 당신이 AI 시대의 단순한 관찰자나 사용자가 아닌, 미래를 설계하는 주체자, 즉 미래자산경영 전문가로 거듭나기를 바라는 마음으로 쓰였다.

미래자산경영 전문가는 단순히 AI를 다룰 줄 아는 기술자가 아니다. 그는 제30장에서 강조했듯이, AI가 따라야 할 규칙과 목표를 설계하는 아키텍트이다.

그의 첫 번째 소명은 책임을 지는 것이다. AI가 내린 결정이라 할지라도, 그 결정에 대한 최종적인 법적, 윤리적 책임은 그 AI를 사용하기로 선택하고 감독한 인간에게 있다. 제27장의 신뢰의 아키텍처와 Human-in-the-Loop는 바로 이 책임을 제도화하는 장치이다. 미래의 전문가는 AI가 그랬다고 변명하는 사람이 아니라, AI가 올바르게 작동하도록 내가 설계했다고 증명하는 사람이다.

그의 두 번째 소명은 통합을 이루는 것이다. 그는 제29장의 조화 점수 모델처럼, 오랫동안 분리되어 있던 정량과 정성, 수익과 책임, F-Score와 E-S-G Score를 하나의 프레임워크 안에서 통합하는 사람이다. 그는 이질적인 가치들의 상충관계를 이해하고, 그 속에서 최적의 조화점을 찾아내는 지휘자이다.

그의 세 번째이자 궁극적인 소명은, 이 모든 기술과 지혜를 인간을 위한 따뜻한 목표에 사용하는 것이다. 즉, 저자가 서문에서 밝힌 공간자산 불평등 해소와 지속가능한 미래라는 가치에 복무하는 것이다.

부동산은 단순한 투자 상품(Commodity)이 아니다. 그것은 인간의 삶이 펼쳐지는 무대(Stage)이며, 공동체가 숨 쉬는 공간(Space)이다. AI 기술을 활용하여 이 공간을 더 효율적으로 만들 수 있다면, 그 효율성이 창출한 이익은 소수에게 독점되어서는 안 되며, 그 공간에 사는 모든 구성원의 삶의 질을 높이는 방향으로 재투자되어야 한다.

이 책은 AI라는 가장 차가운 기술의 언어로 쓰였다. 하지만 이 책이 궁극적으로 지향하는 바는, 기술을 통해 자산의 가치를 재정의하고, 더 공정하고 효율적인 자본시장을 구축하며(프롤로그), 공간자산의 불평등을 해소(저자 소개)하는 가장 따뜻한 인간의 미래이다.

이 책의 마지막 장을 덮는 당신이, 바로 그 미래를 설계하는 미래자산경영 전문가로 거듭나기를, 진심으로 소망한다.

참고 문헌

박운선(2026), 《프롭테크 AI 주역 부동산투자론》, 좋은땅출판사

박운선(2026), 《프롭테크 AI 부동산금융투자론》, 좋은땅출판사

박운선(2025), 《디지털자산과 부동산금융론》, 좋은땅출판사

박운선(2025), 《ESG부동산 경제학》, 좋은땅출판사

박운선(2025), 《ESG 공간자산 경제학: 불평등 해소 혁신》, 좋은땅출판사.

박운선(2012), 「주택하위시장별 특성가격 모형 추정에 관한 연구」, 한성대학교 대학원 박사학위논문.

박운선(2007), 「수도권 자연보전권역 내 자연휴양림의 경제적 가치 분석」, 청주대학교 대학원 박사학위논문.

박운선·권창희(2024), 「ESG 기반 지속 가능한 문화자산 도플러 효과 연구: 서울 성수동 수제화 거리 중심으로」, 『한국행정사학지』, 통권 62호, pp. 87~114.

박운선(2024). 공간자산 불평등 해소를 위한 통합적 방법론 구축: 디지털 전환과 포용적 거버넌스를 중심으로. 사용자 제공 자료.

박운선(2025) 디지털 자산 및 부동산 금융의 창조적 혁신을 위한 보안 패러다임 연구논문. 국회 세미나 발표(2025년 7월 24일, 공동주최: 윤건영 국회의원실)

국토연구원(KRIHS). (2019). 지속가능한 포용적 국토환경정책 연구. 세종: 국토연구원.

국토연구원(KRIHS). (2024). 국토정책 Brief 980호: 국가공간정보 기반 디지털 트윈 구축을 위한 데이터 융복합 전략. 세종: 국토연구원.

성지은, 한규영, 정서화. (2016). 지역문제 해결을 위한 국내 리빙랩 사례 분석. 과학기술학연구, 16(2), 65-98.

서울시50플러스재단. (2019). 중장년층의 자산형성 지원 방안 연구. 서울: 서울시50플러스재단.

한국보건사회연구원 (KIHASA). (2020). 지역 인구 변화에 따른 정책 과제와 대응 방안. 세종: 한국보건사회연구원.

이성원, 이삼수, 김대중. (2015). 용도지역 변경으로 인한 개발이익환수의 기부채납 규모에 관한 비교 분석 연구. 주택연구, 23(3), 51-71.

김영평, 이광희, 박혜진. (2017). 정책옹호연합모형(ACF)를 활용한 임금피크제 정책결정과정 분석 - 과학기술계 정부출연연구기관을 대상으로. 기술혁신학회지, 20(4), 844-875.

최병두. (2016). 도시적 소외와 정의로운 도시. 공간과사회, 26(2), 10-47.

김도희, 이중섭. (2021). 국토정책 분야에서 인권 담론 형성을 위한 인권영향평가에 관한 연구. 토지공법연구, 93, 299-324.

국토연구원(KRIHS). (2018). 행위자 기반의 공간변화 시뮬레이션 모형구축과 국토도시정책 활용방안연구.

Rogers, E. M. (1962). Diffusion of Innovations. Free Press.

Soja, E. W. (2010). Seeking Spatial Justice. University of Minnesota Press.

De Nadai, M., & Lepri, B. (2018). Worldwide spatial capital. PLoS ONE, 13(2), e0192509.

Harvey, D. (1973). Social Justice and the City. The Johns Hopkins University Press.

I. AI, 머신러닝, AVM(제2, 4, 7, 8, 9장)

1. Acheampong, R. A., & Baffour, A. (2021). "Deep Learning Models for Real Estate Price Prediction: A Systematic Review of the Literature." *Journal of Real Estate Research*.

2. Baldominos, A., et al. (2019). "A Machine Learning Approach for Detecting Real Estate Market Bubbles using Housing Price Data." *Expert Systems with Applications*.

3. Butaru, F., et al. (2016). "Risk Assessment of Mortgage Loans Using Machine Learning." *Journal of Banking & Finance*.

4. Glaeser, E. L., & Kominers, S. D. (2020). "The Rise of the Algorithmic Landlord: Using Data to Manage Housing." *Harvard Business School Working Paper*.

5. Kok, N., Koponen, E., & Partanen, A. (2017). "Big Data in Real Estate: From AVMs to AI." *Journal of Property Investment & Finance*.

6. Levitt, S. D., & Syverson, C. (2008). "Market Distortions When Agents Are Better Informed: The Value of Information in Real Estate." *The Review of Economics and Statistics*. (프롭테크 1.0의 정보 비대칭성 논의)

7. Mullainathan, S., & Obermeyer, Z. (2017). "Does Machine Learning Automate Moral Hazard and Error?" *American Economic Review*.

II. 프롭테크 비즈니스 모델: iBuyer & Crowdfunding(제10-15장)

8. Ben-David, I. (2020). "The iBuyer Business Model: An Analysis of Opendoor." *Fisher College of Business Working Paper*.

9. Buchak, G., Matvos, G., Piskorski, T., & Seru, A. (2018). "Fintech, Regulatory Arbitrage, and the Rise of Shadow Banks." *Journal of Financial Economics*. (크라우드펀딩 및 핀테크 규제)

10. Finlay, K., & Massey, D. S. (2012). "The Effect of Zillow's Zestimate on Housing Prices." *The B.E. Journal of Economic Analysis & Policy*.

11. Johnson, K. H., & Kim, J. (2021). "The Profitability Paradox of iBuyers: An Examination of Zillow Offers." *Journal of Real Estate Finance and Economics*.

12. Mollick, E. (2014). "The Dynamics of Crowdfunding: An Exploratory Study." *Journal of Business Venturing*. (JOBS Act 및 크라우드펀딩)

13. Ryan, S. (2020). "Real Estate Crowdfunding: A Review of the JOBS Act and Emerging Platforms." *Real Estate Economics*.

III. 블록체인과 부동산 토큰화(제16-18장)

14. antecedent. (2019). "The St. Regis Aspen Report: A Case Study in Real Estate Tokenization." *Indepedent Report*.

15. OECD. (2020). "The Tokenisation of Assets and Potential Implications for Financial Markets." *OECD Blockchain Policy Series*.

16. Shiller, R. J. (2014). "Speculative Asset Prices." *American Economic Review*. (부동산 부분 소유권 및 유동성 논의)

17. Walch, A. (2019). "Deconstructing 'Decentralization': Exploring the Core Claim of Crypto Systems." *C. Wright Mills and the New Left*. (블록체인의 법적, 기술적 한계)

18. Yermack, D. (2017). "Corporate Governance and Blockchains." *Review of Finance*.

IV. AI 윤리, 편향, XAI(제25-27장)

19. Barocas, S., & Selbst, A. D. (2016). "Big Data's Disparate Impact." *California Law Review*. (디지털 레드라이닝 및 차별적 영향)

20. Goodman, B., & Flaxman, S. (2017). "European Union Regulations on Algorithmic Decision-Making and a 'Right to Explanation'." *AI Magazine*. (GDPR과 설명요구권)

21. Lundberg, S. M., & Lee, S. I. (2017). "A Unified Approach to Interpreting Model Predictions." *Advances in Neural Information Processing Systems (NIPS)*. (SHAP 방법론)

22. Obermeyer, Z., Powers, B., Vogeli, C., & Mullainathan, S. (2019). "Dissecting Racial Bias in an

Algorithm Used to Manage the Health of Populations." *Science*. (알고리즘 편향의 주요 선행 연구)

23. Rice, L., & Swesnik, D. (2018). "Discriminatory Effects of Credit Scoring Models." *National Fair Housing Alliance (NFHA) Report*.

24. Ribeiro, M. T., Singh, S., & Guestrin, C. (2016). "'Why Should I Trust You?': Explaining the Predictions of Any Classifier." *Proceedings of KDD*. (LIME 방법론)

V. 상업용 부동산, ESG, 미래 비전 (제19-24, 28-30장)

25. Baum, A. (2020). "PropTech 3.0: The Future of Real Estate." *Saïd Business School, University of Oxford*.

26. CB Insights. (2022). "The Future of PropTech: From Smart Buildings to the Metaverse." *Industry Report*.

27. Deloitte. (2023). "Future of CRE: The Rise of Adaptive Reuse and Sustainable Assets." *Global Real Estate Outlook*.

28. Eichholtz, P., Kok, N., & Quigley, J. M. (2010). "Doing Good by Doing Well? The Effects of Energy Efficiency on Office Rents." *American Economic Review*. (ESG와 자산 가치)

29. McKinsey Global Institute. (2021). "The Future of Work After COVID-19." *Report*. (사무실 수요 변화)

30. WEF(World Economic Forum). (2022). "Framework for the Future of Real Estate: Integrating ESG and Technology." *White Paper*.

주요 참고 링크

1. B Insights - Real Estate Tech

https://www.cbinsights.com/research/industry/real-estate-tech

2. Deloitte - Real Estate Industry

https://www2.deloitte.com/us/en/pages/real-estate/topics/real-estate-industry.html

3. JLL Technologies(JLLT)

https://www.jllt.com/

4. McKinsey & Company - Real Estate

https://www.mckinsey.com/industries/real-estate/our-insights

5. MDPI - Remote Sensing / Buildings(Journals)

https://www.mdpi.com/journal/remotesensing

(또는 journal/buildings)

6. National Fair Housing Alliance(NFHA)

https://nationalfairhousing.org/

7. PropTechMap(Unissu)

https://www.unissu.com/proptech-map

8. World Economic Forum(WEF) - Future of Real Estate

https://www.weforum.org/platforms/shaping-the-future-of-real-estate

9. MIT Center for Real Estate

https://cre.mit.edu/

10. The Brookings Institution - AI and Bias

https://www.brookings.edu/topic/artificial-intelligence/

부록 1

핵심 용어 해설(Glossary)

1. AVM(Automated Valuation Model, 자동 가치평가 모델)

AVM은 AI와 통계적 방법론을 사용하여 부동산의 시장 가치를 자동으로 추정하는 알고리즘 모델이다. 과거 실거래가, 부동산의 물리적 특성(면적, 방 개수 등), 시장 동향, 인구 통계, 주변 편의시설 등 방대한 데이터를 학습하여 특정 시점의 추정 가치를 산출한다.

2. iBuyer(Instant Buyer, 아이바이어)

'즉시 매입자'라는 뜻으로, AI(AVM)를 이용해 산정한 가격으로 판매자의 주택을 즉시 현금 매입하는 프롭테크 비즈니스 모델. 오픈도어(Opendoor)가 이 모델을 개척했다.

3. STO(Security Token Offering, 증권형 토큰 발행)

부동산, 미술품 등 전통적인 실물 자산을 블록체인 기술을 활용하여 증권형 토큰(Security Token)이라는 디지털 증권으로 토큰화(Tokenization)하고, 이를 투자자에게 발행(공모/사모)하는 자금 조달 방식이다.

4. XAI(Explainable AI, 설명가능 AI)

AI, 특히 딥러닝과 같은 복잡한 블랙박스 모델이 왜 그러한 결정을 내렸는지 인간이 이해할 수 있는 형태로 설명하고 근거를 제시하는 AI 기술 및 방법론의 총칭.

5. Digital Twin(디지털 트윈)

현실의 물리적 자산(빌딩, 도시)을 가상의 디지털 공간에 쌍둥이처럼 동일하게 복제한 모델. IoT 센서를 통해 현실 건물의 데이터를 실시간으로 수집하고, 가상 모델에서 시뮬레이션을 수행하여 운영을 최적화하는 기술.

6. PropTech 1.0 / 2.0 / 3.0(프롭테크 진화)

프롭테크 산업의 진화 단계를 의미한다.

7. eREIT(Electronic REIT, 이리츠)

인터넷(플랫폼)을 통해서만 자금을 조달하고 운용하는 비상장 리츠(REITs, 부동산투자신탁).

8. Digital Redlining(디지털 레드라이닝)

과거 정부나 은행이 특정 지역(주로 소수 인종 거주지)을 붉은 선(Red Line)으로 표시하고 대출을 거부했던 레드라이닝 차별이, AI 알고리즘에 의해 디지털 환경에서 재현되는 현상.

9. WaaS(Wisdom-as-a-Service, 서비스로서의 지혜)

AI 비즈니스 진화의 최종 단계(SaaS → DaaS → WaaS). AI와 인간 전문가가 결합하여, 고객의 특수한 맥락을 반영한 최적의 의사결정을 처방(Prescribe)하는 최고 부가가치 서비스 모델.

프롭테크 AI
부동산 금융투자론

ⓒ 박운선, 2026

초판 1쇄 발행 2026년 2월 23일

지은이   박운선
펴낸이   이기봉
편집   좋은땅 편집팀
펴낸곳   도서출판 좋은땅
주소   서울특별시 마포구 양화로12길 26 지월드빌딩 (서교동 395-7)
전화   02)374-8616~7
팩스   02)374-8614
이메일   gworldbook@naver.com
홈페이지   www.g-world.co.kr

ISBN   979-11-388-5457-3 (03320)